생명자유공동체 총서 4

기후위기, 전환의 길목에서

생명자유공동체 총서 4

기후위기, 전환의 길목에서

홍덕화·구도완·김수진·김지혜·박순열·서지현·안새롬·장우주·정영신·최명애·한상진

발행일: 2023년 11월 1일
발행처: 도서출판 풀씨
등록일: 2019년 11월 20일
등록번호: 제2019-000262호
발행인: 장재연
주소: 서울특별시 서초구 남부순환로 2606 금정빌딩 6층
전화: 02-6318-9000 팩스: 02-6318-9100
이메일: koreashe@koreashe.org
홈페이지: https://koreashe.org
블로그: blog.naver.com/korea_she
페이스북: fb.com/koreashe
인스타그램: @korea.she

기획: 재단법인 숲과나눔
제작: 지식플랫폼

값 18,000원
ISBN 979-11-984808-0-4 (03330)

이 책은 저작권법에 따라 보호를 받는 저작물이므로 무단 전재와 복제를 금하며,
이 책의 일부 또는 전부를 이용하려면 반드시 저작권자의 동의를 받아야 합니다.

생명자유공동체 총서

4 기후위기, 전환의 길목에서

홍덕화·구도완·김수진·김지혜·박순열
서지현·안새롬·장우주·정영신·최명애·한상진 지음
재단법인 숲과나눔 기획

도서출판 풀씨

일러두기

아래의 일곱 장은 학술지에 게재된 논문을 기반으로 수정·보완되어 작성되었다.

- 1장 정영신. 2023. "기후정의운동의 운동사적 맥락에 관한 연구: 환경정의운동과 지구정의운동을 중심으로." 『Journal of Global and Area Studies』 7(3): 239-273.
- 3장 김지혜. 2023. "기후의 물질성과 '우리'의 유동성: 924 기후정의행진과 류대(fluidarity)의 감각." 『환경사회학연구 ECO』 27(1): 53-96.
- 6장 최명애. 2023. "인간 너머의 기후정의." 『대한지리학회지』 58(4): 452-468.
- 8장 박순열. 2022. "'기후변화가 아닌 체계변화'의 가능성: 모자이크 탐험대의 북극탐험을 사례로." 『환경사회학연구 ECO』 26(2): 131-178.
- 9장 홍덕화. 2023. "저렴한 인프라와 분절적 녹색성장: 수출주의 성장체제의 생태적 재조명을 향하여." 『시민과세계』 42: 31-62.
- 10장 서지현. 2023. "에콰도르 코레아(Correa) 정권과 부엔 비비르(Buen Vivir)." 『환경사회학연구 ECO』 27(1): 273-311.
- 11장 김수진. 2023. "녹색전환의 국가 정당화 의무: 기후위기 대응을 위한 정당정치의 중요성." 『경제와사회』 137: 12-41.

| 발간사 |

생태·사회의 위기,
전환의 길목에서 새로운 가능성을

장재연(재단법인 숲과나눔 이사장)

　(재)숲과나눔 내 구성된 연구 공동체인 '포럼 생명자유공동체'은 매년 포럼에서 발표한 글을 편집하여 생명자유공동체 총서를 출간하고 있습니다. 2020년에는 첫 번째 총서인 『생명자유공동체 새로운 시대의 질문』을, 이어서 『전환의 질문, 질문의 전환(2021)』과 『전환의 정치, 열 개의 시선(2022)』을 발간했습니다. 올해 독자들과 만나게 될 네 번째 총서는 『기후위기, 전환의 길목에서』입니다.

　총서의 제목에서 반복적으로 언급되는 키워드인 '전환'은 포럼 생명자유공동체가 끊임없이 사색하고 있는 주요 주제입니다. 생태·사회의 위기에 직면하면서, '전환'이라는 주제를 수많은 질문과 대화를 통해 탐구하고 새로운 대안을 모색하고 있습니다. 이 과정을 통해 '전환'에 대한 학문적, 정책적, 그리고 사회적 논의를 이끌고 있습니다. '전환'은 우리가 직면한 생태와 사회적 위기의 중요한 시대적 과제이지만, 쉽지 않은 길이기에 포럼 생명자유공동체의 연구자들은 계속해서 '전환'을 질문하고 답을 찾아가고 있는 것 같습니다.

　포럼 생명자유공동체는 사회학자, 여성학자, 정책학자, 지리학자, 지역학자, 교육학자 등 다양한 학문적 배경을 지닌 연구자들의 모임입니다. 연구자의 다양한 배경과 관심사는 전환을 다양한 층위에서 다양한 시선으로 바라보게 합니다. 기후위기 시대, 전환으로 가는 수많은 갈림길에서, 포럼 생명자유공동체의 열한 명의 저자들이 각자의 방식에 따라 안내하는 전환의 길 위에서, 독자분들도 저자들이 안내하는 방식에 따라, 각자의 방식에 맞는 새로운 가능성의 길을 찾을 수 있기를 기대합니다.

기후위기는 환경운동을 넘어 우리 사회의 주요 화두입니다. 기후위기를 주제로 한 책과 토론의 장은 꾸준히 이어지고 있으나, 새로운 대안을 제시하거나 '전환'을 주제로 하는 책은 매우 드뭅니다. 전환에 대한 독자들의 목마름을 이 책에서 조금은 해소할 수 있기를 바랍니다.

일 년간의 대화와 포럼을 이어 출판으로 수고해 주신 포럼 생명자유공동체 연구자, (재)숲과나눔 담당자, 그리고 전환의 길 위에서 탐색 중인, 이 글을 읽고 있는 독자분, 모두에게 감사합니다.

| 머리말 |

체제전환으로 가는 길,
체제전환을 읽는 길

어설프게 희망을 말할 수 없는 시대다. 2023년 7월 초, 지구 평균기온은 관측 역사상 최초로 17℃를 넘겼다. 일찍이 경험해본 적이 없는 상황을 맞아 지구가 끓고 있는 시대로 접어들었다는 진단이 이어졌다. 말조차 생경했던 '극한호우'는 어느새 익숙한 광경이 되었다. 지구 곳곳에서 기후재난과 씨름하다 뭇 생명체가 쓰러져가는 일은 이제 헤아릴 수 없을 만큼 흔하다. 안타깝게도 상황이 나아질 기미는 보이지 않는다. 지난 5월 세계기상기구(WMO)는 향후 5년 내에 적어도 한 해는 산업화 이전 대비 지구 평균기온이 1.5℃ 이상 상승할 확률이 66%에 이른다고 발표했다. 세계기상기구의 3년 전 예측 결과는 20% 안팎에 불과했다. 특단의 조치가 없는 한, 1.5~2℃ 목표 달성은 물 건너갈 것이 거의 확실하다.

기후위기와 체제전환의 교차점을 찾아서

예측하지 못했던 일들이 펼쳐지는 세상이 한 걸음씩 더 다가오는 것을 바라보며 2022년 초 포럼 생명자유공동체의 구성원들은 '기후위기'를 열쇠 말 삼아 대화를 이어가기로 했다. 2019년 포럼을 시작할 때부터 기후위기를 주요 관심사로 두고 있었지만, 가속화하는 기후위기와 급변하는 현실은 한층 더 체계적이고 다각적인 논의를 요구했다. 특히 기후정의운동이 확산하면서 전환 담론과 전환정치의 지형이 변하고 있었다. 단적인 예로 2022년 9월, 3년 만에 재개된 기후정의행진은 '체제전환'을 외치는 목소리들로 가득 찼다. 기후정의운동은 온실가스 배출을 넘어서 자본주의 성장체제를 겨냥해갔고, 탈성장과 생태사회주의와 같은 급진적인 전환 담론을 놓고 토론할 수 있는 장을 넓혀주었다. 재생에너지 시설을 늘리는 것조차 쉽지 않고 탄소중립을 실현하기 위해 풀어야 할 난제가 산적해 있지만 기후정의운동은 기후위기 대응을 탈탄소화로 국한할 수 없다고 목소리를 높였다. 그리고 실패를 반복하지 않기 위해 지난 30년간 기후위기 대응이 실패한 이유부터 따져볼 것을 요구했다. 다시 말해, 기술혁신과 시장 메커니즘에 기초한 주류적 대응책이 기후위기의 해결책이 될 수 있는지, 기후정의운동은 계속 캐물었다.

기후정의운동이 전환 전략을 둘러싼 논쟁을 촉발한 것은 예정된 일이었다. 탄소중립위원회와 에너지 요금 인상을 둘러싼 기후운동 안팎의 논쟁은 전환 속도를 넘어서 전환 전략이 본격적인 쟁점으로 부상했음을 알리는 신호탄이었다. 예컨대, 탄소중립위원회를 비판의 도마 위에 올린 이들은 거버넌스가 기후운동의 대응 전략으로 적절한지 되물으며 비대칭적인 권력관계와 정치적 포섭의 문제를 제기했다. 에너지 이용 효율화와 환경비용의 내부화의 측면에서 주로 다뤄지던 에너지 요금 문제는 기후정의운동을 경유하며 온실가스 배출 책임과 필수재로서 에너지에 대한 권리를 빼고 이야기할 수 없는 쟁점이 되었다. 한두 걸음 물러서서 보면, 기후정의운동은 급진적 분파의 장기 부재로 전환 전략을 둘러싼 논쟁이 드물었던 한국 환경운동에 새로운 활력을 불어넣으며 기후운동이 환경운동 너머의 사회운동으로 가는 길을 열어주고 있다. 기후정의운동에 대한 입장과 무관하게 전환 담론과 전환정치를 이야기하며 기후정의운동을 우회하는 것은 사실상 불가능해졌다. 기후운동을 눈여겨보고 있던 만큼 포럼 생명자유공동체의 대화 역시 '기후위기'와 '체제전환'의 교차점을 찾아가는 방향으로 진행되었다.

체제전환은 이야기를 나눌 수 있는 좋은 출발점이었지만 출구를 찾기 힘든 미로 같았다. 몇몇 쟁점은 처음부터 또렷하게 보였지만, 일부는 대화를 나누며 윤곽이 드러났다. 어떤 것은 책을 마무리하는 시점이 되어서야 흐릿하게 보이기 시작했고, 제대로 논의조차 못 한 쟁점도 있다. 책을 읽는 이들을 더 혼란스럽게 만드는 일일지 모르겠지만, '체제전환'으로 발을 내디딜 때 한 번쯤은 부딪칠 수 있는 걸림돌이라 생각하여 포럼에서 나눴던 대화의 지형도를 간략하게 옮겨본다. 갈림길에서 각자의 방식대로 문제를 풀어간 만큼 이 책, 『기후위기, 전환의 길목에서』에 담긴 이야기들의 위치를 가늠할 수 있는 안내도라 해도 좋다.

'체제전환'이 가리키는 곳

먼저 'System Change'를 '체제전환'으로 옮긴 이유부터 짚고 가는 게 좋겠다. '체제전환'은 전 세계적으로 기후정의운동을 상징하는 구호인 "System Change, Not Climate Change"를 우리말로 옮기면서 쓰이기 시작한 것으로 보인다. 통상적인 용법을 생각하면, 시스템, 체계, 변화를 결합한 말로 옮기는 게 맞겠지만 이 책은 체제전환을 기본 번역어로 채택했다. 무엇보다 기후정의운동에서 체제전환으로 옮길 때가 더 많고, "Uproot the System"과 같은 유사한 구호의 쓰임새를 생각하면 '체제'로 옮기는 것이 지배적인 질서, 구조를 바꾸자는 의미를 살리는 데 적합하다고 보았다. 다만 이와 같은 방식으로 'System Change'를 접근하는 것이 부적절하다는 입장도 적지 않은 만큼 상황에 따라 '체계변화'와 같은 표현을 함께 썼다. 달리 말하면, 'System Change'를 우리말로 옮기는 문제는 단순한 표현의 문제가 아니라 기후위기의 원인을 진단하고 해결책을 모색하는 방안으로서 '체제' 분석의 타당성에 대한 질문을 함축하고 있다. 표현 자체에 담긴 긴장은 앞으로도 쉽게 해소되지 않을 것이다.

'체제' 비판을 통해 겨냥하는 전환의 대상은 상당히 다차원적이다. 출발점은 비교적 분명하다. 기후정의운동은 기술주의와 시장주의에 기초한 기후위기 대응을 비판하며 해결책으로 '체제전환'을 제시하는데, 이때 체제는 '자본주의 성장체제'를 겨냥해서 쓰일 때가 가장 많다. 하지만 체제전환의 이름 아래 인간중심주의(종차별주의, 생태학살), 식민주의, 가부장제, 군사주의 등으로 비판·전환의 대상이 확장해가는 모습을 어렵지 않게 볼 수 있다. 기후위기가 모든 것을 바꾼다는 말이 맞다면, 기후위기의 파급효과가 커지는 만큼 비판·전환의 대상은 확대될 수밖에 없다. 기후정의운동 역시 다양한 사회운동들을 엮는 방향으로 성장했다. 이는 기후정의운동이 기후담론을 급진화할 뿐만 아니라 다양한 영역들을 교차시키는 힘으로 작동하고 있음을 뜻한다. 즉, 체제전환 담론에서 비판·전환의 대상인 체제는 다양한 것들을 아우르는 방향으로 확장될 유인을 가지고 있다. 산업전환에 관한 논의를 떠올려보자. 탄소중립이 산업전환을 기존 산업의 탈탄소화로 축소하는 경향이 있다면, 체제전환은 산업전환을 산업재편의 문제로 확장한다. 이처럼 산업재편으로 시야를 넓히면 기존 산업의 탈탄소화를 넘어서 돌봄경제, 기초경제 등 대안적 경제를 모색하는 다양한 논의가 체제전환 속으로 들어온다.

기후위기가 요구하는 성찰성과 체제전환 담론이 갖는 확장성 덕분에 기후위기와 체제전환은 진보적 담론을 재구축할 수 있는 계기가 된다. 길은 넓게 열려 있다. 복지국가를 되돌아보며 생태적 한계를 고려해 더 적은 물질 사용으로 더 나은 복지를 모색하는 논의들이 늘고 있는 것이 단적인 예일 것이다. 하지만 체제전환의 시야가 넓어질수록 '자본주의 성장체제' 비판으로 다원적인 전환 요구를 묶는 게 까다로워진다. 이즈음에서 체제전환은 공기표(empty signifier)가 되는 것과 의미를 한정하기 위한 경계 긋기 사이에서 진동하게 된다. 더불어 다차원적인 요구들을 체제 비판으로 묶기 위해서는 자본주의든 성장주의든 체제 분석의 이론과 방법을 혁신해야 하는 것 아니냐는 질문을 받게 된다. 사회이론의 오래된 쟁점들이 귀환하는 지점이다.

따로 또 같이, 교차점으로 가는 길

이론적 쟁점으로 가기에 앞서 체제전환이 사회운동들을 묶어주는 공동의 해석틀이자 실천적 전략이라는 점을 상기할 필요가 있다. 다양한 사회운동의 결합체인 기후정의운동은 체제 비판을 통해 대적자를 설정하고 전환 주체로서 '우리'의 정체성을 만들어간다. 서로 다른 이들을 체제 비판으로 이어주는 핵심적인 연결고리는 불평등이다. 기후위기가 사회적 약소자들에게 한층 더 고달픈 경험이 된다는 점에서, 기후위기는 불평등한 현실을 비추는 또 다른 거울이라 할 수 있다. 기후정의의 우산 아래 평등하고 존엄한 삶에 대한 요구가 모일 수 있는 이유도 여기에 있다. 취약성 분석에서 나타나듯이, 결과로서 불평등의 중첩은 분명하고 직관적이다. 문제는 그 다음이다. 다차원적인 불평등의 원인을 따지기 시작하면 불평등의 교차, 중첩을 해석하는 방식의 차이가 드러난다. 달리 표현하면, 복수의 위기의 단순한 겹침인지, 아니면 복수의 위기의 상호작용적 교차로 인한 위기의 증폭인지, 나아가 단일한 위기의 다면적 전개는 아닌지, 따져야 하는 상황이 도래한다. 체제전환이 겨냥하는 자본주의 성장체제 비판은 대체로 불평등과 위기를 단순히 병렬하거나 특정 문제로 환원하지는 않는 듯하지만 어떻게 얽혀있는 것인지에 대한 하나의 명확한 답은 없다.

이쯤에서 탈인간중심주의, 종차별주의 비판을 떠올려보자. 개념으로서 기후정의가 인간중심주의적 편향을 가지고 있을지는 몰라도 기후정의운동이 비인간과 관련된 사회운동을 배제하는 것은 아니다. 체제전환 담론 속에서 공장식 축산 비판, 종차별주의 비판, 탈인간중심주의적 언술을 찾는 것은 그리 어렵지 않다. 하지만 자본주의 성장체제 비판이 인간중심주의나 이분법적 세계관 비판을 포괄할 수 있는지 되묻는다면 입장은 엇갈릴 가능성이 크다. 자본주의와 성장주의의 관계가 해명되지 않은 상황에서 이분법적 세계관의 기원과 재생산의 문제까지 겹치면 체제전환의 이름 아래 분출되고 있는 주장들을 자본주의 성장체제 비판으로 모아내는 것은 한층 까다로운 문제가 된다.

하나의 길은 영역 간의 구조적 접점을 파고드는 것이다. 예컨대, 저렴한 것들을 수탈하기 위해 고안된 자본주의적 전략들을 고려하지 않고 인간중심주의와 이분법적 세계관의 확산을 이해할 수 있을까? 제이슨 무어의 『생명의 그물 속 자본주의: 자본의 축적과 세계생태론』이나 낸시 프레이저의 『좌파의 길: 식인 자본주의에 반대하다』는 생산과 사회생태적 재생산의 관계를 되묻는 방식으로 영역들 간의 구조적 연계성을 포착하고자 한다. 이들은 자본주의의 기원과 작동에 대한 시야를 확장하는 방식으로 새로운 체제 분석과 (계급적) 연대의 가능성을 찾는다. 여기에는 인간중심주의, 이분법적 세계관을 재생산하는 제도적 배치로서 역사적 자본주의를 넘어서지 않으면 탈인간중심주의적 지향이 도덕적 호소에 머물거나 인식 전환을 촉구하는 것을 넘어서기 어렵지 않겠냐는 문제의식이 함축되어 있다. 하지만 자본주의를 재해석하여 구조적 연계성을 찾는 것에서 이질적인 것들을 구조적 효과로 환원하는 위험성을 보는 이들도 있다. 당연한 이야기지만, 저항의 공통 지반을 찾는다고 저절로 저항 주체가 형성되고 저항 주체 간의 연대가 창출되는 것도 아니다. 그러나 이 간극을 메울 수 있는 방안은 아직 뚜렷하지 않다.

다른 길을 모색하는 이들 중 일부는 공통의 억압, 착취 기반을 찾기보다 평등, 정의와 같은 가치를 매개로 한 접합을 통해 체제전환으로 가는 길을 내고자 한다. 이 흐름은 라클라우와 무페가 주창한 급진 민주주의를 이정표 삼아 다양한 움직임들을 엮는 체제전환의 등가사슬을 만들고자 한다. 그러나 문제가 말끔하게 해결되지는 않는다. 이제 담론적 차원의 정치 전략이 부각되는 대신 전환의 역사적 조건, 장벽을 분석하는 것이 모호해진다. 전환 주체는 이미 존재하는 것이 아니라 저항의 흐름을 잇는 정치적 실천을 통해 형성된다. 따라서 저항과 주체 형성의 계기를 포착하는 것이 중요한데, 담론적 차원에 집중된 급진 민주주의적 접근에서는 저항의 반복적인 출현이나 정세적 결합을 사고할 수 있는 구조적 적대나 모순에 대한 분석이 옅어지는 경향이 있다. 이로 인해 급진 민주주의가 오랫동안 떨쳐내지 못한 담론 환원주의의 한계를 얼마나 극복할 수 있을지가 미지수로 남는다. 우연성과 창조성에 기초한 전환 실험들의 연속적 생성과 연결을 강조하는 것으로 방향을 틀 수 있지만 체제전환으로 가는 길이 더 흐릿해지는 게 아닌지 의문이 제기되지 않을 수 없다. 체제전환은 사회운동들의 사회운동으로서 기후정의운동을 가능케 하는 구심점이지만 역설적으로 체제전환 담론이 활성화될수록 체제 분석은 까다로운 문제가 된다.

현실의 장벽을 뛰어 넘기 위해

여기서 끝이 아니다. 담론과 사회운동, 제도 정치 사이의 간극은 기후정의운동에 한층 힘겨운 과제를 안긴다. 탈성장에서 생태적 전시 코뮤니즘까지 전환 담론이 급진화된 것에 비하면 현실 정치의 변화는 더디기만 하다. 기후정의운동이 눈에 띄게 성장했지만, 한국의 사회운동과 제도 정치의 현실은 급진화된 전환 담론에 실현가능성이라는 족쇄를 채운다. 이 지점에서 기후위기는 시간과의 싸움이라는 점을 환기시키며 탄소중립, 탈탄소화가 화려하게 귀환한다. 탄소예산이 빠르게 소진되는 것을 고려할 때 단기간 내에 온실가스를 감축하는 것이 대단히 중요하다는 점을 새삼 강조할 필요는 없을 것이다. 쟁점은 전환 경로다. 문제는 전환 경로로 시선을 옮길수록 변화의 폭이 커진다는 점이다. 그래서 전환 경로가 아닌 전환 속도를 우선하는 입장은 몇몇 선진국의 탈동조화 경험을 참조하여 출구를 찾는 쪽으로 기운다. 유럽을 거울삼아 탄소중립을 추진하면 기후위기에 대응하면서 한국의 제조업이 재도약할 수 있는 기회를 창출할 수 있다는 것만큼 매혹적인 이야기가 어디 있겠는가? 이 지점에서 탄소중립은 전환 프로젝트에서 성장 프로젝트로 변환된다. 이 같은 상황에서 탄소중립의 한 단면만 볼 경우 자본 주도 혁신이 갖는 한계는 보이지 않고 온실가스 감축에 대한 기대만 부각된다. 즉, 탄소중립 정책의 이면까지 보지 않으면 상황을 오인하거나 왜곡할 가능성이 커진다. 이에 비춰보면, 기후정의운동이 체제전환을 앞세워 자본 주도의 탈탄소화와 다른 길을 걷는 것은 누구의 시선에서 기후위기를 바라보고 누구의 이해관계를 우선할 것인지의 문제를 제기하는 것이라 할 수 있다. 다시 말해, 체제전환은 권력 관계의 전환을 함축하고 있으며 대항 권력과 정치적 세력 형성의 문제를 내포하고 있다.

지금까지 기후정의운동은 사회운동의 활성화를 통해 사회적 약소자들의 권력을 강화하고 (체제)전환의 주체를 형성하는 데 초점을 맞춰온 것으로 보인다. 기후정의운동은 제도 정치에서 배제되고 차별받아온 이들이 자기 목소리와 제 몫을 찾는 것을 기후정치의 최우선 과제로 삼았다고 해도 과언이 아니다. 탈탄소화가 이미 지배 세력의 프로젝트가 된 상황에서 기후위기 대응을 '치안'이 아닌 '정치'의 차원으로 복원하려는 시도가 기후정의운동이라고 말할 수 있는 이유다. 다만 넘어야 할 장벽은 여전히 높다. 그간 환경운동과 기후운동에서 보기 힘들었던 대규모 시위가 몇 차례 펼쳐졌지만, 기후정의운동이 사회정치적 세력으로 부상했다고 말하기는 이른 듯싶다. 최일선 공동체와 억눌린 이들을 전환 주체로 소환하는 것을 넘어서 사회정치적 세력을 형성할 수 있는 전략을 다듬을 필요가 있고, 이를 위해서는 (정치사회적) 대표, 재현과 같은 까다로운 문제를 피하기 어려울 것이다.

사회적 약소자들의 요구를 제도 정치의 장에서 관철시키는 것은 또 다른 과제다. 제도 정치나 정책적 대안이 부각되고 있지 않다고 해서 기후정의운동이나 체제전환 담론이 제도 정치나 정책적 대안을 부정한다고 말할 수는 없다. 특정 시점에서 정당정치, 선거정치로 자원을 집중하는 것이 사회적 권력을 강화하는 데 도움이 되는지를 놓고 판단이 엇갈린다고 보는 것이 더 적절하다. 각도를 달리하면, 제도 정치로의 진출 시도가 사회운동의 힘을 강화하는 데 도움이 되지 못했던 역사적 경험을 무시할 수 없기에 사회운동의 활성화를 우선하는 전략이 선택되었다고 볼 수도 있다. 즉, 체제전환 담론에서 제도 정치를 둘러싼 논쟁은 겉으로는 부재했지만, 실상은 유예되었을 따름이다. 이를 고려하면 사회적 권력을 강화하는 방향으로 정책적 대안을 만들고 제도 정치에 개입할 수 있는 방안을 찾는 게 앞으로 계속 쟁점으로 부상할 것으로 보인다.

한편 해외와 달리 국내에서는 그린뉴딜, 정의로운 전환 등을 기후정의운동의 시각에서 재구성하는 작업이 상당 부분 비어 있다. 이는 체제전환과 구체적 정책 사이의 간극이 크고 기후정의운동이 체제전환을 통해 만들고자 하는 가까운 미래의 모습이 체계적으로 그려지지 않고 있다는 뜻이다. 즉, 체제전환을 통해 일상적 삶의 변화를 떠올릴 수 있는 매개가 부족하다. 체제전환이 하나의 유행처럼 소비되고 끝나지 않으려면 뿌리를 내릴 수 있는 현장을 더 많이 찾아야 할 것이다.

이처럼 다양한 쟁점을 내포한 만큼 체제전환을 이야기하는 것은 논쟁과 경합을 동반할 수밖에 없다. 또한 사회운동의 연대 전략, 개혁주의와 변혁주의의 경쟁, 국가·정당·제도 정치와의 관계 설정과 같은 사회운동의 오래된 쟁점을 피하는 것은 불가능하다. 마음이 답답하더라도 대항 헤게모니 구축과 역사적 블록 형성, 전환 전략으로서 자본주의 잠식하기, 탈성장의 모자이크 전략 등 합류점을 눈여겨보며 길을 찾는 수밖에 없다.

여기가 끝이 아니다. 현실의 전환정치로 내려오면 전환의 정치적, 경제적, 물질적 조건을 구체적으로 분석하는 과제가 대두된다. 예컨대, 유럽에서 탈탄소화의 가능성을 본다면 유럽의 제국적 생활양식을 뒷받침하는 추출주의를 같이 봐야 한다. 그리고 남미에서 좌파 정부가 집권하면서 부엔 비비르에 기초한 헌법과 정책이 마련되었지만, 본격적으로 실행되기 전에 무력화되었던 역사를 되짚어야 한다. 수출 주도 산업화를 통해 고도성장을 이룬 한국이 마주한 전환의 장벽은 또 어떠한가. 역사제도적 조건에 대한 구체적인 분석이 뒷받침되지 않으면 체제전환의 장벽을 가늠하고 파열 지점을 찾는 것은 한계에 봉착할 것이다. 이 책에서 충분히 다루지 못했지만, 주류적인 기후위기 대응 전략에 대한 세밀한 분석이 필요하다는 점은 새삼 강조하지 않아도 될 듯싶다. 단적인 예로, RE100, 기술혁신과 같은 제조업에서의 변화와 더불어 금융화의 맥락에서 탄소시장, ESG 등을 체계적으로 분석할 때, 전환정치의 현실과 장벽을 한층 더 깊게 이해할 수 있을 것이다.

마지막으로 기후정의운동은 기후위기를 미래의 생태위기에서 현재의 사회경제적 위기로 이동시킨다. 기후정의운동을 경유하면 기후위기는 더 이상 생태적 차원의 문제로 한정되지 않는다. 하지만 이와 같은 기후위기의 의미 변환이 기후위기의 비가역적이고 예측불가능한 파급효과를 탈각시키는 것은 아닐 것이다. 물론 1.5~2℃ 목표 달성을 위한 탄소예산을 소진한다고 해서 세상이 끝나는 것은 아니다. 또한 신속하게 온실가스 배출량을 줄인다고 해도 기후위기가 곧바로 해결되지는 않는다. 파국적 상황은 불균등하게, 꽤 오랜 기간 지속될 것이다. 따라서 체제전환은 기후위기를 함께 버텨갈 방안을 모색해야 한다. 이처럼 함께 살아갈 방법을 찾는 과정은 새로운 것을 찾는 동시에 잊혀지고 부차화된 것들을 재발견하는 과정일 것이다. 심층적응(deep adaptation)을 주장하는 이들이 말하듯이, 길고 험난한 전환의 계곡을 넘기 위해서는 자급, (재)지역화 등 오래된 것들을 새로운 감각으로 되살리며 사회생태적인 회복력을 키워야 한다.

기후위기와 체제전환을 잇는 열 한편의 이야기

이 책에 실린 열한 편의 글은 각기 다른 방식으로 기후위기와 체제전환을 잇는 이야기를 펼치고 있다. 논의 지형에 비춰보면, 하나 혹은 그 이상의 문제와 씨름하며 체제전환으로 가는 길을 찾고 있다. 질문 형식으로 만든 각 장의 제목은 체제전환으로 가는 길을 찾는 열한 개의 입구라 할 수 있다.

1부는 '기후운동과 체제전환'를 키워드로 다섯 편의 글을 묶었다. 기후운동은 체제전환을 둘러싼 쟁점을 살펴볼 수 있는 창과 같다. 또한 체제전환은 기후(정의)운동과 함께 변화한 기후담론의 지형을 이해할 때 그 윤곽을 더 선명하게 파악할 수 있다.

1장에서 정영신은 환경정의운동과 지구정의운동이 기후정의운동으로 마주치게 된 과정을 추적한다. 체제전환은 환경-사회적 전환과 전 지구적 규모에서의 전환을 결합하거나 양자의 관계를 해명할 필요가 있다. 저자는 환경정의운동과 지구정의운동의 역사적 진화 과정을 추적하여 기후정의운동의 원천과 맥락을 입체적으로 조명한다. '체제전환'의 범위와 방향은 기후정의운동의 역사적 맥락을 이해할 때 한층 선명해질 것이다.

2장은 한국 기후운동의 전환 담론과 전환 전략을 캐묻는다. 구도완은 한국의 기후 담론을 에너지 전환, 기후정의, 문명전환 담론으로 나누고, 전환 전략을 생태적 현대화, 체제전환, 풀뿌리 전환 전략으로 구분한다. 이를 바탕으로 저자는 한국 기후운동의 현실을 조망하고 체제전환 논의의 위치를 가늠한 뒤 그것의 이론적 함의를 검토한다.

3장은 924 기후정의행진을 되돌아보며 기후와 '우리'가 어떤 의미를 지녔었는지 질문을 던진다. 김지혜는 924 기후정의행진의 준비·전개 과정을 참여 관찰한 뒤 이를 '우리' 만들기의 시각에서 재조명한다. 아울러 '우리' 앞에 현현하는 기후의 물질성을 분석하여 기후와 '우리'의 관계를 해석하고, 그 관계에서 나타나는 가능성과 한계를 살펴본다. 그리고 이를 바탕으로 기후실천을 열려있는 것 혹은 움직이는 것으로 파악할 것을 제안한다.

4장은 미국의 청년 기후운동인 선라이즈의 기후정치로 시선을 옮긴다. 안새롬은 선라이즈를 사례로 민주주의의 생태적 급진화를 통해 전환을 모색하는 기후정치의 가능성과 한계를 살펴본다. 저자에 따르면, 선라이즈의 기후정치는 민주적 요구들의 접합을 통한 다양한 연대와 경합의 가능성과 함께 새로운 방식으로 정당정치에 개입할 가능성, 대항과 사랑의 정동을 동원하는 정치의 가능성을 보여준다. 다만 이와 같은 가능성이 온전히 실현되기 위해서는 본질주의와 단순화의 위험을 피하고 증오의 정치로 귀결되는 것을 막을 장치가 필요하다.

5장은 자급 관점의 농업이 전환의 틈새를 만들 수 있을지 묻는다. 장우주는 농촌과 도시에서 대안농업을 실천하는 "농사짓는 여성들"의 경험을 분석하여 전환실험에서 여성들이 찾아낸 전환의 방식과 그것의 함의를 살펴본다. 기후위기에 대응하기 위해서는 "자급의 재가치화"를 기치로, 도시-농촌, 소비-생산, 생산-재생산 등 이분화된 기존 체제의 경계를 해체하는 전환 모델을 만들어가는 실천이 더 확산해야 할 것이다.

2부는 세 편을 글을 모아 '체제전환의 확장과 불투명성'이라는 이름을 붙였다. 체제전환을 매개로 다양한 요구들이 결합하여 새로운 가능성을 만들어내는 모습을 생태복지체제, 다종적 정의에 관한 논의를 통해 엿볼 수 있을 것이다. 덧붙여 원점으로 돌아가 '체제전환'의 타당성을 되짚는 글을 2부의 마지막 글로 실었다.

6장은 인간 너머의 기후정의가 어떻게 가능한지 묻는다. 최명애는 기후정의가 인간을 중심으로 논의되었다고 지적하며 최근 확대되고 있는 해상풍력발전이 인간과 비인간의 연결망을 단절하고 비인간을 비가시화한다고 꼬집는다. 저자가 제안하는 것처럼, 비인간 존재를 포함하는 다종적 관계로 기후정의를 확장하는 출발점을 찾는다면 취약성과 신체, 관계적 정의에 주목할 필요가 있다.

7장에서 한상진은 탈식민 사회정책의 필요성을 제기하며 기후 및 감염병 위기에 맞서는 생태복지체제를 구축하는 방안을 탐색한다. 저자가 지적하듯이, 일과 가족, 민족, 자연을 교차시키는 방식으로 탈식민성을 재해석하는 것은 생태복지 담론을 구체화하고 체제전환을 위한 연대를 강화하는 데 기여할 수 있다. 비정규직과 여성, 이주난민, 장애인, 인간 너머 존재 등이 중심이 되는 생태복지체제로 가는 길을 찾는 것은 기후위기와 체제전환에 관한 논의를 한층 더 풍부하게 만들어줄 것이다.

8장은 체제전환이 갖는 모호성과 난점을 환기하며 체제전환을 낯설게 볼 필요성을 제기한다. 박순열은 기후위기에 대처하는 사회는 단일한 사회체계가 아니라 서로 다른 코드와 프로그램으로 자율적으로 작동하는 사회적 체계들이라는 점을 강조한다. 기후변화에 맞서는 사회의 가능성과 한계를 규명하기 위해서는 '체계변화', '체제전환'에 대한 보다 정교한 이해가 필수적이라는 저자의 주장은 체제전환 논의와 다소 결이 다르기 때문에 오히려 귀담아 들을 필요가 있다.

'체제전환의 현실과 장벽'으로 이름 붙인 3부에는 전환의 조건과 장벽을 구체적으로 가늠해보는 세 편의 글을 담았다. 앞의 두 글은 수출주의와 추출주의가 빚어낸 역사제도적 조건을 짚어보면서, 체제전환의 역사적 조건과 장벽을 파헤치는 시도를 한다. 이어서 이 책의 마지막 글은 체제전환 논의에서 공백처럼 남아있는 정당정치의 문제를 살펴본다. 3부의 글들은 전환을 가로막는 높은 장벽을 보여주고 있지만 역설적으로 공고한 장벽을 세밀하게 파헤칠 때 균열 지점을 포착할 수 있다는 점을 상기시켜준다.

9장에서 홍덕화는 체제전환의 대상으로서 자본주의 성장체제가 자주 소환되지만 담론과 현실 사이의 간극이 크다고 지적하며 간극을 좁히기 위해 '수출'부터 다시 볼 것을 제안한다. 저자에 따르면, 역사적으로 특수한 제도적 배열로서 수출주의 성장체제를 생태적 시각에서 재조명할 때, 전환의 조건이자 장벽으로서 저렴한 인프라와 분절적 녹색성장의 특징과 한계가 또렷해지고, 환경과 노동, 복지·돌봄 사이에 접점이 형성되는 역사적 맥락을 이해할 수 있는 길이 넓어진다.

10장은 체제전환 담론으로서 '부엔 비비르'가 직면한 문제를 파고든다. 서지현은 에콰도르에서 새로운 발전 패러다임으로 부상했던 부엔 비비르가 추출주의의 장벽을 넘지 못하고 좌초한 과정을 되돌아본다. 이를 통해 부엔 비비르가 대안 담론에서 현실 정책으로 변환되는 국면에서 경제·사회적 정당성과 정치적 정당성을 담보하지 못하게 되는 딜레마에 부딪친 배경을 파헤친다. 부엔 비비르 실천 경험이 보여주는 바, 체제전환 논의를 공론화할 수 있는 정치경제구조의 민주화는 체제전환의 필수적 요소이다.

11장은 녹색전환의 정치적 정당성을 어떻게 확보할 것인지 묻는다. 김수진은 성장지향 체제가 민주적으로 정당화된다는 점을 환기하며 기후정의운동이 주장하는 체제전환 역시 민주적 정당성을 확보하기 위해 선거정치를 우회할 수 없다고 말한다. 한국의 의회정치에서 기후 의제가 소멸하는 요인과 한국의 온실가스 감축의 저조한 실적이 밀접하게 연결되어 있는 만큼, 기후위기와 체제전환 논의는 정당정치에 더 관심을 기울일 필요가 있다.

기후위기를 다루는 책이 꾸준히 나오고 있다. 기후정의운동의 목소리를 담아낸 글들도 늘고 있다. 하지만 기후위기의 시급성에 비하면 여전히 부족하다. '체제전환'을 중심에 놓고 국내 연구자들이 고민한 결과를 모은 책은 특히 더 드물다. 빈자리를 크게 느끼며, 『기후위기, 전환의 길목에서』에 열한 편의 서로 다른 색깔을 지닌 글들을 모았다. 기후정의운동의 목소리를 따라가며 체제전환 논의를 다양한 각도에서 되짚는 만큼 체제전환으로 가는 길을 탐색할 때 부딪치는 문제들을 엿볼 수 있는 창이 되길 기대한다.

어느새 포럼 생명자유공동체의 이름으로 내는 네 번째 책이다. 숲과나눔이 버팀목이 되어주지 않았다면 결코 여기까지 올 수 없었을 것이다. 대화의 마당을 열고 그 결과가 빛을 볼 수 있도록 아낌없이 지원해준 장재연 이사장과 강희영 협동처장, 이지현 사무처장, 최영주 님을 포함한 재단 직원들에게 깊이 감사드린다. 공개 포럼에서 고민을 나눠준 명수민, 박선아, 박찬종, 오인혜, 윤여일, 주윤정, 한재각 박사에게도 고마운 마음을 전한다. 구도완, 김수진, 김지혜, 정영신, 최명애 편집위원, 그리고 편집 과정에서 궂은일을 도맡아준 안새롬 박사가 없었다면 책을 마무리하는 작업은 엄두도 못 냈을 것이다.

'전환'을 꿈꾸며 몇 해째 대화를 이어오고 있지만 포럼 생명자유공동체의 이름으로 답을 내놓고 있다고 말하기는 어려울 듯싶다. 다만 우리는 실패한 역사의 잔해 위에서, 불안한 마음으로 파국적 상황이 도래하는 것을 바라보며, 흐릿한 이정표를 따라 함께 걷고 있을 따름이다. 누군가는 파국 너머를 상상하지 못하는 이유를 지금의 위기가 문화적 위기이자 상상력의 위기를 동반하고 있기 때문이라 말한다. 섣불리 희망을 말할 수 없지만 우리는 파국을 향해 가는 현실을 외면하지 않는다면 새로운 가능성을 찾을 수 있다고 믿는다. 이 책이 새로운 이야기를 펼치는 씨앗이 될 수 있길 꿈꾸며 세상에 내놓는다.

2023년 9월
저자들을 대표하여 홍덕화

| 목차 |

발간사 생태·사회의 위기, 전환의 길목에서 새로운 가능성을 **장재연** 5
머리말 체제전환으로 가는 길, 체제전환을 읽는 길 **홍덕화** 7

제1부 기후운동과 체제전환

1장 환경정의운동과 지구정의운동은 어떻게 기후정의운동으로 만나는가?
　　　정영신 25
2장 한국 기후운동은 어떤 담론으로 어떤 전환 전략을 실천하는가? **구도완** 75
3장 924 기후정의행진에서 나타나는 기후와 '우리'는 어떤 의미를 지닐까?
　　　김지혜 112
4장 미국의 청년 기후 운동, 선라이즈는 어떤 기후 정치를 모색하는가? **안새롬** 149
5장 기후위기 시대, 자급관점의 농업이 전환의 틈새를 만들 수 있을까? **장우주** 176

2부 체제전환의 확장과 불투명성

6장 인간 너머의 기후정의는 어떻게 가능한가? **최명애** 207
7장 기후 및 감염병 위기에 맞서 탈식민 사회정책은 어떻게 생태복지체제를 만들 수 있는가? **한상진** 240
8장 기후위기에 직면한 사회, 체계변화인가 체제전환인가? **박순열** 267

3부 체제전환의 현실과 장벽

9장 "수출"부터 다시 봐야하지 않을까? **홍덕화** 309
10장 체제전환 담론으로서 '부엔 비비르'의 실천은 에콰도르 코레아 정권에서 어떤 한계와 딜레마에 처했을까? **서지현** 339
11장 녹색전환의 정치적 정당성은 어떻게 달성되는가? **김수진** 364

부록

포럼 프로그램 396
저자 소개 401

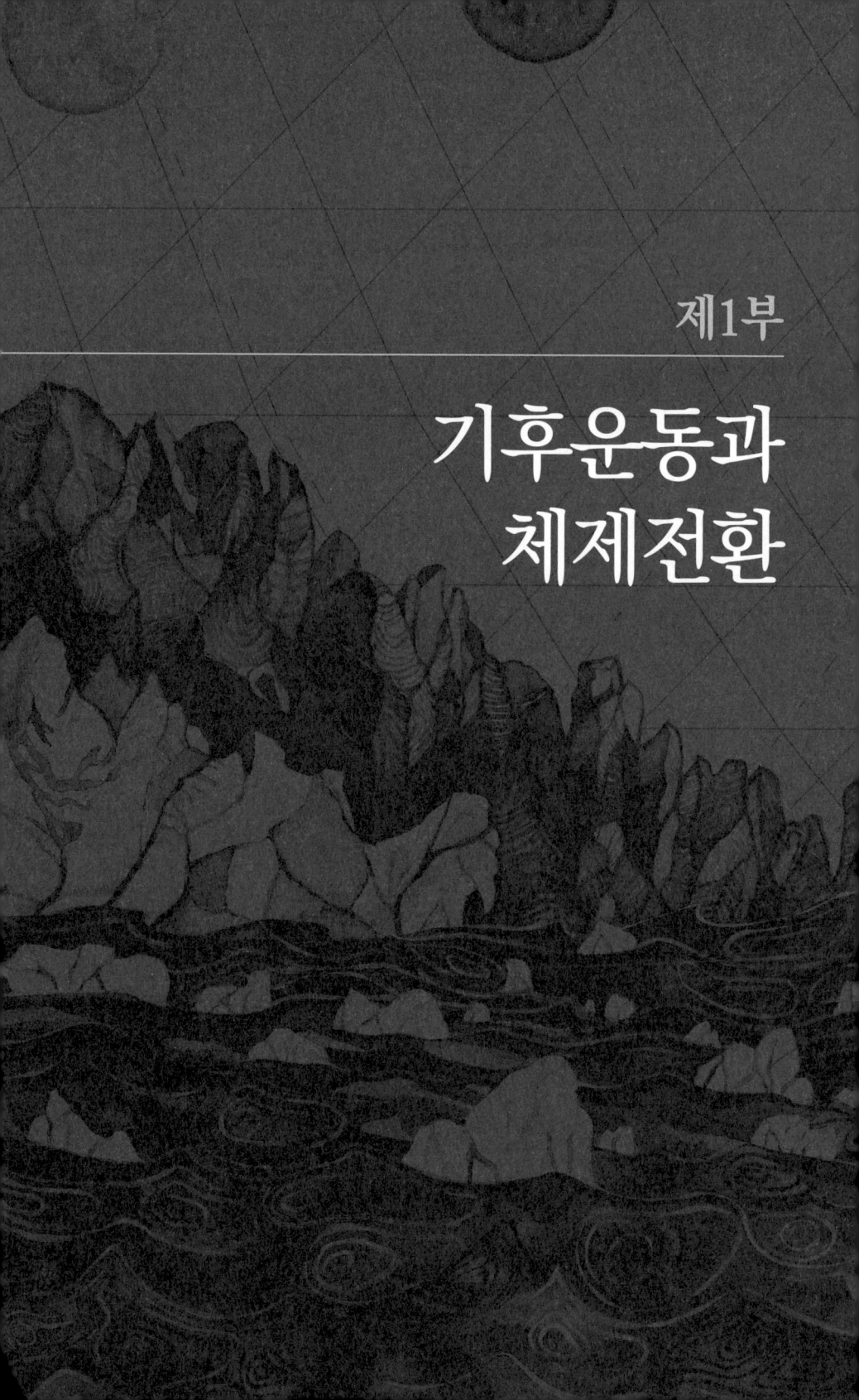

제1부

기후운동과
체제전환

제1부 기후운동과 체제전환

1장　환경정의운동과 지구정의운동은 어떻게 기후정의운동으로 만나는가?　정영신
2장　한국 기후운동은 어떤 담론으로 어떤 전환 전략을 실천하는가?　구도완
3장　924 기후정의행진에서 나타나는 기후와 '우리'는 어떤 의미를 지닐까?　김지혜
4장　미국의 청년 기후 운동, 선라이즈는 어떤 기후 정치를 모색하는가?　안새롬
5장　기후위기 시대, 자급관점의 농업이 전환의 틈새를 만들 수 있을까?　장우주

환경정의운동과 지구정의운동은
어떻게 기후정의운동으로 만나는가?

정영신

> 기후문제는 환경-사회적 문제이면서 동시에 전 지구적 문제이기도 하다. 그리고 이를 해결하려는 기후정의운동은 환경-사회적 문제를 전 지구적 규모에서 해결하려는 사회운동으로서의 성격을 지니고 있다. 따라서 기후정의운동이 표방하는 '체제전환'의 문제, 혹은 전환을 위한 사회운동은 환경-사회적 전환과 전 지구적 규모에서의 전환을 결합하거나 양자의 관계를 해명할 필요가 있다. 이 글은 기후정의운동을 환경정의운동과 지구정의운동의 역사적 진화라는 맥락에서 검토함으로써 기후정의운동이 요구하는 기후정의와 체제전환이라는 목표를 재검토하려는 시도라고 할 수 있다. 기후정의운동의 원천과 맥락을 보다 풍부하게 해명함으로써, 기후정의와 체제전환의 범위와 방향이 더 분명해질 것이다.

키워드: 환경정의운동, 지구정의운동, 기후정의운동

1. 기후정의운동의 두 가지 원천?

　기후위기에 대응하고 그 과정에서 기후정의를 실현하는 것은 오늘날 전세계 사회운동의 가장 긴급한 과제로 부상하고 있다. 한국의 경우에도, 2022년 9월 24일 서울과 제주 등에서 진행된 기후정의행진에 다양한 연령대와 직종의 시민들이 참여함으로써 기후정의 프레임이 폭넓게 확산되고 있다는 점을 보여주었다. 기후정의행진에서는 "기후변화가 아니라 체제전환", "기후정의"와 같은 구호들이 널리 사용되었다. '기후정의' 프레임이 기후위기대응운동, 즉 기후운동의 가장 중요한 구호이자 마스터 프레임(master frame)으로 등장하고 있다고 할 수 있을 것이다. 기후정의행진 주최 측은 '기후정의'가 "기후위기를 초래한 현 체제에 맞서고, 다른 세계로의 전환을 향한 가치이자 방향타"이며, 기후정의운동은 "녹색성장과 탄소중립을 빌미 삼아, 농민이 땅에서 쫓겨나고 노동자가 일터에서 쫓겨나는 현실에 맞서는 싸움"으로서 "그동안 착취당하고 억압받아온 모든 이들의 권리의 다른 이름"이라고 설명하고 있다. 또한 이를 위해 ① 화석연료와 생명파괴 체제의 종식, ② 정치, 경제, 사회, 생태 등 모든 불평등을 끝낼 것, ③ 기후위기 최일선 당사자의 목소리를 담아낼 민주적 절차와 제도의 마련을 요구하고 있다(기후정의행진 조직위원회, 2022).

　한국에서 기후정의운동은 2000년대 초반 기존의 환경운동 단체들이 유엔 기후변화협약 당사국총회(COP)에 대응하는 활동을 조직한 것에서 출발한다. 2007년에 당시 환경정의시민연대, 녹색연합, 환경운동연합, 민주노동당, 민주노총 등이 COP13 공동참가단을 꾸리면서 기후정의운동의 필요성에 대한 공감대가 확산되었다. 그리고 2010년에 COP16 공동대응단을 대규모로 조직하였고, 이들이 2011년에 기후정의를 의제로 한 상설적인 공동대응기구로서 '기후정의연대'를 조직하면서 한국의 기후정의운동이 시작되었다고 할 수 있다. 그러나 기후정의연대는 곧이어 터진 후쿠시마 핵 사고 등의 영향으로 별다른 역할을 하지 못했고, 2019년 9월 기후정의행진을 조직하는 과정에서 300

여 개의 단체와 개인들이 참여하는 기후위기비상행동이 구성되면서 한국에서의 기후정의운동은 본격화된다(김선철, 2022b: 4-5). 그리고 2021년 기후정의 활동가들과 연구자들이 기후정의운동의 방향을 20개의 테제로 정리한 『기후정의선언 2021』을 출간하면서 한국의 기후정의운동은 자신의 지향을 명확히 드러내기 시작했다. 즉, 기후위기가 단지 기후라는 자연현상의 문제가 아니라 불평등 심화와 민주주의 퇴보와 같은 사회적·정치적·경제적 위기의 발현이라는 점, 기후위기의 대응이 전문가의 영역을 넘어 일반 시민과 민중의 생활과 밀접한 관련을 가지며, 따라서 노동자, 농민, 빈민, 여성, 장애인, 청(소)년, 이주민 등 이전까지 기후위기 대응에서 배제되거나 수동적 객체로 머물렀던 이들의 목소리가 보다 커져야 한다는 입장 등이 명확해진 것이다.

기후정의운동은 기후위기 대응과 기후정치에서 가장 중요한 것이 '불평등과 정의'의 문제라고 보고 있다. 하지만 어떤 '불평등'에 주목하고, 무엇을 '기후정의'와 '체제전환'이라고 볼 것인지는 모호하며, 첨예한 논쟁의 대상이다. 예컨대, 기후정의행진이 표방한 '생명파괴 체제'는 역사적 체제로서 규명되었다기보다는 문명론적 통찰에 가깝다고 볼 수 있고, 모든 형태의 불평등을 기후정의와 연결하는 것도 어려운 과제다. 기후정의운동 참여자들은 대체로 신자유주의 이후 심화된 사회불평등과 화석연료로 인한 기후위기라는 자연재해 상황이 결합된 것으로 '기후위기와 불평등'을 이해하는 것으로 보인다. 그리고 사회의 불평등한 권력관계, 즉 자본주의가 기후위기를 초래했다고 본다면 자본주의적 불평등의 해소야말로 가장 중요하고 정의로운 기후위기 대응책이 된다는 것이다(정록, 2022). 하지만 이런 설명이 기후정의운동의 일관되고 합의된 설명이라고 보기는 어렵다. 따라서 이 글은 기후정의운동이 출현한 사회운동의 역사속으로 거슬러 올라가, 환경위기나 기후위기가 불평등과 불의, 정의, 체제전환 등의 문제와 결합되는 과정을 살펴보려 한다.

기후문제는 무엇보다 환경문제이며 따라서 환경운동 혹은 환경정의운동(Environmental Justice Movement)의 맥락에서 기후정의의 문제를 검토해볼 필요가 있다. 또한 기후문제는 지구적 규모에서 발생하고 있으며 지구적 규모에서 해결을 도모해야 할 문제라고 할 수 있다. 따라서 지구적 규모의 사회운동, 특히 지구정의운동(Global Justice Movement)의 맥락에서 기후정의운동의 발전과정을 고찰해볼 필요가 있다. 이렇게 본다면, 기후정의운동은 환경정의운동과 지구정의운동이 교차하는 역사적 지평 속에서 발전해왔다고 볼 수 있을 것 같다. 요컨대, 이 글의 목적은 기후정의운동을 사회운동의 역사적 흐름 속에서 검토하며, 환경정의운동과 지구정의운동의 역사적 진화와 한계라는 시각에서 기후정의운동의 급진성과 과제를 탐색해보려는 것이다. 이를 위해, 우선 현재까지의 기후정의운동에 대한 연구들을 간략히 살펴보고, 환경정의운동과 지구정의운동의 발전과정을 요약한 후, 양 운동의 발전과정이 기후정의운동에 미치는 함의에 대해 정리해보도록 하겠다.

2. 기존 연구 검토 및 이론적 배경

한국에서 기후문제와 관련한 사회과학 연구들은 '교토의정서'나 '파리기후협정'을 통해 탄생한 국제기후체제로서, 교토체제나 파리체제의 성과와 한계를 평가하는 연구가 다수를 차지하고 있다. 기존 기후체제 내에서 각 국가의 이산화탄소 감축목표나 실현의지, 정책의 유효성 문제가 논의의 초점이 된다(김선철, 2022a). 그리고 기존의 정책에 관한 연구에서 기후정의의 실현은 정책평가의 중요한 원칙으로 부상하고 있다(한상운 외, 2019). 최근에는 이러한 정책연구뿐만 아니라 사회운동으로서 기후운동에 관한 연구에서도 기후정의 프레임으로 수렴 현상이 나타나고 있다. 기존 연구들은 기후문제에 관한 담론과 운동이 출현한 초기부터 온실가스 배출 책임과 기후변화 피해 사이의 분명한 간극으로 표현되는 기후불의(climate injustice)와 취약성(vulnerability) 개념이 그 출발점이 되어왔음을 지적하고 있다(박병도, 2013; 홍덕화, 2020). 즉, 기후위기가 인류 공동의 문제이지만, 기후위기의 영향은 회복능력과 자원이 부족한 빈곤국이나 빈곤층을 비롯한 특정 계급계층에게 더욱 크게 나타나기 때문에, 기후위기와 관련한 사회과학적 연구의 많은 부분은 점차 기후정의의 의미를 탐색하는 데 초점을 맞추고 있다(김민정, 2020; 노희정, 2021; 이은기, 2012; 이화선, 2021).

하지만 기후정의운동 자체에 대한 본격적인 연구는 드문 편이다. 기후정의운동 내부에서 운동의 역사와 과제를 정리한 글은 존재하지만(장호종, 2010; 김선철, 2022b; 정록, 2023), 학술적 연구는 소수에 그치고 있다. 김민정(2015)은 기후 활동가들에 대한 심층 인터뷰를 통해, 한국 기후운동 단체들의 기후정의 개념, 온실가스의 감축목표와 수단에 대한 인식, 기후운동의 전략 등에 대한 경험적 연구를 수행했다. 이에 따르면, 한국의 기후운동은 '개혁주의'의 흐름과 '변혁주의' 흐름으로 구분된다. 전자가 기후 가해자와 피해자의 형평성을 강조하면서 그 불평등의 시정을 요구하는 '사회 통념상 기후정의' 이념에 근거하여 의회주의, 전문가주의, 실용론을 통해 문제를 해결하려 한다면, 후자는 기후위기를 불평등한 사회구조와 직접적으로 연결하는 '급진적 기후정의' 이념에 근거하여 아래로부터의 정의로운 전환을 추구한다. 그리고 개혁주의와 변혁주의 사이에는, 원론적으로 변혁주의의 입장을 따르지만 정책 제시와 개혁적 수단의 급진화를 추구하는 '좌파 개혁주의' 흐름이 존재한다. 이러한 구분은 기후운동을 지구의 벗이나 그린피스와 같은 기존의 글로벌 NGO를 중심으로 '기후변화' 프레임을 중심으로 하는 운동과, 라이징타이드(Rising Tide)나 기후캠프(the Climate Camps)처럼 보다 급진적이면서 직접행동에 의한 대중 조직화에 방점을 두는 '기후정의' 프레임을 중심으로 한 흐름으로 구분한 기존 연구와도 유사하다(della Porta and Parks, 2014). 기후정의운동의 전반적인 양상이나 흐름에 대한 연구뿐만 아니라, 최근에는 '미래를 위한 금요일'의 사례 연구(최규연, 2023), GEYK와 청년기후긴급행동, 대학생기후행동의 사례 연구(김민정·이상준, 2023)처럼 청(소)년세대의 기후운동 사례를 다루거나 커먼즈 정치의 시각에서 그 정치적 의미를 탐색하는 연구(안새롬, 2022)가 나오고 있다. 그리고 924 기후정의행진에서 드러난 '우리'라는 주체의 형상이 기후의 독특한 물질성과 맺는 관계를 탐색한 연구(김지혜, 2023) 등이 나오고 있다.

이 글에서는 기후정의운동을 기후정의 프레임을 통해 기후문제를 해결하려는 사회운동으로 다룬다. 이때 '사회운동'은 공동의 신념과 집합적 정체성을 바탕으로 주로 항의(protest)를 조직함으로써 사회의 변화를 추구하는 개인, 집단, 조직 들의 네트워크를 의미한다(della Porta and Diani, 1999: 16). 사회운동의 전개 과정에는 외부환경의 변화에 저항하거나 그것을 변화시키려는 집합적 시도뿐만 아니라 연대와 집합적 정체성을 육성할 수 있도록 현실에 대한 공동의 해석틀, 즉 프레임(frame)을 발전시키는 것이 중요하다(della Porta, 2007a; 8). 따라서 각각의 사회운동들은 환경문제나 기후문제 및 지구적 차원에서의 불평등과 억압을 해결하려고 노력하는 가운데 공통의 정체성인 '우리'와 항의의 대상인 '타자'를 구별하는 담론을 생산하고 발전시킨다. 기후운동은 '기후변화'에서 '기후정의'로 프레임의 변화를 뚜렷하게 보여주며, 온실가스 배출로 인한 기후위기를 사회적 불평등의 문제와 연결한다.

환경정의운동이 지역과 초국적 수준 모두에서 작동하는 사회운동이라면, 지구정의운동과 기후정의운동은 전 지구적 성격을 띤 사회운동이다. 타로우(Sidney Tarrow)는 초국적(transnational) 사회운동과 지구적(global) 사회운동을 구분하는데, 전자는 "적어도 두 개 이상의 국가에 구성원을 두고, 자신의 국가가 아닌 적어도 한 국가 이상의 권력 보유자 또는 국제기구와 다국적 경제행위자들과 지속적으로 논쟁적인 상호작용을 하는, 사회적으로 동원된 집단"인데 반해, 후자는 "자신의 대의를 전 지구적으로 정의하며 둘 이상의 국가 또는 국제정부기구(IGO)를 대상으로 하는 항의 캠페인 및 기타 형태의 행동을 조직하는 초국가적 행위자 네트워크"로 정의된다(Tarrow, 2001: 11). 전자가 운동의 행위자와 대상이 여러 국가에 걸쳐 있다는 점에서 정의된다면, 지구사회운동 개념에서는 문제의 전 지구적 성격에 대한 인지와 공동행동의 조직이 강조된다. 이런 시각에서 델라 포르타(Donatella della Porta)는 지구정의운동을 "지구를 가로질러 전 세계 사람들 사이에서 (경제적·사회적·정치적·환경적) 정의라는 대의를 증진시킨다는 공통의 목표를 바탕으로 다양한 종류의 집합행동에 참여하는 (정당까지 포함하여 매우 다양한 형태의) 조직들 및 여타 행위자들의 느슨한 네트워크"로 정의하고 있다(della Porta, 2007a: 7).

3. 환경정의운동의 발전을 둘러싼 쟁점들

1) 환경정의운동의 형성과 발전

인간과 자연, 사회와 환경 사이의 관계에 대한 인간의 인식과 실천은 오랜 역사를 지니고 있지만, 오늘날 인간사회가 공유하는 자연과 환경에 대한 인식들은 근대의 산물이며 이에 기초하여 환경운동이 발전해왔다. 따라서 근대 이후의 환경주의의 역사 속에서 환경운동과 환경정의운동의 전개 과정을 살펴볼 필요가 있다. 구하와 마르티네즈-알리에르는 근대사회 이후에 출현한 환경주의를 세 가지 흐름으로, 즉 '야생의 숭배(the cult of wilderness)', '생태효율성의 복음(the Gospel of Eco-efficiency)', '빈자들의 환경주의(the environmentalism of the poor)'로 구분하고 있다(Guha and Martinez-Alier, 1997; 1999).

첫 번째 흐름은 미국의 시에라 클럽이나 존 뮤어(John Muir)에 의해 표현된 바 있는 것처럼, 깨끗한 자연의 보호, 오래된 숲과 강에 대한 사랑, '야생에 대한 숭배'라는 슬로건으로 대표될 수 있다. 하지만 '야생에 대한 숭배'가 단순히 환경의 아름다움에 대한 미학적 가치나 신학적·종교적 심성에만 호소하는 것은 아니며, 숲의 생산물로서 야생성과 경제적 이용(즉, 야생동물과 목재 생산)을 제시하기 위해 과학적 생태학 역시 활용한다(Martinez-Alier, 2002: 1-2). 따라서 '야생에 대한 숭배'는 경제성장주의를 직접적으로 공격하지 않으며, 시장

밖에서 자연 그대로의 공간을 보존하기 위한 활동(예컨대, 자연보호구역의 구축)에 집중한다. 사회운동의 측면에서, '야생에 대한 숭배' 흐름은 인간중심주의적인 얕은(shallow) 태도에 반대하면서 자연에 대한 '생물중심적' 태도를 선호하는 심층생태학 운동으로 발전해왔다.

두 번째 흐름은 산업활동의 확장과 도시화, 농업의 현대화 등 경제 전반에 대한 관심 속에서 발전해온 '생태효율성의 복음'이다. 이 흐름은 '야생의 숭배' 흐름이 지니고 있던 자연과 생명에 대한 가치화와 사회-경제에 대한 무관심을 비판하면서 '지속가능한 발전', '생태적 현대화', 자원의 '현명한 사용'과 같은 슬로건을 통해 인간중심적인 시각에서 양자의 조화를 주장한다. 오늘날 '생태효율성 복음'은 환경문제에 관한 논쟁에서 정치적·사회적 주도권을 쥐고 있다(Martinez-Alier, 2002: 5-6).

세 번째 흐름인 '빈자들의 환경주의'는 전 세계적인 자원추출 분쟁에 연루된 빈곤층 또는 원주민의 환경주의를 의미한다. 광산회사, 수력발전 댐, 바이오매스 추출, 토지 수탈, 석유와 가스 자원의 착취에 맞서기 위한 투쟁에서 농민과 토착민 공동체는 1980~90년대 이후 세계 환경정의운동의 중추를 형성해왔다(Martinez-Alier, 2013). 빈자들의 환경주의 테제는 가난한 사람들이 환경주의자처럼 생각하고 행동한다고 주장하는 것은 아니지만, 역사적으로 자원추출 및 폐기물 처리와 관련한 분쟁에서 빈자들이 종종 기업과 국가에 대항하여 자연보호 편에 섰으며, 이러한 행동은 그들의 이해관계나 가치와 일치한다는 점에 주목한다. 이러한 '빈자들의 환경주의'의 확산은 환경운동이 환경정의운동으로 진화하는 데 결정적인 역할을 담당했으며, 환경문제에 관한 전 지구적 관점을 확산시켰다.

역사적으로 보면, 중남미와 아프리카, 그리고 아시아에서 서구 선진국과 초국적 기업들의 자원추출과 플랜테이션 농업의 확대는 원주민사회의 붕괴와 이주 및 지역 생태계의 파괴로 이어졌고, 이에 대한 지역민들의 저항도 지속적으로 전개되어왔다(Guha and Martinez-Alier, 1997; 1999). 하지만 이들의 투쟁이나 환경주의는 비가시적이었는데, 그것은 환경운동에 대한 연구가 주로 북대서양 세계에 치우쳐 있었고, 자연보전이나 생물다양성과 같은 문제에 대한 우려는 부유한 서구인의 전유물이라는 통념이 있었기 때문이었다. 동시에, 세계에서 가장 가난한 나라의 시민들이나 선진국 내의 빈자들은 '친환경'이 되기에 너무 가난하며 '생존'이라는 더 시급한 문제에 몰두할 수밖에 없다고 인식되었다. 따라서 빈자들의 환경주의는 단순히 '분배'에서의 불평등뿐만 아니라 '인정'과 '참여'에 대한 요구를 포함한 사회정의에 중점을 두며, 환경을 위한 투쟁과 인권이 불가분의 관계라는 전제를 기반으로 삼고 있다는 점에서 환경정의운동의 발전에 결정적인 중요성을 지니고 있다고 할 수 있다.

다른 한편, 환경정의의 이념이 형성되고 제도화되는 데는 미국에서 발생한 여러 사건과 운동이 중요한 역할을 담당했다. 파버와 매카시는 미국 환경정의 운동이 세 단계에 걸쳐서 진화했다고 본다(Faber and McCarthy, 2001). 첫 번째 단계는 1982년 미국 노스캐롤라이나주의 흑인 거주 지역인 워런 카운티(Warren County)에서 일어난 화학폐기물 매립 반대운동에서 시작되었다. 이를 계기로, 환경문제가 인종이나 계급계층 문제와 연결되어 있다는 인식이 형성되고, 지역사회에 기반한 환경정의운동 단체들이 결성되었다. 두 번째 단계는 1991년 워싱턴에서 개최된 1차 전국 유색인종환경지도자회의에서 미국의 50개 주 대표와 해외 활동가들이 모여 유색인종에 영향을 미치는 환경문제에 대처하기 위한 공동의 전략에 대해 논의한 것이 계기가 되었다. 이 회의에서 대표자들은 17개 항으로 구성된 「환경정의의 원칙」을 채택했고, 1992년 브라질 리우데자네이루에서 열린 유엔환경개발회의에서 이를 배포했다(박재묵, 2015: 306-307). 이를 통해 환경정의 내용이 명확해지게 되었다. 세 번째 단계는 1990년대 이후 풀뿌리 조직들이 긴밀한 국내·국제적 연대조직을 결성하고, 운동의 방식도 교육, 정책, 캠페인 등으로 확장하는 등 양적·질적으로 도약하는 시기라고 할 수 있다. 이 단계에서 환경정의운동은 독성물질 폐기의 불공정성을 넘어서 독성물질의 생산 자체에 대한 비판으로, 즉 분배적 정의뿐만 아니라 생산적 정의 프레임을 강조했다. 또한 독성물질의 생산을 담당해온 초국적 기업과 자본주의적 생산 시스템에 대한 관심이 늘어나면서, 환경정의운동은 신자유주의적 세계화에도 적극적으로 대응하는 모습을 보이게 된다.

요컨대, 환경정의운동은 제3세계에서 진행된 초국적 기업들의 자원추출과 원주민 생활세계에 대한 파괴와 이에 대한 저항으로서 '빈자들의 환경주의'의 확산, 미국 내에서 오염을 유발하는 공장과 폐기물처리장이 가난한 아프리카계 미국인의 지역사회에서 불균형적으로 발견된다는 비판 등 여러 원천들 속에서 발전해왔다. 따라서 '환경정의운동'은 다양한 형태의 사회적 불평등이 환경파괴와 밀접한 관련이 있으며 심지어 환경파괴의 원인이라는 점을 강조한다(Taylor, 2000). 특히 환경문제를 둘러싼 인종적 불평등은 환경불의의 대표적인 사례로 지적되어왔으며, 미국의 초기 환경정의운동이 흑인 민권운동과 깊게 결합하는 원인이 되었다. 예컨대, 환경정의운동의 형성에 결정적인 계기가 된 1982년의 워런 카운티 사건은 화학폐기물 처분장을 흑인 거주 지역에 설치한 사건이었고, 따라서 투쟁의 초기부터 전미유색인지위향상협회(NAACP)가 주민들의 투쟁에 적극적으로 결합했다. 문제의 해결 방식에도 민권운동의 경험은 중요하게 작용했는데, 1992년에 조지아주의 민주당 하원의원인 존 루이스(John Lewis)가 환경정의법안을 발의한 것도 초기의 민권운동 전략에 기반을 둔 것이었다. 시간이 지나면서 환경정의운동은 다양한 사회운동과의 결합 속에서 자신의 의제를 확산해왔다. 유색인종의 (시)민권운동뿐만 아니라, 산업안전보건운동, 이민자권리운동, 아메리카원주민 공동체의 생존권운동, 독성화학물질에 반대하는 환경건강운동, 기업 주도의 세계화에 대항하는 반세계화운동, 주거·교통·고용 등에 관심을 갖는 지역사회운동 등 여러 사회운동이 결합되면서 환경정의운동이 발전, 확산해왔다고 할 수 있다(Faber and McCarthy, 2001).

2) 환경정의운동을 둘러싼 논쟁

환경운동에서 환경정의 프레임으로의 수렴은 환경문제를 사회적 불평등과의 관계라는 시각에서 다룬다는 것을 의미한다. 그렇다면 전 지구적 규모에서 최근까지 환경정의운동의 대상이 되는 분쟁들은 어떤 것인가? 전 세계의 환경분쟁과 환경정의운동의 사례들을 데이터로 구축하고 있는 환경정의아틀라스(EJatlas)의 자료(2015년 4월까지 수집된 1,354건의 사례에 대한 분석)에 따르면, 광업(21%), 화석연료의 산업적 추출(19%), 토지분쟁(17%), 수력발전 댐 건설을 포함한 물관리 분쟁(14%) 등이 주요한 분쟁의 대상이 되고 있다(Martinez-Alier et al., 2016: 4). 이 분쟁들의 63%가 농촌 지역에서 발생했으며, 17%만이 도시 지역에서 발생했다. 이 환경분쟁의 당사자이면서 환경정의를 요구하는 운동의 행위자들은 미국의 민권운동이나 반인종주의운동의 범위를 크게 넘어서고 있다. EJatlas의 자료에 따르면, 지역의 환경정의운동조직(Local EJOs), 지역사회의 공동체, 농부들, 사회운동조직, 원주민 집단, 지역의 정부와 정당, 지역의 과학자와 교수들, 국제환경정의조직 등의 순서로 행위자들이 동원되었다. 동원과 항의의 주요 형태들을 보면 항의서한과 호소문 보내기, 공개 캠페인, 거리 시위, 집단행동을 위한 네트워크 개발, 국내 및 국제 NGO의 참여, 미디어 기반 활동, 소송, 대안적 지식이나 보고서 만들기 등의 빈도로 나타나고 있다(Martinez-Alier et al., 2016: 5-6). 환경정의운동의 이러한 확장은 의제, 대상, 행위자의 측면에서 환경정의운동이 전형적인 사회운동의 양상을 띠게 되었다는 것을 보여준다.

그렇다면 환경정의운동의 확장과 발전은 실제로 환경의 질을 개선하는 데 도움이 되었는가? 이에 대해서는 논란의 여지가 있다. 몇몇 연구자들은 환경정의운동의 정책적 및 법적 성과가 매우 미미하다고 주장하는데, 특히 이러한 평가는 미국의 환경정의운동에 대한 평가에서 잘 나타난다. 예컨대 미국의 「수정헌법」제14조의 평등한 보호에 관한 조항에 근거하여 환경정의 소송이 8건 제기되었지만 모두 실패했다는 평가가 존재한다(Pulido et al., 2016). 또한 미국의 모든 연방기관들이 그들의 활동에 인종차별 문제를 고려사항으로 포함하도록 강제하고 있는 행정명령(EO) 12898호는 1994년 빌 클린턴 대통령에 의해 공표된 것으로, 환경정의운동의 대표적인 성과로 꼽히고 있다. 하지만 이의 실행 여부에 관해서도 미국 환경보호청(EPA), 주택·도시개발부, 교통부, 내무부 등 주요 기관들이 실패하고 있으며, 환경 관련 기관들이 환경영향에 대한 우려를 적절하게 해소하지 못하고 있다는 비판이 제기된다(Konisky ed., 2015). 행정부의 환경 집행의 공정성과 관련해서도 여러 가지 평가가 존재하지만, 특히 저소득의 라틴계 이민자들에 대해서는 공정하지 않다는 연구결과들이 존재한다(Konisky and Reenock, 2013). 환경정의운동의 성과와 한계를 온전히 평가하는 것은 복잡하고 어려운 작업이며, 이 글의 범위를 넘어서는 문제다. 하지만 이러한 비판의 배경이 되는 지점, 즉 환경정의운동이 직면하고 있는 문제점의 원인으로 지목되고 있는 측면들에 대해서는 살펴볼 필요가 있다.

첫 번째 논점은 환경정의운동이 세계경제구조의 변동에 제대로 대처하지 못했다는 지적이다. 환경운동이 환경적 조건들에서의 변화를 이끌어내기 위해서는 법과 정책에서의 변화가 필요하고, 이를 위해 국가 또는 제도권 정치에의 접근은 피할 수 없다. 문제는 1990년대 이후 국가정책의 우선순위에서 금융적 자유화와 산업발전을 우위에 두는 신자유주의 정치(neoliberal politics)가 미국을 비롯한 전 세계를 지배하게 되었다는 점이다. 파버(Faber D.)는 국가 기관들이 환경과 발전의 문제와 관련하여 점점 더 산업적 이해관계에 포획되는 과정을 '오염자·산업 복합체(polluter-industrial complex)'라는 개념을 통해 설명한다. 이 개념은 "오염자가 그들이 환경이나 공중건강에 초래한 피해에 대해 책임을 지지 않고서도 자신들의 행동을 계속할 수 있도록 해주는 산업과 정부 사이의 밀착 관계"를 의미한다(Faber, 2008; 2018). 파버는 이 복합체의 힘이 미 환경보호청의 관료에 대한 임명, 환경 규정에 대한 해석, 집행의 우선순위에 실질적인 영향력을 미치고 있다고 비판한다. 국가정책의 신자유주의적 전환은 국가

기관들의 선호 구조를 바꾸었을 뿐만 아니라, 환경 활동가들에게까지 직접적인 영향을 미치고 있다. 국가가 환경과 산업 사이의 관계에서 산업에 우선순위를 둠에 따라, 환경 관련 부서의 관료들이 기업을 규제하기보다 시민 개인의 행동을 강조하거나, 산업계와 함께 해결책을 모색하는 비적대적인 프로젝트에 펀딩을 집중함으로써 환경운동 활동가들을 규율하고 통제하고 있다는 비판 역시 제기된다(Harrison, 2015).

이러한 비판은 초기에 전투적인 성격을 지니면서 일정 부분 성과를 달성했던 환경정의운동이 기존 체제의 일부가 되어가고 있다는 사례 연구의 결과들과도 일맥상통한다(Perkins, 2015). 한편, 카터는 환경, 인종, 계급 사이의 관계에 대한 근본적 문제제기와 체제의 변화를 요구했던 환경정의운동이 2000년대 이후 점점 더 공원이나 기타 편의시설로 대표되는 '삶의 질' 문제에 집중하고 있다고 평가하면서 이를 '환경정의 2.0'으로 명명하고 있다(Cater, 2016). 이러한 흐름은 물질적 재화나 공공재의 분배와 관련한 현상적 지표들에 관심을 두는 것으로, 환경정의운동의 기반으로 존재해왔던 비판적 인식, 즉 환경불평등 또는 환경불의가 계급·인종과 같은 차별적 구조에 토대를 두고 있다는 인식의 쇠퇴를 의미한다고 볼 수 있다. 환경정의운동이 초기의 인종적, 계급계층적 불평등 문제에 집중했던 경향으로부터의 이탈은 2008년 세계금융위기 이후 세계불평등 지수가 악화되고 있는 현실과도 부합하지 않는다. 2017년 말에 나온 『세계불평등 보고서 2018』에 따르면, 1980~2016년 사이에 늘어난 세계 부의 27%를 세계 상위 1%가 차지한 것으로 드러났다. 보고서를 작성한 학자들은 지난 37년 동안 상위 0.1%가 가져간 세계의 부와 소득 증가분이 하위 50%인 38억 명에 돌아간 몫과 같다며, 전 세계적인 범위에서 빈부격차의 확대를 지적하고 있다. 개발도상국이 일부 발전하고 있기는 하지만, 전체적으로 보면 세계의 상위 10%가 중산층을 포함한 나머지 90%를 쥐어짠 결과라는 것이다 (Alvaredo et al., 2017). 요컨대, 전 세계적인 불평등의 악화에도 불구하고 환경정의운동이 '환경정의 2.0'으로 경도되는 것은 운동의 명백한 후퇴를 보여준다고 할 수 있다.

둘째, 환경정의운동은 신자유주의적 세계화 이후 재편되고 있는 미국과 세계 정치의 권력구조 변동에도 적절히 대처하지 못했다는 비판을 받고 있다. 미국에서 초기 환경정의운동이 제도화에 성공할 수 있었던 것은 아프리카계 미국인들이 이미 민권법(1964년), 투표권법(1965년), 고용기회균등법(1972년) 등의 입법과 제도화를 통해 현실에서의 변화를 이뤄낸 경험과 네트워크를 활용할 수 있었기 때문이다. 그런데 미국의 흑인 민권운동이 환경정의운동으로 이어지는 맥락에는 1980년대 미국에서 인종차별철폐 조치들에 대한 백인들의 반발과 보수주의의 반격이 존재한다. 적극적 우대조치(affirmative action)를 통해 유색인종의 대학 진학을 확대하던 미국의 인종차별철폐 조치에 이의를 제기한 바키 판결(Bakke decision)[1]이 나온 것이 1978년이었다. 이러한 배경하에서 환경주의와 민권운동을 통합함으로써 인종차별에 대응하려는 적극적인 전략적 움직임이 존재했고, 이를 통해 환경정의운동이 강한 동력을 획득했다고 할 수 있다. 환경정의운동이 인종차별의 새로운 영역을 발견함과 동시에, 그에 대한 증거를 제공했기 때문이다.

하지만 1990년대를 경과하면서 신자유주의 정책이 본격화됨에 따라, 환경정의운동의 토대가 되었던 민권운동은 흑인에 대한 범죄화, 교도소 산업의 발전, 마약과의 전쟁, 이민자의 범죄화 등 인종차별적 색채가 강한 담론에 떠밀려 점차 쇠퇴하게 된다. 이른바 '백인 국가의 부활(The Resurgence of the White Nation)'로 상징되는 인종주의적 프로젝트들은 신자유주의 정책을 강화하는 데 도움을 줄 뿐만 아니라, 환경적 불평등처럼 경제적 요구로 환원되지 않는 인종

---

[1] 캘리포니아 주립 데이비스 의과대학에 지원했다가 불합격한 앨런 바키는 1974년에 다시 의대에 응시했지만 다시 탈락했다. 이때, 적극적 우대조치를 통해 입학한 특별전형 응시생의 점수는 그의 점수보다 현저히 낮았다. 바키는 이것이 백인 학생에 대한 역차별이라며 법원에 소송을 냈고, 주 법원에서는 승소했다. 1978년 내려진 연방대법원의 판결은 인종이 적극적 우대 조치로서 대학입시에서 고려되어야 할 요소임을 인정했지만, 특정 인종의 비율을 정해놓은 할당제는 위헌이며 따라서 대학의 입시정책이 위법하다고 판시했다.

차별 문제들을 양산하고 있다. 미국의 건국 초기부터 존재했던 백인민족주의는 민권운동과 이민자의 대규모 유입에 따른 인구통계학적 변화로 인해 심각한 도전을 받았고 이런 흐름 속에서 환경정의운동이 확산될 수 있었지만, 2000년대 이후 이민을 반대하고 이민자의 권리를 제한함으로써 미국을 백인들의 국가로 탈환하려는 시도는 백인우월주의에 의한 폭력의 물결을 점차 고조시키고 있다(Mulligan et al., 2021). 이러한 권력구조의 재편은 환경정의운동의 사회적 토대를 침식하고, 환경정의의 실현을 가로막는 장벽을 강화했다.

예컨대, 유엔 인종차별철폐위원회(CERD)는 지난 2022년 8월 미국의 '모든 형태의 인종차별 철폐에 대한 국제협약'의 이행 상황을 심의한 결과보고서를 발표했다. 이에 따르면, 최근 몇 년간 미국에서 증오범죄와 증오발언 사건이 현저하게 증가했으며, 인종과 관련된 총기 사상자 역시 크게 늘었다. 그리고 유색인종 및 소수민족계가 의료·교육·주택 등의 분야에서 지속적으로 차별받고 있다고 지적했다. 또한 보고서는 미국의 유색인종과 소수민족계 임산부는 다른 집단보다 사망률과 발병률이 더 높으며 원치 않는 임신을 할 위험이 더 크다고 지적했다. 미국 내 코로나19 감염률과 사망률 역시 유색인종과 소수민족계에서 더 높게 나타나고 있다(UN CERD, 2022). 보고서는 지난 수십 년에 걸쳐 인종적 정의를 위한 운동에도 불구하고, 특히 미국에서 반인종주의 정책이 그다지 성공적이지 못했음을 보여준다. 이러한 현실은 환경주의와 민권운동을 통합함으로써 인종차별에 적극적으로 대응하려 했던 환경정의운동의 사회적·정치적 토대가 약화되고 있음을 보여준다.

요컨대, 2000년대 이후 환경정의운동이 직면하고 있는 다양한 현실은 환경정의운동으로부터 진화한 기후정의운동이 세계경제구조의 변동이나 세계정치의 재편에 적극적으로 대응해야 한다는 점을 지적해주며, 다양한 형태의 불평등을 기후문제의 해결과 결합하는 창의적이면서도 급진적인 정치와 운동이 필요함을 말해주고 있다.

4. 지구정의운동의 발전과 쇠퇴를 둘러싼 쟁점들

1) 지구정의운동의 형성과 발전

환경정의운동을 포함한 대다수의 사회운동은 신자유주의적 세계화 국면 속에서 위기와 도전의 기회를 맞이했다. 자본, 상품, 사람, 정보의 자유로운 이동을 촉진하는 실물적 및 이념적 흐름으로 설명되는 세계화와 더불어 그리고 그것에 대항하면서 탄생한 것이 지구정의운동이라고 할 수 있다.

1999년 11월 미국 시애틀에서는 제3차 세계무역기구(WTO) 회의가 열렸다. 이에 항의하기 위해 전 세계에서 결집한 5만 명의 시위대는 격렬한 시위를 벌였고, 지구정의운동은 바로 이 '시애틀 전투(the battle of Seattle)'를 계기로 운동의 도약이 이루어진 것으로 알려져 있다. 이후 G8을 비롯한 정상회의 반대 투쟁, 세계행동의 날, 실업에 반대하는 유럽 행진, 사파티스타 은하 간 회의(Intergalactic Meetings of the Zapatistas), 세계사회포럼 등 강력한 국제적 동원이 시작되면서 새로운 항의 사이클(cycle of protests)이 시작되었다는 전망이 등장하기 시작했다(della Porta et al., 2005; della Porta ed, 2007; Langman and Benski, 2018).

지구정의운동의 뿌리는 1980년대 구조조정 프로그램(Structural Adjustment Program)에 반대하는 제3세계의 시위들에서 찾을 수 있다. 1970년대 후반부터 1980년대 전반까지, 제3세계의 개발도상국들은 미국이 주도한 금리상승의 영향으로 외채위기를 경험하게 되는데, IMF와 세계은행은 대출 연장이나 신규 대출의 조건으로 구조조정 정책을 강요했다. 이 정책은 무역의 자유화, 규제 완화와 공기업의 민영화, 금융시장의 개방, 사회지출의 삭감(긴축정책)과 국가보조금의 폐지 등을 포함했으며, 이후에 이 정책 패키지를 신자유주의 정책으로 부르게 되었다. 1980년대 말까지 약 70여 남반구 국가가 IMF와 세계은행의 프로그램에 참여하였고, 이 국가들은 '잃어버린 10년'이라고 불릴 만큼 심각한 경제적 후퇴(실질임금 하락, 실업률 상승, 생활수준 악화 등)를 경험했다. 동시에 신자유주의 정책은 북반구의 국가들에서도 금융의 자유화와 노동의 유연화를 강요하면서 '바닥을 향한 경주'를 가져왔다. 세계화라는 정치경제적 변동에 따라 신자유주의 정책은 전 지구적인 규모에서 논쟁의 대상이 되었다. 북반구에서는 남반구 국가들의 부채탕감을 위한 초국가적 캠페인으로 'Jubilee 2000' 운동이 확산되었고, 이를 계기로 남반구와 북반구를 연계가 확장되면서 세계화와 신자유주의에 반대하는 거대한 저항의 물결이 일어나게 되었다(Langman and Benski, 2018).

시애틀에서의 대규모 시위는 지구정의운동을 궤도에 올려놓는 역할을 했지만, 그 영향은 미국보다는 유럽에서 나타났다. 2001년 9·11테러에 뒤이은 미국의 대테러전쟁과 이라크전쟁은 미국 사회운동의 재-국내화를 가져왔다. 반면, 유럽에서 초국적 시위는 매우 역동적으로 전개되었고, 지구정의운동의 유럽화 과정은 유럽 전역에 걸친 네트워크와 캠페인의 구축으로 2000년대 말까지 강화·지속되었으며 동유럽과 튀르키예로까지 확대되었다. 2002년 이탈리아 피렌체에서 열린 첫 번째 유럽사회포럼에는 예상 인원의 3배가 넘는 6만 명의 참가자가 30개의 본회의 160개의 세미나, 180개의 워크숍과 75개의 도시에서 열린 문화행사에 참여했다. 105개국에서 426개 단체, 2만여 명의 대표단이 참석했으며, 포럼의 대미를 장식한 행진에는 약 100만 명이 참가했다(della Porta, 2007a: 13-14). 이후 참가자 수가 다소 감소했지만, 2006년 그리스 아테네에서 열린 제4차 유럽사회포럼에서 등록된 참가자 수는 3만 6,000명에 달했을 뿐만 아니라, 동유럽과 지중해 지역에서 다수의 대표단이 참가하여 네트워크가 더욱 확대되었다는 것을 보여주었다.

세계사회포럼과 유럽사회포럼으로 대변되는 지구정의운동의 폭발적인 성장에도 불구하고, 이 운동에 동참한 참여자들의 조직과 네트워크, 국가별 참여자의 구성, 조직화 정도 등은 매우 상이하며, 각각의 국가 내부에서 일어난 지구정의운동은 국가별 사회운동의 전통과 문화에 상당한 영향을 받았다. 델라 포르타와 동료들이 유럽사회포럼에 참여했던 이탈리아, 프랑스, 독일, 스페인, 영국 유럽 5개국의 참여자들을 대상으로 진행한 조사 결과가 이를 잘 보여준다. 참여자들의 성향을 생태평화주의(eco-pacifism), 반신자유주의(anti-neoliberalism), 반자본주의(anti-capitalism)로 구분하고 그 구성을 조사한 결과에 따르면, 프랑스와 독일은 반신자유주의 성향이 다수를 차지하는 반면(프랑스 57%, 독일 69.2%), 영국은 반자본주의 성향이 압도적으로 많았고(80.8%), 이탈리아와 스페인는 세 가지 성향이 어느 정도 균형을 이루고 있었다(della Porta et al., 2005: 45). 이탈리아, 독일, 폴란드의 지구정의운동 활동가들에 대한 사후 인터뷰 연구에 따르면, 각 국가의 활동가들은 중요한 사건들에 대한 평가도 상이했다. 지구정의운동을 도약시킨 협동적인 동원의 경험에 대해 이탈리아 활동가들이 1999년 코소보 반전운동의 경험과 시애틀 투쟁을 주로 거론한다면, 독일의 활동가들은 1998년의 다자간투자협정(MAI) 반대투쟁과 1999년의 쾰른 집회를 거론하고, 폴란드의 활동가들은 2000년 프라하 정상회담반대투쟁을 거론하였다. 지구정의운동의 저항 사이클이 종식된 시기에 대해서도 이탈리아 활동가들이 2004년을 중요한 기점으로 보는 반면, 독일과 폴란드의 활동가들은 2007년을 중요한 기점을 거론하였다(Daphi, 2017: 64).

국가별 차이에도 불구하고, 초기에 진행된 지구정의운동은 어느 정도 성공적이었던 것으로 평가되고 있다. 2003년 유로바로미터의 설문조사에 따르면, 프랑스 시민의 51%, 영국의 41%, 독일의 36%, 이탈리아의 33%, 스페인의 47%가 지구정의운동을 신뢰한다고 응답했다. 또한 5개국 모두에서 70% 이상의 시민들이 지구정의운동이 논쟁할 가치가 있는 문제들을 제기한다고 응답했으며, 32~47%의 시민들이 세계화에 대한 구체적인 해결책을 제안하고 있다고 평가했다(della Porta, 2007a: 14-16). 참여했던 활동가들 역시 지구정의운동에서의 초국적 동원 경험이 1990년대 중반까지 지속되었던 좌파 사회운동의 분열을 극복하는 계기가 되었고, 사회운동의 부문과 지역 및 국가의 장벽을 뛰어넘는 공동 동원의 경험과 (이후에 단기적인 것임이 드러났지만) 신자유주의 헤게모니에 성공적으로 도전하는 경험을 제공한 것으로 평가하고 있다(Daphi, 2017).

지구정의운동은 다양한 국가, 지역, 운동 부문 들 사이의 초국적 연대와 동원을 통해 전개되었기 때문에, 운동 내부의 다양성 자체가 가장 중요한 특징으로 거론될 수 있다. 지구정의운동은 그 의제의 측면에서 구사회운동의 의제였던 노동과 종교적 의제뿐만 아니라, 신사회운동의 중요한 영역이었던 환경, 인권, 페미니즘, 평화의 영역을 포괄했다. 또한 원주민 권리나 반-빈곤, 제3세계주의, 반기업 거버넌스 등 신자유주의적 세계화 과정에서 제기된 의제들을 포괄하는 운동으로 발전했다(〈표 1〉 참조).

〈표 1〉 지구정의운동의 운동 유형과 주요 단체 및 프레임

운동 유형	주요 단체	활동 및 프레임
환경	Greenpeace, Earth First!, Friends of the Earth International	환경보호, 지속가능한 발전
원주민 권리	Congresso Nacional Indigena de Mexico, Confederacion de Nacionalidades Indigenas del Ecuador, Zapatistas	문화적 권리와 토지에 대한 권리
페미니즘	DAWN, Marche Mondialie des femmes, WLUML, WIDE, Feminist Articulation Mercosur	페미니스트 대화, 젠더정의, 여성인권
인권	Amnesty International, Federation international de droits humains, Students Against Sweatshops, Global Exchange	시민과 이민자의 시민적, 정치적, 사회-경제적 권리
노동	Australian Council of Trade Unions, Canadian Labour Congress, COSATU, Korean Confederation of Trade Unions	노동자와 노조의 권리, 실직과 외주화 반대, 노동자 연대

운동 유형	주요 단체	활동 및 프레임
반-빈곤	Oxfam, Jubilee South, Make Poverty History	신자유주의 반대, 지속가능한 발전, 제3세계 부채 종식
평화	Peace Boat, Code Pink, WILPF, Stop the War Coalition, United for Peace and Justice	군사주의와 전쟁 반대, 지속가능한 평화 만들기
종교	Christian Aid, World Council of Churches, Catholic Agency for Overseas Development	빈곤층 지원, 부채 종식, 신자유주의 비판
제3세계주의 (Third Worldist)	Focus on the Global South, Third World Network, Third World Forum	신자유주의와 제국주의 반대, 탈세계화와 지역적 대안
반기업 거버넌스	50 Years Is Enough!, ATTAC, Public Citizen	민주적 세계화와 거버넌스, 금융시장 과세

자료: Moghadam(2009: 93)

지구정의운동이 국가, 지역, 운동 부문들 사이에 상당한 정도의 다양성을 지니고 있었음에도 불구하고, 다양한 매체를 통한 의사소통과 공동행동의 조직 경험, 그리고 지구정의운동의 공론장 역할을 담당했던 세계사회포럼의 발전에 따라 마스터 프레임(master frame)과 집합적 정체성(collective identity)이 형성되었다. 마스터 프레임과 관련해서는 지구정의(global justice) 자체가 그 역할을 담당했다는 연구도 존재한다(임현진, 2012; 임현진·공석기, 2011). 이러한 주장은 지구정의운동의 다양한 의제들이 남반구와 북반구의 연대와 초국적 동원을 통해 가능했으며, 지구적 규모에서 정의의 실현을 공동의 인식틀로 지니고 있었음을 강조한다. 하지만 지구정의 프레임은 그 자체로는 운동의 대상(그들)과 주체(우리)를 명확하게 구분하고 있지 못하다. 델라 포르타와 동료들은 지구정의운동의 참여자들, 특히 유럽의 참여자들이 생태평화주의, 반신자유주의, 반자본주의의 성향을 지니고 있었으며, 실제 동원의 과정에서 반신자유주의(anti-neolibaralism)가 마스터 프레임의 역할을 수행했음을 주장한다(della Porta et al., 2005). 다른 연구자들 역시 지구정의운동이 신자유주의적 세계화에 대한 반대를 공통의 이념 또는 마스터 프레임으로 사용했음을 밝히고 있다(Rucht, 2003; Daphi, 2017).

2) 지구정의운동의 성과와 한계: 세계사회포럼의 활동을 중심으로

지구정의운동은 1990년대를 거치면서 점차 가시적으로 드러나기 시작했다. 1996년 멕시코의 사파티스타 운동이 조직한 '신자유주의 반대와 인류애를 위한 모임'은 전 세계적으로 알려졌고, 폭넓은 공감을 얻었다. 하지만 이후에 조직된 유사한 운동이나 급진적 그룹들의 항의는 언론에도 거의 보도되지 않았다. 따라서 세계사회포럼을 조직하자는 아이디어는 국경을 넘는 연대를 추구하던 많은 사회운동 세력에게 공감을 얻을 수 있었다. 세계사회포럼(World Social Forum)은 신자유주의 세계경제 네트워크의 옹호자들이 매년 세계경제포럼(World Economic Forum)이라는 초국적 공간을 통해 친기업적 원칙과 규범, 정·관계 엘리트들 사이의 유대를 강화하고 국제경제정책 결정 과정에 영향력을 행사하는 것에 대항한다는 목표 아래 조직되었다. 세계사회포럼은 세계경제포럼의 연례행사인 다보스 포럼의 개최 시기에 맞추어 2001년 1월 말 브라질 포르투알레그레에서 첫 번째 모임을 가졌다. 여기에는 100개국 이상에서 약 2만여 명의 참가자가 참여했다. 세계사회포럼을 기획한 핵심적인 글로벌 NGO는 아탁(ATTAC)이었으며,[2] 브라질 노동자당(PT)과 포르투알레그레, 리오그란데 시의 지원과 협력을 통해 성공적으로 첫 회의를 마칠 수 있었다(Rucht, 2012:

---

[2] 세계사회포럼의 창립을 주도한 단체는 8개로 ATTAC 이외에, 브라질비정부기구협회(ABONG), 브라질정의평화위원회(CBJP), 브라질시민기업가협회(CIVES), 브라질노동자중앙연합(CUT), 브라질사회경제분석연구소(IBASE), 지구정의센터(CJB), 토지없는농촌노동자운동(MST) 등 브라질의 운동단체들이 주도적으로 참여했다.

14). 이어지는 2회와 3회 세계사회포럼도 포르투알레그레에서 더욱 확장된 규모로 개최되었다. 2002년에 5만, 2003년에 10만 명이 참여했고, 인도의 뭄바이에서 열린 2004년 대회도 10만 명 규모로 개최되었으며, 2005년 다시 포르투알레그레에서 열린 대회는 15만 5,000여 명이 참여해 비약적으로 성장했다. 이처럼 세계사회포럼의 초기 성공은 브라질 노동자당과 대기업 노조의 지원에 힘입은 바 컸다.

2004년 인도 뭄바이 회의는 세계사회포럼의 의제와 참가자가 다원화·다양화되는 분기점이 되었다. 참여자들이 지역사회의 풀뿌리운동 참가자들로 확대되고, 이들은 지역공동체, 카스트제도, 인종주의, 가부장주의와 같은 이슈들을 새롭게 제안하면서 이에 대한 지구시민사회의 대안을 촉구하였다. 또한 9·11테러 이후 미국이 벌이고 있던 대태러전쟁에 항의하면서 '전 지구적 반전운동 총회(General Assembly of the Global Anti-War Movement)'가 뭄바이 포럼에서 형성되기도 했다. 세계사회포럼을 풀뿌리운동과 지역사회로 확산하려는 경향은 2006년 이후 다중심 모델(polycentric model)이라는 이름으로 공식화되어 베네수엘라의 카라카스, 말리의 바마코, 파키스탄의 카라치에서 분산 개최되었으며, 각 대륙별 지역위원회의 조직과 확산 및 개최 지역의 다변화로 나타났다. 2007년 세계사회포럼은 케냐의 나이로비에서 열렸고, 주로 아프리카에서 참여한 5만 7,000여 명이 참여했다. 2009년부터는 활동가들의 조직 부담을 줄이기 위해 격년으로 개최되었다(2009년 브라질의 벨렘, 2011년 세네갈의 다카르, 2013년과 2015년 튀니지의 튀니스, 2016년 캐나다의 몬트리올, 2018년 브라질의 살바도르).

세계사회포럼 참여자들은 주로 개최국의 운동가들과 시민이 많았다. 그래서 초기에는 브라질과 인접국 시민들이 압도적으로 많았으며, 유럽의 사회운동가들이 그 다음을 차지했다. 북미, 아시아, 아프리카, 중동의 참여자들은 상대적으로 소수였다(임현진·공석기, 2011). 이것은 세계사회포럼 참여자가 후원 조직이나 동원할 수 있는 자원의 여부에 따라 편향될 수 있다는, 포럼 내부의 계급적 격차의 존재를 보여준다.

　세계사회포럼이 내세우는 이념적 기반과 목표는 2001년 1월과 6월에 발표된 「세계사회포럼 원리 헌장」, 2004년 뭄바이 「세계사회포럼 조직위원회 선언」, 2002년 4월의 인도 「세계사회포럼 원리 헌장」 등 여러 문서에서 확인할 수 있다. 2001년 6월 세계사회포럼 국제위원회에서 승인된 「세계사회포럼 원리 헌장(World Social Forum Charter of Principles)」의 제1조는 "세계사회포럼은 신자유주의, 자본의 세계 지배와 모든 형태의 제국주의에 반대하는, 시민사회의 집단과 운동들 간에 성찰적 사고, 민주적 토론, 제안 형성, 경험의 자유로운 공유, 효과적인 행동을 위한 상호연계를 형성하기 위해 공개된 회합의 장이며, 인류사회 내에서 그리고 인류와 행성(planet) 간 풍족한(fruitful) 관계를 형성하고자 하며 지구적 사회를 건설하는 데 헌신하고자 한다."고 밝히고 있다. 또한 제4조에서는 "세계사회포럼에서 제안된 대안들은 다국적 대기업, 그리고 기업의 이익에 복무하는 정부나 국제기구들에 의해 각국 정부와 공모하에 주도되는 세계화 과정에 대항하는 것이다. 대안들은 연대의 세계화가 세계사의 새로운 단계로서 자리매김되도록 구성되어야 한다. 이는 보편적 인권, 그리고 모든 나라의 모든 남녀 시민과 환경을 존중할 것이며, 사회정의와 평등, 민중들의 주권에 봉사하는 민주적 국제체제와 제도들에 기반해야 한다."고 밝히고 있다.

　대처(M. Thatcher) 전 영국 수상의 "대안은 없다."는 주장에 대항하여, "또 다른 세계는 가능하다."는 것을 비전으로 내세운 것에서 알 수 있는 것처럼, 세계사회포럼은 위로부터의 세계화에 대항하는 아래로부터의 세계화, 연대의 세계화를 조직하는 것을 사명으로 삼았다(della Porta et al., 2005). 특히 1999년 11월 세계무역기구의 제3차 장관급 회담을 좌절시킨다는 목표하에 미국에서 조직된 '시애틀 투쟁'은 시민사회가 이데올로기, 계급, 국가라는 경계를 뛰어넘어, 신자유주의를 기조로 하는 자본주의 세계경제체제에 대해 초국적 저항운동을 조직함으로써 세계사회포럼을 형성하는 데 결정적인 계기가 되었다(Juris, 2008; Scandarett, 2016). 세계사회포럼의 성공과 확산은 전 지구적 차원에서 시민의 탈정치화를 초래한 신자유주의 세계경제체제에 저항해온 사회정의, 평화, 인권, 노동권, 생태보전 등 운동 부문 간의 연대활동의 형성과 확대라는 점에서 그 의미를 찾을 수 있다. 따라서 세계사회포럼은 초기부터 지구정의운동의 급진적 이념을 표방했다. 2005년 캘리포니아-리버사이드 대학 연구팀이 실시한 세계사회포럼 참석자 설문조사 결과를 보면, 응답자 중 다수(58%)가 "현 자본주의 세계경제체제를 개혁하기보다는 반드시 폐지하고, 이를 더 나은 체제로 바꾸어야 한다."고 응답했다. 이를 통해 세계사회포럼의 급진화를 단적으로 살펴볼 수 있다(임현진·공석기, 2011).

하지만 세계사회포럼은 내외부의 수많은 비판에 직면해 있다. 주요 비판은 내부 민주주의, 정치적 행동의 필요성, 글로벌 대 로컬 투쟁의 관계, 포럼 내부의 계급적 불평등 등의 문제를 중심으로 전개되었다(Hammond, 2007). 첫 번째 쟁점인 내부 민주주의의 문제는 참여자의 범위를 둘러싼 문제로부터 출발했다. 세계사회포럼은 원리 헌장을 통해 "복수의, 다양하며, 비종교적이고 비정부적이며 비정당적"이라는 점을 강조하고, "본 헌장의 약속을 수락하는 정부 지도자 및 입법부 구성원은 개인 자격으로 참여하도록 초대될 수 있다."고 규정하였다. 이에 따라 2002년 대회에서 차베스(H. Chavez)와 카스트로(F. Castro)는 공식적 발언의 기회를 제한받았다. 하지만 주최 측은 브라질 노동자당의 대통령 후보인 룰라(Lula da Silva)의 연설을 허용하여 논란을 일으켰다. 또한 2005년 행사에서 차베스 대통령과 룰라 대통령 모두에게 연설을 허용했다. 2004년 뭄바이 대회에서는 노암 촘스키, 반다나 시바, 월든 벨로와 같은 유명 인사들이 회의의 중심에 배치되기도 했다. 나오미 클라인(N. Klein)은 이 같은 움직임에 대해 "세계사회포럼에 대한 하이재킹"이라고 비판하기도 했다(Klein, 2003).

또한 초기 세계사회포럼은 주요 의사결정 구조의 민주적 구성에 성공하지 못했다는 평가를 받는다. 포럼의 장소, 주요 패널, 자금조달 등과 관련하여 초기에는 창립 주도 단체를 대표하는 7인이 결정을 내렸으며, 이후에는 국제위원회(IC)가 이를 대신했다. 그러나 국제위원회 구성원의 선출 과정이 불투명했고,

운영규칙이나 내부 논쟁에 대한 정보가 잘 공개되지 않았다. 이처럼 초국적으로 활동하는 세계적인 엘리트 활동가들에게 세계사회포럼의 초기 국면에서 상당한 권력을 집중되었다. 하지만 지역사회에 근거를 둔 풀뿌리 활동가들의 수평적 네트워킹이 지속적으로 확산되면서, 세계사회포럼은 지구적 공론장의 역할을 강화했다. 이러한 양면적 과정은 내부 민주주의에 대한 문제제기와 비판을 활성화했다(Pleyers, 2008). 그 결과, 2007년 이후 주요 의사결정 과정과 내용이 공개되고 있다. 또한 자금조달과 관련해서도 국가나 지방정부, 기업체나 재단 들로부터의 자금유입을 둘러싼 논쟁이 존재했다. 참여자들의 참가비를 중심으로 한 포럼 운영은 상당한 적자를 낳았고, 다른 한편에는 상업화에 대한 지속적인 우려가 존재하고 있다(Rucht, 2012: 19-20).

가장 활발하게 진행된 논쟁은 포럼이 하나의 정치적 입장이나 행동을 취할 수 있는지, 그것이 바람직한지를 둘러싸고 전개되었다. 세계사회포럼 형성에 중요한 역할을 수행했던 치코 휘태커(C. Whitaker)는 대립하는 두 가지 입장을 '공간 포럼(Space Forum 또는 Open Space Forum)'과 '운동 포럼(Movement Forum)'으로 부르고 있다(Whitaker, 2020). 휘태커 스스로는 세계사회포럼을 논의를 위한 '공개 장소(Open Space)'로 정의한 바 있으며(Whitaker, 2004), 포럼의 2001년의 헌장에서도 공동행동은 배제되었다. 일부 참여자들은 세계사회포럼을 '논쟁을 위한 포럼'으로 표현하면서 세계사회포럼이 통합된 행위자 역할을 할 수 있다는 생각에 비관적이다. 세계사회포럼 내부의 온건파, NGO 커뮤니티 내의 행위자들은 포럼을 국제 네트워킹 및 아이디어 교환의 기회로 여기며, '공개 장소' 제공을 넘어서는 정치적 개입을 거부한다. '공간 포럼'을 지지하는 일부 참여자들은 다른 이유를 제기하는데, 일치된 행동에 대한 강조가 포럼 자체에서 비판하는 경직된 하향식의 조직화로 비춰질 수 있다는 것이다(Hammond, 2007). 따라서 나오미 클라인은 이 운동이 분권화된 지역사회, 지역위원회, 토지개혁에 뿌리를 두고 "국제적으로 네트워크를 형성하여 IMF, 세계은행, 세계무역기구의 후속 공세에 저항할 것"을 주장한다(Klein, 2003). 다른 한편, 참여자들의 일부는 포럼이 초국적 자본에 더 효율적이고 협력적인 도전을 하기 위해서는 포럼의 규모와 에너지를 활용해야 한다고 본다. 국제위원회의 구성원이며 브라질의 사회학자인 에미르 사데르(E. Sader)는 포럼의 NGO-네트워크 모델이 "새로운 사회의 건설을 위한 전략적 프로그램을 포기"했다고 비판하면서, "그들은 전 지구적으로 사고하고 지역적으로 행동한다고 말하지만, 그들이 할 수 있는 일은 저항하는 것뿐"이라고 지적한다. 대신 그는 포럼이 "세계의 큰 문제에 대해 글로벌 대안"을 마련하고 통합된 도전을 제시할 것을 주장한다(Sader, 2004). 대안의 형성과 정치적 도전의 문제는 포럼 참여자의 대부분이 지역이나 부문별 관심사에 우선순위를 두고 있다는 점과도 연결된다. 세계사회포럼은 글로벌 차원에서 문제를 해결하는 데 능력을 발휘하지 못했으며, 지구정의운동 역시 정상회담이나 국제기구의 회의에 반대하는 공동행동에는 능숙하지만 글로벌 대안의 구축과 실현에는 효율적이지 못했다.

    세계사회포럼으로 표현된 지구정의운동은 2010년대를 접어들면서 점차 쇠퇴했다. 세계사회포럼이 ① '조직구조'의 측면에서 수직적인 권력관계, 비효율성, 조직역량의 부족과 투명성의 결여, ② 참여의 경제적 문턱의 존재, 정당의 배제, 엘리트주의 등 참여자 구성에서의 '배제성', ③ 성별, 인종별, 민족별 참여자의 집중과 편향성 등 참여자 구성에서의 '불평등'의 문제를 안고 있다는 점은 세계사회포럼에 대해 많은 활동가들과 연구자들이 지적한 문제이다(Vargas, 2020). 이것은 세계사회포럼 쇠퇴의 내적인 측면이라고 할 수 있다. 다른 한편, 이 시기에 세계사회포럼으로 대변되는 지구정의운동은 2008년의 세계금융위기에 뒤이은 긴축 시대의 도래에 따른 각국 사회운동의 재-국내화 움직임, 베네수엘라 차베스 정권의 몰락과 브라질 노동자당의 후퇴, 세계 여러 지역에서 포퓰리즘의 강화와 신국가주의의 부상으로 대변되는 세계화의 후퇴 경향(제르바우도, 2022) 등 정치경제적 지형의 변화로부터 직접적인 영향을 받았다. 그러나 세계사회포럼의 후퇴에도 불구하고 월가점령운동과 '아랍의 봄' 등 여러 형태로 지구정의운동의 영향은 2010년대 이후에도 지속되었으며, 기후정의운동이 전 지구적으로 전개되는 토대가 되었다.

5. 기후정의운동의 형성과 발전을 둘러싼 쟁점

1) 기후문제의 인식과 기후정의 이념의 출현

대기 중 탄소가 지구 기온에 미치는 영향을 설명하는 과학적 이론이 제시된 것은 19세기 후반이었으나, 이 현상의 의미가 대중에게 인지되고 세계적 수준에서 정치적 의제로 부상한 것은 1980년대였다. 그리고 기후변화의 실재 여부와 그 원인에 대한 논의, 특히 인간의 역할에 관한 과학적 합의가 발전해왔다. 기존 연구에 따르면, 1991년부터 2011년까지 지구온난화를 다룬 과학적 문헌들 중에서, 지구온난화에 대한 입장을 표명한 문헌의 97.2%가 지구온난화에 대한 과학적 합의를 지지했으며, 97.1%가 인간이 지구온난화를 유발하고 있다는 데 합의된 입장을 지지했다(Cook et al., 2013). 이러한 과학적 합의의 형성에서 중요한 역할을 담당한 것이 1988년 유엔환경계획(UNEP)과 세계기상기구(WMO)가 설립한 기후변화에 관한 정부 간 패널(IPCC)이었다. 1990년 IPCC는 첫 번째 보고서를 통해 "인간 활동으로 인한 배출로 인해 (…) 온실가스의 대기 중 농도가 상당히 증가하고 있으며, 그 결과 평균적으로 지구 표면이 추가로 온난화되고 있다."는 확신을 보여주었다(IPCC, 1990: XI). 2013~14년에 발표된 제5차 평가보고서는 "1950년대 이후 관측된 많은 변화는 수십 년에서 수천 년에 걸쳐 전례가 없는 것"이며(IPCC, 2013: 4), "20세기 중반 이후 관측된 온난화의 주요 원인은 인간의 영향일 가능성이 매우 높다."고 명시했다(IPCC, 2013: 15-17). 또한 2023년 3월 IPCC 총회에서 승인된 평가보고서는 "지속되는 온실가스 배출로 인해 온난화가 심화되어, 거의 모든 시나리오에서 가까운 미래(2021~2040년)에 1.5℃ 상승에 도달할 것"으로 전망하여, 1.5℃ 도달에 대한 기존 전망치보다 10년을 앞당겼다. 그리고 "온실가스 배출을 통한 인간활동은 전 지구 지표온도를 1850~1900년 대비 현재(2011~2020년) 1.1℃로 상승시켰으며, 과거와 현재 모두 전 지구 온실가스 배출량의 지역, 국가 및 개인에 따른 기여도는 균등하지 않다."는 점을 명확히 했다(IPCC, 2023).

이러한 새로운 과학적 합의는 기후변화를 국제적 의제로 끌어올리는 동시에 기후변화와 관련된 사람들의 정의 관념을 형성하는 데도 결정적으로 기여했다. 인간활동에 따른 기후변화의 존재 및 그 원인과 잠재적 영향에 대한 이해도가 높아지면서 이 현상에 대한 복합적인 정의의 차원이 드러난 것이다. 특히 대다수의 개발도상국이 지난 150년 동안 전체 온실가스 배출량에 거의 기여하지 않았음에도 불구하고, 기후변화의 부정적인 영향을 가장 빠르게 겪을 것이라는 점이 명확해졌다. 기후변화에 따른 불평등의 문제는 선진국과 후진국 사이에서뿐만 아니라 지역적 차원에서의 취약성 문제도 제기했는데, 개발도상국이 대부분인 열대지역 국가가 기후변화의 영향을 더 심각하게 경험하고 있을 뿐만 아니라 기후변화에 대한 회복력도 낮다는 사실이 밝혀졌기 때문이다(IPCC, 1990; 2014). 선진국에 의한 온실가스 배출이 기후변화를 주도하고 있다는 사실 때문에, 초기에 제기된 정의의 원칙은 선진국이 비용을 지불해야 한다는 '오염자 부담' 원칙이었다. 이것은 현존하는 법적 및 도덕적 원칙과 환경정의운동의 경험을 참조한 것으로, 기후변화를 화학물질 유출과 같은 전통적인 형태의 환경파괴와 유사한 방식으로 다루면서 그 오염의 원인을 식별할 수 있고 오염자에게 귀속시킬 수 있다는 관념에 근거한 것이었다. 2000년대를 전후하여 제기된 또 다른 윤리적 원칙은 탄소집약적 경제발전으로 인한 이득에 초점을 맞추는 것으로, '수혜자 부담'의 원칙이었다. 이것은 선진국이 화석연료 배출을 통해 얻은 불균형적인 물질적 이익과 그로 인해 만들어진 기후변화와 환경피해에 대처할 수 있도록 도울 책임이 있다는 것이다(Caney, 2005).

위와 같은 두 가지 원칙은 환경정의 관념으로부터 비롯된 것으로 매우 직관적이며, 현존하는 여러 가지 법과 제도에 의해 보완될 수 있다는 점에서 장점을 지닌다. 하지만 기후위기를 초래한 산업화가 2세기에 걸친 오랜 시간을 통해 달성된 반면, 기후위기를 초래하는 온실가스 배출의 영향에 대해서는 비교적 최근에야 완전히 이해되었다는 점에서 기후정의의 원리를 전면적으로 설명하기에는 부족한 점이 있다. 따라서 일부 학자들은 글로벌 북반구의 산업화 과정에서 발생한 물질적 부, 기대 수명, 기회의 극심한 불평등 등을 탐구함으로써, 이러한 불평등이 선진국과 개도국 사이의 관계를 규정할 뿐만 아니라 식민의 역사나 비대칭적인 지정학적 권력관계와 연결되어 있음을 지적한다. 선진국의 몇 세대에 걸친 자원의 추출과 이용, 국제무역, 환경피해, 불균형적인 온실가스 배출과 같은 기후부채 등 선진국이 개도국에게 지불해야 할 배상금을 의미하는 막대한 '생태적 부채'를 축적해왔다는 것이다(Roberts and Parks, 2007; 2009).

오염자나 수혜자의 부담 원칙이나 생태적 부채에 대한 지적은 기후변화를 초래한 원인이나 이익의 불평등에 대한 해명과 그로 인해 발생하는 책임의 문제에 기초하고 있다. 다른 한편, 두 가지 문제를 분리하려는 흐름도 존재한다. 개발도상국을 돕고 지원할 의무가 선진국이 보유한 훨씬 더 큰 부에서 직접적으로 비롯된다고 보는 '지불 능력'의 원칙이다. 중요한 것은 정의로운 결과를 달성하는 것이기 때문에, 선진국의 책임 문제와 그들의 부의 창출 방식 및 불평등한 혜택의 문제를 분리하는 것이 더 효율적이라는 것이다(Page, 2008). 이러한 접근방식은 책임의 문제나 죄책감의 대중적 수용이라는 난점을 우회할 수 있다는 측면에서 실용적인 장점이 있지만, 반대로 대중들이 기후위기 대응을 위한 공동의 행동에 참여할 의무를 거부할 때 이를 강제할 윤리적 근거를 제공하지 못한다는 한계가 존재한다.

2) 기후정의운동의 출현을 둘러싼 쟁점

환경정의 연구자들은 기후정의가 환경보호운동과 사회정의운동으로부터 출현한 환경정의운동에서 직접적으로 발전한 것이라고 주장한다(Schlosberg and Collins, 2014; Coventry and Okereke, 2018). 더 나아가 '기후정의' 개념을 도입하고 발전시킨 것이 환경정의운동조직들이었다고 주장하기도 한다(Martinez-Alier et al., 2016: 11). 기후정의 개념의 도입과 보급에 영향력 있는 역할을 한 것은 1991년 발간된 아그라왈(Anil Agrwal)과 나라인(Sunita Narain)의 저서, 『불평등한 세계의 지구온난화(Global Warming in an Unequal World)』였다. 저자들은 여기에서 생계형 이산화탄소 배출과 사치형 이산화탄소 배출을 구분하고, 북반구의 산업화된 이산화탄소 배출을 비판했다(Simms, 2005). 1990년대 후반에는 쥬빌리(Jubilee) 캠페인이 중요한 역할을 담당했다. 쥬빌리 캠페인은 북반구가 남반구에 대해 지고 있는 생태부채(ecological debt)를 남반구가 북반구에 대해 지고 있는 금융부채와 비교하면서, 남반구에 대한 북반구의 일방적인 금융적 압박과 지배를 비판했다. 이 생태부채 개념은 세계교회협의회(WCC), 제3세계네트워크(the Third World Network), 국제원조행동(Action Aid), 국제기독교원조(Christian Aid), 지구의 벗 등에 의해 수용되었으며, 전 세계적으로 확산되었다.

2002년 발리에서 열린 지구정상회의에서 국제기후정의네트워크(International Climate Justice Network)는 민중회의를 열고 「기후정의에 관한 발리 원칙」(이하 발리 원칙)을 선언했다. 발리 원칙은 인권과 환경정의의 관점에서 기후변화를 재정의했다. 발리 원칙은 "기후변화가 주로 산업화된 국가와 다국적 기업에 의해 발생되고 있다."고 진단하고, 기후변화의 가해 행위가 세계인권선언과 대량학살에 관한 유엔협약을 위반하는 것이라고 비판했다. 또한 "지역사회, 피해자들, 토착민들이 기후변화를 다루는 전 지구적 과정에서 제외"되어 있음을 비판하고, "지속불가능한 생산 및 소비 관행"이 지구 환경문제의 근본 원인이라고 지적했다. 발리 원칙에서 밝힌 27개의 원칙은 1991년 워싱턴 DC에서 열린 유색인종환경정의리더십회의에서 발표된 '환경정의의 원칙'을 청사진으로

하여 채택되었다.[3] 즉, '기후정의에 관한 발리 원칙'은 미국의 환경정의운동에서 표현된 기본적인 원칙을 채택함으로써, 환경정의운동과 기후정의운동이 연속선상에 있음을 보여준다.

미국의 언론과 대중들 사이에서 환경정의와 기후정의의 문제가 연결된 계기로는 허리케인 카트리나의 피해가 중요한 역할을 했다. 허리케인 카트리나는 2005년 미국 루이지애나주 뉴올리언스 지역을 덮쳐 1,000여 명의 사망자를 낸 5등급 태풍이었다. 이때 미국의 미디어는 물이 차오르는 동안 옥상에 고립된 지역주민들에 대한 방송과 사진을 반복적으로 보여주었다. 허리케인이 지나간 지 일주일 후에 실시된 전미 여론조사에서 아프리카계 미국인의 3분의 2가 허리케인 카트리나에 대한 연방정부의 대응이 "피해자의 대부분이 백인이었다면 더 빨랐을 것"이라고 생각하는 것으로 나타났다. 이 사건은 지구온난화로 인한 피해가 빈곤한 지역사회에 더 큰 영향을 미친다는 점을 보여주었고, 연방정부의 느린 대응과 2006년 환경 다큐멘터리 『불편한 진실(An Inconvenient Truth)』이 뒤따르면서, 기후위기와 기후불의에 대한 인식이 미국의 대중들에게 각인되는 효과를 가져왔다. 이런 과정을 통해 담론 수준에서 제기되던 기후정의 이념이 환경정의운동으로부터 직접적으로 출현하여 기후정의운동을 형성하는 계기가 되었다고 평가되고 있다. 또한 '자연'이나 '환경' 문제의 인식에서 주로 오염물질 배출을 중심으로 이해하던 경향은 점차 인간 공동체와 비인간 환경 모두에 더 큰 취약성을 초래하는 생태학적 피해에 대한 관심으로 확장되었다(Schlosberg and Collins, 2014).

---

3 발리 원칙의 구체적인 내용에 대해서는 CORPWATCH의 홈페이지(https://www.corpwatch.org/article/bali-principles-climate-justice) 참조. 발리 원칙의 작성과 승인에 관여한 단체로는 CorpWatch(US), Friends of the Earth International, Greenpeace International, groundwork(South Africa), Indigenous Environmental Network(North America), Indigenous Information Network(Kenya), National Alliance of People's Movements(India), National Fishworkers Forum(India), OilWatch Africa, OilWatch International, Southwest Network for Environmental and Economic Justice(US), Third World Network(Malaysia), World Rainforest Movement(Uruguay) 등이 있다.

2002년의 발리 원칙이 기후문제를 주로 환경문제로 인식하는 가운데 그것의 사회적 영향에 주목했다면, 2004년 남아프리카공화국에서 열린 더반 회의는 반세계화, 반신자유주의를 표방하는 지구정의운동이 본격적으로 결집했다는 점에서 차이점을 보여준다. 더반 회의 참가자들이 이전의 기후정의운동과 달리 탄소거래제를 본격적으로 비판했다는 점이 이를 잘 보여준다. 더반 회의 참가자들은 기후문제를 환경의 문제로 국한하지 않고, 기후위기를 초래한 체제의 작동 메커니즘을 본격적으로 거론하기 시작했다. 그리고 2007년 COP13 발리 총회에서 'Climate Justice Now!'(CJN)라는 기후정의 연대체가 구성되었는데, CJN은 기후문제가 인권문제, 불평등의 문제, 자본주의(생산력주의)의 문제라는 인식을 보여주었고, 이의 극복을 위해 보다 근본적인 운동, 풀뿌리운동이 중요한 역할을 해야 한다는 점을 분명히 했다(이진우, 2011). 그리고 2008년 미국에서 선주민환경네트워크(IEN), 지구정의생태프로젝트(GJEP), Rising Tide North America 등이 기후정의를 위한 동원(MJC)를 결성하면서 급진적인 기후정의 이념이 미국으로 유입되기에 이르렀다.

이러한 맥락에서 루틀리지(P. Routledge)는 남반구에 초점을 맞추어 기후정의운동의 기원을 찾는다(Routledge, 2011). 그는 화석연료와 자본주의 엔진으로 경제적 발전을 이룩한 선진국이 만들어낸 불평등을 해결하려는 남반구의 노력 속에서 기후정의운동이 발전했다고 주장한다. 또한 환경정의운동은 인종과 계급을 중심으로 한 장소 기반 투쟁에 기반을 두어왔지만, 오늘날 세계화된 지형 속에서 전개되는 기후정의운동은 더 이상 특정 지역에 기반을 두지 않는다고 주장한다. 반세계화, 대안 세계화 운동이 기후위기를 본격적으로 다루면서 세계사회포럼을 비롯한 지구정의운동 과정에서 기후위기와 기후정의 담론이 부상하는 계기가 되었다. 예컨대, 2009년 브라질 세계사회포럼에서 열린 기후정의회의는 반세계화, 반신자유주의의 지향을 더 명확히 하면서 "신자유주의 환상에 반대하고 민중이 해결할 것"을 제안한다. 각국 정부가 제시하는 그린뉴딜은 신자유주의적 환상에 빠진 것이며, '기후정의와 사회정의를 위한 투쟁이 하나'라는 화두를 던진 것이다. 이런 측면에서 일부 연구자들은 기후정의운동이 세계사회포럼으로 상징되는 지구정의운동에서 등장했다고 평가한다(Scandrett, 2016). 참가자의 측면에서도 전 지구적으로 조직된 기후정의운동은 직접행동을 통해 문제를 해결하는 환경운동가와 토착 원주민운동, 기후위기로부터 직접적으로 영향을 받는 지역사회, 비아 캄페시나(La Via Campesina)와 같은 급진적 사회운동과 풀뿌리운동, 지구의 벗이나 제3세계 네트워크와 같은 글로벌 NGO 등 세계사회포럼과 지구정의운동 참가자들과 유사한 양상을 보이게 되었다. 또한 기후정의운동이 탄소경제에 기반한 초국적기업을 직접적 대상으로 삼게 된 것과 행동양식에서 직접행동과 시민불복종을 중심에 두게 된 것 역시 지구정의운동과의 수렴 과정에서 형성된 것으로 이해할 수 있다. 다른 한편, 지구정의운동의 의제들도 기후정의의 관점에서 재해석하게 되는데, 예컨대 전 지구적인 반전운동은 이라크와 아프가니스탄에서 전쟁을 벌이는 미군의 군사적 활동을 지구상에서 가장 기괴한 에너지 낭비 활동으로 비판한다(Tokar, 2010).

3) 기후정의운동의 급진화와 다원화

기후운동은 초기부터 크게 보면 두 개의 진영으로 구분되었다. 지구의 벗이나 그린피스와 같은 기존의 글로벌 NGO를 중심으로 형성된, '기후변화' 프레임을 중심으로 한 흐름과, 라이징타이드나 기후캠프처럼 보다 급진적이면서 직접행동에 의한 대중 조직화에 방점을 두는 '기후정의' 프레임을 중심으로 한 흐름이 그것이다(della Porta and Parks, 2014). 지구정의운동의 영향하에서 기후운동은 2000년대 중반 이후 재구성의 과정을 거친다. 그것은 기후운동 전반에서 '기후정의' 프레임의 확산 및 글로벌 자본주의 시스템이 해체를 직접적으로 요구하는 기후정의운동의 급진화로 요약될 수 있다(홍덕화, 2020). 급진화의 계기는 2009년 덴마크 코펜하겐에서 열린 유엔기후변화협약 당사국총회

(COP15)의 실패에 대한 실망과 환멸에서 비롯되었다고 볼 수 있다. 코펜하겐 총회는 포스트 교토체제를 논의하기 위한 자리였지만, 각국의 이해관계가 충돌하면서 협상은 파국을 맞이했다. 반면, COP15 기간에 열린 민중행진에는 10만여 명이 참여할 정도로 성황을 이루었다. 전 세계의 풀뿌리 단체들과 반세계화단체들이 중심이 된 CJN, 유럽의 NGO들을 중심으로 2009년에 새롭게 결성된 기후정의행동(Climate Justice Action)이 행진을 주도하면서 '기후정의'는 전 세계 사회운동의 마스터 프레임(master frame)으로 작동하기 시작했으며 "기후변화 대신 체제전환"이라는 구호가 전면에 부상했다. 그리고 2010년에 볼리비아의 코차밤바에서 열린 '기후변화와 대지의 권리에 대한 세계민중회의'에는 130개국 3만 명이 넘는 기후 활동가들이 모여 반자본주의, 반식민주의, 생태주의 지향을 명확히 하는 '민중협약'을 의결했다. 세계민중회의는 기후변화협약 당사국 총회 중심의 국제협상 방식으로 기후위기에 대처할 수 없다는 점을 명확히 하고 대안적인 활동 방향을 모색하는 상징적인 자리가 되었다.

그러나 기후정의운동은 급진화와 더불어 다원화의 경향도 함께 드러내고 있다. 이것은 기후정의운동의 원천을 이루고 있는 환경정의운동과 지구정의운동의 다원화 경향을 반영한 것이다. 환경 폐기물이나 오염물이 흑인·히스패닉·원주민 구역에 차별적으로 분배된다는 '환경인종주의(Environmental Racism)' 개념, 자원의 약탈과 폐기물 투기를 위해 전 지구적 공간을 불균등하게 이용하는 북반구 국가들의 책임을 비판하는 '생태부채' 개념, 오염으로 인한 질병에 대한 지역적 지식이 공식적 지식보다 더 타당할 수 있다는 '대중역학(popular epidemiology)' 개념, 산림벌채와 댐 건설 및 광업에 반대하는 원주민들과 빈자들의 투쟁을 의미하는 빈자들의 생태주의(Agrawal and Narain, 1989), 비아 캄페시나에 의해 전 지구적으로 확산되었으며 건강하고 문화적으로 적절하며 지속가능하게 생산된 식품에 대한 권리, 자신의 식량과 농업 시스템을 스스로 규정할 권리를 의미하는 식량주권(Food sovereignty) 개념, 수출을 목적으로 하는 플랜테이션 농업을 위한 남반부 국가들에서의 토지 문제를 의미하는 토지수탈

(Land grabbing) 개념, 전 세계의 자원에 대한 사용과 빈곤의 축소를 요구하는 자원한계(Resource caps) 개념 등이 그것이다.

이러한 흐름 속에서 남반구 국가들은 자신들이 역사적으로 보존해온 문화적 관념을 환경정의와 기후정의 개념에까지 확장하고 있다. 2008년 에콰도르 헌법으로 널리 알려진 '자연의 권리(Rights of Nature)' 개념은 에콰도르「헌법」제71조 "생명이 재창조되고 존재하는 곳인 자연 또는 파차마마(Pachamama)는 존재와 생명의 순환, 구조, 기능 및 진화 과정을 유지하고 재생을 존중받을 불가결한 권리를 가진다."는 내용으로 제도화되었다. 또한 에콰도르와 볼리비아에서는 토착적 문화를 재발견하고 이를 탈-발전주의적 관점에서 재구성함으로써 대안적 삶의 양식이라고 할 수 있는 부엔 비비르(Buen Vivir)와 수막 카우사이(Sumak Kawsay)를 「헌법」속에 명기했다. 광업이나 석유개발 및 댐 건설 등의 분쟁에서 지역사회가 원주민의 권리를 보호하는 법률을 적용할 것을 요구하는 원주민의 영토적 권리(Indigenous territorial rights)와 사전협의(prior consultations)의 원칙 등은 국제노동기구(ILO)에 의해 협약169로 제도화되었다.

이처럼 환경정의운동과 지구정의운동은 환경인종주의, 생태부채, 대중 역학, 빈자의 환경주의, 생물자원약탈(Biopiracy), 녹색 사막(Green Deserts), 토지수탈, 자원한계, 추출주의(extractivism), 기업의 책무성(Corporate accountability) 등 현재의 환경문제를 인식하는 프레임을 제공함으로써 기후변화로 인한 사회변동의 복합성을 이해하는 데 기여해왔다. 동시에 식량주권, 부채탕감, 물 정의(water justice), 자연의 권리, 원주민의 영토적 권리와 사전협의, 탈-추출주의, 탈성장과 성장전환(Wachstumwende) 등 대안적 환경 프레임을 구성하는 데도 기여해왔다. 따라서 기후정의운동으로의 진화 과정은 체제변화를 요구하는 급진화 경향뿐만 아니라, 체제변화의 방향을 이해하는 다원적 시각의 부상이라는 양면적 성격을 띠고 있다.

6. 기후체제의 정의로운 전환을 위하여

1) 기후위기 시대, 정의의 재검토

기후정의운동은 환경정의운동과 지구정의운동이라는 두 가지 사회운동의 역사와 문화 속에서 출현했다. 따라서 기후정의운동은 두 운동과 연속적인 또는 불연속적인 측면을 지니고 있다. 무엇보다 기후정의운동은 '정의'라는 규범적, 운동적 프레임을 통해 현실을 설명하고 개선하려 한다는 점에서 두 운동과 뚜렷한 연속성을 보여주지만, 정의의 내용 자체는 변화하고 있다.

쿠엔(R.R. Kuehn)은 환경정의의 전통적인 네 가지 개념을 분배적 정의, 절차적 정의, 교정적 정의, 그리고 사회적 정의로 구분하고 있다(Kuehn, 2000; 2014). '분배적 정의'는 환경을 저해하는 활동으로 발생한 부담이나 정부와 사적 부문 프로그램의 환경 편익을 공평하게 배분하는 것과 관련된다. '절차적 정의'는 분배의 결과보다는 의사결정 과정의 공정성과 평등한 참여에 초점을 맞추며, 절차에 참여하는 것뿐만 아니라 절차가 공정한 결과를 도출할 수 있도록 설계되었는지에 관심을 갖는다. '교정적 정의'는 법 위반에 대한 처벌이 공정하게 이루어지고 개인과 공동체에 가해진 피해가 해결되는 방식의 공정성에 주목한다. 마지막으로, 환경정의는 사회정의를 위한 운동과 환경운동의 결합으로 설명될 만큼 환경문제를 사회적·인종적·경제적 정의를 강조하는 정치적 의제로 통합한다. 환경정의의 맥락에서 보자면, '사회적 정의(social justice)'는 사회의 더 공정한 질서를 가져오도록 사람들을 동기화하는 정의의 미덕 가운데 하나라고 할 수 있다. 환경정의 담론이 초점을 맞춰왔던 분배적 정의 담론은 환경문제를 야기하는 사회구조 및 행위자에 대한 탐색을 간과하는 경향이 있다. 따라서 사회정의의 관점은 환경정의를 인종적·사회적·경제적 정의라는 더 큰 문제의 일부로 제시하고 특정 지역의 삶의 질에 대한 정치, 인종, 계급의 영향력을 설명하는데 도움을 준다(Foster, 1998). 유해 폐기물 처분장의 입지 문제는 부족한 학교,

부족한 탁아소, 부실한 상하수도 낙후된 지역사회의 다양한 현실들과 결부되어 있다. 지역사회가 처한 총체적인 난관들은 '환경적 협박(environmental blackmail)'을 가능케 하며, 문제해결을 위한 행동을 가로막는 장벽이 된다. 예컨대, 아메리카 원주민들은 개발사업이나 천연자원 개발로부터 거의 이익을 얻지 못했고, 이 때문에 종종 부족의 토지 내에 폐기물 시설을 유치하려 노력해왔는데, 이것은 사회정의와 관련한 심각한 논쟁을 불러일으킨다(Kuehn, 2014: 334).

이러한 정의의 내용들은 기후문제와 관련해서도 유의미하다. 분배적 정의는 기후위기의 위험과 손실이 지리적·계급계층적·인종적으로 불균등하게 영향을 미친다는 점을 지적해주며, 절차적 정의는 기후위기에 대응하는 과정에서 남반구의 주민이나 빈곤층 등 기후 약자들이 의사결정과정에 등등하게 참여할 것을 요구한다. 또한 교정적 정의는 기후위기에 더 큰 책임이 있는 선진국이나 초국적 기업 등이 더 큰 책임을 져야 하며, 행정이나 사법이 기후위기에 취약한 집단의 요구에 민감하게 반응할 것을 요구한다. 사회적 정의의 원리는 기후위기가 다양한 형태의 사회적 불평등에 근거하여 생산되고 또한 사회적 불평등을 강화하기 때문에 기후문제는 곧 불평등의 문제라는 점을 지적한다.

그럼에도 불구하고 환경정의로부터 도출된 정의의 원리들은 기후문제를 다루는 데 충분하지 않을 수 있다. 기후불의(climate injustice)의 특징이 시간적·역사적으로 누적적인 측면과 공간적·지구적 확산성의 측면을 동시에 지닌다는 데 있기 때문이다. 기후불의의 시간적 차원은 ① 과거로부터 온실가스를 배출해온 국가와 계급의 역사적 책임 문제, ② 역사적으로 배출되어온 온실가스의 누적적 효과와 미래 피해의 증대, ③ 미래세대에게 누적되는 피해와 미래세대의 대표불능 문제 등을 지칭한다. 그리고 기후불의의 공간적 차원은 ① 온실가스의 지구적 확산과 전 지구적 기후생태 시스템의 붕괴 문제, ② 북반구와 남반구의 불평등과 결합된 피해와 책임의 문제, ③ 지구적 규모에서 생태지리적으로 분배되는 피해 등을 의미한다고 할 수 있다. 따라서 기후불의의 해소를 위해서는 기후불의의 시간적 공간적 차원을 고려하는 정의 개념의 재구성이 필요하다.

슐로스베르그는 지구적 환경정의가 요구하는 정의는 환경위험 '분배'의 형평성, 영향을 받는 지역사회에서의 경험과 참여자의 다양성에 대한 '인정', 환경 정책을 만들고 관리하는 정치적 과정에 대한 '참여'라는 세 가지 내용으로 구성되어야 한다고 주장한다(Schlosberg, 2004). 이는 낸시 프레이저(N. Fraser)가 『지구화 시대의 정의』에서 주장하는 정의의 차원과 유사하다. 프레이저는 정의의 가장 일반적 의미로 '동등한 참여'를 강조하면서 '정의'를 "모든 사람들이 사회생활에 동등한 동료로서 참여할 수 있게 해주는 사회적 상태"로 이해한다(프레이저, 2010). 그리고 이러한 '동등한 참여'를 가로막는 장애물에 대한 분석을 통해 삼차원적 정의론을 제시한다. ① 정의의 경제적 차원으로서 분배 부정의 혹은 불평등한 분배의 해소로서 '재분배', ② 정의의 문화적 차원으로서 신분의 불평등 혹은 무시의 해결로서 '인정', ③ 정의의 정치적 차원으로서 분배와 인정의 경계 설정 및 의사결정 규칙에 관한 대표불능의 해결로서 '대표'의 문제가 그것이다. 프레이저는 분배와 인정이 케인스주의적-베스트팔렌적 틀이 당연시되던 시기에는 정의의 유일한 차원들로 간주되었으나, 지구화 시대에 등장하는 비정상성을 고려하면 정치적 차원의 중요성이 커질 것이라고 본다. 여기에서 정의의 정치적 차원은 공동체에 포함된 어떤 사람들이 동료로서 완벽하게 참여할 기회를 부정당하는 '일상적인 정치적 대표불능'의 문제도 있지만(절차적 정의의 문제가 이에 해당한다), 공동체의 경계들이 정의에 관한 논쟁에 참여할 기회 자체를 박탈하는 방식으로 작동하는 '잘못 설정된 틀(misframing)'의 문제도 중요하다.

기후위기가 일상이 되는 등 비정상성이 강화되는 시기, 그리고 지구화 시대에는 특히 '잘못 설정된 틀(misframing)'의 문제가 중요하다. 기후불의의 역사적·누적적 성격은 청소년 세대나 미래세대처럼 정치적 의사결정에서 배제된 주체들이 발언하고 의사결정에 참여할 수 있는 형태의 새로운 기후정치를 요청한다고 볼 수 있다. 한편, 기후불의의 지구적 성격은 글로벌 남반구와 전 지구적 빈곤층의 기후피해를 어떻게 구제하고 어떻게 참여시킬 것인가의 문제를 제기한다. 이런 맥락에서 세계사회포럼은 '지구정의'라는 시각에서 주권국가들의 국제체제가 지구적 빈곤층의 희생을 대가로 하여 정치적 공간을 왜곡하는 문제를 제기했다고 볼 수 있다. 즉, 베스트팔렌적 틀은 지구적 빈곤층의 요구들을 취약하거나 실패한 국가들의 국내적 정치공간 안에 차폐시키고, 국경을 초월한 기후 범죄자들에게 면죄부를 제공하는 역할을 수행해왔다고 볼 수 있다. 역사적으로 볼 때, 지구적 불의의 문제를 평가하기 위한 원칙으로 ① 시민권이나 국적 등에 근거를 둔 '구성원(membership) 원칙', ② 인간성이라는 기준에 호소하는 '휴머니즘 원칙', ③ '관련된 모든 당사자 원칙'이라는 세 가지 방식이 적용되었지만, 프레이저는 이들을 '종속된 모든 이들의 원칙(all-subjected principle)' 아래 포섭할 것을 주장한다. 즉, 다양한 주체들의 상호작용을 지배하는 기본 규칙들을 설정하는 협치구조에 그들이 함께 종속되어 있다는 사실로 인해 그들이 정의 문제의 주체가 될 수 있다는 것이다. 또한 이를 위해서는 대화적인(dialogical) 동시에 제도적인(institutional) 정의의 이론과 방법론이 필요하다고 본다.

2) 기후정의 그리고 체제전환

환경정의운동의 역사적 경험은 환경적·사회적 정의를 실현하기 위해서는 세계경제구조의 변동에 적극적으로 대처할 수 있어야 한다는 점과 생산적 정의의 중요성을 알려준다. 기후위기에 대한 대응과정에서도 대응조치들이 금융권력이나 이윤의 논리로 경도되지 않도록 주의할 필요가 있다. 기후정의운동의 요구들이 급진성을 확대하고 있다는 점은 사실이지만, 그것이 기후대응의 결과나 정책의 급진성을 보장하지는 않기 때문이다. 예컨대, COP27에서 합의된 손실과 피해 기금 설립은 북반구의 선발 산업국들이 마땅히 져야 할 책임의 문제, 즉 배상이나 보상의 차원이 아니라 '인도적 지원'의 문제로 규정되었다. 또한 COP27은 '정의로운 전환작업 프로그램'을 설립해 시행하기로 했으나, 공공기금이 아니라 민간금융이 핵심적 역할을 맡도록 함으로써 정의로운 전환 사업은 이윤을 추구하는 금융기관의 이해에 휘둘리게 될 가능성이 커졌다. 따라서 '기후정의'나 '정의로운 전환'과 같은 개념이 기존 권력에 의해 포획될 위기에 처했다는 비판이 나오고 있다(김선철, 2022b).

이러한 측면은 환경정의운동이 세계정치 권력구조의 작용에 유의하면서 적극적으로 개입할 수 있어야 한다는 두 번째 교훈과 연결된다. 환경정의운동이 인종주의를 확산하는 '백인국가의 부활' 운동에 의해 교란되었던 것처럼, 기후정의의 실현도 계급적·인종적·성적 불평등을 자연화하거나 활용함으로써 정치권력을 지속하려는 낡은 정치에 의해 교란될 수 있다. 다양한 형태의 불평등과 불의를 기후문제와 연계하여 해결하려는 기후정치를 활성화하기 위해서는, 지구정의운동의 경험에서 알 수 있는 것처럼, 지구적 규모에서 공론장을 구축하려는 시민사회의 적극적인 노력이 필요하다. 특히 이 과정에서 세계사회포럼이 직면했던 내부 민주주의의 문제는 분배적·절차적 정의의 실현을 위해서도 유의해야 할 문제가 될 것이다. 또한 기후정의를 요구하는 시민사회의 목소리가 반영되고 기후 취약집단이 의사결정 과정에 참여할 수 있는 민주적인 거버넌스체제를 구축해야 한다.

다른 한편, 기후정의운동의 급진화와 더불어 그 원천이 되는 환경정의운동과 지구정의운동의 다원적 성격 역시 기후정의운동의 발전과정에 영향을 미치고 있다. 이는 '기후정의', '정의로운 전환', '체제전환'의 의미를 둘러싼 경쟁과 투쟁이 격화되는 것은 피할 수 없다는 점을 의미한다. 이러한 갈등과 경쟁은 앞으로 기후정의운동 내외부에서 더욱 격렬하게 진행될 가능성이 크다. 그것은 무엇보다 기후위기의 누적적 성격이 완화되고 있지 않다는 사실에서 출발한다. 2018년에 발표된 IPCC 특별보고서는 지구 평균기온 상승을 1.5도 이내로 묶어두려면 2010년 대비 최소 45% 이상 온실가스 배출량을 줄여야 한다고 발표했다. 그러나 2021년 9월 유엔기후변화협약이 발표한 「국가별 온실가스 감축목표(NDC) 종합보고서」를 보면, 191개국 중 164개국이 제출한 온실가스 감축

목표를 더하면 2030년 온실가스 총배출량은 2010년 대비 16.3%가 늘어날 것으로 전망된다(정록, 2022: 57). 더구나 지금까지 시행된 것보다 더 빠른 속도로 온실가스 배출량을 줄여도 경제성장 자체를 통제하지 않으면 1.5℃ 목표를 달성하는 것이 불가능하다는 진단도 나오고 있는 실정이다(Hickel and Kallis, 2019). 경제성장이 에너지 수요를 증가시켜 재생가능에너지로의 전환을 더욱 어렵게 만들고 토지이용 변화 및 산업공정으로 인한 배출량을 증가시키기 때문이다. 경제성장을 지속하면서 기술적·시장적 해결책을 통해 '탄소중립'을 달성하려는 기존의 주류적 해결책은 실패하고 있으며, 따라서 전환에의 압력은 더욱 커질 것이다. 하지만 환경정의운동의 경험이나 지구정의운동의 쇠퇴에서 볼 수 있는 것처럼, 경제성장을 명분으로 하는 전환에 대한 저항 역시 더욱 강화될 수 있다. 따라서 '전환'의 방향 및 가능성과 관련하여 녹색-성장주의에서 탈피하여 탈성장(degrowth)론의 통찰을 접목하는 것이 기후정의와 체제전환을 연결하는 데 핵심 고리가 될 것이다(홍덕화, 2022). 또한 '체제'의 의미와 관련해서도 현 체제의 개혁 속에서 온실가스를 줄이자는 '탄소중립'에서부터, 탈탄소사회 건설을 위해 재생에너지 비중을 늘리는 방향으로 '에너지체제' 전환을 이루자는 입장, 기후위기와 기후불평등의 근본 원인으로서 '자본주의 체제'의 전환을 목표로 하는 입장까지 기후운동 내에도 다양한 입장이 존재한다. 후자의 입장은 주로 생태사회주의를 이론적 근거로 하고 있지만, 그 내에서도 생태(위기)와 자본축적(위기) 사이의 관계에 대해서는 다양한 입장이 존재한다. 그리고 체제전환의 대상으로 자본주의를 분석하는 데 있어서 사회생태적 재생산 영역의 역할과 위상을 어떻게 볼 것이냐가 핵심적인 쟁점이 되고 있다(홍덕화, 2021; 2022). 요컨대, 체제전환의 의미는 기후문제와 기후불의를 야기하는 원인과 그 결과에 대한 경험적 연구와 이론적 논쟁을 필요로 하며, 체제전환의 과정에서 기후정의가 수행하는 역할과 관계의 문제는 그 의미를 둘러싼 정치적 경합의 과정을 통해 결정될 것이다.

7. 운동의 유산 속에서, 그리고 그것을 넘어

　기후문제는 환경·사회적 문제이면서 동시에 전 지구적 문제이기도 하다. 환경정의운동은 지역적 수준에서의 환경적 불의에 맞서는 풀뿌리옹호운동으로 시작하여 환경문제와 사회불평등 사이의 관계를 명확히 했고, 점차 글로벌 관점과 국제적 이슈에까지 개입하기 시작했다. 지역사회에 뿌리를 내리고 환경적 정의를 실현하려 했던 역사적 경험은 환경·사회 문제의 해결을 위한 유용한 유산을 남겼다. 기후변화에 대응하는 국제적 정책이 영향을 미치는 방식이 국가별·지역별로 매우 다양하다는 점에서 지역 차원의 환경정의 실현은 여전히 중요하다. 다른 한편으로 기후변화는 남반구와 북반구의 여러 국가들이 기후변화의 원인과 결과를 둘러싼 관계망에 복잡하게 얽혀있고 상호조정된 국제적 해결책들이 필요하다는 점에서, 환경정의의 차원을 넘어서고 있다. 따라서 전 지구적인 수준에서 제기되는 문제를 다루기 위한 지구적 규모의 사회운동으로서 지구정의운동의 경험과 유산도 기후정의운동에서 중요하다.

　환경정의운동은 기후변화에 의해 형성되는 잠재적인 불평등이 개인(건강)과 커뮤니티(생계, 문화) 및 정치구조(거버넌스, 투명성, 민주주의)의 수준에 걸쳐 복합적으로 존재한다는 점을 보여주었으며, 세계사회포럼으로 대표되는 지구정의운동은 일국적 한계를 넘어서 여러 개인과 집단들을 포괄하는 초국적 공론장의 형성 가능성을 보여주었다. 기후정의운동은 환경정의운동과 마찬가지로 인종, 계급, 젠더 등 사회적 불평등과 환경(기후)의 질의 관계를 문제화한다. 하지만 환경정의운동의 경우처럼 가해자나 수혜자가 특정 기업의 차원으로 한정되지 않고 '북반구', '탄소경제', '자본주의' 등 거시적이거나 모호한 대상을 지칭하는 경우가 많다. 따라서 국내 환경문제의 해결 사례들보다 법·제도적 근거가 취약할 수 있으며, 정치와 거버넌스의 역할과 이를 추동하는 지구시민사회의 역할이 중요하다고 할 수 있다. 반면, 기후위기의 전 지구적 성격에 대응하는 지구시민사회의 공론장은 존재하지 않는다. 세계사회포럼이 그 역할을 수행할 수 있을지는 미지수이며, 현재 세계사회포럼이 택하고 있는 '공간 포럼'의 전략이 아니라 '운동 포럼'의 기능을 수행할 수 있는 대안적인 공론장과 정치전략이 필요하다. 그 속에서 기후 의제를 반전, 노동, 토지, 비인간 등 다양한 사회적·환경적 의제들과 결합하는 방식으로 새로운 지구정치의 지평으로 개방할 필요가 있을 것이다.

참고문헌

기후정의행진 조직위원회. 2022. "우리의 요구." http://action4climatejustice.kr/38
김민정. 2015. "한국 기후운동의 실상 – 기후 활동가를 중심으로." 『경제와사회』 12(3): 123-151.
_____. 2020. "기후정의와 마르크스주의." 『환경사회학연구 ECO』 24(1): 51-84.
김민정·이상준. 2023. "한국 청년기후운동의 특징과 한계: 기후변화청년단체 GEYK와 청년기후긴급행동, 대학생기후행동을 중심으로." 『마르크스주의 연구』 20(2): 228-253.
김선철. 2022a. "기후위기의 현실과 도전." 『황해문화』 114: 14-37.
_____. 2022b. "국내외 기후정의운동의 평가와 향후 과제." 김선철·홍덕화 외. 『기후정의운동의 과제와 체제 전환 비전 탐색』 토론회 자료집.
김선철·홍덕화 외. 2022. 『기후정의운동의 과제와 체제 전환 비전 탐색』. 노회찬재단·에너지기후정책연구소 주최 '기후정의운동의 과제와 체제전환 비전 탐색' 토론회 자료집.
김지혜. 2023. "기후의 물질성과 '우리'의 유동성: 924 기후정의행진과 류대(fluidarity)의 감각." 『환경사회학연구 ECO』 27(1): 53-96.
김현우. 2022. "'정의로운 전환'의 전환." 『황해문화』 114: 38-53.
노희정. 2021. "기후변화시대의 인권과 정의." 『윤리교육연구』 62: 1-22.
박병도. 2013. "기후변화 취약성과 기후정의." 『환경법연구』 35(2): 61-94.
박재묵. 2015. "사회적 불평등과 환경." 한국환경사회학회 엮음. 『환경사회학 – 자연과 사회의 만남』. 한울.
안새롬. 2022. "기후 커먼즈 정치에서 청년 및 미래 세대론이 갖는 함의." 『환경사회학연구 ECO』 26(1): 141-177.
이병천. 2021. "거대한 위기와 전환의 정치 – 지속가능한 생태복지국가로 가는길." 『공공사회연구』 11(1): 249-267.
_____. 2022. "기후정의와 사회정의, 어떤 전환전략인가? – 탈성장 전략과 포스트성장 접근." 『시민과 세계』 41: 237-260.
이은기. 2012. "기후변화와 환경정의 – 지속가능한 지구의 미래를 위한 선순환구조의 모색.」『환경법연구』 34(3): 325-373.

이진우. 2011. "기후정의운동이란 무엇인가: 역사와 논리, 그리고 현황."『ENERZINE FOCUS』28: 1-19.

이화선. 2021. "기후변화의 사회학: 기후위기와 기후 부정의 타개를 위한 정책방향."『사회적질연구』5(4): 1-25.

임현진. 2012.『지구시민사회의 구조와 역학: 이론과 실제』. 나남.

임현진·공석기. 2011.『글로벌NGOs 세계정치의 와일드카드』. 나남.

장호종. 2010. "코펜하겐 이후, 기후정의운동의 전망과 과제."『마르크스21』5: 116-134.

정록. 2022. "기후위기, 불평등의 위기."『황해문화』114: 54-72.

_____. 2023. "기후정의동맹을 통해 돌아본 한국 기후정의운동."『황해문화』119: 273-288.

제르바우도, 파올로. 2022.『거대한 반격 – 포퓰리즘과 팬데믹 이후의 정치』. 다른백년.

최규연. 2023. "기후운동의 세계화와 대중화: '미래를 위한 금요일'의 성장 요인을 중심으로."『환경사회학연구 ECO』27(1): 7-51.

프레이저, 낸시(N. Fraser). 2010.『지구화 시대의 정의: 정치적 공간에 대한 새로운 상상』. 그린비.

한상운 외. 2019.「기후정의 실현을 위한 정책개선방안 연구(1)」. KEI 기후환경정책연구 2019-03. 한국환경정책·평가연구원.

한재각. 2021. "기후변화의 원인과 대응 전략: 기후정의와 정의로운 전환 관점에서." 이정희 외.『기후위기와 일의 세계』. 한국노동연구원 연구보고서 2021-14.

_____. 2022. "한국에서 기후정치는 가능한가: 기후정의동맹의 도전."『문화과학』109: 152-169.

홍덕화. 2020. "기후불평등에서 체제 전환으로: 기후정의 담론의 확장과 전환 담론의 급진화."『환경사회학연구 ECO』24(1): 7-50.

_____. 2021. "전환 정치의 이정표 그리기: 생태적 현대화와 탈성장, 생태사회주의의 분기점과 교차점."『환경사회학연구 ECO』25(1): 131-168.

_____. 2022. "탈성장과 재생산: 전환 정치의 최전선으로 가는 길." 김선철·홍덕화 외.「기후정의운동의 과제와 체제전환 비전 탐색」토론회 자료집.

Agrawal, A. and S. Narain. 1991. Global Warming in an Unequal World: A Case of

Environmental Colonialism. New Delhi: Center for Science and Environment.

Alvaredo, F., L. Chancel, T. Piketty, E. Saez, and G. Zucman. 2017. World Inequality Report *2018*. World Inequality Lab.

Caney, S. 2005. "Cosmopolitan Justice, Responsibility, and Global Climate Change." *Leiden Journal of International Law* 18: 747-775.

Carter, E. 2016. "Environmental Justice 2.0: New Latino Environmentalism in Los Angeles." *Local Environment: The International Journal of Justice and Sustainability* 21(1): 3-23.

Cook, J., D. Nuccitelli, S.A. Green, M. Richardson, B. Winkler, R. Painting et al. 2013. "Quantifying the consensus on anthropogenic global warming in the scientific literature." *Environmental Research Letters* 8: 1-7.

Coventry, P. and C. Okereke. 2018. "Climate Change and Environmental Justice." in The Routledge Handbook of Environmental Justice, edited by Holifield, R., J. Chakraborty and G. Walker. London and New York: Routledge.

Daphi, P. 2017. Becoming a Movement: Identity, Narrative and Memory in the European Global Justice Movement. NY: Rowman & Littlefield.

della Porta, D. 2007a. "The Globla Justice Movement An Introduction." Donatella della Porta ed. The Global Justice Movement – Cross-National and Transnational Perspective. London and New York: Routledge.

_____. 2007b. "The Global Justice Movement in Context." Donatella della Porta ed. The Global Justice Movement – Cross-National and Transnational Perspective. London and New York: Routledge.

_____. ed. 2007. The Global Justice Movement – Cross-National and Transnational Perspective. London and New York: Routledge.

della Porta, D. and M. Diani. 1999. Social Movements: An Introduction. Oxford: Blackwell.

della Porta, D., M. Andretta, L Mosca, and H. Reiter. 2005. Globalization from below: Transnational Activists and Protest Networks. Minneapolis: University of Minnesota Press.

della Porta, D. and L. Parks. 2014. "Framing processes in the climate movement: from climate change to climate justice." in Routledge Handbook of the Climate Change Movement, edited by M. Dietz and H. Garrelts. Routledge.

Faber, D. and D. McCarthy, 2001, "The Evolving Structure of the Environmental Justice Movement in the United States: New Models for Democratic Decision-Making." *Social Justice Research*, 14(4): 405-421.

Faber, D. 2008. Capitalizing on Environmental Injustice: The Polluter-Industrial Complex in the Age of Globalization. Lanham, MD: Rowman & Littlefield Publishers.

_____. 2018. "The Political Economy of Environmental Justice." in The Routledge Handbook of Environmental Justice, edited by R. Holifield, J. Chakraborty and G. Walker. London and New York: Routledge.

Foster, S. 1998. "Justice from the ground up: Distributive inequities, grassroots resistance, and the transformative politics of the environmental justice movement." *California Law Review* 86: 775-742.

Guha, R. and J. Martínez-Alier. 1997. Varieties of Environmentalism: Essays North and South. Routledge.

_____. 1999. "Political Ecology, the Environmentalism of the Poor, and the Global Movement for Environmental Justice." *Kurswechsel* 3: 27-40.

Hammond, J.L. 2007. "The World Social Forum and the Rise of Global Politics." Nacla. https://nacla.org/article/world-social-forum-and-rise-global-politics.

Harrison, J.L. 2015. "Coopted Environmental Justice? Activists' Roles in Shaping EJ Policy Implementation." *Environmental Sociology* 1(3): 1-15..

Hickel, J. and G. Kallis. 2019. "Is Green Growth Possible?" *New Political Economy* 25(4): 469-486.

IPCC. 1990. "Policymakers Summary." in Climate Change: The IPCC 1990 and 1992 Assessments. https://www.ipcc.ch/report/climate-change-the-ipcc-1990-and-1992-assessments.

_____. 2013. "Policymakers Summary." in Climate Change 2013: The Physical

Science Basis. https://www.ipcc.ch/report/ar5/wg1.

_____. 2014. "Policymakers Summary." in AR5 Climate Change 2014: Impacts, Adaptation, and Vulnerability. https://www.ipcc.ch/report/ar5/wg2.

_____. 2023. "Policymakers Summary." in AR6 Synthesis Report: Climate Change 2023. https://www.ipcc.ch/report/sixth-assessment-report-cycle.

Juris, J. S., 2008, Networking Futures: The Movements against Corporate Globalization, Duke University Press.

Klein, N. 2003. "The Hijacking of the WSF." https://naomiklein.org/hijacking-wsf.

Konisky, D. and C. Reenock. 2013. "Compliance Bias and Environmental (In)Justice." *The Journal of Politics* 75: 506-519.

Konisky, D. ed. 2015. Failed Promise: Evaluating the Federal Bovernment's Response to Environmental Justice. Cambridge: The MIT University Press.

Kuehn, R.R. 2000. "A Taxonomy of Environmental Justice." *Environmental Law Reporter* 30: 10681-10703.

_____. 2014. "Environmental Justice." in M. Reisch ed. Routledge International Handbook of Social Justice. London and New York: Routledge.

Langman, L. and T. Benski. 2018. "Global justice movements: Past, present, and future." in The Palgrave Handbook of Social Movements, Revolution, and Social Transformation, edited by B. Berberoglu. Palgrave Macmillan Cham.

Martinez-Alier, J. 2002. The Environmentalism of the Poor: A Study of Ecological Conflicts and Valuation. Northampton, MA, USA: Edward Elgar.

_____. 2013. "The environmentalism of the poor." *Geoforum* 54: 239-241.

Martinez-Alier, J., L. Temper, D. Del Bene, and A. Scheidel. 2016. "Is there a Global Eivironmental Justice Movement?" presented at Global governance/politics, climate justice & agrarian/social justice: linkages and challenges, An international colloquium 4-5 February 2016, Colloquium Paper No.16.

Moghadam, V.M. 2009. Globalization and Social Movements: Islamism, Feminism and the Global Justice Movement. New York: Rowman & Littlefield Publishers, Inc.

Mulligan, K., B. Steele, S. Clark, A. Padmanabhan, and R. Hunkler. 2021. A National Policy Blueprint To End White Supremacist Violence. Center for American Progress.

Page, E.A. 2014. "Distributing the burdens of climate change." *Environmental Politics* 17(4): 556-575.

Perkins, T.E. 2015. From protest to policy: The political evolution of California environmental justice activism, 1980s-2010s. Santa Cruz: University of California.

Pleyers, G. 2008. "The World Social Forum, a Globalisation from Below?" *Societies Without Borders* 3: 71-89.

Pulido, L., E. Kohl, and N. Cotton. 2016. "State Regulation and Environmental Justice: The Need for Strategy Reassessment." *Capitalism Nature Socialism* 27(2): 12-31.

Roberts, J.T. and B.C. Parks. 2007. A Climate of Injustice: Global Inequality, North-South Politics, and Climate Policy. Cambridge, MA: MIT Press.

_____. 2009. "Ecologically unequal exchange, ecological debt, and climate justice: The history and implications of three related idead for a new social movement." *International Journal of Comparative Sociology* 50(3-4): 385-409.

Routledge, P. 2011. "Translocal climate justice solidarities." in J.S. Dryzek, R.B. Norgaard and D. Schlosberg eds. The Oxford handbook of Climate Change and Society. Oxford Handbooks Online.

Rucht, D. 2003. "Social Movements Challenging Neoliberal Globalization." in Social Movements and Democracy, edited by P. Ibarra. NY: Palgrave Macmillan.

_____. 2012. "Social Forums as Public Stage and Infrastructure of Global Justice Movements." in Handbook on World Social Forum Activism, edited by J. Smith, S. Byrd, E. Reese, and E. Smythe. London: Paradigm Publishers.

Sader, E. 2004. "Beyond Civil Society: The Left After Porto Alegre." in A Movement of Movements: Is Another World Really Possible? edited by T. Mertes.

London: Verso.

Scandrett, E.. 2016. "Climate Justice: Contested Discourse and Social Transformation." *International Journal of Climate Strategies and Management* 8(4): 477-487.

Schlosberg, D. 2004. "Reconceiving Environmental Justice: Global Movements and Political Theories." *Environmental Politics*, September 2004: 517-540.

Schlosberg, D. and L. B. Collins. 2014. "From environmental to climate justice: climate change and the discourse of environmental justice." *WIREs Climate Change* 5(3): 359-374.

Simms, H. 2005. Ecological Debt. The Health of the Planet and the Wealth of Nations. London: Pluto Press.

Taylor, D. E. 2000. "The Rise of the Environmental Justice Paradigm." *American Behavioral Scientist* 43(4): 508-580.

Tarrow, S. 2001. "Transnational Politics: Contention and Institutions in International Politics." *Annual Review of Political Science* 4: 1-20.

Tokar, B. 2010. Toward Climate Justice: Perspectives on the Climate and Social Change. Communalism.

UN CERD. 2022. Concluding observations on the combined tenth to twelfth reports of the United States of America. UN CERD Concluding observations report.

Vargas, V. 2020. The World Social Forum under Criticism: A literature study of its role. Södertörns Högskola.

Whitaker, C. 2004. "The WSF as Open Space." in World Social Forum: Challenging Empires, edited by J. Sen, A. Anand, A. Escobar, and P. Waterman. NY: Black Rose Books.

_____. 2020. "World Social Forum – possible perspective." *Globalization* 17(2): 183-194.

한국 기후운동은 어떤 담론으로 어떤 전환 전략을 실천하는가?

구도완

이 글은 기후 담론의 지형을 분석하고 전환 전략의 관점에서 체제전환 논의를 살펴본다. 한국의 기후 담론은 에너지 전환, 기후정의, 문명전환 담론으로, 전환 전략은 생태적 현대화, 체제전환, 풀뿌리 전환 전략으로 나눌 수 있다. 생태적 현대화 전략은 현대성을 생태적으로 재구성할 수 있다고 보고, 법과 제도의 개혁을 추진하는 전략이다. 체제전환 전략은 자본주의 성장 체제를 급진적으로 변혁하여 기후정의를 실현하는 것을 지향하는 전략이다. 풀뿌리 전환 전략은 틈새에서 기후위기를 극복할 수 있는 생활, 문화, 의식을 확산시켜 나가는 전략이다. 이 글은 한국 기후운동의 현실을 조망하고 그것의 이론적 함의를 고찰하는 데 도움을 줄 수 있을 것이다.

키워드: 기후정의, 문명전환, 체제전환

1. 기후운동

　기후운동이 활발하다. 1992년에 리우데자네이루에서 유엔 기후변화협약이 체결된 지 30년이 되는 2022년, 서울에서는 약 3만 5,000명의 시민이 모여 기후정의행진을 벌였다. 1992년에는 먼 미래의 미래세대로 여겨졌던 기후변화를 이제 시민들은 현재의 '기후위기'로 인식하고 행동에 나섰다. 지난 30년간 어떤 변화가 일어났을까?

　1990년대 이후 오랫동안 기후변화는 주로 전문가들과 환경운동 단체들의 관심 대상이었다. 그러나 기후변화로 인한 재난이 빈발해지고 이에 대한 지구 차원의 소통이 활발해지면서 2010년대 중반 이후 전 세계적으로 기후운동이 확산되기 시작했다. 한국에서도 환경단체뿐만 아니라 청소년, 청년, 노동조합, 인권단체, 동물단체 등 다양한 집단들이 참여하는 새로운 기후운동이 발전하기 시작했다. 2019년 9월 21일에는 기후위기비상행동 집회에 예상보다 많은 약 5,000명의 시민이 참여했고, 이들은 이 시위를 통해 새로운 기후운동의 주체로 스스로를 구성하기 시작했다. 2022년 9월 24일 '924 기후정의행진' 집회에 약 3만 5,000명의 시민이 모여 기후정의를 주창했고, 2023년 4월 14일에는 세종시에서 약 4,000명의 시민이 참여하여 '414 기후정의파업' 집회를 열었다.

　그런데 여기에 모인 사람들은 어떤 생각을 갖고 있었을까? 사람들은 기후변화의 원인, 해결책 등에 대해 전혀 다른 생각을 갖는 경우가 많다. 이와 같이 기후변화에 대한 인식과 행동의 방향을 규정해주는 인식틀이 기후 담론이다. 기후 담론은 주로 에너지 전환과 관련되었으나 기후정의, 정의로운 전환, 체제전환, 문명전환, 생태전환 등의 담론과 접합하며 변형되고 확장되었다. 기후 담론의 주창자들 가운데 일부는 "기후운동은 환경운동이 아니다."라고 말한다(구도완 외, 2023: 30). 기존의 환경운동과 다른 관점에서 다른 방법으로 기후운동이 일어나고 있다고 이들은 보고 있다. 이 글에서는 이런 주장에 귀 기울이면서 기후 담론의 지형을 분석한다.

기후위기를 극복하기 위해서는 무엇을 어떻게 해야 할까? 이 글에서는 기후운동가들이 어떤 전략으로 기후위기를 극복하려고 하는지 분석해본다. 온건하고 개혁적인 전략이 주류였지만 2020년대에는 급진적이고 변혁적인 전략도 나타나고 있다. 마지막으로 기후위기를 넘어서기 위한 담론과 전환 전략의 강점과 약점을 간략히 살펴보겠다.

요약하면 연구질문은 다음과 같다. 첫째, 한국의 기후 담론의 지형은 어떠한가? 둘째, 기후운동가들은 어떤 전환 전략을 수행하고 있는가? 이 질문에 대한 해답을 찾아봄으로써 우리는 기후운동의 새로운 특성과 그 가능성과 한계에 대해 살펴볼 수 있을 것이다. 이 글은 2000년대 이후 기후운동을 분석 대상으로 하되, 2020년 이후 시기에 초점을 맞춘다. 환경단체, 기후운동단체, 기후운동가, 전문가 등의 담화문, 연설문, 선언문, 기고문, 논문, 책 등의 문헌자료와 기후운동가, 전문가 등에 대한 심층면접 자료가 활용된다.[1]

2. 기후 담론

사회운동가들 가운데에는 기후위기를 화석연료에 바탕을 둔 에너지 시스템의 문제로 보고 이를 바꾸는 데 관심을 집중한 사람들이 많았다. 다른 한편으로 기후위기를 생태위기의 하나로 보고 이를 해결하기 위해서는 자본주의 체제나 산업문명을 근본적으로 바꾸어야 한다고 보는 사람들도 있었지만 그리 많지는 않았다. 그런데, 2020년을 전후하여 급진적인 기후정의 담론이 확산하면서 담론의 지형도 바뀌고 있다. 이 절에서는 한국의 현대 기후 담론을 에너지 전환, 기후정의, 그리고 문명전환 담론으로 구분하고 각 담론이 기후위기의 원인, 해

---

[1] 기후운동과 관련된 중요한 행위자들 가운데에서 7명을 연구참여자로 선정하여 2022년 11월부터 2023년 4월까지 심층면접을 수행했다. 연구참여자의 소속과 면접일시는 부록에 표로 정리했다. 인터뷰에 응해주신 분들께 깊이 감사드린다.

결방안, 주요 행위자 등을 어떻게 보는지 분석해본다. '에너지 전환 담론'은 급진적이고 혁신적인 담론일 수도 있고, 그렇지 않을 수도 있지만, 핵심은 에너지의 생산, 소비 등을 전환하는 데 초점이 맞추어진 담론이다. 다른 한편 '기후정의 담론'은 기후라는 물리적 현상이 정의라는 윤리적이고 정치적인 기표와 접합된 담론이다. 여기에서 핵심은 정의를 실현하기 위한 정치적이고 윤리적인 실천이다. 기후정의 담론은 개혁적 담론과 변혁적 담론으로 나눌 수 있다. 마지막으로 기후위기의 원인을 산업문명 또는 인간중심의 문명으로 보고 문명을 전환해야 한다고 보는 '문명전환 담론'이 있다. 그럼 이제 우리나라의 기후운동가, 전문가, 시민 들은 기후를 둘러싸고 어떤 말들을 하고 있는지 살펴보자.[2]

1) 에너지 전환 담론

에너지 전환 담론은 기후위기의 원인을 지속불가능한 에너지 시스템으로 보고 이를 전환하는 데 관심을 집중하는 담론이다. 이 담론의 주된 주창자로는 환경운동 조직, 에너지 관련 연구소, 에너지 협동조합 등이다.

첫째, 환경운동 조직의 담론과 활동을 살펴보자. 1990년대 이후 기후변화를 주된 이슈로 제기해온 사회운동은 환경운동이었다. 그런데 기후변화가 사회문제로 구성되기 전에 우리나라 환경운동은 반핵을 주된 이슈로 삼았다. 2000년대를 전후하여 반핵운동을 넘어서서 재생가능에너지를 확대하는 적극적인 운동이 발전하기 시작했다. 2000년에는 환경운동연합에 에너지대안센터라는 조직이 만들어져서 기후변화에 대응하고 탈핵을 이루기 위한 에너지 전환 정책을 연구, 주창하고 태양광 발전을 하는 '시민발전소'를 운영하기도 했다. 에너지대안센터는 '기후변화라는 생태위기'의 원인은 화석연료를 사용하는 인류문명이

---

[2] 여기서 분석하는 담론들은 '기후'담론에 국한되지 않고, 원자력, 핵을 포함한 에너지 담론을 포함한다. 기후 담론이 확산되기 전에 반핵, 탈핵이 주된 이슈였고 이에 대한 담론들이 기후변화와 접합하여 오늘의 기후 담론을 형성했다.

라고 보고 에너지 전환을 통해 생태전환을 이루겠다는 비전을 제시했다. 이런 흐름은 지역의 다양한 태양광발전소, 에너지 절전소, 에너지 협동조합 등으로 발전했다. 환경운동 단체들은 2010년대 이후로는 미세먼지, 기후위기와 관련하여 탈석탄발전 운동도 활발하게 벌여왔다.

이러한 흐름은 2022년 기후정의행진에서도 잘 나타났다. 이 집회에서 경주환경운동연합의 이상홍은 "핵발전은 기후위기의 대안이 아니다!"라고 외치면서 "태양과 바람의 나라가 우리의 대안"이라고 말했다. 환경운동연합의 이지언은 "'화석연료와 생명파괴 체계를 끝내자'가 기후정의행진의 목표"라고 말하면서 "석탄발전이 이 체계의 일부"라고 말했다. "공익과 기후 보호가 중요하다면 이제라도 석탄발전소 건설을 멈추고 취소해야 한다."고 주장했다. 이와 함께 에너지 전환을 촉진하기 위한 법, 탈석탄법을 요구했다(9월 기후정의행동 조직위원회, 2023: 129-130; 151-154).

다음으로 에너지 전환 관련 연구소 등의 담론과 활동을 살펴보자. 2000년대 후반에는 환경운동 등 사회운동에 참여했던 운동가들이 독립적인 연구소나 단체를 만들어서 기후변화와 에너지 대안에 관한 정책 등을 연구하고 이를 바탕으로 정책과 제도를 전환하기 위한 활동을 벌여나가기 시작했다. 2009년에는 기후변화행동연구소를 창립하여 지금까지 기후변화에 대응하기 위한 정책 연구와 정보 소통을 해오고 있다. 기후변화행동연구소의 창립선언문은 기후변화의 피해가 약자일수록 더 심각하며 기후변화 문제를 형평성과 정의의 관점에서 접근해야 한다고 말한다. 2018년에는 에너지전환포럼이라는 단체가 생겨서 에너지 전환을 위한 정책을 제안하고 공론장을 마련하는 일을 해왔다.[3] 에너지전환포럼의 창립선언문은 "기후변화와 환경오염의 원인은 인류의 화석에너지 사용"이라고 규정하고 이 문제를 해결하기 위해서는 "에너지 절약, 효율 향상, 재

---

3 2017년에 문재인 정부가 신고리 5, 6호기 공사재개 여부를 결정하기 위한 공론화위원회를 조직했는데 여기에 참여한 전문가, 운동가 들이 중심이 되어 에너지 전환을 위한 정책 연구, 홍보 등을 하기 위해 조직된 단체가 에너지전환포럼이다.

생에너지 확대가 필요하다."고 주장한다.

다음으로 에너지 협동조합 사례를 살펴보자. 2000년대 이후 지역 에너지 협동조합 등이 만들어져서 재생에너지를 스스로 생산하여 원자력과 기후변화로부터 벗어나는 에너지 전환을 추진하는 사람들도 늘어났다. 그중 하나가 '한살림 햇빛발전협동조합'이다. 2011년 후쿠시마 원전사고에 충격을 받은 한살림 조합원들 가운데 1,400여 명이 모여 에너지 소비를 줄이고 핵에너지를 대체하기 위해 2012년 12월 26일, 창립총회를 가졌다. 이 조합의 설립목적은 "조합원 개인들의 협동과 연대를 통하여 국가와 자본에 기대지 않고도 나의 생활실천을 통해 지속가능한 재생에너지를 확대하여 생명살림의 세상을 만들어가는" 것이다. 이사장 이명희는 "기후위기 시대에 햇빛발전은 한살림이 세상과 대화하는 또 하나의 방법이고 우리의 삶을 지속가능하게 해줄 수 있는 쌀 한 톨"이라고 말한다(한살림햇빛발전협동조합 홈페이지, 2023.5.8. 검색).

에너지 전환 담론의 주된 특징은 화석연료와 원자력 같은 지속불가능한 에너지원에 바탕을 둔 에너지 시스템을 에너지 생산/소비 감축, 재생가능에너지 확대 등에 바탕을 둔 지속가능한 에너지 시스템으로 바꾸는 것이 필요하다는 것이다. 이를 위해서는 에너지 민주주의와 에너지 시민성을 높이는 것이 절실하다. 가해자와 피해자가 구분되기도 하지만 기후변화의 주된 원인은 화석연료를 사용하는 인류 또는 인류문명이므로 모두가 책임자라는 담론이 주를 이룬다.

그런데 한살림 햇빛발전협동조합의 담론 가운데는 "국가와 자본에 기대지 않고" 조합원들의 협동과 연대로 "생명살림의 세상"을 만들겠다는 이야기가 나타난다. 에너지대안센터의 담론에서는 인류문명, 생태적 전환 같은 용어들이 등장한다. 이런 담론들을 볼 때 에너지 전환 담론 가운데에는 에너지 전환의 궁극적인 목표를 문명전환으로 보는 관점도 함께 있음을 알 수 있다.

2) 기후정의 담론

2019년 이후 한국 기후운동의 핵심 담론은 기후정의이다. 기후, 정의, 체제전환 등의 용어는 서로 접합하며 기후불평등을 넘어서서 정의로운 전환을 이루어야 한다는 담론으로 새롭게 구성되었다. 그런데 이러한 담론은 2000년대 이후 꾸준히 형성되고 있었다. 기후정의 담론은 '개혁적 담론'과 '변혁적 담론'으로 나눌 수 있다.[4]

(1) 개혁적 기후정의 담론

먼저 개혁적 담론의 사례로 환경단체 (사)환경정의의 담론을 살펴보자.

"기후위기 상황은 점점 가속화되고 있으며, 우리의 현실에 직접적으로 나타나고 있습니다. 그러나 기후위기 상황에 대한 대응과 온실가스를 감축하기 위한 노력은 턱없이 부족한 상황입니다. 기후위기로 인한 피해는 우리 사회의 약자에게 더 치명적인 영향을 끼칩니다. 환경정의 기후 팀은 기후위기로 인한 불평등을 줄이고 정의로운 사회를 만들기 위한 기후정의 운동을 하고 있습니다. 기후불평등, 피해 사례를 조사하고 공론화시키며, 기후정의에 기반한 정책을 제안해 기후정의를 실현하기 위한 활동을 합니다."(환경정의 홈페이지, 2023.05.15. 검색)

(사)환경정의는 기후불평등을 중요한 문제로 인식하고 이를 줄이기 위해 정책을 제안하는 활동을 주로 한다. 이 단체는 기후정의 담론을 지배구조 안에서 정책과 제도를 개선하는 전략과 접합하고 있다.

---

4 김민정(2015)은 기후정의 개념을 '사회 통념상 기후정의'와 '급진적 기후정의'로 나누고, 기후운동의 전략을 (주류) 개혁주의, 좌파 개혁주의, 변혁주의로 구분했다.

(2) 변혁적 기후정의 담론

자본주의 등 체제를 문제 삼는 급진적이거나 변혁적인 기후정의 담론은 2000년 이후 나타나기 시작했다. 2009년에 창립한 정의로운 전환을 위한 에너지기후정책연구소(이하 에정연)는 창립선언문에서 "기후변화에 대처하기 위한 행동을 가로막는 걸림돌은 화석연료에 기반을 둔 자본주의 시스템"이라고 보고 "정의로운 전환을 위한 지식과 정책을 창출하고 이를 실천과 연결"하겠다고 선언했다.

"기후변화에 대처하기 위한 시급한 행동을 가로막고 있는 걸림돌은 지금껏 화석연료에 기반을 두어서 발전해온 자본주의 시스템이다. (…) 화석연료의 생산과 소비에 자신의 생존을 걸고 있는 자본과 이를 확대 재생산하는 낡은 정치권력은 전 지구적 위기를 외면하고 있으며, 오히려 사회적 불평등과 함께 이를 부채질하고 있다. (…) '정의로운 전환'이란 지속가능한 사회로의 전환 과정에서 이에 따른 피해와 비용이 사회적 약자에게 일방적으로 전가되어서는 안 되며 정의로운 방식으로 배분되어야 한다는 것이다. 이러한 '정의로운 전환'은 강력한 녹색동맹의 구축을 위한 토대가 될 것이라고 생각한다."(에정연 창립취지문, 2022.10.13. 검색)

2019년 9월의 기후위기 비상행동 집회 이후 기후정의 담론은 급속히 발전했다. 2021년 9월 2일에는 문재인 정부의 탄소중립위원회(이하 탄중위) 활동을 비판하며 '탄소중립위 해체와 기후정의 실현을 위한 공동대책위원회(이하 탄중위해체공대위)'가 결성되었다.[5]

---

[5] 기후정의포럼, 멸종저항서울 등 4개 단체가 제안하여 만들어진 이 공대위는 "자본과 시장 주도의 정부 기후위기 대응 전략에 맞선 투쟁"을 하겠다고 선언하고 탄중위 해체, 탄중위 시민사회 위원의 사퇴 등을 주장했다. 탄중위 민간공동위원장으로 일한 윤순진은 저자와의 심층면접에서 "거버넌스 기구의 공동위원장으로서, 여러 이해관계자의 의견을 최대한 수렴하기 위해 산업계, 노동자, 농민, 환경단체, 소비자단체, 교육단체 등을 만나서 이들의 의견을 종합하여 계획을 결정했다."고 말했다.

2021년에는 기후정의포럼이라는 조직이 『기후정의선언 2021』이라는 팸플릿을 발표했다. 이들은 "기후위기는 불평등한 사회의 위기이고 민주주의의 위기"라고 보고 "이 위기는 자본주의적 성장 체제를 변혁하지 않고서는 해결이 불가능하다."고 말했다. 또한 "광범위하고 변혁적인 정의로운 전환"을 모색해야 한다고 주장했다. 이들은 "기후위기만이 아니라 불평등과 민주주의의 위기를 넘어서려는 많은 운동들과 연대의 고리를 만들어내기를 기대한다."고 말했다(기후정의포럼, 2021). 2022년 5월 12일에는 탄중위해체공대위와 기후정의포럼을 이어 '체제전환을 위한 기후정의동맹(아래에서 기후정의동맹)'이 구성되었다.[6]

2020년대 들어 기후위기를 넘어서 기후정의를 이루어야 한다는 데 많은 기후운동가들이 공감하고 있는 것으로 보인다. 2022년 924 기후정의행진의 리더들은 정부에 무언가를 요구하는 것이 한계가 분명하다는 것을 알았다고 말한다. 이들은 "우리는 몇몇 정책적 그리고 제도적 개혁 요구만으로 기후위기를 해결하고 기후정의를 실현할 수 없다는 점을 이제 명확히 인식한다. 또한 기후위기를 유발하고 그 해결을 방치한 기득권 세력들에게 문제해결의 방향타를 계속 잡도록 해서 안 된다는 점도 분명히 알게 되었다."고 말한다. 이런 판단 위에서 이들은 "① 화석연료와 생명파괴 체제를 종식해야 한다. ② 모든 불평등을 끝내야 한다. ③ 기후위기 최일선 당사자의 목소리는 더 커져야 한다."고 선언하고 "기후위기와 기후재난을 야기한 이들과 현 체제에 대해 분노하고, 그들의 책임을 묻는 것에서부터 새로운 길을 시작할 것이다."라고 말했다(924 기후정의행진 홈페이지. 2022.10.13. 검색).

924 기후정의행진에는 많은 시민들이 참여했지만 이들의 요구가 구체적으로 제시되지 않았고 이후의 전략도 분명하지 않았다. 새롭게 구성된 (2023년) 414 기후정의파업조직위원회는 이런 평가를 고려하여, 좀 더 분명한 요구를 주장했

---

[6] 이 조직은 2022년과 2023년 4월의 집회를 조직하는 데 주도적인 역할을 했다. 이름에서 볼 수 있듯이 동맹의 목표는 체제전환으로 표명된다.

다. 이들이 제안한 대정부 요구의 2대 방향은 "기후정의를 향한 사회공공성 강화로 정의로운 전환을 추진하라!, 자본의 이윤축적을 위해 기후위기 가속화하는 생태학살을 멈춰라!"였다. 6대 핵심 요구는 에너지 공공성 강화, 공공 주도 재생에너지 전환과 탈석탄, 탈핵, 공공교통 확충, 정의로운 전환, 환경파괴와 생태학살 중단, 그린벨트 해제 권한 지자체 이양 시도 철회 등이었다. 13개 영역별 구체 투쟁요구에는 '대기업 에너지 요금 인상과 시민들의 필수적인 전기/가스 요금 인상 철회, 공공 주도 재생에너지 전환, 신공항 추진계획 폐기, 공장식 축산 생산/소비에 대한 사회적 통제방안 마련, 발전소 폐쇄에 따른 노동자 고용 보장, 사회적 소수자의 존엄한 삶의 권리 및 민주적 참여 보장' 등이 제시되었다.[7] 변혁적 기후정의 담론이 해체하거나 혁파해야 한다고 보는 체제는 자본주의 성장 체제로 표명되는데 엄밀히 보면 자본주의와 성장주의는 구분되기 때문에 두 쟁점을 나누어서 살펴보자.[8]

반자본

924 기후정의행진에서 자본주의 체제를 기후위기의 근본 원인으로 지목한 사람들은 적지 않았다. 새만금신공항백지화공동행동의 김지은은 이렇게 말했다.

"대규모 자연파괴와 생태학살을 당연한 것처럼 무한정 요구하고 용인하는 자본주의 체제, 기후붕괴를 불러온 주범인 이 자본주의 체제를 철폐하지 않으면 붕괴를 멈출 수 없습니다. (…) 지금 우리에게 필요한 건 캠페인이 아니라 혁명입니다. 혁명하자고 하니까 어떤 분들은 무섭다고 합니다. 저는 이 끔찍한 자본주의 세상에 사는 게 더 무섭습니다. (…) 기후붕괴와 자본주의를 넘어

---

7 이 가운데 전기/가스 요금 인상 철회 문제와 관련하여 환경운동연합은 에너지 가격 인상이 필요하다는 입장을 주장하며 조직위원회에서 탈퇴했다. 이는 에너지전환 담론과 급진적 기후정의 담론의 갈등과 경합을 보여주는 사례이다.
8 홍덕화(2022: 89-96)는 탈성장과 탈자본 또는 반자본이 수렴하는 경향에 초점을 맞추어 포스트자본주의적 탈성장을 전환의 한 흐름으로 개념화했다.

착취와 억압이 없는 새로운 세상을 만들어냅시다."(9월 기후정의행동 조직위원회, 2023: 51-52).

대안학교 청소년 기후정의연대 선언문은 기후위기의 원인을 자본주의 경제 시스템이라고 규정하고 기후위기가 악화하는 것은 비민주적인 정치제도에서 비롯된다고 말한다.

"우리는 기후위기와 불평등을 만들어내고 유지시키는 자본주의 시스템에 반대하여, 평등하고 정의로운 대안 사회를 원한다. 우리가 원하는 세상은 생태적 한계 속에서 돌아가며, 모두에게 사회적 기초가 보장되는 사회이다. (…) 우리는 각자의 위치에서 최선을 다해서 행동하며, 힘없고 배제된 자들의 연대를 이뤄내고, 기존의 질서에 반대하여 새로운 질서를 만들어내기 위해 가장 급진적인 방식으로 행동해나갈 것이다. 지금 여기에서 오늘 밤이 가기 전에 아래로부터의 혁명을 시작하자."(9월 기후정의행동 조직위원회, 2023: 186-187).

민주노총 위원장 양경수는 924 집회에서 "기후위기 대응, 정부와 자본가가 아니라 노동자와 시민이 함께 나서자! (…) 기후위기가 노동자의 일자리에 대한 위협과 서민의 건강과 생명에 대한 위협으로 나타난다."고 말했다. 그는 기후위기 앞에서 잠재적 피해자로 노동자와 서민을 함께 호명하며 노동자의 일자리 등 생존과 권리의 문제를 제기했다. 노동조합 등은 정의로운 전환 담론을 통해 산업구조 전환의 잠재적 피해자로서 자신들을 호명하고 권리를 주창한다.

반자본은 924 기후정의행진 이후 중요한 이슈로 부상하고 있다. 이 기표는 정의로운 전환, 새로운 사회주의, 더 많은 민주주의, 생태사회주의, 아나키주의 등 여러 다른 기호와 접합할 수 있다.

탈성장, 탈추출주의(extractivism)

기후운동가들은 경제성장에 대해 어떤 입장을 가질까? 전통적인 노동운동 또는 사회주의 운동은 맬서스주의를 비판하고 성장의 한계를 부정하며 생산력 발전을 진보의 동력으로 보았다. 그런데 기후운동의 주창자들은 자본주의에 반대할 뿐만 아니라 성장주의 또는 성장 시스템에 대해서도 함께 반대하는 경우가 많다. 기후정의포럼(2021: 63-64)은 '자본주의 성장 시스템'이 기후위기의 원인이라고 보고 자신들은 "자본주의 경제체제가 아닌 필요 기반의 돌봄과 생태적 전환 경제를 추구한다."고 말한다. 이들은 'GDP로 표현되는 양적인 성장을 거부한다.'

녹색당의 김예원은 "녹색당이 기존의 성장만능주의를 비판하고 탈성장, 대안 정치를 얘기해왔다."고 말하며 "죽음의 시대에 생존의 길을 내는 정치가 필요하다."고 말했다(9월 기후정의행동 조직위원회, 2023: 65-67).

기후정의동맹, 멸종반란 등에 참여하고 있는 김선철은 추출주의 생산체제 혹은 사회체제가 환경위기의 원인이라고 본다. 그에 의하면 추출주의란 "정당한 대가를 지불하지 않고 물, 광물, 나무, 인간, 비인간동물 등을 소비해도 되는 것처럼 쪽쪽 빨아먹는 것"이다. 자연을 파괴하고 끊임없이 폐기물, 온실가스 등을 배출하며 자연을 수단화하는 것이 추출주의인데, 지금은 자본주의로 드러나고 있지만 사회주의 체제도 추출적일 수 있다는 것이다. 이 추출주의로 이득을 보는 사람들이 기후위기의 주범인데 이들이 허구적인 성장 이데올로기로 스스로를 정당화한다고 그는 본다. 그는 "재생에너지 체제로 넘어가도 녹색 추출주의는 있다."고 말한다. 그는 추출주의가 차별과 위계에 기반하고 있다고 보는데 궁극적으로는 "젠더, 계급 등 위계적인 사고를 깨나가는 것이 필요하다."고 말한다(심층면접, 2023.3.31.).

기후정의 담론은 2000년대 이후 정의로운 전환 등의 담론과 함께 확산하면서 그 의미도 '민주주의'처럼 다양하게 변용되어왔다. 기후위기로 인한 불평등의 폐해를 줄이기 위한 개혁 담론도 있고, 권력의 주체를 바꾸어야 한다는 급진적인 변혁 담론도 있다. 이러한 차이에도 불구하고 기후정의 담론은 기후변화, 에너지 전환 담론과 달리 기후를 '정의'라는 사회적, 정치적, 윤리적 담론과 접합하면서 급진화하고 있다.

3) 문명전환 담론

기후위기 담론은 인간, 국가, 산업, 자본 등 기존의 지배적 구조에 대한 근본적인 성찰을 가능하게 만들고 있다. 인류세, 포스트휴먼, 탈인간중심주의, 지구, 가이아, 행성 등의 관점에서 기후위기를 보는 담론들이 확산하고 있다. 이를 문명전환 담론이라고 부를 수 있다.

문명전환이라는 말은 기후 담론이 확산하기 이전부터 많이 소통되었다. 1989년에 발표된 「한살림선언」은 "자본주의와 공산주의 모두 기술적 산업주의라는 동일한 문명적 기반 위에 서 있다."고 보고 "산업문명은 기술과 기계로서 인간과 자연을 통제하고 지배하는 전체주의적 세계"라고 정의했다(한살림모임, 1990). 이 선언은 산업문명이 직면한 위기를 극복하기 위해 "새로운 생명의 이념과 활동인 〈한살림〉을 펼친다."고 선언했다. 『녹색평론』을 창간한 김종철은 근대문명에서 생태문명으로 전환해야 한다고 일관되게 말했다(김종철, 1991). 문명전환을 실천하기 위해 한살림이 생활협동 운동에 집중했다면, 『녹색평론』과 김종철은 지역화폐, 기본소득, 녹색당 운동 등에 참여하면서 사회운동과 전환정치에도 적극 참여했다.

2020년대에 들어 기후위기를 문명전환의 관점에서 인식하고 해결 방안을 찾는 담론도 나타나고 있다. 김환석은 "기후변화가 인류세의 생태위기"라고 보고 이것이 "근대문명의 종말을 함축"한다고 말한다. 기후위기의 해결을 위한 신유물론의 대안으로서 '근대문명에서 생태문명으로의 전환'을 제안한다. 그는 전자를 기계적 패러다임으로 후자를 관계적 패러다임이라고 규정하고 문명전환을 위한 '변혁적 실천의 주체로서' '생태계급(또는 녹색계급)' 개념을 소개했다.

그는 2022년 924 기후정의행진이 브뤼노 라투르가 주장한 '생태계급의 출현'이라는 가설과 관련해 중요한 출발점의 의미를 지닌다고 보았다. 그는 기후운동의 파편화된 실천들이 대규모 집회를 통해 문제의식 공유와 집합적 실천의 경험을 함으로써 문명전환을 위한 세력, 즉 '생태계급'으로서의 확실한 정체성과 강력한 행위성을 갖출 수 있다고 보았다(김환석, 2022: 47, 81).

그러면 기후운동의 현장에서 나온 목소리 가운데 문명전환 담론으로 볼 수 있는 이야기들은 어떤 것들이 있을까? 이들을 탈인간중심, 탈국가, 탈군사주의로 나누어서 살펴보자.

(1) 탈인간중심

많은 기후 담론은 인간중심주의에 바탕을 두고 있지만 비인간존재를 주체로 호명하거나 그들의 존재, 생존, 생활을 중시하는 담론들도 확산하고 있다. 인류세, 동물, 행성 등에 관한 담론이 여기에 포함된다. 여기에서는 동물권 운동을 중심으로 탈인간중심 담론을 살펴본다.

924 기후정의행진에 참여한 동물권 운동가들은 기후정의와 동물권을 접합하는 담론을 주창했다. 동물해방물결 장희지는 '비인간 존재들과 적극적으로 연대해 주시기를 간절히 호소'했다.

> "여전히 팽배한 인간중심주의는 고통받는 비인간동물의 안위를 전혀 고려하지 않고 있습니다. 기후위기를 촉발시킨 가장 근본적이고 본질적인 원인이 무엇이라고 생각하시나요? 저는 동물과 자연을 수단으로 여기며 끊임없이 확장해온 자본주의 성장체제, 즉 인간중심의 '죽임' 문명 때문이라고 생각합니다. (…) 인간의 생존만을 이야기하는 기후위기 대응은 결국 지금보다 더 큰 기후재난을 불러일으킬 것입니다. 지구의 생태계는 점점 절멸의 길로 빠지게 될 것입니다. 진정한 기후정의 실현을 위해서는 비인간 존재의 안위를 배제하는 종차별주의에 대한 진지한 고찰이 동반되어야 합니다. 인간과 비인간존재의

잘못된 관계를 바로잡는 길, 이들을 향한 폭력과 살상을 멈추고 '죽임' 문명에 대항하는 힘을 확장하는 길로 우리는 나아가야 합니다. 모든 동물이 평등한 세상을 위한 우리들의 확실한 행동이 기후정의를 앞당길 수 있습니다."(9월 기후정의행동 조직위원회, 2023: 195-197).

동물권행동카라의 조현정은 공장식 축산과 기후위기에 대해 아래와 같이 말했다.

"공장식 축산은 동물뿐 아니라 사람에게도 잔인합니다. 살처분과 공장식 축산 현장에는 노동자들이 있습니다. (…) 공장식 축산은 온실가스를 내뿜고 분뇨는 항생제 등이 섞여 토양과 수질을 오염시킵니다. (…) 스스로의 변화도 필요합니다. 환경과 사람, 동물을 위해 오늘 행진 후 삼겹살과 치맥을 하지 않는 일로도 함께해 주십시오!"(9월 기후정의행동 조직위원회, 2023: 101-105)

이러한 2022년 집회의 흐름 속에서 414 기후정의파업의 13개 영역별 구체 투쟁요구에는 "10. 동물학살을 초래하는 대규모 공장식 축산 생산/소비에 대한 사회적 통제 방안을 마련하라."는 내용이 포함되었다.

다른 한편 기후위기 해결을 위한 재생가능에너지 생산과 야생동물의 생존 문제가 충돌하는 사례도 적지 않다. 구체적으로 풍력발전은 그 규모가 크고 생태계에 미치는 영향도 크기 때문에 생태계 보호를 주창하는 환경단체들이 이에 대해 반대하는 운동을 벌이고 있다. 해양환경단체 핫핑크돌핀스는 「탐라해상 풍력 확장사업 반대한다」는 성명(핫핑크돌핀스, 2022.01.20.)에서 "돌고래들의 이동통로 중간 지점에 해당하는 한경면 연안에 총 19기의 풍력발전기들이 들어서게 된다면 제주 연안에 1년 내내 정착해 살아가는 남방큰돌고래들의 이동통로가 완전히 끊어지게 될 것이다. (…) 핫핑크돌핀스는 제주 해양생태계의 균형을 유지하고, 바다의 건강함을 지키는 데 중요한 역할을 하는 남방큰돌고래

서식처를 파괴하는 탐라해상풍력 확장사업을 반대하며, 이 사업의 취소를 촉구한다."고 주장했다.

(2) 탈국가, 지구

기후위기는 지구 행성의 모든 인간과 비인간존재의 생존과 관련된 문제이지만, 실제로는 기존의 근대국가 중심 체제 아래에서 이 문제가 논의되고 관리되어왔다. 이런 상황에서 국가 중심의 기후 담론에 반대하는 담론이 소통되고 있다.

청년기후긴급행동의 강은빈은 베트남의 석탄화력발전소 건설에 참여한 두산중공업에 항의하기 위해 동료 활동가 이은호와 함께 2021년 2월 18일, 두산중공업 본사 앞에서 기습시위를 벌였다. 강은빈은 "우리나라 기업들이 외국에 석탄화력발전소를 짓는 것은 지구를 하나로 보면 우리 지구에 짓는 것"이라고 말했다. 그는 경제성장, 국가중심주의 등의 지배적인 담론을 기후운동의 관점에서 정면으로 비판했다(구도완, 이철재, 김민재, 2023: 32). 청계자유발도르프학교 기후정의 동아리 엑스, 대안학교 청소년 기후정의연대 99도 소속 열아홉 살 오채연은 이렇게 말했다.

"지구는 '나'입니다. 내가 하는 모든 것은 지구가 있기에 가능합니다. (…) 지구가 없으면 집도 없고 돈도 없고 가족도 없고 당신이 누리고 있는 모든 것이 존재하지 않는다는 걸 언제쯤 깨달을 수 있을까요? 우리는 우리 모두가 연결되어 있다는 것을 인지해야 하며 정의를 향한 진짜 목소리가 필요합니다. 나를 위해, 나와 함께 살아가고 있는 생명을 위해 외쳐야 합니다. (…) 서로가 서로의 대안이 되어야 합니다. 모여서 외치고 희망하며 연대하면 이내 전 세계가 하나의 연대가 되어 진정한 대안사회를 위한 권력이 될 수 있을 겁니다."(9월 기후정의행동 조직위원회, 2023: 106-110)

지구 차원의 위기상황에서 국가를 넘어서 지구, 행성 관점에서 기후위기를 인식하고 세계시민들의 연대를 통해 위기를 극복해야 한다고 주장하는 사람들이 있다.

(3) 탈군사주의

전쟁과 폭력은 지구와 모든 생명을 위험에 빠트리는 중요한 요인이다. 폭력 또는 군사력을 독점한 국가는 다른 국가를 잠재적인 적으로 간주하고 상비군을 유지하거나 확장하며 물리적 강제력을 정당화한다. '전쟁없는세상 뭉치'는 전쟁, 무기, 군사주의에 반대하며 이것들이 기후위기와 긴밀히 연관되어 있다고 말한다.

> "무기박람회를 통해 거래되는 무기들은 전쟁을 일으키고 그 전쟁은 기후위기를 심화시킵니다. 악화된 기후는 안보 위험이 되고 또다시 전쟁이 일어나는 악순환이 계속됩니다. 가장 큰 문제는 이러한 군사 부문이 기후위기에 끼친 영향은 잘 드러나지 않는다는 것입니다. 군사 부문의 탄소배출은 감축 의무에서조차 제외되어 있습니다. 전쟁과 무기생산을 멈추지 않는다면 기후위기는 해결될 수 없습니다. 무기거래는 기후위기의 원인이자 결과입니다. (…) 기후정의를 실현하는 일은 전쟁 없는 세상을 만드는 일과 다를 수 없습니다. 무기생산과 무기거래의 평화적 전환 없이 기후정의는 이룰 수 없기 때문입니다."(9월 기후정의행동 조직위원회, 2023: 84-85)

기후위기는 지배적인 사회구조로 유지되는 사회의 회복력을 심각하게 위협할 것이고 이로 인한 집단 간, 국가 간 갈등과 전쟁의 위협은 더욱 커질 것이다. 평화의 관점에서 기후정의를 주장하는 사람들은 국민국가와 자본주의, 산업주의에 바탕을 둔 근대의 성공으로 생긴 기후위기를 더 많은 무기, 군사, 군비로 대응하는 데 반대하고 새로운 평화를 만들어가자고 말한다.

문명전환 담론에서 보는 기후위기의 원인은 자본주의나 사회주의 같은 정치체제 또는 체계가 아니라 산업주의, 산업문명, 기계문명 또는 인간중심주의 같은 문명, 가치, 문화, 생활양식 등이다. 이 관점에서 보면 생산력주의, 성장주의에 포획된 사회주의, 인간 이외의 종을 수단으로 간주하는 종차별주의를 넘어서 성찰과 책임을 바탕으로 가치, 윤리, 규칙, 제도를 새롭게 구성하는 문명, 문화를 만들어가는 것이 필요하다. 문명전환 담론은 변혁적이거나 개혁적인 담론과 접합할 수도 있고 보수적인 담론과 접합할 수도 있다.

3. 전환 전략

기후 담론은 기후를 바라보는 시선이고 이것이 기후운동의 방향을 틀 짓는다. 그렇지만 현실에서 기후운동가들은 다양한 담론을 함께 사용하며 여러 전략을 기획하고 수행하는 경우가 많다. 기후운동가들은 어떤 목표를 이루기 위해 어떤 방법을 기획하고 실천하는가? 이 절에서는 기후운동가들과 전문가들의 글과 심층면접 자료를 중심으로 이들의 전환 전략을 '생태적 현대화', '체제전환', '풀뿌리 전환' 전략이라는 세 개의 이념형으로 나누어 살펴보겠다.

1) 생태적 현대화 전략

생태적 현대화는 성장주의와 성장의 한계 담론을 모두 비판하며 경제성장과 환경보호를 함께 이룰 수 있다고 보는 담론 또는 전략이다. 근대화 또는 현대화는 비판의 대상이 되지 않고 '생태적으로' 변형될 수 있는 것으로 간주된다. 생태적 현대화 전략은 독일, 네덜란드, 북유럽 국가 등에서 실현되고 있는 것으로 평가된다. 피터 크리스토프(Peter Christoff, 1996)는 약한 생태적 현대화와 강한 생태적 전략을 구분하고 전자는 기술, 관료 중심이고 후자는 시민 참여 중심의 성찰적 현대화라고 정의했다.

여기에서는 서울대 윤순진, 기후솔루션 김주진, 환경운동연합 안재훈의 이야기에서 생태적 현대화 전략의 특징을 살펴본다. 문재인 정부의 탄소중립위원회에서 민간공동위원장으로 일했던 윤순진은 산업화로 "풍요를 누렸고 그 대가를 지불하고 있는데 지금 이것을 변화시킬 수는 없기 때문에 시장과 기술의 잠재력을 최대로 활용할 수 있도록 해야 한다."고 말한다. 그는 문재인 정부가 탄소중립을 선언하고 2030년 탄소배출 감축목표를 2018년 대비 40%로 결정한 것을 매우 높이 평가했다. 반면에 윤석열 정부가 원전의 비중을 확대하는 정책을 펴는 데 대해서는 강하게 비판했다(심층면접, 2023.03.29.).[9]

윤순진은 기후위기를 극복하기 위해서는 기후시민의 활동이 중요하다고 보고 있다. 그는 권리에 대한 자각도 필요하지만 책임을 중요하게 받아들이는 것이 필요하다고 보고, 이런 시민성을 가진 시민을 기후시민이라고 말한다. 그는 기후시민이 환경운동을 지원하고 정치인을 잘 선출하고, 이들을 압박하여 기후문제를 해결해가야 한다고 말했다. 그는 "기후위기를 해결하기 위해서는 모든 시민을 바꿔야 하기 때문에 조금이라도 접점을 늘리는 활동을 더 많이 해야 한다."고 말했다. 도덕적 당위에만 매몰되면 확장력이 없다고 그는 평가했다.

2016년에 창립한 기후솔루션은 기후변화 정책 관련 법률, 경제, 금융, 환경 등의 이슈를 연구하고 이를 통해 기후문제를 해결하는 일을 하는 비영리 단체이다. 이 단체는 「투자자와 지구를 위험에 빠트리는 나쁜 투자: 국내 공적 금융기관의 국내외 석탄금융 현황 및 문제점」, 「태양광 발전사업 입지규제의 현황과 개선 방향: 이격거리, 입지, 설치 규제에 대하여」,[10] 「국내 공적 금융기관의 해외 화석연료 투자현황과 문제점」 등의 보고서를 발간했다. 김주진 대표는 "화

---

9 윤순진은 오랫동안 시민환경운동단체에 참여하면서 에너지전환 운동, 환경운동에 참여했다. 그러므로 그는 탄중위 민간공동위원장, 전문가, 시민운동가 등 여러 주체 위치에서 기후위기와 기후정책에 대해 말했다.
10 이 보고서는 태양광 발전을 확대하기 위해서는 중앙정부가 적극적으로 나서서 기초 지자체의 이격거리 입지규제 권한을 제한할 것을 제안했다(47쪽).

석연료로 흐르는 돈의 흐름을 바꿀 수 있는 방법"에 관심을 집중한다고 말했다 (심층면접, 2023.04.07.).

김주진은 시장을 통한 에너지 전환을 주된 전략으로 삼고 있다. 그는 '유럽에서 재생에너지가 크게 성장한 것은 화석연료원, 원자력 발전원, 그리고 재생에너지가 공정하고 투명하게 경쟁할 수 있었기 때문'이라고 평가했다. 이런 시장을 만들기 위해서는 정부를 설득하고 정치를 바꾸어야 한다고 그는 생각한다. 정부 관료와 정치인을 설득하기 위해서는 능력 있는 연구자, 캠페이너들이 협동해서 연구하고, 캠페인하는 것이 중요하다고 그는 말한다. 예를 들면 석탄, 천연가스 등에 대한 투자는 모두 좌초자산이라고 사람들을 설득하는 것이다. 기후위기 시대에 이러한 투자는 더 이상 이윤을 올릴 수 없다고 보고 이를 조사를 통해 정리하고 시장과 정부의 정책결정자들에게 알리는 것이 기후솔루션이 하는 일이라는 것이다. "석탄발전이 나쁜 것이면 석탄발전에 대한 돈줄을 끊는 게 체제변화까지는 아니지만 아주 진한 온실가스 배출원을 없앨 수 있는 수단"이라고 그는 말한다.

그는 '정의로운 전환'의 이해당사자는 노동자뿐만 아니라 산업자원부 관료들이라고 말했다. 정부와 공기업의 주된 발전원이 석탄, 가스, 원자력 등이므로 관료들은 이 산업의 이해를 위해 복무하는 경향이 있다는 것이다. 이런 발전원들의 비중이 줄어들게 될 것이라는 것을 관료들도 잘 알고 있다고 그는 말한다. 또한 '석탄발전소가 재무적으로 안심하고 빠져나갈 수 있게 해야지 석탄발전의 가동종료 속도가 빨라질 것'이라고 그는 예상한다.

그러면 주류 환경운동단체들의 기후운동 전략은 어떤 것일까? 환경운동연합, 녹색연합, 환경정의 등 주류 환경운동단체들은 1990년대 창립한 이후 지속가능한 발전이라는 담론 아래, 경제성장, 자본주의, 국가 발전 등 지배적인 패러다임을 받아들이면서 정책과 제도의 개혁을 통해 환경문제를 완화하고 지배구조의 폐해를 줄여나가는 전략을 펴왔다. 이런 전략은 1990년대와 2000년대 중반까지 성공적이었다. 그러나 주류 환경운동은 점차 제도화되고 자원동원 능력이 약해지면서 그 영향력이 점차 줄어들었다.

그러면 환경운동연합에서 오랫동안 기후, 에너지 문제를 담당한 안재훈의 이야기를 들어보자. 그에 의하면 환경운동연합은 탈핵운동과 석탄발전소 퇴출운동을 꾸준히 해왔다. 그런데 환경운동연합에서 기후운동의 목표를 이루기 위한 경로에 대해서는 토론이 부족하다고 그는 평가했다. 기후위기를 극복하기 위해서는 지불해야 할 비용이나 불편함이 있는데 이에 대한 합의를 단체 안팎에서 이루어 나가는 것이 부족했다고 보는 듯하다(심층면접, 2022.11.08.).

그는 다양한 주체들이 다양한 방법으로 기후운동에 참여하는 것이 필요하다고 보고 있다. 예를 들면 청년세대들이 적극적으로 기후운동에 나서는 것이 필요하다는 것이다. 그는 시민들의 압력으로 기업들이 RE100에 참여하는 것도 중요하다고 평가했다.

'체제전환'과 같은 급진적 전환 전략에 대하여 그는 반자본주의, 사회주의 등에 대해 동의하지 않는 사람들이 환경운동연합 안에 있다고 말했다. 그는 기후위기가 비상상황이기 때문에 기존의 시스템 안에서 이 문제를 해결하는 것이 쉽지 않다고 보면서도 '체제전환' 전략을 통해 무엇을 어떻게 변화시킬지 분명하지 않다고 보았다. 이런 관점에서 그는 기후운동 세력들 사이에서 심각한 갈등이나 경쟁이 생기는 것에 대해 비판적으로 평가했다. 탄중위해체공대위 활동에 대해 그는 "탄중위가 폐쇄적으로 운영된 면은 있지만 탄중위 해체 공대위의 활동은 너무 과했다."고 말했다.

윤순진, 김주진, 안재훈 세 사람의 이야기에서 국가, 기업, 시민 등이 서로 경합하고 협력하는 생태적 현대화 전략의 윤곽을 볼 수 있다. 이들은 에너지의 생산과 소비를 줄이고 화석연료와 원자력 중심에서 재생가능에너지 중심으로 에너지원을 바꾸는 데 집중해야 한다고 말한다. 이들은 국가 관료, 시민, 조합원, 기업 등 다양한 주체를 조직하기 위해 노력해왔고 구체적인 제도와 정책을 바꾸어 나가는 데 관심을 집중해왔다. 이 전략의 주창자들은 가해자와 피해자가 구분되지만 모두에게 책임이 있다고 보기 때문에 스스로를 바꾸는 생태적 시민성의 중요성을 강조한다. 권리보다 문제해결을 위한 책임과 실천의 중요성이 부각된다. '녹색 자본주의', '생태적 자본주의', '지속가능한 자본주의'가 가능하고 이를 통해 기후위기를 해결하면서 경제성장을 지속하는 풍요로운 복지국가도 가능하다.

2) 체제전환 전략

1980년대 급진적인 사회운동과 함께 활발했던 급진적인 반공해운동은 1990년대에 들어 온건하고 현실적인 시민환경운동으로 바뀌었다. 그러나 급진적인 흐름은 2020년을 전후하여 새롭게 변혁적인 기후정의 담론으로 재구성되었다. 급진적인 방법으로 기후정의를 실현해야 한다고 주창하는 이들은 체제전환이라는 기표를 중심으로 운동을 조직하고 있다. 여기에서는 기후정의운동에 적극적으로 참여하고 있는 에너지노동사회네트워크의 구준모, 인권운동사랑방의 정록, 기후정의동맹의 한재각, 김선철의 이야기를 통해 체제전환 전략을 살펴본다.

전통적으로 좌파는 평등을 지향하며 대중, 시민들의 참여, 주권, 권력을 중시했다. 그런데 기후위기라는 지구적인 위기 앞에서 평등, 민주 담론은 새롭게 재구성되지 않으면 안 되는 상황이 도래했다. 이전의 자본주의 성장 모델로는 지구를 지탱할 수 없는 것으로 보이기 때문이다. 이런 상황에서 '정의로운 전환' 담론의 주창자들은 노동자, 사회경제적 약자 등의 생존을 강조했다. 산업구조의 변화가 불가피한 상황에서 '정의로운 전환' 담론으로 적극적으로 기후위기에 대응해야 한다는 주장이 점차 노동자들과 시민들의 공감을 얻었다. 이런 흐름 속에서 '공공, 민주, 생태' 등을 강조하며 급진적인 체제전환 전략을 주창하는 단체와 운동가 들이 등장했다. 그 가운데 한 사람이 에너지노동사회네트워크의 구준모이다.

"기후정의 운동은 무엇보다 기후위기의 구조적 원인인 자본주의를 넘어서는 것을 지향한다. 기후위기에 대한 잘못된 해법인 시장주의, 기술주의를 비판하고 기후정의의 관점에서 사회, 경제적 변혁을 추구해야 한다. 이를 실현하기 위해 다양한 시민, 즉 노동자, 농민, 빈민과 함께 대중적인 운동을 만들어가 보자."(구준모, 2021: 21)

그는 "기후정치는 시장주의와 민주당 의존성을 버려야 가능하다."라고 말하면서 "진짜 변화를 만들려면 기존의 정치, 경제 기득권과 체제를 혁파하고 대안 세력을 형성하는 과정을 거쳐야 한다."고 말한다. 또한 그는 전기요금 인상을 요구하는 환경단체들을 비판하면서 "가격 '정상화'가 경제 주체의 왜곡된 행위 동기를 교정하고, 시장경쟁으로 최적의 결과를 도출할 수 있다는 믿음은 신자유주의의 도그마"라고 주장한다. 그는 체제전환의 중요한 세력으로서 노동자와 노동조합을 강조한다. "노동조합이 협소한 경제적 이해관계의 틀을 벗어나, 노동자 전체를 위한 조직화와 교섭에 나서야 하며, 경제, 환경, 불평등, 성, 인종 등의 장벽을 넘어서 사회운동적 성격을 강화해야 한다."고 강조한다. "이런 접근은 생태 사회주의나 대안적 정치경제학에서 많은 영감을 얻을 수 있다."고 말한다(구준모, 2021: 158).

체제전환의 중요한 경로는 시장 중심의 체제를 국가 또는 공공을 강화하는 방향으로 전환하는 것이다. 그는 한국형 정의로운 전환은 '공적이고 민주적인 에너지 전환'이라고 정의하고 "현재의 시장형 공기업 체제에서 벗어나 에너지 전환을 최우선 목표로 하는 '사회적' 공기업 또는 공공기관으로 재편"해야 한다고 말하며 이를 한국형 재공영화라고 부른다. 또한 "신규 석탄화력발전소를 (정부가) 매입하여 폐지하거나 LNG 발전소로 전환하는 국유화 계획"이 필요하다고 말한다. 그가 참여하는 에너지노동사회네크워크는 일명 '기업 PPA(Power Purchase Agreement: 전력구매계약) 제도'를 지지하는 그린피스, 기후솔루션, 에너지전환포럼 등과 달리 이 제도가 에너지 공공성을 파괴하고 신자유주의적 에너지 시스템을 만들 것이라는 이유로 이에 반대했다. 이 단체는 그 대안으로 민영화된 에너지 시스템 공영화, 탈자본주의 경제로의 정의로운 전환 등을 제안했다(구준모, 2021: 182-183).

구준모는 심층면접에서 진보정당의 영향력이 매우 약한 상황에서 '기후정의를 실현할 수 있는 힘과 경로'를 만드는 것이 매우 중요한데 체제전환의 경로가 없어서 답답하다고 말했다. 그는 "기후정의를 위한 커다란 변화의 필요성을 더 많은 사람들에게 알리고 그것을 위한 행동에 나설 수 있도록 같이 독려하고 사회적 세력을 만들어가는 것이 1차 목표"라고 말했다(심층면접, 2023.03.29.). 그의 말을 요약하면, 체제전환의 대상은 신자유주의 또는 자본주의 체제이고 그것을 실천하는 주체는 노동자, 농민, 빈민, 시민 등이며 그 경로는 국가의 공적 개입을 통한 공공성 강화이다.

최근 기후운동의 특징 가운데 하나는 인권운동 단체들이 적극적으로 이 운동에 참여한다는 점이다. 이 가운데 인권운동사랑방의 정록의 이야기를 들어보자.

"'이윤이 아닌 필요'에 기반한 경제로의 전환, 자본의 성장이 아닌 삶의 성장, 착취와 수탈과 배제가 아닌 돌봄과 연대의 경제, 자원과 노동의 추출과 폐기의 반복이 아닌 재생과 순환의 경제를 구축할 때 탈탄소도 가능하다. 결국, 인간과 자연을 조직하는 강력한 힘이자 구조인 자본주의 권력관계를 폐절하지 않고서는 불가능한 기획이다. 이는 프로그램이나 정책의 차원이 아닌 권력의 문제이다. 우리에겐 기후위기 시대의 대안사회를 향한 강력한 사회적 권력을 어떻게 조직할 것인지라는 '과제'가 놓여 있다."(정록, 2022: 71-72)

그는 기후위기를 해결하기 위해서는 '자본주의 권력 관계를 폐절하고 대안사회를 향한 강력한 사회적 권력'을 조직해야 한다고 주장한다. 이런 급진적인 체제전환 전략의 주창자들이 탄중위해체공대위 활동을 통해 결집하고 그 결집된 힘을 바탕으로 2022년과 2023년의 기후정의 집회를 추진했다.

그러면 여기에서 기후정의 집회의 핵심 조직가인 한재각의 이야기를 들어보자. 그는 기후위기를 해결하기 위해 기후정의동맹을 만들자고 주창한다. "기후정의동맹은 사회적 불평등의 해결이 기후위기를 구하는 가장 확실하고 빠른 길이라는 것을 믿는 이들의 연대가 되어야 한다."고 말한다. 그는 '기후정의동맹의 가장 큰 도전은 새로운 주류를 형성해가고 있는 녹색 자본주의 진영과의 경합'이라고 본다. 기존의 정부와 주류 환경단체 등이 주도한 생태적 현대화 전략이 큰 성과가 없었다고 그는 판단한다. 이런 판단 위에서 그는 자본주의 성장체제를 혁명적으로 바꾸는 체제전환 전략이 필요하다고 본다. 그는 기후정의동맹의 연대 전략을 이렇게 말한다.

"이윤이 아니라 필요에 의해서 생산과 소비가 이루어지도록 하면서, 노동조합을 강화하고 안전하게 일할 권리를 보장하며, 주거권을 지키고 무상/공공 교통을 추구하며, 농업과 농촌을 지키고 또한 식단의 변화를 추구하며, 성평등과 사회적 소수자들에 대한 차별을 금지하고, 비인간 생명들의 생존할 권리를 보장하는 것이 어떻게 기후위기 해결을 위해 필수적이며, 강력한 방안이 될 수 있는지 주장해야 한다."(한재각, 2021: 180)

그는 이런 광범한 연대가 쉽게 이루어질 것이라고 생각하지는 않는다. "기후정의동맹이 성장할수록 포괄하는 주장은 많아지고 다양해질 것이며, 그 사이의 긴장과 갈등에 대해 토론하고 합의를 만들어내는 것이 중요한 과제"가 될 것이라고 말한다. 또한 그는 탈성장과 '좋은 삶'을 진지하게 마주해야 한다고 말한다.

그러면 체제전환의 과정에서 국가는 어떤 역할을 맡아야 할까? 앞에서 본 구준모는 사회적 공공성 또는 에너지 공공성의 이름으로 국가의 역할 강화를 강조했다. 한재각은 국가의 귀환을 조심스럽게 바라본다. 그는 국가(혹은 공공부문)의 민주화 문제를 논의하면서 "수많은 국가기구와 공기업들이 온실가스를 배출하고 환경과 공동체를 파괴하는 개발사업들을 추진하면서 '국가폭력'을 자행해왔다."고 비판한다. 그는 에너지 공기업이 급진적인 에너지 전환의 도구가 될 수도 있지만 '에너지 공공성'이 현상 유지의 명분이 될 수도 있다고 말한다. 그는 "국가를 탈환하는 것만으로는 부족하고 녹색화해야 한다."고 말한다(한재각, 2021: 180-182). 이를 위한 경로는 '혁명'이다.

"우리에게는 개혁보다 혁명이 더 절실하다. 혁명이 우리의 생존 기회를 더 높일 수 있을 것"이라고 그는 말한다. 기후위기가 생존의 문제로 인식되고 이를 바탕으로 급진적 혹은 신속한 혁명 담론이 새롭게 구성되었다.

> "우리의 혁명 정부는 심화된 사회적 불평등을 해결하는 동시에 광범위하고 긴밀하게 화석연료와 연결된 모든 기술, 규범, 관행 등을 어떻게 구조적으로 변화시킬 것인지에 대한 숙제도 해결해야 한다. 즉, 생산을 위한 혁명이 아니라 전환을 위한 혁명이 필요한 것이다. (…) 이 혁명은 지극히 짧은 시일 안에 마무리 지어야 한다."(한재각, 2021: 191).

한재각은 2022년 924 기후정의 행진에 관해, "다양한 운동들이 자신들의 고유한 논리를 기후정의와 연결시키면서 참여하기 시작했는데 그 가운데에도 좌파 스펙트럼에 있는 사람들이 많이 참여했다."고 말했다(심층면접, 2022.11.08.). 그는 기후정의행진이 '거버넌스'로 표현되는 제도 안의 개혁 전략에 맞서는 기둥 하나를 세웠다고 자평했다. 그와 그의 동료들은 2022년 집회에서 '최일선 당사자'를 주체로 호명하여 다양한 목소리를 '기후정의'로 모으는 전략을 수행했다. 제도화된 주류 환경운동에 대한 불만이 누적되어 있다가 탄중위 해체 공대위를 계기로 거버넌스를 중시하는 주류 환경운동과 체제전환을 지향하는 기후정의 그룹이 경쟁하는 구도가 만들어졌다고 그는 평가한다. 그렇지만 이런 경합 구도가 기후운동가들 사이에 적대의 전선으로 바뀐 것은 아니다. 이들은 함께 협력하여 924 기후정의행진을 조직했고 이 흐름을 이어서 새로운 준비 그룹이 414 기후정의 파업을 조직했다.

그는 '세력을 형성하고 연대를 구성해야만 숱한 이야기들이 실제 힘을 갖는다.'는 점을 강조했다. 양당구조가 고착화되고 진보정당, 녹색당 등의 영향력이 매우 약한 한국의 정치 상황에서 주류 환경운동단체들이 더불어민주당과 연대하여 약간의 제도나 정책을 개선하는 전략을 펼치는 데 대해 그는 매우 비판적이다.[11] 그는 이 '악순환 구조를 뚫고 나갈 새로운 활력'을 기후정의 운동에서 찾는 것으로 보인다. 이 사회운동이 힘을 갖게 될 때 새로운 정치를 할 수 있는 기반이 생길 수 있을 것이라고 그는 보는 듯하다.

한국의 기후운동에 새롭게 합류하여 기후정의동맹, 멸종반란 등에서 활동하고 있는 김선철은 한국의 기후운동을 어떻게 평가할까? 그도 다른 여러 기후운동가들처럼 탄중위해체공대위가 거버넌스 구조에 익숙한 주류 환경운동가들에게 충격을 주었다고 본다. 그는 이런 흐름 속에서 '기후정의동맹이 실천력으로 계속 대중을 조직화하고 아래로부터 투쟁들을 결합하고 이런 과정을 통해 실질적인 힘을 갖게 되었다.'고 평가했다(심층면접, 2023.3.31.).

그는 자본주의뿐만 아니라 자연을 착취의 대상으로 삼는 추출주의가 기후위기의 구조적인 원인이라고 본다. 그는 모든 위계와 불평등을 줄이거나 없애기 위해 좀 더 급진적이고 직접적인 행동이 필요하다고 본다. 그런데 그 과정에서 로드맵을 만들고 실행하는 것은 '위험하다'고 그는 생각한다. "현실은 우리가 예측 가능한 게 아니고 그것보다 더 풍부하고 우리가 다 통제하고 관리할 수 있는 게 아닌데 로드맵이란 것은 그게 가능하다는 가정이 깔려 있다."고 그는 말한다. 미래를 예측할 수도 이를 관리할 수도 없기 때문에 지금 할 수 있고, 해야 하는 일, 즉 '당사자들의 사회적 힘을 키우는' 일을 하는 것이 중요하다고 그는 생각하고 있다. 그는 사회운동과 저항 정치에서 생길 수밖에 없는 엘리트주의

---

11 김선철, 한재각 등 멸종저항 서울 회원 6명은 2021년 3월 15일, 「가덕도신공항 건설을 위한 특별법」 국회 통과를 주도한 더불어민주당에 항의하기 위해 서울 민주당사 1층 출입문을 막고 지붕에 올라가 "기후파괴당 민주당, 가덕도 신공항 철회하라" 현수막을 들고 기습시위를 벌였다(최우리, 2021.3.15.).

와 권위주의를 경계하는 것으로 보인다.

그는 기후위기를 막는 것은 불가능하다고 생각하지만, '기후위기를 어떻게 버텨낼 것인가? 좀 더 인간적이고 평등하고 공존하는 방식으로 만들어갈 것인가?'에 관심을 기울이고 있다. 그는 "매우 절망적인 상황인데 변화가 보인다."고 말했다. 그는 단절적이고 급진적인 전환이 하루아침에 일어나기는 어렵다고 보는 듯하다. "어디선가 타협이 되고 변화는 그런 식으로 일어날 수밖에 없지만" 기후정의운동이 급진적인 운동을 통해 대안을 제시할 때 타협이 이루어지는 지점은 그렇지 않을 때와는 다를 것이라고 말한다.

구준모, 정록, 한재각, 김선철 등은 변혁적인 기후정의 담론을 주창하며 체제전환을 통해서 기후정의를 실현해야 한다고 주장한다. 그런데 이들이 말하는 체제전환은 비슷하면서 조금씩 다르다. 구준모는 '공공성'을 주장하며 국가 권력 또는 공공 부문의 강화를 강조하고, 정록은 인권의 관점에서 자본주의 권력을 문제시하며, 한재각은 기후정의동맹 또는 연대의 중요성을 주창하고, 김선철은 추출주의를 넘어서는 직접행동을 통한 운동의 지평 확장을 주장한다. 체제전환의 목표, 경로, 방법 등의 전환 전략은 열린 토론의 공간으로 남아있다.

3) 풀뿌리 전환 전략

앞에서 우리는 제도와 정책 개혁을 통해 현대성을 생태적으로 재구성하려는 생태적 현대화 전략, 그리고 제도 개혁을 넘어서 급진적인 사회 변화를 추구하는 체제전환 전략을 살펴보았다. 그런데 이런 전략들과 달리 기후위기를 극복하기 위해 풀뿌리에서 삶의 양식과 의식을 전환하는 일을 하는 사람들이 있다. 에너지협동조합, 전환마을, 풀뿌리 기후운동 등의 활동을 하는 사람들이 그들이다. 이들의 전략을 '풀뿌리 전환 전략'이라고 부를 수 있다. 한살림 햇빛발전 협동조합 사무처장 조경은, 강남마을넷 김은정 등의 이야기를 통해 이 전략에 대해 살펴보자.

조경은에 의하면 한살림 사람들은 후쿠시마 원전사고로 큰 충격을 받고 태양광발전을 시작하게 되었다. 한살림 조합원들은 2013년에 몇 달 만에 12억 원을 모아서 한살림 물류센터에 태양광발전소를 지었다. 한살림 햇빛발전은 이뿐만 아니라 조합원과 시민, 학생 등에 대한 에너지 전환 교육에 많은 힘을 기울여왔다. 이들은 기업이 에너지 생산을 주도하는 상황에서 시민들이 주도권을 갖고 에너지 자립을 해나가는 것을 목표로 하고 있다.

그는 『조선일보』 등 보수 진영에서 에너지 전환을 '진영의 색깔로 몰고 가는 것'이 안타깝다고 말했다. 2019년도에 『조선일보』가 "에너지 협동조합 대표들이 시민들 돈을 갈취해서 본인들이 이익을 보고 있다."는 기사를 낸 데 대해 조경은 등은 언론중재위원회에 제소해서 『조선일보』가 정정보도를 내도록 하기도 했다. 그는 최근에 한살림생협연합에 기후위기 대응팀이 생겨서 생소(생산자, 소비자) 협업형 에너지 협동조합 모델을 만들어보자는 논의를 하고 있다고 말했다. 그는 "지역에서 자립적으로 에너지 협동조합을 만들어서 시민들과 조합원이 같이 에너지 전환 운동도 하고 재생에너지 생산도 하는 것이 에너지 주권이고 에너지 자립"이라고 말했다.

김은정(2022: 27-31) 서울기후위기비상행동, 강남마을넷 대표는 생협 활동가로서 마을 활동을 하다가 8개 단체와 함께 1년간 공동 프로젝트를 진행한 후 이들과 함께 강남기후위기비상행동을 만드는 데 참여했다. 마을 공동체에서 풀뿌리 기후운동으로 발전한 과정에서 그가 겪은 어려움은 적지 않았다. 그는 "운동은 선언을 넘어 산을 옮겨야 하는 것이므로 '기후재난, 이대로 살 수 없다'는 (924 기후정의행진의) 슬로건은 마을로 내려와야 한다."고 말한다. "자본주의 세계 질서와 신자유무역이 기후위기를 촉발했는데 이를 거스르는 방법은 제각각일 것인데, 지극히 현실주의자인 나는 눈에 보이는 한 발짝이 중요했다."고 말한다.

"거대한 세계의 자본시장이 부추기는 소비문화를 거부하고, 지역 내 자원을 순환하고 나누는 일상의 문화를 만들어야 한다. 이전과는 다른 삶의 태도들 말이다. 기후재난이 일어나는 현장 역시 지역이다. 재난을 예방할 생활조건을 갖추도록 요구하고, 안전하고 신뢰할 수 있는 사회적 돌봄 관계망, 환대하고 의지할 수 있는 다양한 연결들을 바로 우리가 있는 이곳에서 만들어야 한다. 안전하고 지속적인 삶터의 일자리와 생태적 에너지 생산 모델을 지역에서도 만들어야 한다. 이것도 특별할 것도 없이 마을공동체 운동의 연장선 위에 있다. 물론 이것만으로는 안 된다. 기후위기에 대응할 '좋은 삶'을 위한 제도와 정책 수립의 주인은 우리이기 때문에 권력도 가져와야 한다."(김은정, 2022: 30)

그는 "기후운동을 한다는 건 한 축으로는 생태적 공생공동체, 돌봄공동체 생태계를 만들고 다른 한 축으로는 자치권을 확대하고 명실상부한 권력을 가지는 지방분권을 위한 정치제도 개혁"을 하는 것이라고 말한다. '이것이 함께 실현될 때 우애적인 관계망 속에서 훈련되고 준비된 주민들은 기후위기 시대, 자기결정권을 가지고 스스로 새로운 삶의 질서를 부여할 수 있을 것'이라고 전망한다.

앞의 문명전환 담론에서 본 동물운동가들은 제도 개혁과 함께 시민들의 생활 속 실천을 강조한다. 동물권행동카라의 조현정은 공장식 축산의 폐해를 이야기하면서 '오늘 행진 후 삼겹살과 치맥을 하지 않는' 생활 속 실천에 참여할 것을 제안했다. 동물운동가들은 동물을 구조하고 이 현장을 시민들에게 알림으로써 모든 생명을 존중하는 제도와 문화로 바꾸어 나가는 전략을 실행하고 있다.

풀뿌리 전환 전략은 풀뿌리, 지역에서 사람들의 생활 속 실천을 통해 의식과 삶의 방식을 바꾸고 그 힘으로 인간, 국가, 자민족, 자본, 산업 중심의 문명과 문화를 바꾸어 나가는 전략이다. 이들은 스스로의 책임을 성찰하면서 소비문화를 바꾸고 직접 에너지를 생산하며 '좋은 삶'을 위한 돌봄의 관계망 등을 만들어간다. 이러한 전략은 자본주의 성장체제에 대한 근대적 방식의 전환이 아니라 근대성을 넘어서서 지구 또는 행성에서의 삶을 다른 방식으로 상상하고 실천하는 것과 연결된다. 이는 생태적 현대화 전략이나 체제전환 전략이 추구하는 근대성을 넘어서는 길일 수도 있다.

지금까지 전환 전략의 지형을 보기 위해 세 가지 전략으로 나누었지만, 이는 분석을 위한 이념형이다. 실제 기후운동가들은 다양한 전략을 함께 사용하며 기후운동을 벌이고 있다. 이 전략들은 상호 배타적일 수도 있지만 공존하는 경우도 적지 않다. 예를 들면 체제전환 전략의 주창자들도 실제 변화를 만들기 위해 풀뿌리에서 시민들의 의식을 전환하기 위해 교육하고 생활실천을 강조하며 제도개혁을 위해 자원을 동원한다.

4. 기후위기를 넘어서기

지금까지 살펴본 기후 담론과 전환 전략은 〈표 1〉과 같이 정리할 수 있다. 에너지 전환 담론은 화석연료와 원자력과 같은 지속불가능한 에너지원에 바탕을 둔 에너지 시스템이 기후위기의 주된 원인이라고 진단하고 이를 해결하기 위해서는 에너지 생산과 소비를 줄이고 탈핵, 탈화석연료, 재생가능에너지 확대 등의 에너지 전환이 필요하다고 본다. 여기에서 주된 행위자는 국가, 기업, 시민 등이고 이들이 추동하는 정책, 운동, 시장 시스템 등이 중요한 작동 기제이다. 에너지 전환 담론의 주창자들은 대부분 생태적 현대화 전략과 풀뿌리 전환 전략을 지지한다. 그 가운데에는 국가, 기업, 시장 등을 중시하는 이도 있고 시민들의 참여와 실천을 중시하는 이들도 있다. 개혁적 기후정의 담론은 기후불평등을 낳는 사회제도를 정책 개혁을 통해 정의롭게 전환하는 것을 지지하는 담론이다. 이 담론의 주창자들은 시민 주도의 에너지 전환 담론과 유사하게 시민들의 참여로 기후 부정의를 해결하는 생태적 현대화 전략과 풀뿌리 전환 전략을 지향한다.

변혁적인 기후정의 담론은 자본주의 성장 체제를 기후위기의 원인으로 보고 노동자, 민중 등 기후위기의 '최일선 당사자'들이 주도하여 탈자본, 탈성장의 체제전환 전략을 실천해야 한다고 주장한다. 여기에서 핵심은 '사회적 권력 만들기'라고 할 수 있다.

문명전환 담론은 기후위기의 원인이 인간, 산업, 국가 등이 중심이 된 현대의 문명이라고 보고 지구, 행성의 관점에서 탈인간, 탈산업, 탈국가의 문명 또는 문화 전환을 해결책으로 본다. 여기에서는 협동조합, 지역, 풀뿌리, 마을, 시민뿐만 아니라 비인간존재, 동물, 지구, 행성 등이 주된 행위자로 호명된다. 이 담론은 풀뿌리 전환 전략과 친화성을 보이지만 생태적 현대화 전략과도 관련된다.

〈표 1〉 기후 담론들의 특성

기후 담론	에너지 전환	기후정의		문명전환
		개혁	변혁	
기후위기 원인	화석연료, 핵 등 지속불가능 에너지시스템	기후불평등을 낳는 사회제도	자본주의 성장 체제	인간, 산업, 국가 중심의 문명
해결 방안	탈화석연료, 탈핵, 에너지 감축, 재생가능에너지 확대	정책 개혁을 통한 정의로운 전환	탈자본, 탈성장 체제전환	탈인간중심, 탈산업, 지구·행성 관점의 생태문명
주요 행위자	국가, 기업, 시민, 시장	시민	노동자, 민중, 장애인, 소수자, 최일선 당사자	비인간존재, 동물, 시민, 협동조합, 마을·지역
전환 전략	생태적 현대화		체제전환	풀뿌리 전환

이제 앞에서 살펴본 담론들과 전략들의 가능성과 한계에 대해 살펴보자. 에너지 전환 담론과 개혁적 기후정의 담론, 그리고 생태적 현대화 전략은 산업주의, 자본주의가 지배적인 현대의 사회구조에서 기후위기를 해결하기 위한 매우 현실적인 접근이다. 그러나 이는 시장 중심의 기존의 불평등 체제를 바꾸는 데에는 뚜렷한 한계를 보이고 있다. 더 많은 저항, 숙의 등을 통해 민주주의를 재

구성할 수 있는 사회적 힘을 기를 수 있다면 현대화를 생태적, 성찰적으로 재구성할 수 있을지도 모른다. 그러나 위기가 깊어질수록 인간중심, 강자중심의 지배구조가 심화되고 이를 위한 권위주의적인 문제해결 방법이 주류가 될 위험도 적지 않다. 생태적 현대화 전략의 정치적 한계는 결국 변혁적 기후 담론과 체제전환 전략을 불러왔다고 볼 수 있다.

변혁적 기후정의 담론과 체제전환 전략은 생태적 현대화 전략이 기후위기와 불평등 문제를 해결할 수 없다고 평가하고 기후운동을 급진화함으로써 사회적 힘을 만들고 이를 바탕으로 지배구조를 해체하고 재구성하려는 전략이다. 이러한 담론과 전략은 급진화를 통해 기후운동의 지평을 넓힐 수도 있고 반대로 반사회운동(counter-social movement)을 불러일으켜 고립될 수도 있다. 이 전략의 성패는 결국 얼마나 다양한 사람들과 세력들의 연대를 이루어낼 수 있는가에 달려 있을 것이다. 체제전환 전략의 주창자들은 많은 경우, 현대의 민주주의 헌법 규칙 아래에서 사회운동 정치, 정당 정치 등을 통해 헌법을 비롯한 법과 제도를 개혁하는 길을 걸을 수밖에 없을 것이다.

문명전환 담론은 기후위기의 원인을 인간, 산업 중심의 문명이라고 보는 담론이고 풀뿌리 전환 전략은 사회구조를 개혁하거나 변혁할 수 있는 사람들과 이들의 의식, 심리 체계를 바꾸는 전략으로서 기후운동의 기초라고 할 수 있다. 여기서 주의 깊게 볼 것은 앞의 두 담론이나 전략이 근대의 체제나 문명을 문제시하지 않는 데 비해 이 담론은 기후위기를 매개로 행위자, 시점(지역, 국가, 지구, 행성) 등을 새롭게 구성한다는 점이다. 기후위기는 인류세 담론과 결합하여 새로운 행위자들을 호명하고 있다. 문명전환 담론은 현대성과 인류중심주의를 근본적으로 성찰할 수 있다는 점에서 기후위기의 근본적 특성을 볼 수 있게 하는 담론이다. 그러나 생협운동, 풀뿌리운동, 문화운동과 같이 틈새에서 대안을 만드는 전략은 지배구조를 해체하고 재구성하는 정치 전략과는 큰 차이가 있다. 녹색당과 같은 정치 실험은 큰 진전을 이루지 못하고 있다. 기후위기라는 행성의 위기를 극복하기 위해서 문명전환 담론은 더 깊어지고, 치밀해져야 할 것이다.

기후운동은 기존의 환경운동과 비슷하면서도 다른 특징들을 보여주고 있다. 첫째, 2020년을 전후하여 환경단체, 청소년, 노동자, 소수자, 동물운동가 등 다양한 집단들이 기후위기와 기후정의를 외치며 모이고 있다. 기후정의, 기후위기라는 큰 이슈를 중심으로 시민들이 다양한 자신들의 목소리를 내기 시작했다. 둘째, 기후운동은 장소나 국가 중심의 이슈가 아니라 기후라는 글로벌 또는 행성 차원의 이슈를 중심으로 전개되고 있다. 동강댐, 새만금, 4대강, 방사성폐기물처분장 등 장소나 지역과 관련된 오염, 개발사업 이슈를 중심으로 환경단체가 운동을 주도하고 기타 사회운동단체들이 지원하는 운동 방식과는 차이를 보인다. 셋째, '자본주의 성장체제 해체, 체제전환, 변혁' 등의 급진적인 담론이 기후정의라는 글로벌 또는 행성 차원의 담론과 결합했다. 1980년대 초중반의 급진적 반공해 운동 이후 거의 사라졌던 반자본주의 담론이 지구적인 이슈와 결합하여 새롭게 형성되고 있다.

이러한 새로운 특성을 가진 기후운동이 인간중심주의라는 성채 아래 비인간존재와 사회경제적 약자를 수단으로 간주하는 지배구조를 해체하고 새로운 지구, 행성을 만들어갈 수 있을까? 그 실마리는 기후운동의 연대 또는 류대(fluidarity)를 어떻게 만들어가는가에 달려 있을 것이다.[12]

생태적 현대화 전략의 주창자들은 더 많은 생태 민주주의를 통해 현대성을 생태적으로 재구성하는 전략을 추구한다. 체제전환 전략의 주창자들은 낸시 프레이저 또는 샹탈 무페의 관점과 유사하게 좌파 또는 급진 민주주의의 관점에

---

[12] 이 책에서 김지혜는 "유동하는 존재들의 일시적인 마주침으로 창발하는 '함께 있음'의 감각"으로 류대를 정의하고 이 관점에서 924 기후정의행진을 분석하였다. 이러한 관찰은 강력한 연대를 통해 차이 속의 동일성을 만들어 그 힘으로 적대의 전선을 구성하여 급진적 또는 점진적 전환을 추구하는 전통적인 사회운동 전략과는 다른 관점으로 기후운동을 보는 것이다. 그는 강력한 연대가 지배구조를 변화시킬 수 있고 그것이 필요하다는 점을 인정하면서도 차이에 주목한다. 그는 "'우리'를 만드는 '데모'하기는 미완의 과정일 수밖에 없다."고 말하며 '차이를 생성하는 움직임(movement)의 정치'를 토론의 과제로 제안한다.

서 기후정의라는 기표를 매개로 새로운 연대를 만드는 헤게모니 전략을 추구한다고 볼 수 있다. 김환석은 이들과는 달리 문명전환을 위한 새로운 '생태 계급'의 정체성 형성을 전망했다. 이들이 생각하는 적대의 선과 연대의 모습은 다르지만, 강력한 힘 또는 헤게모니(동의성과 강제의 결합)를 형성하여 체제 또는 구조를 변화시킨다는 기획 방식은 유사하다. 이와 달리 풀뿌리 전략의 지지자들은 지배구조와의 적대보다는 풀뿌리에서의 생활과 의식의 전환에 관심을 집중한다.

많은 기후운동가들은 자신들의 관점에서 하나의 연대를 이룰 수 있을 것을 기대하는 듯하다. 특히 기후정의 집회에 참여하는 사람들과 조직들은 기후정의를 매개로 새로운 연대의 운동이 필요할 뿐만 아니라 가능하다고 생각하고 있다. 이러한 기후정의 연대 만들기는 새로운 기후운동의 동력임에 틀림없다. 그런데 다양한 운동의 주체들이 하나의 목소리로 하나의 연대를 만드는 일은 그리 쉽지는 않을 것이다. 기후정의 집회에서는 모두가 자신의 담론을 주창할 수 있지만 그것을 유기적으로 연결하고 이를 정치적 힘으로 전환하는 것은 또 다른 과제이다. 또한 현실의 갈등과 투쟁의 과정에서는 선택되고 배제되는 담론, 정책, 제도가 생길 수밖에 없다.[13] 그렇지만 느슨한 혹은 조밀한 연대의 망 속에서 기후운동이 발전한다면 기후위기를 낳은 지배적인 사회구조, 가치, 문화, 제도 등은 천천히 또는 신속히 침식될지도 모른다.

---

13 혁명 담론은 이런 문제들을 한번에 해결할 수 있다는 상상의 담론이다. '모여서 외치고 희망하며 연대하면 이내 전 세계가 하나의 연대가 되어 진정한 대안사회를 위한 권력'이 되는 그런 혁명은 유토피아를 현실화하기 위한 상상의 에너지이다. 이런 에너지는 현실의 길고 힘든 이행(transition) 과정 속에서 새롭게 생기기도 하고 연기처럼 사라지기도 할 것이다.

참고문헌

구도완. 2006. "환경운동의 담론: 합리주의와 낭만주의." 『경제와 사회』 69. 2006년 봄.

_____. 2022. "한국에서 시민사회와 국가는 어떤 생태전환 정치를 해왔는가?." 김수진·박순열·구도완·홍덕화·정영신·서지현·한상진·안새롬·장우주·최명애. 『전환의 정치, 열 개의 시선』. 도서출판 풀씨.

구도완·이철재·김민재. 2023. 『생태전환을 꿈꾸는 사람들』. 도서출판 한살림.

구준모. 2021. 『기후위기에 맞선 새로운 사회운동』. 플랫폼c.

기후정의포럼. 2021. 『기후정의선언 2021』. 한티재.

김민정. 2015. "한국 기후운동의 실상: 기후 활동가를 중심으로." 『마르크스주의 연구』 12(3): 123-151.

김은정. 2022. "그 한 사람이 마을에 있다." 『생태전환 매거진 바람과 물』 26-32.

김종철. 1991. "창간사: 생명의 문화를 위하여." 『녹생평론』 창간호.

김환석. 2022. "기후위기, 문명의 전환과 생태계급: 신유물론 관점." 『경제와 사회』 136: 47-86.

무페, 샹탈·프레이저, 낸시(C. Mouffe & N. Fraser). 이승원 옮김. 2022. 『녹색 민주주의 혁명을 향하여: 좌파 포퓰리즘과 정동의 힘』. 문학세계사.

윤순진. 2021. "탄소중립 시나리오를 바라보는 극과 극의 시선" 2021.09.13. 〈프레시안〉. https://www.pressian.com/pages/articles/2021091316053597589

정록. 2022. "기후위기, 불평등의 위기." 『황해문화』 2022 봄: 54-72.

최우리. 2021. "기후운동단체 '민주당, 가덕도 신공항 밀어붙인 기후파괴정당'." 〈한겨레〉. 2021.03.15.

프레이저, 낸시(N. Fraser). 2023. 『좌파의 길: 식인자본주의에 반대한다』. 서해문집.

한살림모임. 1990. 『한살림』. 한살림.

한윤정. 2020. "지구와 인류의 미래를 그리는 모험." 한윤정 엮고 옮김. 『생태문명 선언: 위기, 희망, 지속가능한 미래』. 다른백년.

한재각. 2021. 『기후정의: 희망과 절망의 갈림길에서』. 한티재.

홍덕화. 2022. "커먼즈를 체제전환과 어떻게 연결할 것인가?." 김수진·박순열·구도완·홍덕화·정영신·서지현·한상진·안새롬·장우주·최명애. 『전환의 정치, 열 개의 시선』. 도서출판 풀씨.

Chrisoff, Peter. 1996. "Ecological Modernization, Ecological Modernities." *Environmental Politics* 5(3): 476-500.

414 기후정의파업조직위원회. 2023. "함께 살기 위해 멈춰: 414 기후정의파업 GUIDE BOOK."

9월 기후정의행동 조직위원회. 2023. 『기후정의의 말들』. 한티재.

〈홈페이지〉

에정연(에너지기후정책연구소) 창립취지문. https://ecpi.or.kr/mission

한살림햇빛발전협동조합. http://solar.hansalim.or.kr/?page_id=5

환경정의. https://www.eco.or.kr/climate

924 기후정의행진. http://action4climatejustice.kr/38

[부록] 연구참여자

성명	소속	면접일
구준모	에너지노동사회네트워크	2023. 3. 29.
김선철	기후정의운동가	2023. 3. 31.
김주진	기후솔루션	2023. 4. 7.
안재훈	환경운동연합	2022. 11. 8.
윤순진	서울대, 탄소중립위원회(전)	2023. 3. 29.
조경은	한살림 햇빛발전협동조합	2023. 3. 22.
한재각	기후정의동맹	2022. 11. 8.

3장

924 기후정의행진에서 나타나는 기후와 '우리'는 어떤 의미를 지닐까?

김지혜

> 기후위기 맥락에서 체제전환을 도모하는 이들은 집합적인 행위를 통해 정치적인 '세력화'를 도모하곤 한다. 특히 대중적인 집회는 세력화의 주요한 방법 중 하나로 여겨진다. 이 글은 그러한 세력화가 일종의 '우리' 만들기라고 판단하였고, 2023년 현재 한국 기후운동 사상 가장 대규모의 집회였던 924 기후정의행진이 만들어지는 과정을 추적하면서 '우리'의 의미를 다시금 살펴보고자 하였다. 또한 '우리' 앞에 현현하는 기후의 물질성을 분석함으로써 기후와 '우리'의 관계를 해석하고, 그 관계에서 나타나는 가능성과 한계를 드러내고자 하였다. 이 연구는 기후 실천을 정형화하고 실천 사이의 우열을 비교하기보다는, 열려있는 것 혹은 움직이는 것으로 파악하고자 하였다. 그럼으로써 이 연구는 기후 실천을 교조화·정규화하는 방식이 아니라 생동하는 방식으로 파악하고자 한다.

키워드: 연대, 류대, 움직임

1. 924 기후정의행진과 '우리'?

"데모를 해본 적 있으십니까?" 한 포럼의 뒤풀이 시간, 924 기후정의행진을 조직하고 있던 윤성진은 글쓴이에게 이러한 질문을 했다.[1] 글쓴이가 연구자로서 윤성진에게 기후운동에 대해 연구를 해보고 싶다는 의사를 밝힌 직후였다. '데모'가 생소한 연구자는 이 단어에 흥미를 느꼈고, 그 단어가 의미하는 바가 무엇인지 궁금하였다. 그리고 며칠 뒤, 첫 번째 924 기후정의행진 조직위원회가 열리고 또다시 열린 뒤풀이 장소에서 나는 윤성진이 정의하는 '데모'의 의미에 대해서 알게 되었다. 그는 데모에 대한 여러 가지 설명을 곁들이면서도 무엇보다 그것은 "우리를 만드는 일"이라고 말했다(참여관찰, 2022.06.16.). "우리를 만드는 일." 나는 그 말에 이끌려 이 연구를 시작하였다. 이 글은 그 연구의 결과로 바로 그 '우리' 만들기에 대한 해석이라고 할 수 있다. 924 기후정의행진에서 나타난 '우리'란 과연 무엇일까? '기후 데모'를 통해 만들어진 '우리'는 어떻게 '우리'가 되고, '우리'는 무엇을 하는 것일까? '우리'는 어떤 연결을 상상하며, 그것을 어떻게 실체화할까? 기후위기라는 테제에서 '우리'의 동역학은 어떻게 바뀌고 있는 것일까?

이 질문들에 답하기 위하여 연구자는 2022년 6월부터 10월까지 참여관찰을 하였고, 인터뷰, 기후정의행진 홈페이지 및 SNS, 유튜브 등의 온라인 자료를 수집하고, 에스노그라피(ethnography)라는 기술 형식으로 글을 썼다. 그런데 이 글은 제한된 자료와 관점을 통해 쓰였기 때문에 여기에서 분석되는 '우리'가 행진에 참여했던 모든 사람이나 조직들이 동의하는 우리가 아님을 미리 밝힌다. 이 '우리'는 로티가 연구의 의의를 상상으로 보았던 것과 같은 의미에서, 연구자가 관찰하고 상상하며 재구성하는 중에 만들어진 산물이다(로티, 2020). 여기에서

---

[1] 이 글에 나와 있는 연구참여자의 이름은 익명이다. 기후정의행진에 대해 조금만 찾아보면 연구참여자들의 이름을 알 수 있지만, 이 글은 연구참여자의 실재와 연구 속에 표상된 존재가 다르다는 점을 지속적으로 인식하기 위하여 익명을 사용한다.

상상은 허깨비라는 의미가 아니다. 오히려 실재를 구성하는 힘을 지닌 것으로 어쩌면 연구라는 실천 행위의 모든 결과물은 이러한 상상의 산물이라는 점을 암시하고 있다. 그것은 연구자가 마주한 무엇이며, 그것의 실재성을 입증하는 것이 이 연구의 목적이다. 특히 연구자는 기후정의행진에서 나타난 '우리'가 연대(solidarity)라는 이름으로는 불충분한 어떤 특성을 지녔다고 보았고, 이를 유동적인 성질이 강조된 류대(流帶; fluidarity)라는 개념으로 분석하고자 한다. 여기에서 류대는 플루이더리티의 번역어이다. 924 기후정의행진을 참여 관찰하는 과정에서 흐름과 다중성을 강조하는 개념어의 필요성을 느낀 연구자가 유동성(fluidity)과 연대를 동시에 고려하는 논의를 찾아보다가 이 플루이더리티 논의들을 발견하였다.[2] 또한 '우리'에 대한 탐구를 기후의 물질성과 함께 해석하면서, '기후'의 문제를 담론 차원 너머에서 살펴보고자 하였다.

이때 물질성이란 존재의 본질적 속성이 아니라 세계의 구성에 존재가 참여하는 과정, 즉 내적-작용 속에서 나타나는 관계적 특성을 이야기한다(Barad, 2007). 기후의 물질성을 분석의 대상에 포함하는 이유는 물질성에 대한 해명 없이 기후운동을 해석하게 되었을 때 나타나는 문제점 때문이다. 기후와 관계하는 존재들의 문제를 여전히 사회적인 것과 자연적인 것으로 분리하는 근대적 관점을 답습하지 않기 위하여(김지혜, 2022), 이 글은 기후의 물질성을 환경사회학적 분석의 '주요' 대상으로 삼고 이를 탐구한다.

이 글이 '우리'에 집중하는 것은 이 용어가 지닌 정치적 힘에 주목하기 때문이다. 칼 슈미트는 정치적인 것의 핵심에 '적'이 있고, 그 적의 부정(negation)에 '우리'가 있다고 주장한다(슈미트, 2012). 즉, '우리'는 정치적 분류의 가장 기초에 있다. 특정한 시공간에서 '우리'를 바라보았을 때, 그들은 반드시 무엇을 포

---

[2] 처음 나는 이 류대를 '유대(紐帶)'로 사용하고자 하였는데, 이는 끈과 띠를 뜻하는 유대(紐帶)를 생각하였을 때 동음이의어의 혼란이 사고의 확장 측면에서 유용할 수 있다고 보았기 때문이다. 끈과 띠는 연속적인 선들로 이 선들의 매듭과 경로가 류대(流帶)에서도 중요한 아이디어를 제공해줄 수 있다. 하지만 유대(紐帶)의 전통적인 의미가 강하기 때문에 혼동을 피하고자 류대를 사용한다.

함하면서, 무엇을 포함하고 있지 않은 상태에 있다(무페, 2007). 하지만 '우리'가 언제나 명확하게 정의되어 사용되는 것은 아니다. 마찬가지로 그의 상대인 적 역시 명확하게 드러나 있지 않다. '우리'는 사회문화적으로도, 화용론적으로도 적이라는 상대 개념을 염두에 두지 않고도 사용되곤 하기 때문이다(이한규, 2007). 즉, '우리'는 언제나 경계 속에 있지만, 엄격하게 적과 자신을 구별할 수 있는 단단한 정체성을 지닌 주체들의 집합만을 지칭하지는 않는다(김학노, 2014). 또한 '우리'는 자아나 공동체가 그러한 것처럼 우연성을 내재하고 있기도 하다(로티, 2020). 더 나아가, '우리'가 인간으로만 이루어져 있을 필요가 없으며, 보다 엄격한 의미에서 '우리'는 인간일 수 없다는 점에서도 '우리'에 대해 다시 생각해볼 필요가 있다(홍성욱 외, 2010). 이 익숙하지만 생각해볼수록 기묘한 용어에 대한 탐구는 어쩌면 기후운동에 대한 새로운 관점을 제시하고, 기후에 대한 정형화되지 않은 다른 실천으로 향하는 실마리를 제공할 수 있을지도 모른다.

2. 연대, 류대, 우리

연대는 한 가족이나 공동체의 채무에 대해 그 구성원 모두가 무한책임을 지는 로마법의 '연대책임(obligaio in solidium)'이란 개념에 기원을 둔다. 그러다 18세기 말부터 프랑스 혁명에서 확대 사용되어 하나의 개념으로 정착되었다고 알려져 있다. 19세기 후반부터는 사회의 통합을 기저에 두는 사회학적 개념으로서 본격적으로 활용되었다. 또한 비슷한 시기 노동운동과 사회주의 운동이 확산되면서 연대는 투쟁의 무기이자 투쟁의 목표로 여겨졌다(서유석, 2013). 연대를 네 가지로 분류하여 의미를 분석한 베이어츠(Bayertz, 1999)는 사회운동 맥락에서의 연대가 "공동 목표를 향한 투쟁에서 서로 주고받는 도움(상호부조)"과 "바람직한 목표 달성의 방해물인 적을 상대로 한 투쟁"이라는 이중의 의미를 지닌다고도 설명한다. 후자의 의미에서, 연대는 '정의(justice)'의 문제를 제기하는 도덕적 성격을 지니고 있다(Bayertz, 1999; 서유석, 2013).

또한 연대는 근대사회의 특징이라고 할 수 있는 개별(인)주의와 전근대 사회의 특징이라고 할 수 있는 집합주의로부터 모두 벗어나 공동을 형성하고자 하는 바람이 투영되어 있다. 가령 강수택(2013)은 연대를 근대의 사회문제를 해결하기 위한 "자유로운 개인 혹은 집단들"의 상호협력으로 보았다. 그는 한국의 연대정신을 조선 후기에서부터 이어져 온 역사적인 것으로서 재구성하고자 하였다. 연대를 긍정적인 것으로만 바라보는 위의 논리와 달리 서영표(2015)는 "공동체주의적 신자유주의"가 강조하는 연대와 "적대를 통한" 연대를 구분한다. 전자가 현대 사회의 문제점을 보완하고 은폐하는 환상이라면, 후자는 현재의 부조리한 "질서를 변화시키는 정치적 개입 과정에서 밖으로 드러나고, 소통되는 과정에서 구성되는 것(서영표, 2015: 128)"이다. 그는 환상적 연대와 실재적 연대를 구별하며, 실재적 연대를 긍정한다.

연대를 어떻게 바라보든, 연대는 연대 내부의 공통성, 즉, 개별화된 주체들의 우리성, 혹은 우리 의식(we-intentions)을 형성하는 것을 전제로 한다. 이러한 정체화는 꼭 인간 본성이나 본질에 기초할 필요가 없는데, 가령 로티의 경우 연대의 문제를 "타인의 삶이 지닌 세세한 부분과의 상상적 동일시의 문제(로티, 2020: 387)"로 여기기도 한다. 로티는 보편주의적, 이성주의적 도덕을 거부하면서도 타자라고 생각한 사람들에게까지 '우리'의 범주를 확장하고자 하는 것을 연대라고 보았다.

> "연대는 반성에 의해 발견되는 것이 아니라 창조되는 것이다. 그것은 다른 사람들, 낯선 사람들이 겪는 고통과 굴욕의 특정한 세부 내용들에 대한 우리의 감수성을 증대시킴으로써 창조된다. (…) 우리는 주변화된 사람들, 즉 우리가 여전히 본능적으로 "우리"라기보다는 "그들"이라고 생각하는 사람들을 찾으려고 애써야 한다. 우리는 그들과 우리의 유사성에 주목하려고 노력해야 한

다."(로티, 2020: 26-27, 398)

이처럼 로티는 본질주의적 태도에서 벗어나 구성되는 것으로서 연대를 바라보았다. 그에게 연대는 감수성의 문제이자 유사성의 확장에 대한 문제이다. 다시 말해서, 이 유사성을 전제로 하는 연대의 개념은 '공통성'과 '지속성'에 대한 경험적인 분석보다는 도달해야 할 이상적인 지향점으로서의 성격이 강하다. 이렇듯 연대 개념이 지닌 이상적인 측면은 연대의 효과와 기대를 강조하는 논의로 이어졌다. 그러다 보니 경험적이고 집단적인 사건 속에서 연대의 경험적, 개념적인 적합성에 대한 논의는 다소 적었다.

그럼에도 한국사회에서 사회운동이 변동하고 있음을 포착한 연구들은 2000년대를 전후로 하여 연대의 속성적 변화를 발견하고 이에 대해 논의하였다. 특히 정태석(2009)은 광우병 반대 촛불집회를 통해서 운동방식에 있어서 탈권위주의, 탈엄숙주의, 탈중심화된 새로움이 나타났다고 평가한다. 그는 이러한 변화가 위험사회, 소비사회, 서비스사회 속에서 나타나는 불안과 공포를 중심으로 연대가 재구축되었다는 점을 언급하며, 이를 '분산된 대중의 연대'로 분석하였다. 그는 특히 미조직화된 주체들의 연대로서 광우병 촛불집회를 해석하며, 좁은 의미의 연대와 넓은 의미의 연대를 구별하였다. 그는 라이너 촐(Rainer Zoll)의 연구를 인용하며, 넓은 의미의 연대가 조직적 중심이 없는 느슨한 네트워크 형태를 띤다고 설명한다(정태석, 2009: 261). 요컨대 넓은 의미의 연대는 연대 주체들의 느슨함과 비(미)조직화를 의미한다. 이 글은 정태석의 연구를 수용하되 이러한 의미 분화를 보다 섬세하게 다루고, 함께 모이는 집합 행위의 동적인 특성과 물질성에 대해서 보다 주목하고자 한다.

이 지점에서, 연대의 경험적 특성과 그에 내재한 복잡성에 주목한 소수의 연구자들은 단단한 결속을 의미하는 연대가 아니라 액체적인 흐름을 강조한 플루이더리티, 번역하자면 류대라는 새로운 개념을 사유할 필요가 있다고 주장하였다. 흥미롭게도 다이앤 넬슨(Nelson, 1999), 캐빈 맥도날드(McDonald, 2002),

윤지영(2014)이 각각 독립적으로 이 개념에 착안하여 연대에 대한 논의를 전개하였다. 이들은 서로를 참조한 것 같지 않아 보임에도 모두 연대의 고체성(solidity)으로부터 벗어나고자 하며 이 개념을 사용하였다. 20년 사이, 그들이 서로를 참조하지 않고도 고체성에 주목하여 그에 대한 우회로서 유동성(fluidity)에 기반을 둔 개념을 만들었다는 점은 현대의 시대성이 반영되었다고 볼 수 있다.

먼저 인류학자 다이앤 넬슨(Nelson, 1999)의 논의에서 류대는 과테말라인에게 "상처 난 곳에 (넣은) 손가락"으로 비유되는 마야 원주민의 조직화를 탐구하기 위한 개념으로 등장한다. 그녀는 과테말라 현장 조사를 마치고 그에 대한 글을 쓰던 도중에 과테말라인들이 행한 미국인 여성에 대한 폭력 사건을 목도한다. 그녀는 이 사건 속에서 과테말라인에 대한 양가감정과 모순을 보다 상술하기 위하여 순수한 희생자나, 깨끗하게 분리되어 구별되는 적이란 개념을 포기하고 '유동성'을 강조하는 류대의 개념을 사용하였다. 넬슨에 따르면, 적이나 피해자는 서로의 관계 속에서 형성되며, 과정 속에 있다. 그녀는 이 사건을 계기로 사람들의 동기가 더 복잡하고 설명할 수 없다는 점을 명확히 하면서, 역사적이며 견고하지 않은 정체성을 강조하였다(Nelson, 1999: 69). 이때 저자는 "레시피가 아니라 실천"의 차원에서 류대를 설명한다. 여기에서 레시피가 미리 정해져 있는 길이라면, 실천은 정체화의 다중적 흐름을 껴안으며 방향을 바꾸고 우회하는 길을 일컫는다. 넬슨을 따라 류대의 개념을 이용하는 마루기(Maruggi, 2012; 2020)는 류대를 언제나 변화하고 있는 복수의 투쟁에서 타자와 관계 맺음의 복잡성을 포함하는 태도와 실천으로서 정리한다. 마찬가지로 넬슨의 논의를 이어받은 테일러(Taylor, 2003) 역시 차이의 균질화와 억압의 평준화가 아니라 경험의 특수성을 인정하는 류대를 통해 우리의 밖에 있을 뿐만 아니라 우리 안에도 있는 타자의 다중성을 강조한다.

반면에 케빈 맥도날드(2002)는 사회운동의 맥락에 좀 더 천착하여, 집단의 공통적인 특성(common traits), 즉 집단적 정체성을 동원할 수 있는 자원으로 여기는 연대의 개념이 사회운동 모델을 탐구하는 데에 방해가 되고 있다는 점을 보다 강조한다. 그는 현대 사회의 이동성(mobility)을 강조하는 존 어리의 논의를 받아들여 탈중심화된 네트워크 사회에서 사회적 투쟁의 형태는 연대로서 분석하기 어렵다고 주장한다. 대신 그는 류대의 측면에서, 특히 "자아의 공적 경험"이란 측면에서 살펴보아야 한다고 이야기하였다. 그는 현재의 시공간적 감각과 경험을 산출하는 새로운 종류의 도시 운동이 관료 조직의 재구성을 위해 존재하기보다는 행동의 새로운 문법을 형성하고자 하는 공적 경험의 성격을 강하게 띠고 있다고 강조한다. 여기에서 맥도날드는 이러한 현상의 의미가 사회운동이 개별화되었다(individualized)는 의미가 아니라 오히려 개별화의 단절을 극복하려는 시도 속에서 인격화(personalized)되었다고 이해해야 한다고 지적한다. 타자와의 관계에 개입하는 복잡한 실천의 차원에서 류대를 묘사하는 넬슨과 달리 맥도날드는 사회운동 분석의 측면에서 여러 사회운동의 사례가 집단적 정체성을 근거로 작동하지 않는다는 점에 근거하여 연대 개념의 분석적 무용성을 강조하였다.

마지막으로 윤지영(2014)은 섹슈얼리티 개념이 "양극화된 범주화의 구획성"에 의존해왔음을 보이면서, 이를 극복하기 위한 급진적 개념으로서 "코넥슈얼리티(connexuality; 교차점으로서의 성 개념)"를 제시한다. 이 과정에서 그는 액화된 연대인 플루이더리티가 필요하다고 주장한다. 그에게 솔리더리티는 고체적 응결축을 중심으로 하기 때문에, 성별 이분법의 구획성으로부터 벗어나려는 시도와 충돌한다. 따라서 단일성, 통일성, 총체성을 지향하는 솔리더리티를 극복하기 위해 유연성과 침투성을 기반으로 한 탈중심화된 연대로서 플루이더리티를 제안한다. 이 논의 역시 맥도날드의 논의처럼 정체성의 동질성과 균질성을 비판하고 과정적 운동성을 강조하며, 다이앤 넬슨과 같이 순수한 피지배자, 순수한 박해자라는 상정에서 벗어나 우리 자신을 구성하고 재구성하며 또 탈각해가는 액화된 연대성으로서 류대를 바라본다.

이 글에서 류대는 선행 논의를 참고하여 '유동하는 존재들이 일시적으로 마주치면서 창발하는 '함께 있음'의 감각'으로 정의한다. 가령 924 기후정의행진에서 존재들은 다른 사람과도 만나지만 서로 다른 조직과 만나며, 더 중요하게는 문제적 사물, 즉 기후라는 존재와도 만난다. 요컨대 류대는 신체적인 움직임(movement)과 마주침의 현상이다. 마주침의 상대는 사람일 수도 있지만 조직이나 비인간적(비인간 동물을 포함하는) 사물일 수도 있다. 주지할 것은 이 글이 연대와 류대 중 한 가지의 개념적 우월성을 지지하는 것은 아니라는 점이다. 연대는 류대가 암시하는 우연적이고 유동하며, 다공(porosity)적인 만남을 기대하기는 어려울 수 있지만, 그 단단함이라는 강직도로 인하여 폭발적 힘을 발휘할 수도 있을 것이다. 또한 류대는 고체적인 구조나 동일성을 전제하지 않기 때문에 언제든 다른 방향으로 흩어질 수 있음을 암시한다. 이상의 논의를 통해 류대와 연대를 정리하자면 다음과 같다(표 1 참고).

〈표 1〉 연대와 류대의 비교

	연대	류대
잠정적 정의	개별화된 주체들의 우리-의식의 형성	유동하는 존재들의 마주침으로 창발하는 '함께 있음'의 감각
특성	고체성, 고정성, 단일성, 정체성, 총체성, 통일성, 균질성, 중심성	액체성, 유동성, 다중성, 부분성, 이질성, 탈중심성, 우연성
기대	공동의 힘을 폭발적으로 발휘	탈중심화된 마주침과 흩어짐의 연속

이 글은 선행 연구들이 제시한 것과 같이 집단적 정체성이나 고체적 응결 상태로서 상정되는 연대로는 924 기후정의행진과 기후운동을 정교화하기 어렵다고 보았다. 맥도날드가 주장했듯이 분석적 도구로서 류대가 더 유용한 개념적 도구이기 때문에 이 개념을 사용한다. 류대가 암시하는 것은 집합적 사건이 연속되지만 창발적이며, 동시에 고정적일 수 없는 흐름으로 존재한다는 점이다. 그 흐름은 분석에서 분기와 합류의 과정을 수반한다. 분기는 한 흐름(으로 보였던 것)에서 복수의 흐름이 갈라지는 현상이며, 합류는 서로 떨어져 있던 흐

름이 하나의 흐름으로 보이는 현상이다. 이 글은 924 기후정의행진이 다시 마주할 수 없는 우연적이고 순간적인 사건임을 강조하면서도 동시에 일련의 역사적 흐름 속에 위치해 있다는 점을 주지하고자 한다. 이로써 여러 차이의 다발 속에서 기후운동 내 '우리'의 구성과 기후의 물질성을 살펴보고 924 기후정의행진의 의미와 이후에 나타날 기후운동의 가능성을 타진해보려고 한다.

어떤 사건에 대한 연구로서 '우리'를 톺아보는 연구는 새로운 것이 아니다. 예를 들어 김학노(2022)는 1946년에 일어난 10월 항쟁을 살펴보면서, '누가 우리인가?'라는 질문을 전면에 제기한다. 오랜 시간 그는 신채호의 아(我)와 비아(非我)의 논의를 이어받아 정치에 대한 논의를 전개하였는데, 그에게 정치란 아와 비아의 헤게모니 투쟁이다(김학노, 2010; 2014). 특히 그는 '우리'를 구성된 것으로 이해하면서, 단일한 집합체로서의 '우리'가 아니라 여러 층위의 '우리'가 있음을 강조한다. 또한 10월 항쟁을 새로운 '우리'를 형성하기 위한 헤게모니 투쟁의 시발점으로 여기는데, 이 항쟁에서 나타난 주체들이 남한/북한, 좌익/우익, 민족/반민족이라는 여러 구분선 중에서 어떤 구분선을 통해 '우리'를 규정하는지에 대한 문제를 중점적으로 분석한다(김학노, 2022). 그는 항쟁의 참여자가 설정하는 '우리'의 범주가 민족이고, 그의 비아가 반민족이었던 것에 반해, 항쟁의 진압자는 "우리 안의 일부"를 "비아화"하여 "우리 밖의 비아"를 연결하였고, 그것을 좌익으로 규정했다고 분석한다(김학노, 2022). 그의 논의는 '우리'의 범주가 상당히 유동적이며, 위치에 따라서 다르게 설정될 수 있음을 보여준다. 아주 흥미로운 지점에서 류대의 단초를 제공할 수 있는 연구이지만, 이 글의 관심은 주체들의 형성과 서로 다른 주체들의 투쟁, 혹은 주체들의 더 큰 주체 형성에 있지 않다. 오히려 이 글은 반대를 추구한다. 즉, 이 글은 '우리'라는 호명이 얼마나 연약한지, 그리고 얼마나 순간적인 현상인지 밝히면서, 차이 나는 존재들의 마주침이 지닌 의미에 대해 탐구한다.

주디스 버틀러는 거리의 정치, 즉 집회에서 나타나는 '우리'가 "신체들의 모임, 신체들의 몸짓과 움직임, 신체들의 발성화, 그리고 단결행동 같은 방식들에 의해 상연(버틀러, 2020: 228)"된다고 말한 바 있다. 이 글은 그 상연의 움직임과 그 움직임을 이끄는 기후의 물질성을 파악함으로써, '우리'가 지닌 취약성과 행위성을 동시적으로 제고하고자 한다.

3. 924 기후정의행진의 구성: 분기와 합류의 흐름

1) 행진으로 가기 위한 차이들의 얽힘 혹은 미봉

924 기후정의행진은 차이들이 합류되고, 또 분기하면서 구성되었다. 먼저 우리는 분기의 흐름과 분기의 가속화, 그리고 차이들이 얽히는 과정을 중심으로 924 기후정의행진을 살펴본다. 기후운동에 있어서 분기란 기후를 중심으로 함께 모여 있을 것이라고 가정되었던 집합체들 안에서 다양한 방식의 내파가 현실화됨을 의미한다.

차이의 극화는 2019년 921 기후위기비상행동과 2022년 924 기후정의행진 사이에 발생한 사건들과 긴밀하게 관계한다. 921 기후위기비상행동은 당시 유엔 기후행동정상회의를 앞두고 전 세계 185개국에서 동시다발적으로 발생한 글로벌 기후 파업의 움직임 속에서 발생하였다(김현우, 2020). 전국 13개 지역에서 7,500여 명이 참여했다고 알려져 있으며, 환경·생태 관련 조직을 포함하여 과학·연구, 교육·문화, 기업, 노동, 종교, 정치, 지역·마을, 농업·생협, 보건·의료, 채식·동물권, 청소년·청년, 사회복지, 사회·운동, 에너지, 인권·법률 분야의 조직들이 단체의 차원에서 참여하였다(기후위기비상행동 홈페이지). 이들은 "지금 말하고, 당장 행동하라"는 강령하에 대정부 요구안을 제시하는데, 요구안은 크게 세 가지의 내용을 담고 있다. 이 요구안은 "① 정부는 기후위기를 인정하고, 비상선언을 실시하라, ② 정부는 온실가스 배출제로 계획을 수립하고, 기후정의에 입각한 대응방안을 마련하라, ③ 정부는 기후위기 대응을 위한 독립적인 범국가 기구를 구성하라"로 요약된다. 921 기후위기비상행동은 당시 한국에서 일어난 기후 대중 운동으로서 가장 큰 규모의 인원이 참여했을 뿐만 아니라, 시위 이후 2년 사이 세 가지 대정부 요구안이 모두 받아들여지는 '성취'를 이루게 된다.

첫 번째 성취는 같은 해 11월, 더불어민주당 한정애 의원을 비롯한 48명의 국회의원이 "기후위기 비상 대응 촉구 결의안"을 발의하고, 그 후 1년 뒤 2020년 9월에는 국회가 이 결의안을 통과시키면서 발생하였다. 또한 같은 해 10월, 문재인 대통령은 '탄소중립'을 선언하고, 12월에는 관계부처 합동으로 "2050 탄소중립 추진 전략"을 발표하기에 이른다. 이듬해 5월에는 탄소중립 거버넌스 격에 해당하는 '2050 탄소중립녹색성장위원회(이후 탄중위)'가 출범하고, 이 위원회에서 2050 탄소중립 시나리오 등을 마련함으로써 두 번째와 세 번째 요구안 역시 수용되었다고 볼 수 있다. 적어도 형식적인 차원에서 921 기후위기비상행동 시위의 요구는 정책의 언어로 번역되는 데에 성공하였다.

그러나 이 요구안의 수용, 즉 '우리'의 성취는 곧바로 '우리'의 차이 나는 입장을 가시화하는 계기가 되었다. 이 분기의 과정을 들여다보기 위해서는 기후위기비상행동 조직의 활동을 살펴볼 필요가 있다. 기후위기비상행동은 2019년 9월 초에 출범 기자회견을 열어 "기후위기, 지금 말하고 당장 행동하라"라는 구호 아래, 921 기후위기비상행동 대규모 집회와 행진, 927 청소년 파업 연대 단체로 출범하였다(기후위기비상행동, 2019.09.04.). 이후에도 기후위기비상행동은 연대체의 형식으로 유지되었다. 이들은 기후행동학교 개최, 정부 정책에 대한 논평, 선거 공약에 대한 평가, 포스코와 같은 온실가스다배출 기업에 대한 직접행동, 여러 기후 관련 성명과 기자회견 및 퍼포먼스 등을 하며 기후위기 대응을 촉구하였다(기후위기비상행동 홈페이지). 여기에는 국회의 기후위기 비상 선언 결의안에 대한 우려 섞인 논평도 있었다(기후위기비상행동, 2020.07.07.). 국회의 결의안이나 기초지방정부의 기후위기비상선언, 문재인 정부의 그린뉴딜에 이르는 선언과 정책 기조에서 명확한 목표가 없다는 것이 비판의 주요 논거가 되었다(기후위기비상행동, 2020.06.06.; 2020.07.15.). 2020년 9월 12일에는 "우리는 살고 싶다"라는 슬로건을 단 비대면 집회를 열었다. 당시 코로나19가 유행하여 공동 행동이 쉽지 않은 상황에서 택한 집회 방식이었다(기후위기비상행동, 2020.09.12.). 이 시기 정부는 이미 정부가 '탄소중립'이라는 개념을 정책의 기조로 흡수하고 있었다. 하지만 기후위기비상행동의 입장에서 이러한 정부의 움직임은 "'말'의 성찬"이며 "탈탄소 사회로의 대전환이 아닌 친환경 사업의 나열"이었다(기후위기비상행동, 2020.09.12.). 특히 이명박 정부 시절에 제정한 「저탄소 녹색성장 기본법」을 폐지하고 「기후위기 대응을 위한 탄소중립·녹색성장 기본법」을 제정하는 과정에서 녹색성장을 그대로 계승하는 법안 논의는 기후위기비상행동의 규탄 대상이 되었다.

이러한 상황 속에서 출범한 탄중위는 921 기후위기비상행동의 마지막 요구안이었던 "기후위기 대응을 위한 독립적인 범국가 기구"의 형식을 갖추었으나, 탄중위 내외부의 의견 차가 좁혀지지 않으면서 비판의 대상이 되었다. 초기 탄중위에는 69명이 총괄과 6개 분과(전력, 산업, 건물, 수송, 비에너지, 청년)에 참여하였고, 시나리오에 대한 분석을 "지원"하는 '기술작업반'을 별도로 운영하였다(윤순진, 2021). 2021년 8월, 탄중위가 출범 3개월 만에 '탄소중립 시나리오'의 초안을 발표하면서 탄중위에 대한 비판이 격렬해지기 시작하였다. 이 초안에서 제시된 3개의 안 중 2050 순탄소배출량이 0이 되는 경우는 하나의 시나리오에서만 이루어졌고, 나머지는 25.4백만 톤 CO_2eq, 18.7백만 톤 CO_2eq의 배출을 허용하는 방식의 시나리오였기 때문이다. 이에 대한 기후위기비상행동의 성명을 살펴보자면, 크게 네 가지 차원에서 문제가 제기된다. 첫 번째는 탄소중립을 위한 시나리오에서 탄소중립이 이루어지지 않는 시나리오를 제시하는 문제였고, 두 번째는 이행경로가 없기 때문에 기후위기 대응의 중간 과정을 논의하지 않았다는 문제를 제기한다. 세 번째는 이러한 시나리오가 나오게 된 경위에 대한 해석으로 "이윤축적을 위한 성장만을 추구해온 기업과 자본 그리고 정부"에 대한 책임을 묻지 않고 "시민들의 행동양식 변화"만을 요구한다는 점에 대해서 비판하였다. 그리고 마지막으로 이러한 시나리오를 검토하는 '탄소중립시민회의'가 무작위로 선정되어 결국 여론조사의 성격을 벗어나지 못하기 때문에 "시민참여"가 아니라 "시민동원"이라고 여겨졌다(기후위기비상행동, 2021.08.06.). 이와 같이 기후위기비상행동이 대외적으로 탄중위에 대한 비판적인 성명을 게시하기는 했지만, 내부에서는 탄중위에 대한 입장과 기후운동을 둘러싼 노선의 차이가 있었다(한재각, 2022). 특히 제도 정치에 대한 입장 차이, 즉 탄중위를 비롯한 당시 여당과 정부에 대한 인식 차이가 존재하였기에 정부 비판적이며 근본적인 해결을 요구하는 흐름과 보다 온건하고 타협적인 해결을 지향하는 흐름 사이에서 섞일 수 없는 밀도 차이가 발생하였다.

이러한 갈등이 가시화된 것이 바로 '탄소중립위원회 해체와 기후정의 실현을 위한 공동대책위원회(이후 탄중위 해체 공대위)'이다. 탄중위 시나리오 초안이 나온 지 3주 만에 36개 단체와 60여 명의 개인이 참여하면서 탄중위 해체 공대위가 탄생하였다. 기후위기비상행동에 참여하던 100개 이상의 단체 중 과반도 참여하지는 않았다는 점에서 소수였지만, 보다 강경한 입장을 견고하게 다져나갔다. 우선 탄중위 해체 공대위는 탄중위 내 시민사회 위원으로 임명된 이들에게 사퇴 요구 공개서한을 발신하며 탄중위 해체를 위한 시위를 진행하였다. 이들은 탄중위 내부에 노동자와 농민, 빈민, 소상공인의 자리가 없는 것을 토대로 엘리트 중심의 탄중위가 "친정부, 친기업 인사들을 중심으로 꾸려진 '기울어진 운동장'으로 출발"했기에 비민주적 기구라고 비판하였다(탄중위 해체 공대위, 2021.09.03.). 또한 탄중위의 위원들 중 일부가 위원직을 사퇴하면서 탄중위 해체 공대위는 점차 힘을 받았다. 탄중위 해체 공대위의 '기후정의행동 선포 기자회견'에서는 "저들"과 "우리"가 나온다.

"이제 저들의 논리인 '온실가스 감축목표', '탄소중립 시나리오'를 넘어, 기후위기 시대를 살아가는 우리들의 '기후정의 시나리오'를 함께 쓰자. 자본과 권력이 인간과 자연을 착취하고 수탈해오며 만들어온 결과가 기후위기이고 온실가스 대량배출이다. 무소불위의 권력인 자본을 어떻게 통제할 것인지에 대해서 아무런 답도 내지 못하는 온실가스 감축목표와 탄소중립 시나리오는 그저 '목표'와 '미래 시나리오'에 불과할 뿐이다. 지금 당장 감축을 위해서 이 사회가 어떻게 바뀌어야 하는지, 이를 현실화하기 위해 무엇에 맞서 싸워야 하는지, 누구와 어떻게 연대할 것인지를 그리는 '기후정의 시나리오'를 만들자."(탄중위 해체 공대위, 2021.09.29.)

여기에서 적대의 대상은 기후위기비상행동의 그것보다 훨씬 더 넓어졌다. 탄중위 해체 공대위 입장에서 '우리'의 밖에는 기후위기에 대한 부정론자이거나 친화석연료·친핵 세력뿐만 아니라, "자본과 권력"의 통제에 미온적이거나 그 통제를 유지하려고 하는 세력 역시도 포함되었다. 더 넓게 보자면 '우리'는 ESG나 RE100 등의 경영 전략의 선회를 통하여 기업의 '자발적' 변화를 지지하는 입장이나, 에너지 '시장'의 개방화를 통하여 자본이 개입된 분산형 에너지 체계를 꾀하는 입장, 거대정당에 포함되어 타협적으로 정부나 의회에 진출하는 입장 등에 대해 비타협적인 전선을 형성하고자 하였다. '우리'는 '저들'이 "취약계층"이라고 부르는 존재들, "청소년, 청년, 빈민, 장애인, 여성, 노동자, 농민"을 "취약함이 아니라 체제가 만들어낸 권리의 박탈과 배제의 결과"로서 "변혁의 주체"로 재규정한다(기후정의행동, 2021.10.14.).

같은 해 12월, 이들은 탄중위 해체 공대위를 해소하고 기후정의동맹을 조직화하기에 이른다. 기후정의동맹은 "존엄한 삶을 향한 투쟁"으로 기후정의운동을 수행하고자 하는데, 이들의 목표는 "자본주의 성장체제에 맞서는 거대한 사회적 세력"이 되는 것이며, "평등하고 존엄한 삶을 위한 보편적 권리를 위한 구체적인 투쟁"을 여는 것이자, "공공적·민주적·생태적 에너지 체제전환을 요구하는 투쟁"을 조직하는 것이다(체제전환을 위한 기후정의동맹 홈페이지). 이로써 기후운동의 연대체는 양분화되는 현상이 나타났는데, 기후위기비상행동과 기후정의동맹이 그것이다. 흥미로운 지점은 기후정의동맹에는 전통적으로 한국의 환경운동을 주도해온 환경운동연합이나 녹색연합이 참여하지 않고, 다만 전북녹색연합만이 독립적으로 참여하고 있다는 점이다. 반면에 기후위기비상행동은 환경운동연합, 녹색연합, 그린피스, 환경정의 등이 참여하면서 기후에 대한 의제를 환경운동의 연속선상에서 파악하던 단체들이 함께하고 있다(기후위기비상행동 홈페이지). 이러한 상황 속에서 코로나19 대유행이 만성화되며 규제가 약화되었고, '대규모 기후시위'를 모색하는 과정에서 이 두 연대체는 '미봉'의 형태로 924 기후정의행진을 조직하게 된다.

2) 차이들의 합류와 마찰

924 기후정의행진이 이질적인 존재들을 하나의 시공간으로 모이게 했다는 점에서 924 기후정의행진을 조직화하는 과정은 새로운 '우리'를 만드는 과정이었다. 그러나 이때의 '우리'는 로티의 표현대로 "우리의 상상적 동일시(로티, 2020: 387)"의 문제로 여기기에는 불충분한 부분이 있다. 왜냐하면 여기에서 '우리'는 상상적 동일시뿐만 아니라 상상적 차이를 전제하기 때문이다. 924 기후정의행진은 행진의 이름이 만들어지기 전부터 차이를 드러내고자 하는 열망이 잠재해 있었다. 이는 924 기후정의행진 준비모임에서도 확인할 수 있는데, 행진에 대한 바람 중 하나는 "진짜 다양한 사람들이 모여 있다는 것을 확인"하는 자리가 되는 것이었다(기후정의동맹, 2022.06.14.). 그리하여 2022년 6월, '9월 기후정의행동' 조직위원회(이후 조직위원회)가 결성되면서 103개의 조직이 이 조직위원회에 합류하게 되었다. 최종적으로 조직위원이 된 405개 조직을 살펴보면 기후, 환경, 에너지 등을 주제로 하는 조직뿐만 아니라, 인권, 동물권, 창작, 사회주의, 노동조합, 연구, 여성, 장애인, 생활협동조합, 정당, 성소수자, 보건, 제로웨이스트, 교육, 지역, 노숙자, 종교 등을 주제로 하는 다양한 조직이 참여하였다. 이들은 행진을 함께 하면서 자신의 의제 속에서 기후를 말하도록 독려되었다. 이러한 흐름은 2019년 기후위기 비상행동 시위에서

도 약한 형태로 등장하였다. 그러나 이 두 시위에 모두 참여하였던 인권 단체 활동가는 2019년의 시위를 회상하며 그때 인권을 말하는 것은 조금 낯설었으나, 이제 더 이상 그의 발언과 존재가 "어색하지 않"았다고 평가한다(참여관찰, 2022.10.07.).

다음은 924 기후정의행진을 알리고자 열린 광화문 광장 기자회견에서 나온 발언이다.

"지금 이 자리에서 기후정의를 이야기하는 우리조차 주류의 운동에서 우리 좋을 대로 정의를 해석하고 있을지도 모릅니다. 그래서 여러분의 목소리가 필요합니다. 용산에서 대통령실로 짧은 행진은 우리가 언제든지 목소리를 낼 수 있는 존재라는 걸 알리기 위함입니다. 누군가 기회를 주는 것이 아닌 우리 스스로 언제든 우리의 권리를 이야기할 수 있다고, 계속해서 문을 두드리는 것입니다. 9월 24일 우리가 기후정의행진에 함께 하는 이유도 여기 있습니다. 더 많은 당사자의 이야기. 우리도 그중 하나입니다. 내 위기를 타인이 정의하는 것이 아닌 내 스스로 정의하고 말하기 위해 우리는 9월 24일에도 함께하는 것입니다."(924 기후정의행진 활동계획 발표 기자회견 중 발언자 1인; 참여관찰, 2022.08.24.)

이들은 "우리 좋을 대로 정의"하는 기후정의가 아니라, "여러분"의 목소리를 요청하는 것을 통해서 내외부의 차이를 더 많이 드러내고자 한다(참여관찰, 2022.08.24.). 이것은 정체성, 혹은 동일성의 정치를 넘어선다. 왜냐하면 '우리'의 당사자성만큼이나 '여러분' 즉 타자의 당사자성을 중요시하겠다는 의미가 담겨 있기 때문이다. '여러분'은 언제나 발화하는 '우리'의 일부가 될 가능성이 있다. 이것은 역으로 '우리'가 이미 서로에게 흡수될 수 없는 차이, 즉 타자성을 지니고 있음을 보여준다. 여기에서 해소될 수 없는 긴장이 존재한다. 이 긴장은 우리라는 자기(self) 내부의 타자와 타자 속에 있는 잠재적 자기의 역동성으로 인해 발생한다. 조직위원회 내부에서도 이러한 긴장이 존재한다. 한 편의 측면에서 조직위원들은 '우리'의 세력화와 조직화를 통한 공동의 목소리를 확장하고 싶어 하지만, 동시에 '누구나' 발화할 수 있는 공간을 만들어내고 싶어 한다.

〈그림 1〉 9월 기후정의행진 온라인 사전행사 "기후정의 온라인 띠잇기" 홍보 포스터(좌)와 참여자들의 사진을 모아 만든 인증샷 모음 중 일부(우)

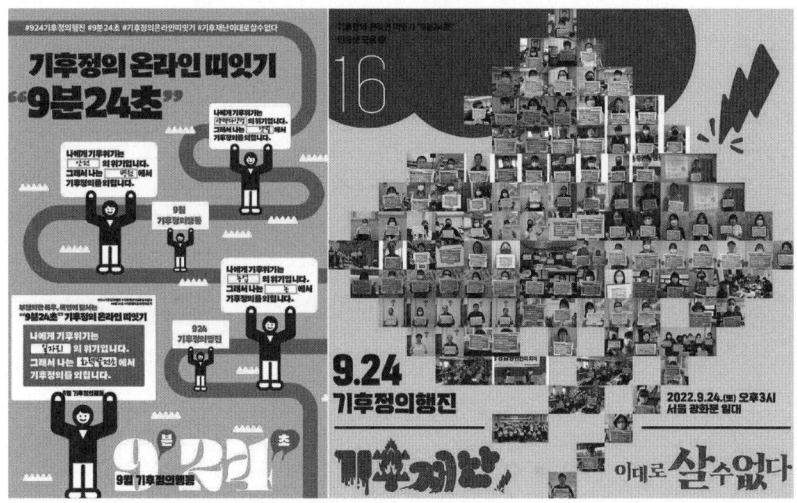

자료: 924 기후정의행진 홈페이지

924 기후정의행진을 알리는 온라인 사전행사로 기획된 "기후정의 온라인 띠잇기 9분 24초" 행동에도 이러한 차이의 가시화와 우리의 확장이 동시적으로 반영되어 있다. 이 행사는 "나에게 기후위기는 [   ]의 위기입니다. 그래서 나는 [   ]에서 기후정의를 외칩니다."라는 문구에 각자의 위기와 각자의 위치를 적어 사진으로 인증하는 방식으로 924 기후정의행진의 참여를 독려하기 위해 기획되었다. 약 3주간 진행된 이 행사를 통해 조직위원회에 전달된 인증샷은 총 2,316장으로 확인되었다. 여기에는 "지구의 위기", "일상의 위기", "지속성의 위기", "생명의 위기", "미래세대의 위기", "삶의 위기", "먹을거리의 위기", "농업의 위기", "2세 계획의 위기", "인권의 위기", "성·재생산권의 위기", "건강의 위기",

"수업의 위기", "우리 동네의 위기", "사회복지의 위기", "연산호의 위기", "생계의 위기", "당장 오늘의 위기", "모든 동물의 위기", "가난한 사람들의 위기", "평등의 위기" 등이 포함되었다(온라인 띠잇기 자료). 즉, 이들은 미래와 현재, 나와 동네와 지구, 생존과 인권, 재생산권과 젠더, 먹을거리와 빈곤이 뒤얽혀 기후위기의 띠를 만들었다(그림 1 참조).

차이 나는 존재들의 발화는 사전행사와 924 기후정의행진 당일에도 진행된 "오픈마이크"행사에서도 가시화되었다. 오픈마이크는 "우리의 좌절과 분노, 희망과 사랑, 그리고 세상을 바꾸려는 행동의 의지를 나누는 자리"라고 설명되었고, 이 행사를 담당했던 참여자는 "자격이나 조건을 갖추지 않고도 누구나 마이크 앞에 서서 자유로운 형식으로 저마다의 기후위기를 이야기하는 자리"였다고 부연하기도 하였다(참여관찰, 2022.07.30.). 여기에서 부모와 어린이, 예술가와 활동가, 교사와 학생이 같은 위치에 서서 마이크를 잡았다. 여전히 건설되고 있는 석탄화력발전소에 대한 문제, 탈석탄법 제정과 정의로운 전환 촉구, 여성과 퀴어에게 가해지는 폭력의 문제가 가부장제와 신자유주의, 제국주의, 그리고 기후위기와 연결되어 발화자인 자신에게 어떠한 공포로 다가오는지에 대한 자기 고백, 기후변화에 따라 사회적 소수자들이 가장 많은 피해를 받고 있을 뿐만 아니라, 사회적 권리, 노동권, 주거권, 건강권, 이동권, 식량권, 환경권, 동물권을 악화시키고 있기에 행동해야 함을 명확히 하는 선언이 이어졌다. 과학자의 글을 낭독하는 방식으로 자신의 입장을 대변하거나, 편지글의 형식으로 "우리의 내일을 지키"자는 이야기, 자신의 일자리에서의 경험과 암담한 현실에 대한 성토를 통해 "정의로운 에너지 전환"을 도모하자는 이야기, 바닷가에 사는 초등학생이 제기하는 폭죽과 쓰레기 문제, 청소년과 생태계의 미래, 신공항 건설 반대, 생태전환교육 도입 촉구, 경쟁 사회와 부정의의 문제, 공교육의 입시 위주의 경쟁 교육, 탐욕과 이윤의 극대화, 공장식 축산업, 비인간 동물의 고통과 '죽임'의 문명, 두산의 베트남 석탄발전소 건설, 석탄발전에 투자되는 공적 금융 문제, 종교인으로서 자신의 종교에 대한 반성과 책임, 제주 하수처리장 문제와 제

2공항 문제, 환경 과목 수업의 확대. 이 모든 것들이 연설과 시, 음악, 소설, 랩의 형식으로 한꺼번에 쏟아져 나왔다. 이들이 나타나는 이유와 형식은 결코 하나로 수렴되지 않았다. 또한 시간성이 교차되어 나타나는데, 누군가에게는 '지금 당장'의 문제가 되고, 누군가에게는 '미래'를 위한 문제가 되며, 누군가에게는 '역사적 책임'의 문제가 되어 미래가, 과거가, 현재가 얽혀갔다(924 기후정의행진 오픈마이크 발언; 참여관찰, 2022.09.24.). 미리 정해져 있지 않는 이야기들이 우연적으로 얽혀 들어간 것이다.

그런데 이 우연성만큼이나 924 기후정의행진이 기획되었다는 점도 주목할 필요가 있다. 조직의 참여를 유도하고 행진을 홍보하며 직접적인 행진 내용을 채울 집행위원회가 만들어지면서, 논의들은 운동의 방향과 슬로건, 행진 장소를 설정하는 실질적인 논의로 수렴되었다. 다른 운동들과는 다른, 새로운 운동의 서사를 만들고자 하는 열망도 그 안에 있었다. 집행위원회 첫 회의에서 가장 많이 호응이 있었던 논의 중 하나는 이 운동의 형식이 "심각하고 유쾌하게"라는 모순적인 형식이었으면 좋겠다는 점이었다. 운동의 '흥'적인 차원과 동시에 기후위기에 대한 심각한 상황 인식과 논의가 동시에 함께하도록 하는 논의, 우리가 직면한 문제가 "텀블러의 문제"가 아니라는 점을 자각하게 하는 것이었다(참여관찰, 2022.06.28.). 그 이후의 회의에서도 "기후운동은 달라야 한다"는 주장이 나왔다. 이 주장은 기후운동이 새로운 대중 운동의 형식이어야 한다는 바람을 내포한다. 특히 924 기후정의행진을 한 문장으로 표현하는 슬로건을 만들기 위한 회의에서 이 행진의 방향성에 대한 논의가 이루어졌다(참여관찰, 2022.08.02.). 여기에서 "살고 싶다"나 "다 죽는다"와 같은 생존의 문제를 직접적으로 명시하자는 논의, "지구"에 대한 "연결"을 담자는 논의, 미래를 위한 금요일이 제시한 "체제를 뿌리 뽑아라(Uproot the System!)"와 같이 행동지향을 담자는 논의가 흘러나왔다. 조직위원회 내부 선호도 조사에서는 "위기 넘어 새로운 길을"이라는 슬로건이 유력하게 논의되었으나, 3차 조직위원회의 결과 "기후재난, 이대로 살 수 없다"라는 절박함을 강조하는 슬로건이 채택되었다(참여

관찰, 2022.08.10.). 이들은 기후의 문제는 생명정치의 문제라는 점을 명확히 하고자 하였다.

조직위원회와 집행위원회, 워크숍 등이 거듭되면서 정부 비판, 기업에 대한 비판을 주요한 방향으로 논의를 이끌 것인지, 시민들의 역량에 대한 각성을 강조할 것인지, '기후정의'와 '체제전환'이란 개념의 의미와 유용성이 무엇인지에 대해서도 논의가 이루어졌다. 흥미로운 점은 이들이 대중운동으로서 숫자를 중요시했다는 점이다. 몇 명을 모을 것인가는 이들의 의사소통 과정에서 자주 나오는 주제 중 하나였고, 기획의 후반부로 갈수록 이 문제에 대한 걱정이 커져갔다. 숫자가 더 많다는 것은 그만큼 이 문제가 '대중'적이라는 것을 의미한다고 여겨졌기 때문이다. 힘을 가시화하고 세력화하는 작업은 얼마나 모였는가에 대한 이야기와 등치되곤 했다. 사람들이 더 많이 모일 수 있는 장소여야 했기 때문에 서울에서 행진이 진행되어야 했고, 서울 중에서도 결집이 가능한 장소여야만 했다. 기업이 모여 있는 강남이나 국회가 있는 여의도 역시 행진의 장소로서 논의되었지만 광장으로서 광화문 일대보다 적절한 장소를 찾기 어려웠다.

방법적인 측면에서도 정부나 기업에 대한 압박의 형태를 지향해야 하는지, 보다 안전하고 평화적인 방법을 지향해야 하는지에 대한 논의가 엇갈렸다. 또한 요구안 역시 보다 구체적인 요구 사안을 포함해야 하는지 여부에 대해서도 이견이 존재했다. 반복되는 논의 끝에 요구안은 보다 넓은 방향으로 정해졌다. 요구안은 크게 세 가지로 정리되었다. ① 화석연료와 생명파괴 체제를 종식해야 한다. ② 모든 불평등을 끝내야 한다. ③ 기후위기 최일선 당사자의 목소리는 더 커져야 한다.

이 요구안에서 다시 '우리'가 등장한다. '우리'에 대한 자기서술은 924 기후정의행진에서 모인 '우리'와 동일하지 않지만 그 지향을 반영한다. '우리'는 921 기후위기비상행동에 함께했었으며, "점차 심화되는 기후위기에 각성하고 기후정의 실현을 요구하기 위해, 앞서 나선 이들과 손을 잡고 새롭게 기후정의행진에 참여하는 이들"로 정의된다. 또한 '우리'는 "온실가스 배출 책임은 적으나 삶과 일터에서 기후위기를 온몸으로 맞닥뜨리고 있는 이들이며, 기후위기 해결을 위해서 가장 먼저 스스로 할 수 있는 일을 해오며 현 체제와 싸워"왔다. (…) '우리'는 부분적인 제도의 개혁이나 의존할 수 없으며, "기득권 세력에게 문제해결의 방향타"를 잡게 해서도 안 된다는 점을 깨달은 이들이다. 또한 '우리'는 "지구적 북반구 혹은 선진산업국의 정부와 기업을 향한 요구이자 전 지구적 동료 시민들에 대한 제안이자 다짐"을 하며, 이 요구를 이루어낼 힘이 '우리' 안에 있다고 선언한다. '우리'는 "기후위기 최일선 당사자"이며, "죄책감"과 "무기력감"에 빠져들지만, "현 체제에 대해 분노하고, 그들의 책임을 묻는 것에서부터 새로운 길을 시작"하고자 한다(924 기후정의행진 홈페이지). '우리'는 취약하지만, 동시에 가능성을 지닌 존재로서 그려진다. 특히 "기후위기 최일선 당사자"는 '우리'의 대표자로서 표상된다. 여기에는 특정한 직군, 연령, 지역, 계층, 성 정체성뿐만 아니라 장애인과 이주노동자, 저어새와 4대강, 같은 비인간 존재들까지 포함되었다. 이 차이 나는 존재들은 공통적 특징들로 묶이지 않는다. 바로 이 지점에서 기후운동의 만남은 결코 동일해질 수 없는 차이들을 담지하는 '류대'의 형태를 띠고 있다. 차이들은 분기와 합류 속에서 의미화되었다.

그러나 이 차이들이 결코 마찰(friction; Tsing, 2004) 없이 공존하고 있었던 것은 아니다. 차이들의 장이 형성되기까지, 조직위원회와 집행위원회 내부에서는 크고 작은 논의들이 이어지면서 세부적인 차이들 간 조정이 필요하였고, 때로는 이 조정이 완결되지 않은 채로 시간이 흘러가기도 하였다. 초기의 문제 중 하나는 조직 참여에 대한 경계 설정이었다. 가장 문제가 되는 것은 성폭력 2차 가해의 혐의가 있는 조직 ㄱ의 참여 여부였다. 1차 조직위원회에서 이 문제가 제기된 이후로 조직위원회 차원에서 조직 ㄱ의 입장을 문의하였지만 소통을 거부하면서 논의가 이루어지지 않았고, 이후의 과정에서 "기후정의운동의 원칙"에 따른 참여의 제한을 결의하게 된다. 여기에서 기후정의는 "단지 온실가스 배출의 불평등 등에만 초점을 맞춘 협소한 개념이 아니며, 기후위기는 수많은 사회적 불평등, 억압, 착취, 차별 등을 지속시키고 심화시키는 현행 체제에 의한 것이라는 인식"에 기반하고 있음이 다시 한번 환기되었다(관련 입장 내부 비공식 자료; 참여관찰, 2022.07.13.). 정당의 참여와 배제 역시 지속적으로 이야기되었지만 기후위기비상행동에 참여하는 정당만을 정당 차원에서의 참여 조직으로 제한하는 원칙을 세우면서 조직위원회의 내부적인 이견으로 격화되지는 않았다. 즉, 조직위원회의 자료에 따르면 "국민의힘과 민주당과 같은 보수정당들의 참여(924 이후 기후운동 전망(방향) 토론회 비공식 자료집; 참여관찰, 2022.11.08.)"는 배제되었다. 참여에 대한 배제는 적어도 실질적인 준비 활동에 참여하고 의제의 전반적인 논의를 주도하는 집행위원회의 세계 인식을 보여주는데, 이는 탄중위를 둘러싼 격렬한 논쟁을 거치면서 더불어민주당 역시 적대의 대상이 되었음을 보여준다. 하지만 924 기후정의행진 당일에는 개별적인 차원에서 더불어민주당의 당원들도 참석하였는데, 그들이 마주한 이러한 주변화 현상은 후에 기후와 관련하여 문제제기를 하던 더불어민주당 소속의 참여자들로 하여금 소외감을 성토하게 한 계기가 되기도 하였다(토론회 발언; 참여관찰, 2022.11.08.). 또한 기업에 대한 입장 역시 이견이 생기면서, 타협적인 노선의 조직들이 '우리'의 주변부가 되는 경향이 생겨났다. "체제전환이라는 말"을 하는가, 하지 않는가에 따라 "급진"의 여부가 나뉘는 것에 대해 회의하는 이도 이러한 주변부에 있었다(평가회의; 참여관찰, 2022.10.08.). 이런 식으로 '우리'의 목소리는 '모두'를 포함하는 것이 아니라 어떤 것을 발화하지 못하게 됨으로써, 또는 어떤 것을 주변부에 머무르게 함으로써 실체화되었다.

이러한 합류와 마찰은 9월 24일의 행진을 이끌었다. 924 기후정의행진의 '우리'들은 마침내 하나의 시공간에 모였고, 다시 재현되지 않는 '우리'로서 거리를 행진하였으며, 거리에 누워 죽은 듯 땅에 누워 있는 '다이-인(die-in)' 퍼포먼스를 하였다. 그리고 '우리'는 924 기후정의행진이 끝나자 그 우연한 마주침을 뒤로한 채 분산되어 각자의 방향으로 흩어졌다. 이로써 '우리'는 결코 다시 오지 않을 시공간의 한 사건이 되었다.

4. 대기/분위기적인 것(atmospheric thing)로서의 기후와 '우리'

살펴보았듯이 924 기후정의행진에서 나타나는 '우리' 내부의 차이들은 기후가 '광범위하게' 영향을 미칠 수 있음을 반증하며 가시화되었다. 여기에서 '우리'가 얼마나 많이 차이 나는지에 대한 거리감을 감각하는 것은 기후의 존재가 삶에 미치는 영향의 강력함을 재확인하는 계기가 되었다. 그런데 '우리'가 이토록 다양한 차이들로 가득 차 있다면, 이 행진은 어떻게 '우리'를 묶었는가? 우리는 어떻게 '우리'로서 나타날 수 있는가? 그리고 '우리'는 기후와, 혹은 기후를 통해 무엇을 하는가? 이 절에서는 이러한 질문들을 설명하고자 기후의 물질성 문제를 적극적으로 분석하고자 한다. 왜냐하면 '우리'를 거리로 나오게 하는 존재가 바로 기후이기 때문이다.

서두에 밝혔지만, 여기에서 물질성은 물질이 지닌 본질적 속성이 아니다. 바라드(Barad, 2007)가 존재-인식론을 통해 이야기하듯, 물질은 관계 속에서 세계가 분할/연결되며 현상적으로 드러난다. 현상과 독립된(혹은 독립되어 보이는) 개체로서의 존재는 배치가 작동된 뒤에 나타나는 일시적 존재이다. 그러므로 존재의 물질성은 외부에 주어진 사실이 아니라 물질적이고 동시에 기호적으로(즉, 물질-기호적으로) 배치된 사실의 관찰에 의존하다. 그렇기 때문에 누구도 존재의 물질성을 완벽하게 언어로 번역할 수 없고, 이음새 없이(seamlessly) 이해할 수 없다. 그럼에도 불구하고, 존재는 함께-되기(becoming-with; Haraway, 2008)를 통해서 물질성을 드러낸다. 사건 속에서 존재의 물질성은 진동하며(vibrant) 활기차진다(Bennett, 2010). 이에 따르면 924 기후정의행진 속에서 나타난 기후의 물질성에 대한 포착은 그 사건 이전에 존재하는 것이 아니라 사건의 발생 후에 관찰을 통해서 해석된다.

3절에서 나온 바와 같이, 924 기후정의행진에서 기후의 위기는 발화되고 기입된다는 점에서 특징적이었다. 각자가 자신의 흐름과 리듬대로 움직여온 궤적 속에서 인권의 이름으로, 성소수자의 이름으로, 여성의 이름으로, 비인간 동물의 이름으로, 빈곤의 이름으로, 과학의 이름으로, 반개발의 이름으로 기후를 말하고, 그것을 종이에 적어 넣는다(온라인 띠잇기를 보라.). 이것은 여느 운동에서 보았던 의제중심의 거리의 정치와 구별된다. 가령 한국 사회에 있었던 한미FTA나 박근혜 대통령 퇴진을 위한 거리의 정치를 생각해보면 이러한 특징은 더욱 두드러진다. 연대의 '우리'들은 각자 다른 곳에서 왔지만 하나의 목표를 향해 만난다. 비록 이때의 연대가 탈중심화된 형태, 미조직화된 존재들의 만남이라고 할지라도(정태석, 2009), FTA 체결 저지/저지실패, 박근혜 대통령 탄핵/탄핵실패라는 기준의 선에는 이견이 없다.

반면에 924 기후정의행진에서의 목표는 어떤 의미에서 행진을 통해 '만들어진다.' 요구안에 기입된 "생명파괴 체제"는 무엇을 의미하는지, "모든 불평등" 속에 어떤 불평등이 들어가야 하는지, "최일선 당사자"는 누구인지에 대해서 행진의 당사자들은 자신의 답을 새겨넣어야만 한다. 가령 기후운동의 요구 속에 이미 동물권이 들어가 있기 때문에 동물권 활동가가 참여하는 것이 아니라, 기후운동의 요구 속에 동물권을 기입하기 위하여 동물권 활동가가 참여한다. 마찬가지로 탈자본주의를 외치는 운동가 역시 기후운동 속에 탈자본주의를 기입하기 위하여 참여한다. 924 기후정의행진의 사전 행사들에서 동물권 활동가와 기후 활동가의 만남, 장애인권 활동가와 기후 활동가의 만남, 석탄발전소 노동자와 기후 활동가의 만남은 일방향적이지 않고 양방향적이다. 즉, 서로가 서로를 초대한다. 왜냐하면 기후운동의 목표는 닫혀있는 것이 아니라 열려있기 때문이다.

그리고 그것은 924 기후정의행진에서 기후가 존재들의 '사이'에 넓게 퍼져있기 때문이다. 기후를 사이에 두고, 복수의 관찰자들이 복수의 위치에 있다. 즉, 기후는 객체와 객체 사이를 감싸고 있는 대기적인 것(atmospheric thing), 혹은 영어에서 동의어로 사용되는 분위기(atmosphere) 그 자체이다. 분위기는 그 자체로 포착될 수 없지만 느껴지며 존재한다. 한 존재가 느끼는 분위기와 다른 존재가 느끼는 분위기의 동일성에 대한 문제는 부차적이며, 오히려 존재들 '사이'에 분위기가 있다는 것 자체가 의미를 생산한다(McCormack, 2018). 이로써 기후는 행진 속 존재들을 감싸고 있는 무언가로 작동하며, 그러한 분위기로서의 기후를 공통적으로 감지한다는 점에서 존재들은 '우리'가 된다. 앞서 서술한 기입의 행위들은 통합되지 않은 분열된 시각들이 기후를 바라보고 있으며, 그 분열의 시각이 924 기후정의행진이라는 이야기의 형태로 엮어짐을 뜻한다. 조직위 내외부에서 924 기후정의행진의 요구안을 두고 구체적이지 않다는 문제제기는 바로 이러한 측면을 반영한다. 그것은 기후 그 자체가 정치, 경제, 법 등으로 분화된 사회체계의 '밖'에서(박순열, 2022), 그리고 인간의 몸과 의식의 밖에서 (그러나 늘 호흡을 통해 내부 속으로 침투되고 배출되는) 대기적인 것으로서 존재한다는 점이다. 이러한 의미에서 기후운동의 형태가 연대의 형태가 아니라 류대의 형태를 띠는 것에는 관찰된 기후의 물질성과 관련이 있다.

　기후가 대기/분위기의 문제이기 때문에 기후가 모두 다르게, 즉 다른 위치에서 다른 방식으로 감각된다는 점은 924 기후정의행진의 서사에서 해결해야 할 문제가 아니라 필수적인 요소로서 작동하였다. 924 기후정의행진에서 기후는 더 이상 차이가 무화된 '모두'의 '환경' 문제가 아니라, 인권의 문제, 젠더의 문제, 종차별의 문제, 금융의 문제, 자본주의의 문제 등, 각자가 마주한 문제로 재이해되었다. 즉, 인간 사이의, 그리고 인간과 비인간 사이의 불평등이 '기후'라는 분위기를 중심으로 재구성된다. 기후는 곧, 삶들 '사이'에 존재하는 조건으로 번역된다. 이 지점에서 조직위원회의 여러 발화자는 자신들이 하고 있는 이 운동을 "환경 운동이 아니"라고 주장하였다. 이들은 "좁은 의미의 기후환경(집행위원회 참여자 발언; 참여관찰, 2022.06.28.)"을 넘어서고자 하였다.

　기후변화가 생물리적 환경의 변화라는 점에서 '환경'의 차원을 넘어서고자 하는 시도는 얼핏 보았을 때 모순적이다. 그러나 '환경'의 문제가 아니라는 점은 조직위원회와 집행위원회의 회의 안에서 복수의 발화자에 의해 재생산되었다. 참여자들은 근대적이고 임의적인 분과, 즉 노동, 경제, 법, 정치 등과 동일한 수준에서 (하지만 주변부적인 위치를 차지하고 있는) 환경 분과가 자신들의 입장을 포함할 수 없다고 여겼다. 그들은 이러한 분과 너머에 있는 존재, 혹은 분과들 사이에 있는 존재를 목격하고자 하기 때문이다. 다시 말해서, '우리'는 분과 너머에, 혹은 분과 사이에 있는 존재를 포착하기에 하나의 분과로서의 환경은 불충분하다. 이러한 종류의 체화된 인식은 라투르(Latour, 2017; 라투르·슐츠, 2022)가 이야기한 것처럼 근대의 분과 체계에서 해결 불가능한 종류의 문제로서 기후가 924 기후정의행진의 '우리'들에게도 포착되었다는 점을 방증한다.

분열된 복수의 시각들, 하나로 환원되지 않는 시각들은 기후의 문제를 해명하려 할수록 더 선명하게 드러난다. 그 때문에 기후는 전통적인 의미에서 대기과학적으로 포착 가능한 기후의 의미를 초과한다. 물론 기후의 '과학적 사실'의 측면은 924 기후정의행진의 토대가 된다. 그렇기 때문에 924 기후정의행진에서 상영된 영상에서도 "인간이 기후변화에 영향을 미친 것은 명백"하다는 IPCC 보고서를 인용하며, 기후의 평균온도 상승 그래프를 제시한다(924 기후정의행진 홈페이지). 그러나 이들은 인간의 영향을 화석연료 그 자체가 아니라 "폭력의 역사" 속에서 찾는다.

"기후위기는 온실가스를 뿜어대는 화석연료 때문만이 아닙니다. 화석연료는 자연과 인간을 희생시켜 더 많은 상품을 만들고 팔아치워 이윤을 쌓아야만 시장에서 살아남는 기업과 자본이 필연적으로 선택한 에너지일 따름입니다. 이러한 권력과 자본의 폭력 앞에서 농촌과 자연은 생명과 삶이 아닌 착취와 수탈의 대상이 되었고, 노동자는 인간이 아닌 기계의 부속품처럼 쓰고 버리는 대상이 되었습니다. 이는 여성, 장애인, 이주민, 지역주민 등 차별받고 억압받는 모든 이들에 대한 폭력 아래 가능했습니다. 지난 수백 년간 지구적 규모로 자행된 폭력의 역사이며, 화석연료의 역사이기도 합니다."(924 기후정의행진 홈페이지)

여기에서 기후의 물질성은 탄소 혹은 온실가스의 물질성으로 환원되지 않는다. 즉, 톤 단위로 세어지는 어떤 기체 상태의 물질들로 설명할 수 없다. 기후는 징후이자 경험이며, 존재들을 감싸고 있는 것—분위기—들이다. 바로 이 점에서 기후가 존재들의 매개, 즉 존재들의 '사이'의 존재라는 점이 드러난다.

이렇듯 '사이'의 물질로서 기후는 924 기후정의행진의 과정에서 발표했던 두 차례의 성명을 통해서도 발견된다. 첫 번째 성명은 2022년 8월에 발생한 폭우로 인해 "반지하방 일가족의 비극적 죽음(9월 기후정의행동 조직위원회, 2022.08.11.)"에 대한 애도와 그에 대한 정부 대책 발표에 대한 저항적 성격의 논의였다.

"반지하방 금지의 대책만으로는 낮은 곳으로 몰려다니는 재난과 위기의 본질을 미처 담아내지 못한다. 기후위기이고 기후재난이다. 전 인류의 삶과 미래를 위협하는 기후위기이지만, 그 일차적이고 치명적인 피해는 배제되고 억압받는 이들에게 발생한다. 빈곤층, 장애인, 노약자 등에게 기후위기는, 그야말로 재난이요, 삶에 대한 위협이다. 기후위기가 야기한 큰 비 때문이 아니라, 반지하방에서 살았기 때문이 아니라, 기후위기에, 기후재난에 둔감한 채 온실가스 대책을 제대로 세우지 않는 이 사회체제 때문에 만들어진 죽음이다."(9월 기후정의행동 조직위원회, 2022.08.11.)

여기에서 '큰 비'와 '반지하방'이라는 현상적인 존재들과 '사회체제'가 연결된다. 이때 사회체제는 삶과 죽음의 방식에 결정적으로 영향을 주는 추상화된 존재와 같다. 그렇게 보자면, 사회체제는 전통적인 방식의 자본주의 체제로 환원되지 않는다. 물론 조직위 내부에도 사회체제를 자본주의 체제와 동일시하는 흐름과 그렇다고 생각하지 않는 흐름이 공존하고 있었다. 이들이 이야기하는 체제가 자본주의 체제로 환원되지 않는다는 점은 두 개의 성명 중 나머지 하나의 성명을 살펴보면 더 쉽게 이해될 수 있다. 그 성명은 같은 해 9월 신당역에서 발생한 스토커 및 불법촬영 가해자가 저지른 살인 사건에 대한 성명이었다.

"무한 생산, 노동 착취, 생태학살을 가능하게 하는 불평등한 사회의 구조가 기후위기를 만들고 가속화하듯, 여성을 죽이는 젠더권력의 불평등과 기후위기를 일으키는 이 사회체제는 하나로 맞닿아 있습니다. 이 거대한 악순환의 고리를 과감히 끊어내야 합니다."(924 기후정의행진, 2022.09.19.)

물론, 폭우에 의한 일가족 사망 사건과 살인 사건에 대한 두 성명 간의 위상은 달랐으며, 기후와의 연결고리에 대한 인식의 강도도 달랐다. 반지하 일가족 사망 사건에 대해서는 조직위원회가 광화문 기자회견을 통해 이 문제에 대한 성명서를 발표하였으며, 폭우에 대한 사회적 책임을 강조하였다. 반면 여성살해 사건은 기후변화와 직접적인 연결이 없으며, 몇 명의 집행위원의 의견이 제기되어 SNS에 추모와 함께 성명을 게시하는 형식으로 발화되었다. 그러나 오히려 이 약한 연결고리에 대한 해석이야말로 기후의 분위기적 성격을 잘 보여준다. 여기에서 사회체제는 '젠더권력의 불평등' 즉 가부장제로 해석되는데, 이는 자본주의의 모순과 연결되어 있을 수는 있으나, 분명 다른 차원의 문제이기 때문이다.

차원의 중첩은 기후가 개별 존재들을 감싸고 있는 존재, 물질과 담론의 배치를 감싸는 존재, 즉 개별화된 존재들 '사이'의 존재라는 점을 더욱 드러낸다. 개체들은 진공 상태에서 미리 주어진 인과에 영향을 받는 것이 아니라, 대기 속에서, 분위기 속에서 서로를 포착하고, 서로에게 행위성을 발휘하며 살아간다. 그렇기 때문에 어떤 이들은 기후 속에서 가부장제와 여성혐오를 보고, 어떤 이들은 제국주의를 보며, 어떤 이들은 자본주의를, 금융을, 지구를, 쓰레기와 플라스틱을 본다. 개별자들은 동시에 볼 수 없었던 것이 '우리'의 시선에 분열적으로 포착된다. 이것은 조직위원회나 집행위원회가 상상하는 '우리' 역시 결코 '우리'의 실재를 포착하지 못함을 의미한다. 왜냐하면 행진을 꾸린 조직위원회나 집행위원회 역시 제한된 관점으로 '우리'를 기획하고 관찰하기 때문이다.

대기/분위기적인 것인 기후가 고정되어 있지 않으며 불안정하다는 점은 대기 속에 살고 있는 존재들의 불안정성을 증폭시킨다. 다시 말해서 대기는 "유동하고 보이지 않는 공간(안새롬·윤순진, 2021)"의 문제일 뿐만 아니라, 차이 나는 존재들을 감싸고 있는 '불안정성'의 문제이기도 하다. 기후를 보고자 할수록 비가역적이고 예측 불가능한 대기의 불안정성, 즉 존재들의 취약성을 야기하고 심화하며 동시에 그 취약성을 자각하게 만드는 불안정성을 보게 된다. 이것이 기후변화에 내재한 생명정치의 모습이며, 이 생명정치의 핵심에 불안정한 대기 속에 살아가고 있는 존재들의 취약성이 있다. 이는 버틀러(2020)가 동시대 곳곳에서 일어나는 "거리의 정치"에서 발견하고 끌어내려고 했던 취약성과 개방성의 발현과도 공명한다. 이때 기후는 그 취약성과 개방성의 물질적 조건으로 역할 한다. 위험사회의 예측된 위험에도 불구하고 미진하게, 혹은 행해지지 않은 채로 남겨진 대응은 '우리'들의 불안정성을 증폭시킨다. 대기적인 것은 불안정성을 (공기를 매개로) 유동하게 만들고, 그러한 의미에서 유령처럼 거리를 배회하는 불안정성은 이들을 위태로운 상태로 내몬다. '우리'는 그렇기 때문에 거리에 나오게 된다. 이 점에서 기후운동은 삶에 대한 모든 불안정성과 연결되고, "모든 운동과 연결('9월 기후정의행진 어떻게 할 것인가? 집담회' 중 윤성진 발언; 참여관찰, 2019.06.29.)"된다. 기후운동은 기후가 모든 존재의 사이에 있는 것처럼 모든 운동 사이에 있다.

  사이에 있기에, 대기/분위기적인 것으로서의 기후는 모호함을 내재하고 있다. 이것은 대상을 결코 명확하게 포착할 수는 없다는 어렴풋한 감각을 생산한다. 이 어렴풋함은 '기후정의'나 '체제전환'에 대한 논의에서도 계속해서 참여자들의 의문을 자아냈다. 조직위원회와 집행위원회의 발언들을 살펴보면, 한 편에서는 이러한 개념들이 이들의 목표이자 활력이 되었고, 또 한편으로는 너무나 모호하기 때문에 논의를 통해서 규정할 필요가 있다고 여겨지거나, 대중의 인식과 동떨어질 위험이 있다고까지 여겨졌다. 이렇듯 기후를 통해 발현된 '우리'는 완전하게 분위기를 포착하는 데에 **언제나** 실패한다. 분위기는 누구도 총체적인 관점을 획득할 수 없기 때문이다. 그러나, 바로 그렇기 때문에 기후운동은 움직이는 것으로서 종착점이 없다(Ingold, 2016). 이때의 기후운동은 정해진 결과를 완수해야 하는 운송(transport)이 아니라 끊임없이 열려있는 과정이 된다.

'우리'는 모호한 분위기 속에서 일시적으로 함께 하며 분위기의 전환을 도모한다. 하지만 만남의 사건 뒤에 '우리'는 다시금 분기되면서 각자의 세계를 창출하고 또 만들어가는 흐름 속에 놓이게 된다. 운동(movement)을 풀어 쓰자면 시공간 내의 움직임인데, 이 실천의 동적 속성은 끊임없는 변화 가능성을 지시한다. 어딘가에서 왔으며, 어딘가로 떠나가는 존재들이 잠시나마 한곳에 모여 있다는 것은 그 공간의 분위기/대기를 함께 호흡하면서 자신의 들숨과 날숨을 섞고, 그 숨을 다른 곳에서도 내뱉을 것을 기약하는 것이다. 기후"데모"가 "세력화"에 성공한다면 그것은 아마 이 분위기의 전환을 통해 존재의 세계 인식에 균열을 내는 과정을 수반할 것이다.

5. 행진이란 매듭과 매듭의 풀어짐

인류학자 잉골드(Ingold, 2007)는 "열려있는 곳에서" 산다는 것의 의미를 숙고하면서 하늘과 땅 사이에서 유기체가 호흡을 통해 끊임없이 경계를 부수고 물질과 매개를 결합하여 성장과 움직임을 형성한다고 주장한다. 그러면서 거주한다는 것은 "날씨-세계(weather-world)"의 변화 속에 휩싸이는 것이라고도 말한다. 열려있는 대기 속에 살고 있는 존재들은 서로를 더듬어 가면서 앞으로 나아간다. 기후변화는 그 날씨-세계의 예측 불가능한 변화를 지시한다. 924 기후정의행진에서 나타나는 복수의 발화와 기입, 그리고 그 사이에서 일어나는 청취와 독해는 바로 이러한 의미에서 서로를 더듬으며 나아가는 과정과도 같다. 그것은 924 기후정의행진을 통해 만나서 그 자리에 함께 누움으로써 생겨나는 고양된 힘을 감각하는 것이고, 주변의 대기를 체화하는 과정이다.

924 기후정의행진의 실천을 '선(line)'으로 표현하자면 다양한 선들이 일시적으로 묶어지는 행위로서 이해될 수 있다(Ingold, 2016). 각자는 어디에선가 왔으며, 몇 시간 동안의 행진은 이 선들의 일시적으로 같은 방향으로 가도록 묶어두지만, 다시금 다른 궤적을 만들며 다른 장소로 멀어진다. 버틀러는 이러한 거리의 정치를 다음과 같이 표현한 바 있다.

"희생을 감내해야 하는 이들, 혹은 사실상 인간의 대가이자 인간의 잔여물 혹은 잔재"인"이들이야말로 바로 강제적 형태의 집단주의로 함몰되지 않은 채 편협한 개인주의를 극복하는 차원의 자유 형태를 실천하고 끈질기게 관철시키려 애쓰는 와중에, 뜻하지 않게 때로 서로 연대하게 되는 이들인 것이다."(버틀러, 2020: 63)

버틀러는 연대라는 용어를 계속해서 반복하지만, 여기에서 연대는 "뜻하지 않게 때로"라는 표현과 함께한다. 이 우연한 흐름들은 모임과 흩어짐을 반복하며 변화한다. 바로 이것이 류대의 특성이다.

이 글은 924 기후정의행진이란 특수한 사건의 지점에서 나타난, 차이 나는 존재들의 마주침을 류대의 관점에서 분석하고자 하였다. 그리고 그러한 류대를 만들어내는 데에 지대한 역할을 하는 기후의 물질성을 '대기적인 것' 혹은 '분위기적인 것'으로서 해석하였다. 이때 기후를 통해 무엇을 볼 것인가는 여전히 관찰자의 몫이며, 이것은 '우리'와 '우리 밖'을 형성하는 정치적인 문제이다. 차이들의 미봉과 합류, 마찰은 이러한 정치의 과정이다. 어떤 차이는 '우리'의 내부에 들어오고, 어떤 차이는 '우리'의 밖으로 빠져나간다. '우리'는 고정되어 있지 않다. 고정되어 있지 않다는 것은 '우리'가 다른 형태로 분기될 가능성과 한계를 동시에 열어둔다. '우리'를 만드는 "데모"하기는 그런 의미에서 미완의 과정일 수밖에 없다. '우리'는 다음의 모임에서 다시 새로운 '우리'로서의 만남을 예증하지만, 그것은 현실화되기 이전까지는 미증유의 상태로 남아 있다.

완결되지 않은 흐름의 류대는 실천의 다성적인 움직임을 설명하는 데에 유용할 수 있다. 이 글은 이 미완의 과정을 탐구하고자 하였다. 이 시도가 기후 실천을 정형화하고 유형화하는 논의에서 벗어나, 차이 속에서 늘 유동하는 존재들의 정치, 즉 움직임의 정치에 대한 논의의 지평을 여는 데에 기여하길 바란다.

참고문헌

강수택. 2013. "연대의 개념과 사상." 『역사비평』 102: 10-39.

기후위기비상행동. 2019.09.04. "계획발표 기자회견."

_____. 2020.07.07. "현재의 국회 기후비상선언 결의안만으로는, 비상한 기후위기대응 불가하다."

_____. 2020.06.06. "대한민국 모든 기초지방정부 기후위기비상선언 환영. '정부'와 '국회' 기후위기비상선언에 동참해야. 선언적 '비상' 아닌 실체적 '비상' 대책 필요." 보도자료.

_____. 2020.07.15. "목표 없는 그린뉴딜로는 기후위기 대응할 수 없다-정부 그린뉴딜 계획에 대한 기후위기 비상행동 기자회견."

_____. 2020.09.12. "9.12 "우리는 살고 싶다" 비대면 집회 선언문."

_____. 2021.08.06. "기후위기 대응 포기하고 민주주의 왜곡하는 탄소중립위원회 규탄한다."

기후정의동맹. 2022.06.14. "[체제전환을 위한 기후정의동맹 수다회] 9월 '대규모 기후시위'? 무엇이고 어떻게 준비하나?." https://www.youtube.com/watch?v=-Cqwr0c-8MWQ (2022년 10월 11일 검색).

기후정의행동. 2021.10.14. "10.14 기후정의행동 선언문."

김지혜. 2022. 『해양쓰레기와 함께 세계 짓기: 지구적 해양보전에서 나타나는 존재들의 연합과 분열』. 서울대학교 박사학위 청구논문.

김학노. 2010. "정치, 아我와 비아非我의 헤게모니 투쟁." 『한국정치학회보』 44(1): 31-57.

_____. 2014. "우리 형성의 헤게모니 정치: 최영진에 답함 1." 『한국정치학회보』 48(5): 5-24.

_____. 2022. "누가 우리인가? 10월 항쟁, 우리 형성의 헤게모니 투쟁." 『한국정치학회보』 56(1): 5-34.

김현우. 2020. "기후위기 운동의 점화, 그러나 더 길고 단단한 운동을 시작할 때." 『의료와 사회』 10: 96-107.

라투르, 브루노·슐츠, 니콜라이(B. Latour & N. Schultz). 2022. 『녹색 계급의 출현』. 이

규현 역. 이음.

로티, 리차드(R. Rorty). 2020. 『우연성, 아이러니, 연대』. 김동식, 이유선 역. 사월의책.

무페, 샹탈(C. Mouffe). 2007. 『정치적인 것의 귀환』. 이보경 역. 후마니타스.

박순열. 2022. "'기후변화'가 아닌 '체계변화'의 가능성: 모자이크 탐험대의 북극탐험을 사례로." 『ECO』 26(2): 131-178.

버틀러, 주디스(J. Butler). 2020. 『연대하는 신체들과 거리의 정치』. 김응산, 양효실 역. 창비.

브라이언트, 레비(L. Bryant). 2021. 『객체들의 민주주의』. 김효진 역. 갈무리.

서영표. 2015. "저항적 연대와 사회변혁: '적대 없는' 연대에서 '적대를 통한' 연대로." 『로컬리티 인문학』 14: 123-161.

서유석. 2013. "'연대'(solidarity) 개념에 대한 철학적 성찰." 『철학논총』 72: 385-407.

슈미트, 칼(C. Schmitt). 2012. 『정치적인 것의 개념』. 김효전, 정태호 역. 살림.

안새롬·윤순진. 2021. "한국의 대기·기후 운동으로 본 대기 커먼즈 정치." 『공간과 사회』 75: 60-101.

윤순진. 2021. "한국의 2050 탄소중립 시나리오: 내용과 과제." 『에너지포커스』 18(4):18-32.

윤지영. 2014. "새로운 연대의 가능성에 대한 사유 역학 논고: 솔리더리티(solidarity)에서 플루이더리티(fluidarity)로." 『서강인문논총』 40: 237-263.

이한규. 2007. "한국어 대명사 '우리'." 『담화와인지』 14(3): 155-178.

정태석. 2009. "광우병 반대 촛불집회에서 사회구조적 변화 읽기: 불안의 연대, 위험사회, 시장의 정치." 『경제와사회』 81: 251-272.

탄소중립위원회 해체와 기후정의 실현을 위한 공동대책위원회. 2021.09.03. "탄소중립위원회 해체와 기후정의 실현을 위한 공동대책위원회 출범."

_____. 2021.09.29. "기후정의행동 선포 기자회견."

한재각. 2022. "한국에서 기후정치는 가능한가: 기후정의 동맹의 도전." 『문화과학』 109: 152-169.

홍성욱 외. 2010. 『인간·사물·동맹-행위자네트워크 이론과 테크노사이언스』. 홍성욱 역. 이음.

924 기후정의행진. 2022.09.19. "더 이상 죽이지 마라! 젠더 불평등 해결하라!." Instagram. (2022년 6월 23일 검색).

9월 기후정의행동 조직위원회. 2022.08.11. "기후재난이 빚은 비극들, 이대로 살 수는 없지 않은가?."

Barad, K. 2007. Meeting the universe halfway: Quantum physics and the entanglement of matter and meaning. Durham: Duke University Press.

Bayertz, K. 1999. Solidarity. Dordrecht: Springer.

Bennett, J. 2010. Vibrant matter: A political ecology of things. Durham: Duke University Press.

Haraway, D. 2008. When species meet. Minnesota: University of Minnesota Press.

Ingold, T. 2007. "Earth, sky, wind, and weather." *Journal of the Royal Anthropological Institute*. 13: S19-S38.

_____. 2016. Lines: a brief history. New York: Routledge.

Latour, B. 2017. Facing Gaia: Eight lectures on the new climatic regime. New Jersey: John Wiley & Sons.

Maruggi, M. 2012. "Through solidarity to "fluidarity": Understanding difference and developing change agency through narrative reflection." *Teaching Theology & Religion*. 154: 307-322.

_____. 2020. "Disorienting Solidarity: Engaging Difference and Developing 'Fluidarity'." *The Journal of Interreligious Studies*. 31: 37-47.

McCormack, D. P. 2018. Atmospheric things: On the allure of elemental envelopment. Durham: Duke University Press.

McDonald, K. 2002. "From Solidarity to Fluidarity: Social movements beyond 'collective identity'-the case of globalization conflicts." *Social movement studies*. 12: 109-128.

Morton, T. 2013. Hyperobjects: Philosophy and Ecology after the End of the World. Minnesota: University of Minnesota Press.

Nelson, D. M. 1999. A finger in the wound: Body politics in quincentennial Guatemala. California: University of California Press.

Taylor, M. L. 2003. "Subalternity and Advocacy as Kairos for Theology." pp. 23-44 in *Opting for the margins: Postmodernity and liberation in Christian The-*

ology 2003, edited by J. Rieger. Oxford: Oxford University Press.

Tsing, A. L. 2004. Friction: An ethnography of global connection. New Jersey: Princeton University Press.

〈홈페이지〉

체제전환을 위한 기후정의동맹 홈페이지. https://www.climatejusticealliance.kr/ (2022년 4월 1일 검색).

924 기후정의행진 홈페이지. http://action4climatejustice.kr/38 (2022년 4월 1일 검색).

미국의 청년 기후운동, 선라이즈는 어떤 기후정치를 모색하는가?

안새롬

선라이즈는 2010년대 후반 기후정의와 안티 트럼프 흐름에서 체제전환을 표방하며 등장한 미국의 청년 기후운동이다. 선라이즈는 짧은 시간 안에 미국 기후정치에 큰 변화를 가져온 운동으로 평가받고 있다. 선라이즈는 어떤 기후정치를 모색하는가? 이 글은 선라이즈가 샹탈 무페가 말한 좌파 포퓰리즘에 기반하여 민주주의의 생태적 급진화로서 체제전환을 모색한 운동이라고 설명한다. 선라이즈의 기후정치는 다양한 민주적 요구들의 이질적 접합을 통해 '우리'와 적대자를 구성하여 다양한 연대와 경합의 가능성, 선거운동 전략을 취함으로써 새로운 방식으로 정당 정치에 개입할 가능성을 보여준다. 하지만 동시에 적대자를 특정한 경제적, 정치적 지위를 가진 기득권층으로 설정하기에 본질주의와 단순화의 위험을 내포하며, 증오의 정치로 귀결되지 않도록 하는 장치도 요구된다.

키워드: 미국 기후운동, 선라이즈, 민주주의의 생태적 급진화

1. 미국의 청년 기후운동, 선라이즈

2010년대 미국에서는 기후정의(climate justice)에 입각한 기후소송과 기후시위가 잇따랐다. 2014년 뉴욕 월가에서 열린 대규모 기후시위, 대학이 화석연료 기업의 자산을 매각해야 한다는 대학 화석연료 투자철회 시위 등은 기후정의 개념을 차용한 기후운동들이다. 기후정의는 1980년대 흑인 인권운동, 인종차별 반대 운동의 연장선상에서 고안된 환경정의 개념에 뿌리를 두며 발전했다. 환경문제를 인권과 정의의 관점에서 보는 환경정의 프레임이 2000년을 전후로 하여, 기후변화 문제를 인권과 정의의 관점으로 바라보는 틀인 기후정의로 발전한 것이다. 2009년 유엔기후변화협약(United Nations Framework Convention on Climate Change, UNFCCC)에서 교토의정서 이후 국제 기후변화 협약의 방향에 대한 합의가 이루어지지 않자 기후정의 담론과 운동은 한층 강화되어 나타났다(della Porta & Parks, 2013).

2016년 11월, 기후변화가 허구이자 속임수라고 이야기하는 공화당 후보 도널드 트럼프(Donald Trump)가 대통령으로 당선되자 새로운 흐름이 만들어진다. 2018년 중간선거(상·하원 의원, 주지사 선거)와 2020년 대통령선거 등 선거를 통해 미국의 정치 변화를 도모하려는 그룹들이 조직되기 시작한 것이다. 기후정의 운동의 한 갈래로 형성된 청년 기후운동인 '선라이즈(Sunrise)'도 그 중 하나였다. 선라이즈는 민주당 후보였던 힐러리 클린턴(Hillary Clinton)이 당선될 것으로 예상하면서 클린턴에게 기후위기를 상기시키고 광범위한 행정 명령을 통과시키도록 압박할 계획이었다(Sunrise, 2017.5.3.). 그러나 트럼프가 대통령으로 당선되자 트럼프 정부에서 기후변화에 대응하는 어떤 것도 기대할 수 없다고 보면서 2017년부터 4년 동안 중간선거 및 대통령선거에 개입함으로써 정부를 재조직하는 것으로 운동 방향을 설정한다.

"(2016년) 선거가 끝난 후 우리의 오래된 계획은 사라졌다. 한 가지가 아주 분

명해졌다. 선거에서 승리하는 방법을 알아내야 한다는 것이다. (…) 2018년과 2020년에는 직접 행동과 정치적 조직화를 결합해야 한다. (…) 클린턴 하에서 기후운동은 오바마(Barack Obama) 시대의 운동으로 되돌아갔을 것이다. 즉, 대통령이 옳은 일을 하도록 압박하는 것이다. 그러나 이것은 화석연료 기업을 옹호하는 공화당 의원들과 민주당 기득권층 때문에 끊임없이 실패했다. (…) 그 대신 트럼프의 승리는 청년과 정치참여 사이의 장벽을 허물고 정부의 변화 가능성을 보여주고 있다."(Sunrise, 2017.5.3.)

선라이즈는 2010년대 후반 기후정의와 안티 트럼프(Anti-Trump) 흐름 속에서 등장한 미국의 청년 기후운동이라 할 수 있다. 선라이즈는 2018년 중간선거, 2019년 민주당 경선, 2020년 대통령선거 시기에 활발하게 활동하면서 기후변화 대응과 녹색 일자리 창출을 옹호하는 정치인이 선출되는 데 주력하고, 미국의 기후파업뿐만 아니라 인종차별 이슈에서도 앞장서서 목소리를 냈다. 결과적으로 2018년 중간선거 결과, 선라이즈가 지지했던 상·하원 후보 20여 명 중 절반 이상이 뉴욕, 펜실베이니아, 플로리다 등에서 당선되었다. 또 선라이즈는 중간선거 직후 새로 구성될 정부를 향한 요구를 표출하기 위해 워싱턴 의사당 앞에서, 그리고 당시 유력한 하원의장 후보였던 낸시 펠로시(2022년 현재 미국 하원의장) 사무실을 점거하여 그린뉴딜(Green New Deal)을 요구했다. 중간선거 결과 민주당 의원들이 하원의 과반수를 차지하게 되는데, 선라이즈는 이 의원들이 100% 재생에너지만 사용할 수 있도록 하는 법안을 만들 수 있도록 특별위원회를 설립할 것, "10년 전 민주당처럼 미적지근한 전략"을 시도하지 말고 기후위기의 규모와 시급성에 적합한 광범위위한 법안을 신속하게 마련하고 정책을 집행할 것 등을 주장했다. 이후 2019년, 선라이즈의 지지를 받으며 2018년 뉴욕주 하원의원에 당선된 알렉산드리아 오카시오 코르테즈(Alexandria Ocasio-Cortez)와 상원의원 에드워드 마키(Edward Markey)가 미국 하원에 「그린뉴딜 결의안(H.R. 109)」을 제출했다(US Congress, 2019).[1] 결의문은 결과적으로 부결되었으나 이 결의문은 민주당 의원들의 성향을 분별하는 잣대로 작동했다. 2019년 5월, 민주당의 대선 후보 경선에 출마한 의원 중 16명이 「그린뉴딜 결의안」을 지지한다고 밝혔다. 선라이즈는 민주당 경선에서 버니 샌더스(Bernie Sanders)를 지지하면서 선거운동을 했고, 버니 샌더스가 사퇴하고 조 바이든(Joe Biden)이 경선에서 당선된 이후에는 바이든을 지지하며 선거운동을 했다.

현재 선라이즈는 미국 기후정치에 큰 변화를 가져온 운동, 짧은 시간 안에 미국 정치 논쟁의 매개변수를 완전히 바꿔놓은 운동으로 평가받고 있다(클라인, 2021; Bloomfield & Steward, 2020). 영국의 멸종저항, 툰베리의 기후파업과 함께 해외의 주요한 청년 기후운동으로서 국내에 소개되면서 국내 기후운동의 참조점으로 적지 않게 기능한 운동이기도 하다.

이 글은 선라이즈가 어떤 기후정치를 모색하였는지 분석함으로써 기후운동에 주는 시사점을 도출하고자 한다. 이를 위해 2017년부터 2020년까지 선라이즈가 미디움(Midium) 및 페이스북(Facebook)에 탑재한 문헌을 수집하여 분석했다. 이 글에서는 선라이즈의 기후정치를 좌파 포퓰리즘(무페, 2019)에 기반한 민주주의의 생태적 급진화 모델로 간주하고 그 가능성과 한계를 논의한다.

2. 좌파 포퓰리즘과 민주주의의 생태적 급진화

포퓰리즘은 정치의 전면에 대중을 내세우는 정치적 논리를 일컫는다.[2] 샹탈

---

1   이 결의문은 2030년까지 미국이 온실가스 순배출 제로를 달성하도록 요구한다. 재생에너지로의 전환, 에너지 효율 향상, 청정 운송수단에 대한 투자, 탄소 고배출 산업에서 녹색산업으로 이직하는 노동자에게 적정한 임금과 복지보장, 오염산업으로 피해를 입은, 원주민과 유색인이 많이 거주하는 지역에 대한 보상과 지역 차원의 전환 지원 등도 포함하고 있다.
2   포퓰리즘은 현실에서는 대중영합주의라는 의미로 사용되기도 하지만 이는 포퓰러리즘(popularism)으로, 포퓰리즘과는 구분된다. 포퓰리즘이 정치 논리인지, 정치 현상이나 이념인지에

무페(2019)에 따르면, 포퓰리즘은 대중의 공동의 적을 설정하고 공동의 정동(affect)을 끌어들임으로써 형성된 집합의지를 통해 만들어진다. 무페는 포퓰리즘을 바탕으로 민주주의의 급진화를 이론화하고자 한 정치이론가다. 그는 20세기 후반, 정치적 경계를 필요로 하는 정치를 한물간 정치로 여기면서 '제3의 길'처럼 중도에서의 합의하는 정치가 득세하는 상황, 합의에 도달하기 위한 민주주의를 성숙한 민주주의라고 보는 상황에 대하여 정치가 기술관료화, 탈정치화 되었다고 비판했다. 그는 정치의 당파적이고 경합적 성격을 강조하기 위해 정치적 경계, 담론적 외부를 설정하는 포퓰리즘이 요구된다고 보았고, 그 중에서도 좌파 포퓰리즘을 옹호했다.

그에 따르면, 포퓰리즘은 대중과 그 적을 어떻게 구성하고 어떤 가치를 옹호하는지에 따라 우파 포퓰리즘과 좌파 포퓰리즘으로 구분된다. 양자 모두 대중의 권리회복과 민주주의에 대한 열망을 바탕으로 하지만, 우파 포퓰리즘은 대중을 '국민'으로 설정하고 국민의 정체성이나 번영에 위협적인 것으로 설정된 범주들(예컨대 이민자, 외국인 등)을 공동의 적으로 두면서 평등보다는 국민, 가족, 의무, 권위, 표준, 전통과 같은 가치를 옹호한다. 우파 포퓰리즘에서는 민주주의 국가 대한 요구와 외국인 및 이민자 혐오가 접합된다. 반면 좌파 포퓰리즘은 대중을 노동자, 이민자, 불안정한 중산층, 성소수자(Lesbian, Gay, Bisexual, Transgender, Queer or Questioning, LGBTQ) 등의 비(非)기득권층으로, 그 적을 소수의 기득권층으로 설정하면서 평등과 정의의 가치를 옹호한다. 서로 다른 평등과 정의의 요구들이 등가 사슬(chain of equivalence)에 접합되면서 창출된 새로운 헤게모니로 기득권에 맞서고자 한다.

좌/우 구분이 진부하다는 비판과 무페의 좌파 포퓰리즘이 가지는 횡단적 성격(여러 요구들 사이의 횡단과 접합) 때문에 좌파라 보기 어렵다는 비판에도, 무

대해서는 학계에서도 통일된 의견을 도출하고 있지 못하고 있다(하승우, 2021). 여기에서는 무페의 포퓰리즘 개념에 입각하여 포퓰리즘을 정치적 논리로 바라본다.

페는 가치론적 차원에서 평등과 정의라는 가치를 지키려는 정치 담론이 좌파이기에 이 용어를 택한다고 밝힌다(무페, 2019). 특히 무페는 전통적으로 좌파를 지배하고 있는 본질주의적 접근, 대표적으로 계급 본질주의를 비판하는데, 그가 좌파 포퓰리즘이라는 용어를 고수하는 데에는 특정한 특성과 투쟁(예컨대 계급과 계급투쟁)에 선험적인 중심성을 부여하지 않고 평등과 정의라는 가치를 중심으로 이질적인 요구를 접합시키는 정치가 필요하다는 생각이 깔려 있다. 그는 이러한 정치가 다양한 민주주의 요구들에 직면한 오늘날, 민주주의를 급진화하는 기획으로서 적절하다고 보는 것이다.

무페가 말하는 좌파 포퓰리즘의 가장 큰 특징이 비기득권층으로서 대중과 공동의 적으로서 소수의 기득권층의 경합 구도를 설정하고 평등과 정의의 가치를 내세우는 것이라면, 또 다른 특징은 이것이 입헌-자유민주주의 체제 내에서의 기획이라는 점이다. 그는 좌파 포퓰리즘이 체제의 파열이나 체제로부터의 탈출, 새로운 체제의 구축이 아니라 "자유민주주의 체제의 원칙인 '모두를 위한 자유와 평등'을 급진화하려는 시도"라고 주장한다.[3] 그는 오늘날의 광범위한 민주주의 요구들을 보다 진전시키기 위해서는 자유민주주의 국가에 이미 존재하는 제도와 원리 들인 보통선거권, 다당제, 권력 분산, 시민권 등을 철회하는 것이 아니라 지켜내고 더 급진화하는 것이 필요하다고 본다. 그런 의미에서 대항 담론이 경합하는 장으로서 국가를 활용하면서 대의제에 적극적으로 개입하고 참여하는 것이 필요하다고 본다.

무페가 옹호하는 좌파 포퓰리즘의 마지막 특징은 정동에 대한 강조다. 앞서 언급한 것처럼 포퓰리즘에는 공동의 정동이 동원된다는 점에서 정동에 대한 강조는 좌파 포퓰리즘뿐만 아니라 우파 포퓰리즘에도 적용된다. 그런데 무페가 최근작에서 민주주의의 급진화를 위한 정동의 중요성을 별도로 다룰 정도로(Mouffe, 2022) 정동에 특히 주목하는 이유는 기존의 민주주의 기획들이 시도

---

[3] 관련하여 무페는 네그리와 하트의 '체제의 내파 내지 탈출(exodus)' 전략을 비판한다.

해 온 합리주의적 접근들(대표적으로 숙의 민주주의)이 삶의 구체적인 형태에서, 구체적인 상황에서 가지게 되는 사람들의 실제 열망들을 간과하고 있다는 진단 때문이다. 또 정동을 통한 연대, 정치적 행동, 정치적 동일화의 힘을 믿기 때문이다. 그는 프로이트(Sigmund Freud)를 인용하면서 리비도적 에너지 즉, 사랑의 열망과 에너지, 사랑에 기반한 유대가 여러 다른 정동들을 생산할 가능성에 주목하고 이러한 정동적 에너지를 평등과 정의라는 가치 및 전망과 일치시키는 방향으로 끌어낼 때 민주주의의 급진화가 가능하다고 본다.

좌파 포퓰리즘에 대한 논의가 늘 무페 식으로 귀결되는 것은 아니다. 예컨대 낸시 프레이저(Nancy Fraser)도 진보적 포퓰리즘(프레이저, 2021) 혹은 좌파 포퓰리즘(프레이저·모스께라, 2021)을 논하면서 이것이 서로 다른 투쟁을 묶어줌으로써 대항 헤게모니 블록을 만드는 선택지가 될 수 있다고 보았다. 그에게 좌파 포퓰리즘은 방대한 다수와 그들로부터 부를 빼앗아 축적하는 소수의 과두 엘리트로 구분하고 분배와 인정 투쟁을 합치는 전략(프레이저·모스께라, 2021: 379), 평등주의적 분배 정치와 포괄적인 인정 정치를 결합한 전략을 통해 전환을 꾀하는 것이다(프레이저, 2021). 그러나 프레이저는 무페와 달리 신자유주의적이고 금융화된 현행 자본주의를 명확한 대항점으로 지목한다. 그는 '확장된 자본주의'라는 개념을 통해 자본주의가 단순한 경제체제가 아니라 제도화된 사회질서라고 보면서, 축적을 지속하기 위해 필요한 질서와 장치들을 자본주의로 통칭하고, 자본주의가 그저 경제체제가 아닌 것처럼 계급투쟁도 생산 지점에서의 투쟁만은 아니라고 보았다(프레이저, 2021, 프레이저·모스께라, 2021). 이렇게 자본주의와 계급투쟁에 대한 확장된 시각을 채택함으로써 프레이저는 좌파 포퓰리즘을 확장된 반자본주의 투쟁으로 바라보고 있다. 물론 무페도 많은 투쟁과 도전들이 자본주의 생산 양식의 결과이기 때문에 민주주의를 급진화하는 과정은 필연적으로 반자본주의 차원을 포함하게 된다고 보긴 하지만(무페, 2019) 대중들은 추상적 통일체로서 자본주의에 맞서 싸우는 것이 아니라 다양한 지배 형태가 민주주의 가치를 침해하기 때문에 싸우는 것이라고 본다.

그래서 무페에게서 좌파 포퓰리즘은 반자본주의가 아니라 사람들의 실제 열망, 평등과 민주주의를 위한 전략으로 파악된다.

이 글에서는 미국의 선라이즈가 무페의 좌파 포퓰리즘에 기반해 민주주의의 생태적 급진화를 추구한 것으로 해석한다. 선라이즈의 기후운동이 좌파 포퓰리즘의 세 가지 특징 즉, 비기득권층으로서 대중과 공동의 적으로서 소수의 기득권층의 경합 구도를 설정하고 평등과 정의의 가치를 내세우는 정치, 둘째, 국가의 대의민주주의 제도에 적극적으로 개입하는 정치, 셋째, 사랑과 같은 정동적 에너지를 동원하는 정치를 잘 보여주고 있기 때문이다. 주지하다시피 이 분석은 무페가 논의한 좌파 포퓰리즘에 기반하고 있다. 프레이저의 좌파 포퓰리즘 논의와의 비교에서 드러나듯이, 국가의 대의민주주의 제도에 개입하는 정치가 좌파 포퓰리즘 자체에 내재해 있다고 보기는 힘들다. 이는 트럼프 당선이라는 특정한 정세 속에서 선라이즈가 선택한 전략이라고 볼 수도 있겠으나, 무페의 좌파 포퓰리즘 전략과 맞닿아 있다는 점에서 분석에 포함하였다. 다음 절에서는 이에 관한 상세한 분석을 제시한다.

3. 선라이즈의 기후정치

1) 이질적 접합과 적대

(1) 기후위기는 차별과 불평등의 위기: 정의와 평등 요구들의 접합을 통한 '우리'의 구성

선라이즈는 여러 차별과 불평등의 사건들을 기후변화 문제와 연결시키면서 기후위기가 결국 차별과 불평등으로 인한 위기라고 주장한다. 2017년 버지니아주 샬로츠빌(Charlottesville)에서의 백인우월주의자들의 행진, 2020년 흑인 범

죄자의 체포 과정에서 백인 경찰의 과잉진압 사건[4]을 기후변화와 동떨어진 사건으로 보지 않고 오히려 이러한 사건들을 통해 미국의 뿌리 깊은 인종차별을 재확인하면서 기후변화 문제는 차별과 불평등에서 비롯된 것이라고 주장했다. 기후변화를 일으키는 착취적인 화석연료 시스템은 생명 사이에 우열이 있다는 개념, 누군가의 이익과 편안함을 위해 다른 누군가는 희생될 수 있다는 개념하에 가능했다는 것이다.

> "폭주하는 기후변화와 우리의 폭력적인 치안 시스템의 뿌리는 모두, 누군가의 생명이 다른 생명보다 더 중요하고, 어떤 사람들은 한번 쓰고 버릴 수 있으며, 어떤 사람들은 다른 사람들의 이익과 편안함을 위해 희생될 수 있다는, 이 나라의 병적인 개념에 있다."(Sunrise, 2020.6.20.)

> "우리 사회가 흑인, 라틴계, 원주민의 삶도 소중하게 여겼다면 애초에 기후변화로 인한 혼란에 빠지지 않았을 것이다."(Sunrise, 2020.6.20.)

나아가 선라이즈는 기후변화에서 오는 혼란이 차별과 불평등에서 오는 혼란이라고 주장한다. 기후변화로 인한 영향과 재난은 차별적이고 불평등한 방식으로 혼란을 야기한다는 것이다. 예를 들어 화석연료 인프라는 인종적, 경제적 소수자가 사는 지역에 건설되거나 그 지역을 오염시켰고, 기후변화로 인한 이상 기후가 발생하였을 때 큰 피해를 입은 소수자 커뮤니티에 대해서 적극적인 조치가 취해지지 않았다(Sunrise, 2020.6.20.). 또, 기후변화로 인해 기근과 가뭄에 휩싸인 나라를 떠나서 더 나은 삶을 찾아 미국에 온 이민자들을 미국에 대한 위협으로 취급하고 분리, 차별했다(Sunrise, 2018.6.21.; 2020.5.29.). 선라이즈는 기후위기가 미래에 도래할 위기가 아니라 현재 매일 일어나는 차별과 불평

---

[4] 이러한 일련의 사건들은 '흑인의 생명은 소중하다(Black Lives Matter)' 운동으로 이어졌다.

등의 문제라고 본다.

선라이즈는 이러한 차별과 불평등을 고려하지 않은 채 기후변화에 대응할 경우 기존의 불평등이 악화될 뿐 혼란과 위기는 해소되지 않는다고 말한다. 차별과 불평등 해소에 방점이 없던 미국의 1930년대 뉴딜 정책은 주택 프로그램의 혜택을 백인에게 집중시켜 불평등을 악화시켰다고 비판하면서(Sunrise, 2020.6.20.), 기후운동이 차별과 불평등에 정면으로 맞서야 한다고 주장한다. "너무 많은 기후운동이 백인우월주의에 조용히 공모"하고 있으며 기후운동이 "종종 너무 중산층 운동이거나 인간 파괴보다는 나무와 북극곰에 더 관심"이 있다면서(Sunrise, 2020.5.29.) 기후운동이 "사람들과, 사람들이 살고 있는 환경을 착취하도록 허용한 추출과 분리, 인종차별적 불평등 시스템"에 필수적으로 도전해야 하며 기후운동은 늘 "백인우월주의와 식민주의에 대한 투쟁과 함께 존재"할 수밖에 없다고 본다(Sunrise, 2020.5.29.).

이처럼 여러 사안에서 발생하는 사회 정의와 평등에 대한 요구들을 접합시키면서 선라이즈는 기후운동을 하는 '우리'를 구성한다. 선라이즈는 '우리'가 서로 다른 삶의 경로를 통해 모인 사람들, 서로 다른 인종, 계급, 민족, 지역, 성적 취향, 신념 등이 교차하면서 서로 다르게 형성된 사람들이지만 그 다름 때문에 '우리'가 더 강해진다고 말한다(Sunrise, 2018.6.8.; Sunrise Webpage). 이들은 각종 차별과 불평등의 문제를 기후변화와 함께 사고하고 정의와 평등의 가치를 통해 서로를 결합시킨다.

(2) "화석연료 억만장자"와 "부패한 정치인": 대적자의 구성

선라이즈는 '우리'의 공동의 적을 설정한다. 이들에게 공동의 적은 화석연료 기업의 경영진 혹은 화석연료 억만장자(fossil fuel billionaire)와 오일머니(oil money)에 매수된 부패한 정치인이다. 선라이즈는 기후변화에 대한 대응이 어려운 이유가 화석연료 기업에서 나온 돈이 정치를 오염시키고 있기 때문이라고 본다. 빅 오일(big oil)이라 불리는 거대 화석연료 기업들은 기후변화를 일으키는 탄소를 다량 배출했을 뿐만 아니라 "화석연료 억만장자와 화석연료 기업 경영진"은 기후변화가 자신들의 탓이라는 점을 알지만 "의도적으로 대중을 속이고" "자신의 행적과 사실을 은폐하기 위해", "자신의 이익을 위해" "정치인을 매수"하고, 또 "너무 오랫동안 매수해왔다"는 것이다(Sunrise, 2017.5.11.; 2017.7.6.; 2017.8.23.; 2017.9.20.).

화석연료 기업으로부터 정치 자금을 받은 정치인과 화석연료 기업에 유리한 정책을 옹호하는 정치인은 "석유와 가스에서 나온 돈을 위해 우리를 팔아넘긴 부패한 정치인"으로서 선라이즈의 주요 대적자로 설정된다(Sunrise, 2017.7.16.). 이들은 "화석연료 억만장자의 명령에 따라 재생가능에너지를 진압하느라 바쁘고"(Sunrise, 2017.7.6.) "환경을 관리하는 수천만 개의 좋은 일자리를 만들 수 있는데도 이를 가로막고"(Sunrise, 2017.8.7.) 있기 때문이다. 선라이즈는 유권자가 아닌 화석연료 기업을 대표하는 정치인, 화석연료 기업에 매수당한 정치인으로 인해 정치와 민주주의가 부패한다고 주장한다. 예를 들어 선라이즈는 파이프라인 사업에 찬성하는 의원들, 청정전력 계획의 폐지를 결정한 정부 기관의 장에 대하여 선라이즈는 이들이 "유권자가 아니라 화석연료 경영진을 섬기고 있"으며(Sunrise, 2017.8.11.) "소수의 석유, 가스, 석탄 기업의 경영진의 주머니를 채워"주고 있다고 비판했다(Sunrise, 2017.10.10.).

나아가 선라이즈는 "화석연료 억만장자"와 화석연료 기업의 경영진이 기후변화 부정론의 확산에 자금을 대면서 기후변화에 대해 적극적으로 대응하는 것을 방해하고 있다고 주장한다(Sunrise, 2017.8.29.). 2017년 허리케인 하비로 인해 텍사스주 휴스턴에 큰 피해가 발생한 것에 대해서도, 기후재난을 충분히 예상하고 공개적이고 자유로운 대화를 통해 기후변화에 어떻게 대응할 것인지 논의를 할 수 있었음에도 논의 자체가 시작되지 않아 피해가 커졌으며, 이는 화석연료 기업에서 나온 돈이 논의를 가로막고 있기 때문이라고 보았다(Sunrise, 2017.8.29.). 이러한 화석연료 억만장자, 화석연료 기업의 경영진, 그리고 여기에 매수된 정치인은 '우리'의 정치와 민주주의를 부패시키고 '우리'의 가정과 건강을 파괴하는 공동의 적으로 설정된다.

선라이즈는 화석연료 기업의 경영진과 일부 정치인을 공동의 적으로 설정하고 있지만 "영원한 친구도 영원한 적도 없다"면서, 적과 동지를 구별하는 가장 중요한 가치를 정의와 평등에 둔다(Sunrise, 2020.1.9.). 차별 없고 정의로운 사회를 만들고자 하는 정치적 입장을 취하는지에 따라 적이 될 수도, 친구가 될 수도 있다는 것이다. 이들에게 공동의 적은 명시적으로는 화석연료 기업의 경영진과 매수된 정치인으로 나타나지만, 정의와 평등 요구들의 접합을 통해 구성된 '우리'와 대척점에 서 있는 정의와 평등의 가치 훼손에 일조하는 집단을 의미한다.

2) 정당 정치: 선거운동을 통한 대의제 참여

선라이즈는 화석연료 기업의 돈이 '우리'의 정치와 민주주의에 미치는 부패한 영향력을 종결지어야 한다고 주장하면서(Sunrise, 2017.7.13.; 2017.8.11.) 부패한 정치인이나 화석연료 경영진이 '우리'의 미래를 결정할 수 없도록(Sunrise, 2017.11.19.) 정당 정치에 개입하여 화석연료 기업의 자금을 받는 부패한 정치인을 정부에서 몰아내고 '우리'의 가족과 건강을 보호하는 새로운 정치인을 선출하고자 했다(Sunrise, 2017.6.17.).

선라이즈는 주지사와 상·하원 의원을 선출하는 중간선거, 대통령 후보자를 선출하는 경선, 그리고 대선에서 지지하는 후보자를 공개했다. 선라이즈는 선거 전, 후보자들을 대상으로 "나는 석유, 가스, 석탄 산업의 경영진, 로비스트, 정치활동위원회(PACs)[5]에게 200달러 이상의 기부금을 받지 않고 화석연료 산업의 이윤보다는 가족의 건강과 기후, 민주주의를 우선시하겠다"고 선언하는 '화

---

5 정치활동위원회(Political Action Committees, PACs)란 특정 정치인이나 법안을 지지/반대하는 단체로, 정치자금을 모으고 광고활동을 할 수 있다.

석연료 자금 반대(#NoFossilFuelMoney)' 공약을 지킬 것인지 물었다.[6] 그리고 화석연료 자금 반대 공약을 받아들이면서 기후변화를 중요한 정치적 의제로 삼고자 하며 그린뉴딜을 옹호하는 후보자들을 중심으로 지지후보 명단을 발표했다. 선라이즈는 이미 많은 사람들이 기후행동을 지지하기 때문에 이들을 투표소로 데려가기만 하면 된다고 보면서(Sunrise, 2017.9.11.) 유권자들을 직접 방문하거나 문자를 보내거나(text-bank) 전화를 거는(phone-banks) 등의 활동을 통해 지지하는 후보자가 선출될 수 있도록 했다. 지지후보 명단에 포함되지 않은 다른 후보자들에게도 화석연료 자금 반대 공약을 요구하여 900명 이상의 후보자에게 서명을 받고 서명하지 않는 정치인들의 명단을 공개했다. 선라이즈는 선거가 "기후위기에 대응하는 입장 때문에 이기거나 지는 선거가 되도록" 하는 데에 집중했다(Sunrise, 2017.10.10.).

한편, 선라이즈는 '부패한 정치인'을 압박하기 위해 정치인을 직접 찾아가 항의하기도 했다. 예를 들어 선라이즈는 정치인이 참석하는 주민총회(town hall meeting)나 지원금 마련 행사에 참석하여 항의했다. 이 항의 활동을 위해 전국의 150여 명의 활동가들이 별도의 교육을 받았고(Sunrise, 2017.8.31.) 8월 휴회 기간 동안 열린 17개의 주민총회 및 지원금 마련 행사에 참석하여, 화석연료 기업 간부들과 거래하고 기후변화가 계속되도록 방치하고 대응하지 않은 정치인들의 부패와 태만을 폭로하였고, 기후변화를 정치적 의제로 삼고 트럼프 대통령과 화석연료 경영진에 대해 과감한 입장을 취할 것을 요구했다(Sunrise, 2017.8.22.). 또, 정치인의 집 앞에 찾아가 항의하기도 했다. 1860년대 노예제 폐지를 주장하는 청년들이 노예제를 지지하는 정치인들을 찾아가 창 밖에서 냄비와 프라이팬을 두들기며 잠 못 자게 했던 것처럼 '화석연료 돈을 받은 부패한 정치인'의 집에 찾아가 석유, 가스 기업 경영진으로부터 받은 돈이 우리

---

6 화석연료 자금 반대 공약과 공약에 서명한 정치인의 명단은 https://nofossilfuelmoney.org/에서 볼 수 있다.

세대의 미래보다 더 중요하냐며 항의했다(Sunrise Webpage). 선라이즈는 이러한 항의가 "우리가 그들(정치인)의 역할에 대해 완전히 깨어 있다는 것"을 보이고 정치인에게 잊히지 않는 악몽을 만듦으로써 압박하는 것이라고 이야기했다(Sunrise, 2020.7.27.).

3) 정동 정치: 사랑과 대항의 정동

선라이즈는 '우리'를 구성하고 공동의 적에 맞서기 위해 사랑과 대항의 정동들을 생산하고 활용한다. 선라이즈는 이러한 정동들은 선라이즈를 결속시키고 유지하며 다른 사람들이 선라이즈에 합류하도록 하는 힘이라고 믿는다.

선라이즈는 지역을 기반으로 활동하면서 구체적인 장소와 이슈를 다룸으로써 대항의 정동을 이끌어내고자 한다. 한 지역이나 대학에 5명 이상의 선라이즈 활동가가 모이면 지역 '허브'를 만들어 지역에서 활동할 수 있고, 2023년 현재 100개 이상의 허브가 구성되어 있다(Sunrise Webpage). 이러한 지역 기반 조직들은 지역에서 일어난 재난, 지역 의원의 문제, 지역의 핵심 이슈 등을 다루면서 캠페인을 별도로 조직한다. 예컨대 선라이즈 워싱턴DC 허브는 주택 정의(housing justice) 이슈에 초점을 맞추어 활동하고(Sunrise DC Webpage), 선라이즈 뉴욕 허브는 뉴욕시에 큰 영향을 미쳤던 허리케인 샌디 10주년 캠페인, 인근 공항에서 개인 제트기 사용에 대항하는 공항점거 운동, 뉴욕시 의원의 파이프라인 건설 옹호에 대한 항의 등을 한다(Sunrise NYC Webpage). 선라이즈는 이처럼 지역 기반으로 활동하면서 구체적인 장소와 이슈에서 차별 및 불평등에 대한 대항의 정동을 활용한다.

또, 선라이즈는 사랑의 정동을 활용한다. 2018년 선거운동 전, 1주일 간 합숙하면서 학습하고 대화를 나누는 '부트 캠프(bout camp)'를 조직했다. 이 부트 캠프에는 활동가 약 70명이 참여했다. 이는 선거 전까지 선라이즈가 할 일, 선라이즈의 조직화 방법, 새로운 사람들을 선라이즈에 참여시키는 방법, 비폭력 직접 행동을 하는 방법 등 선라이즈의 운동 전략을 논의하는 자리이기도 했지만 (Sunrise, 2018.6.4.; 2018.6.13.), "우리가 사랑하고 기후변화로 인해 잃을 수 있는 것을 공유"하고 "더 나은 세상을 위해 싸운 과거의 사람들, 현재의 기후 불의, 환경불의에 의해 영향을 받고 있는 사람들, 우리가 이 세상을 넘겨줄 미래의 사람들"을 기리면서(Sunrise, 2018.6.4.) 서로가 연결되는 느낌을 강하게 받는 자리이기도 했다. 이 부트 캠프에 참석한 활동가들은 "선라이즈가 아주 강력한 공동체이자 운동"이며 "연결의 감각이 우리의 운동을 지지하고 있다."고 느꼈음을 보고했다(Sunrise, 2018.6.13.). 이렇게 정동을 주고받는 자리는 선라이즈에서 꾸려진 스피킹 팀이 전국의 고등학교, 대학교, 교회, 커뮤니티 센터 등을 순회하며 개최한 100건 이상의 기후변화 스피킹 투어를 통해 지속적으로 생산되었고, 이러한 자리들을 통해 많은 청년들이 선라이즈 운동에 합류했다(Sunrise, 2017.9.13.). 선라이즈는 '우리'가 사랑하는 사람과 장소를 지키려는 평범한 열망에서 이들은 서로 연결되고 함께 할 수 있는 행동을 한다고 본다. 선라이즈는 스스로를 "사랑하는 사람과 장소에 기후위기가 어떤 영향을 끼칠지 두려워하는 평범한 청년들"이라고 지칭하며(Sunrise, 2018.8.7.) "우리가 할 수 있는 행동은 기후위기에 맞서기 위해 조직된 그룹에 가입하고, 언론과 정치인들이 화석연료, 기후변화, 이상기후 사이의 연관성을 언급하도록 요구하고, 친구, 가족, 이웃, 지역주민과 함께 기후변화에 대해 대화하는 것"이라고 이야기 한다(Sunrise, 2017.9.18.; Sunrise Webpage).

4. 의미, 가능성, 그리고 한계

선라이즈의 기후정치는 대다수의 평범한 사람들인 '우리'와, 소수의 기득권층인 그들을 나누면서 출발한다. 이들은 '우리'가 피부색, 사는 지역, 가진 돈, 신념 등이 각각 다르지만 여러 사안에서 발생하는 사회정의와 평등에 대한 요구들을 통해 접합될 수 있다고 보고 화석연료 억만장자, 화석연료 기업의 경영진, 화석연료 기업의 돈에 매수된 정치인 등을 '우리'의 공동의 적으로 설정한다. '우리'와 그들 사이의 대결 구도에서 선라이즈가 중요하게 내세우는 가치는 정의와 평등이다. 선라이즈는 기후위기를 미래에 올 재난이라고 보지 않고, 차별과 불의의 역사와 현재에도 만연한 불평등을 통해 기후위기를 이해하면서 기후위기는 지금 일어나는 모든 차별과 불평등의 문제라고 주장한다. 그래서 선라이즈는 기후위기 대응에 차별과 불평등 해소가 필수적이라고 보면서 차별 반대 및 불평등 해소를 위한 움직임에 동의하거나 연대하는 것 이상으로 그것에 앞장선다. 선라이즈는 사회에 만연한 차별과 불평등의 극복을 기후정치의 핵심으로 본다.

선라이즈는 '우리'를 대표하는 새로운 정치인을 선출하기 위해 선거운동에 주력한다. 이들의 전략은 기존의 체제를 전복하거나 전환하는 것이 아니라, 기존의 체제가 '우리'를 제대로 대표할 수 있도록 만드는 것이다. 이들은 중간선거 및 대통령선거 기간에 후보자들 중 화석연료 기업으로부터 자금을 받지 않을 것을 약속하고 기후변화를 중요한 정치적 의제로 삼으며 질 좋은 녹색 일자리를 창출하고자 하는, 즉 선라이즈가 옹호하는 법과 정책을 만들 만한 정치인을 공개적으로 지지하고 이를 위한 선거운동을 했다. 선라이즈는 국가를 넘어서는 전략이 아니라, 국가를 대항 담론이 경합하는 장으로서 활용하면서 대의제에 적극적으로 개입하여 평등, 정의와 같은 가치가 선거에서 중요하게 작동하도록 하는 데에 주력했다.

이렇게 '우리'를 구성하고 공동의 적에 맞서며 '우리'를 제대로 대표하는 정치체제를 추구하는 과정에서 선라이즈는 사랑과 연결감과 같은 정동들을 생산하고 활용한다. 이들은 합숙 교육, '허브'라 불리는 공동주택에서의 공동생활 등을 통해 '우리'가 사랑하는 것들을 공유하고 사랑하는 것들을 기후변화로 인해 잃을 수 있다는 점, 이를 지키기 위해 활동하고 있다는 점을 재확인하며 단단한 결속감과 연결감을 공유한다.

이와 같은 선라이즈의 기후정치는 첫째, 비기득권층으로서 대중과 공동의 적으로서 소수의 기득권층의 경합 구도를 설정하고 평등과 정의의 가치를 내세우는 정치라는 점에서, 둘째, 국가를 대항 담론의 경합 장으로 활용하면서 대의제에 개입하는 정치라는 점에서, 셋째, 정동적 에너지를 적극적으로 동원하는 정치라는 점에서, 무페가 논의한 좌파 포퓰리즘에 기반하는 민주주의의 생태적 급진화 모델로 이해할 수 있다. 이는 기존에 논의되었던 생태 민주주의와 어떻게 다르며, 어떤 가능성과 한계를 가지는가? 아래에서는 좌파 포퓰리즘에 기반한 민주주의의 생태적 급진화와 기존의 생태 민주주의 논의의 차이를 고찰해보고, 민주주의의 생태적 급진화의 가능성과 한계에 대해 논의한다.

1) 생태 민주주의 그리고 민주주의의 생태적 급진화

많은 생태 민주주의 논의가 하버마스의 숙의 민주주의를 바탕으로 발전한 까닭에 생태 민주주의 논의에서는 숙의와 의사소통 합리성이 강조되고, 민주적 절차를 통해 생태적 의사결정에 도달하고자 한다(Dryzek, 1995; 2000; 2002; Eckersley, 2003). 민주주의의 핵심을 자유로운 대화와 토론을 통한 합리적 의사결정 도달에 두면서, 그 과정에서 고려의 범주를 비인간 생물종 및 미래세대로 확장함으로써 생태적 의사결정에 도달할 여지를 열어두는 것이다. 예컨대 드라이젝은 비인간 생물종에 행위성(agency)이 있기에 이를 포착하고 이해한 시민들이 숙의 과정에 참여함으로써 보다 생태적인 의사결정에 도달할 수 있다고 주장했다(Dryzek, 2000).

반면 무페식의 좌파 포퓰리즘에 근거한 민주주의의 생태적 급진화 모델에서는 합의에 이르지 않는 지점들을 조명하면서, 여기에서의 정치적 경합을 강조한다. 합의에 이르지 못하고 필연적으로 경합해야 할 지점을 정치의 영역으로 본다. 그래서 공론장에서의 토론과 대화보다는 그 공론장에 누가 참여하는지, 참여자가 누구를, 얼마나 잘 대표하며 정치적 대적자에 맞서는지에 보다 관심이 있다. 숙의를 강조하는 생태 민주주의에 대한 비판 중 하나가 공론장이 현재 산업이나 제도와는 무관한, 이상적인 대화 상황으로 구성되기 어려우며, 참여자들이 공정한 절차에 따라 숙의에 참여하더라도 지배적인 가치관이나 이해관계로부터 자유로울 수 없으므로 '기울어진 운동장'과 같은 기존의 공론장을 재설계하는 것이 필요하다는 것인데(구도완, 2017), 이를 고려할 때 민주주의의 생태적 급진화 모델은 공론장의 재설계에서 가장 쟁점이 되는 대표의 문제를 적극적으로 다룰 수 있는 논의라 할 수 있다. 예컨대 선라이즈 사례에서는 공식적이고 제도화된 공론장인 의회를 문제 삼는다. 선라이즈는 의회의 정치인들이 '우리'를 제대로 대표하고 있지 않다는 점을 문제시하면서 '우리'를 대표하는 정치인을 선출하기 위해 활동하였다.

생태 민주주의 논의가 숙의라는 민주적 절차를 통해 생태적 의사결정에 도달할 가능성을 엿본다면, 민주주의의 생태적 급진화 논의는 민주주의 요구들을 생태적 요구와 접합시킨다는 점에서 민주주의와 생태주의의 관계를 달리 설정한다. 민주주의의 추구가 생태주의를 보장할 것이라는 설정 대신, 생태주의를 민주주의에 대한 요구로 포착한다. 선라이즈의 사례에서, 민주주의에 대한 요구로서 생태주의는 '중산층'의 생태주의, '인간 파괴보다는 나무와 북극곰에 더 관심'을 갖는 생태주의(Sunrise, 2020.5.29.)가 아니라 차별과 불평등의 문제가 된다. 선라이즈는 생명 사이에 우열을 세우고 누군가의 이익과 편안함을 위해 다른 누군가를 희생시킬 수 있다는, 차별과 불평등의 기제가 기후변화 문제의 핵심이라고 보았다. 이 때문에 선라이즈가 다른 차별 및 불평등 이슈에도 적극적으로 목소리를 낼 수 있었다. 선라이즈에게 기후변화는 충분한 민주적 절차를 거쳐서 보다 생태주의적 결론에 도달할 수 있는 종류의 문제가 아니라, 민주주의에 대한 요구이자 다른 민주주의 요구들과 접합시켜 정치적으로 경합해야 할 문제다.

또, 생태 민주주의 논의가 숙의를 위한 이성과 합리성을 강조한다면 민주주의의 생태적 급진화 논의는 정동을 보다 강조한다. 즉, 토론을 통해 이성적이고 합리적인 판단을 내리는 인간 대신 정동의 주고받음에 의해 선택하고 움직이는 인간을 가정한다는 점에서 차별적이다.

2) 민주주의의 생태적 급진화의 가능성과 한계

선라이즈가 보여주는 민주주의의 생태적 급진화 모델은 생태(전환) 정치로서 여러 가능성을 가지고 있다. 최근 대응의 필요성이 보다 강조되고 있는 기후변화는 에너지 전환의 속도, 원자력 활용, 탄소세 도입, 온실가스 감축 수준, 목표 경제성장률 등의 이슈에 관하여 경쟁해야 하는 당파적 이슈인데, 현재 한국에서는 정당 간 정책경쟁의 공적인 장이라 할 수 있는 선거에서 기후변화 정책 이슈가 다루어지지 않거나 주변화되고 있다(김수진, 2023). 이런 상황에서 기후위기에 대응하는 입장이 선거를 좌우되는 상황을 만들고자 하는 기후정치(Sunrise, 2017.10.10.), 이를 통해 더 많은 논쟁을 촉발시키는 기후정치는 긴요하다. 현실에 분명히 존재하는, 합의에 이르지 않는 차원을 조명하고 생태 정치에서 경합이 필수적임을 강조할 수 있다.

좌파 생태(전환) 정치에 주는 함의도 있다. 전통적인 좌파에서 지배적이었던 본질주의적 접근(예컨대 계급 본질주의)을 넘어서 여러 종류의 평등과 민주주의 요구들의 접합 가능성을 조명하기 때문이다. 선라이즈의 경우 기후위기를 유색인종, 이민자, 경제적 소수자 등에 대한 차별과 불평등에 대한 문제로 본다. 이렇게 이질적으로 접합되는 요구들은 구체적인 상황과 맥락 속에서 우발적으로 연결되기에, 특정 접합의 총체를 동일하게 복제, 이식하려는 모든 시도들의 실패를 예고하면서도 새롭고 우연한 접합의 가능성을 늘 열어두게 된다.

같은 맥락에서 이 같은 접근은 녹색 낭만주의 혹은 근본 생태주의에 근거한 생태 정치가 자칫 생태적 요구를 다른 요구로부터 독립, 고립시킬 가능성을 막아줄 수 있다. 선라이즈의 기후운동이 설득력을 얻었던 지점 중 하나는 소외된 인간보다 나무나 북극곰에 더 관심을 가지는 운동, 인종차별이나 불평등에 침묵하는 운동이 아니었다는 점이다(Sunrise, 2020.5.29.). 선라이즈는 기후운동이 인종차별과 식민주의에 대한 투쟁일 수밖에 없다고 보면서 생태적 요구를 평등과 민주주의에 대한 요구로 구성한다. 이는 생태 정치의 확장 내지 다양한 연대 가능성을 보여준다.

또, 대표의 문제를 다룸으로써 대의제의 내에서 변화를 추구하는 운동의 가능성을 보여준다. 선라이즈는 '우리'를 대표하는 새로운 정치인을 선출하기 위한 선거운동에 주력했다. 이들의 전략은 기존의 틀을 전복하거나 전환하는 것이 아니라 대의제가 '우리'를 제대로 대표할 수 있게끔 만드는 것이다. 그간 제도 안 정치와, 제도 밖 사회운동을 구분하고 각각의 중요성을 강조하는 논의, 사회운동의 제도화 논의가 주를 이루었다면, 선라이즈 사례는 사회운동이 '우리'의 대표를 찾고 선거운동을 하는 전략을 취함으로써, 새로운 방식으로 정당정치에 개입할 가능성을 보여주고 있다.

여러 가능성에도 불구하고 선라이즈가 보여주는 민주주의의 생태적 급진화 모델은 '우리'의 적으로 기득권층, 구체적으로는 화석연료 기업의 경영진, 화석연료 억만장자, 화석연료 자금을 받은 정치인 등으로 상정하면서 한계를 내포한다. 선라이즈는 적과 동지를 구별하는 가장 중요한 가치를 정의와 평등으로 설정하면서 화석연료 기업의 경영진, 화석연료 억만장자, 화석연료 자금을 받은 정치인을 정의와 평등의 가치를 훼손하는 집단으로 설정했다. 그런데 이는 생산 시스템에서 경제적 위치가 여타의 것들을 결정한다는 계급 본질주의처럼, 특정한 경제적, 정치적 위치가 다른 모든 것을 좌우한다는 또 다른 형태의 본질주의에 기반하는 것이다. 전체 사회의 정의와 평등의 가치의 보호나 훼손이 특정 집단의 특정한 속성에서 비롯한다고 보는 방식이다. 나아가 '우리'의 이질성에는 주목하면서도 적으로 설정된 집단의 이질성은 생략한다는 점에서 한계가 있다.

증오와 적대감의 정동을 손쉽게 동원하는 한계도 있다. 우파 포퓰리즘이 외국인이나 이민자 혐오의 정동을 동원하는 것처럼 좌파 포퓰리즘의 논리도 대상을 달리하여 적대감, 원한, 반감의 정동을 충분히 동원할 수 있다. 정치의 경합성을 회복하면서도 증오의 정치가 되지 않도록 주의가 필요하나, 그것을 막을 장치는 부재하다.

5. 한국의 기후정치를 돌아보며

한국에서도 2010년대 들어 청년 그룹들이 다수 등장하여 기후정의 담론을 활용하며 기후운동을 주도했다. 스스로가 청년(혹은 미래세대)임을 전면에 내세우고 세대 간 기후정의(intergenerational climate justice)를 주장한다는 점이 특징적이었다. 예컨대 기후위기의 가장 큰 피해자이자 당사자로서 청년을 표방하고 정부를 비롯한 기성세대에게 적극적인 기후위기 대응을 촉구하는 등 청년과 어른, 미래세대, 현(기성) 세대 등의 세대 모티프를 반복적으로 등장시키는 방식이다(안새롬, 2022). 이러한 운동 방식에서 강조되는 당사자성과 피해자성, 그리고 정체성 정치의 속성은 운동에 추진력을 불어넣을 수 있지만 동시에 운동의 불안정함을 가중시키거나 여타 집단 및 운동과의 연대 가능성을 축소시킬 수도 있다(안새롬, 2022). 그러나 다른 한편에서 청년 기후운동은 정의(justice)의 범위를 세대 간 정의에 한정하지 않고 그 범위를 확장하면서 배제되거나 소외된 여러 당사자들과 연결되고자 한다(이상준, 2022). 청년 기후 단체들의 지역 석탄화력발전소 건설 반대 활동, 해외 석탄발전소 수출 철회 요구 등은 기후 불의의 피해자이자 당사자들의 연대를 통해 포괄적인 기후정의를 요구하는 사례로 꼽힌다.

기후운동이 여러 사회운동과의 연대와 연결을 추구한다면 혹은 기후위기 시대에 그러한 연대와 연결이 요구된다면 미국의 선라이즈 사례는 의미 있는 참조점이 될 수 있다. 선라이즈는 청년, 노동, 인종차별, 이주민 문제 등에서 도출되는 이질적인 요구들을 차별과 불평등의 위기로서 기후위기에 접합시켜 '우리'를 구성했다. 그리고 각 지역의 구체적인 이슈에서 정의와 평등의 가치 회복을 요구하고 대항과 사랑의 정동을 끌어내면서 운동을 지속해 나갔다. 이 같은 기후정치는 이미 한국에서 실현되고 있기도 하다. 최근 한국의 기후정의행진에서는 '기후위기 최일선 당사자'라는 이름 아래 여성, 빈민, 장애인, 이주민, 청소년, 노인, 비수도권거주민, 성소수자, 환자, 임차인 등이 연결되었고 기후위기의 실상으로서 차별과 착취, 불평등이 지목되었다(924 기후정의행진, 2022).

여기에서 여러 이질적 요구로 접합된 '우리'가 무엇에 대항하는지를 설정하는 문제가 남는다. 선라이즈는 정치인을 매수하는 화석연료 억만장자, 화석연료 기업에 매수당한 정치인 등의 적과 맞서는 구도를 취했다. 이처럼 화석연료와 관련된 소수의 기득권층과의 경합 구도를 설정할 수도 있지만 프레이저(2021)의 포퓰리즘 논의를 따른다면 확장된 자본주의를 적으로 택하게 될 것이다. 유사한 차이가 한국의 청년 기후운동들 사이에서도 나타나는데, 예컨대 기후위기에 제대로 대응하지 않거나 그린워싱(green washing)을 하는 정부와 기업에 대하여 책임을 묻는 그룹과, 자본주의 경제성장 체제를 전복해야 한다는 그룹이 공존하고 있다(김민정·이상준, 2021). 무엇보다도 중요한 것은 어떤 방식으로 적을 설정하든 그것이 가져오는 성과뿐만 아니라 대가를 고려해야 한다는 점일 것이다. 전체 사회의 정의와 평등의 가치의 보호와 훼손이 특정 집단의 특정한 속성(경제적, 정치적 위치 등)에서 비롯하는가? 적으로 설정된 집단의 이질성은 어떻게 고려할 것인가? 체제를 적으로 삼는다는 것은 매 순간 그 체제의 작동에 접속하며 살아가는 개개인에게 어떤 의미를 갖는가? 집단 혹은 체제에 대한 증오와 적대감, 반감 등은 어디까지 유효한가? 적을 설정하는 정치를 현실에 적합하게 만드는 과정에서는 이 같은 질문에 대한 설득력 있는 대답이 요구될 것이다.

마지막으로 선라이즈의 주요 운동 전략이 선거운동이었다는 점도 주목할 만하다. 대항 담론이 경합하는 장으로서 국가를 활용하면서 대의제에 적극적으로 개입하여 평등, 정의와 같은 가치가 선거에서 중요하게 작동하는 데 주력한 것이다. 기후변화를 부정하는 트럼프가 당선된 독특한 맥락에서 형성된 전략이긴 하지만 청년 기후운동을 포함하여 그간 한국의 기후·환경 운동에서는 거의 보기 어려운 전략이기도 하다. 그간 기후운동이 집회 및 시위, 서명 운동, 기자회견, 모금 운동, 대중 교육·캠페인, 민·관 거버넌스 참여 등을 주요한 방식으로 삼았다면, 한국의 경제적, 정치적 상황을 고려하면서 현재 기후 침묵에 가까운 한국의 정당 정치의 흐름에도 파동을 줄 수 있는, 더 많은 논쟁과 공론을 촉발시키는 새로운 전략의 창출이 현재의 기후운동에 필요하다고 본다.

참고문헌

924 기후정의행진. 2022.9.24. "기후재난, 이대로 살 수 없다." 보도자료. (2022년 6월 17일 검색).
구도완. 2017. 『생태민주주의: 모두의 평화를 위한 정치적 상상력』. 한티제.
김민정·이상준. 2022. "한국의 녹색 사회 전환과 사회운동의 대응: 청년 기후운동을 중심으로." 『비판사회학회 학술대회 자료집(2022.11)』 9-12.
김수진. 2023. "녹색전환의 국가 정당화 의무: 기후위기 대응을 위한 정당정치의 중요성." 『경제와사회』 137: 12-41.
무페, 샹탈(C. Mouffe). 2019. 『좌파 포퓰리즘을 위하여』. 이승원 역. 문학세계사.
안새롬. 2021. "기후 커먼즈 정치에서 청년 및 미래 세대론이 갖는 함의." 『ECO』 26(1): 141-177.
이상준. 2022. "'당사자운동'을 넘어선 연대: 청년 기후운동의 가능성." 『비판사회학회 학술대회 자료집(2022.8)』 172-187.
클라인, 나오미(K. Naomi). 2021. 『미래가 불타고 있다: 기후 재앙 대 그린 뉴딜』. 이순희 역. 열린책들.
프레이저, 낸시(N. Fraser). 2021. 『낡은 것은 가고 새것은 아직 오지 않은: 신자유주의 헤게모니 위기 그리고 새로운 전망』. 김성준 역. 책세상.
프레이저, 낸시·모스께라, 마르띤(N. Fraser & M. Martín). 2021. "'식인 자본주의'의 부상: 낸시 프레이저와의 대담." 이정진 역. 『창작과비평』 49(4): 367-385.
하승우. 2021. "좌파 포퓰리즘을 둘러싼 몇 가지 질문들: 이론과 쟁점." 『문화과학』 108: 41-69.
Bloomfield, J. & Steward, F. 2020, "The Politics of the Green New Deal." *The Political Quarterly*. 91(4): 770-779.
Dawson, 2020. "Environmental justice: How far have we come, how far yet to go?" https://texasclimatenews.org/2020/06/22/environmental-justice-how-far-have-we-come-how-far-yet-to-go/ (2022년 7월 3일 검색).

della Porta, D. & L. Parks. 2013. "Framing Processes in the Climate Movement: From Climate Change to Climate Justice." pp. 19-30 in *Routledge Handbook of the Climate Change Movement 2013*, edited by M. Dietz and H. Garrelts. Routledge.

Dryzek, 1995. "Political and ecological communication." *Environmental politics*. 4(4): 13-30.

_____. 2000. Deliberative Democracy and Beyond. Oxford University Press.

_____. 2002. "Global ecological democracy." pp. 264-282 in *Global Ethics and Environment Routledge*.

Eckersley, 2003. "Deliberative democracy, ecological representation and risk: Towards a democracy of the affected." pp. 131-146 in *Democratic Innovation Routledge*.

Mouffe, C. 2022. Toward a Green Democratic Revolution: Left Populism and the Power of Affects. Verso.

Sunrise Movement. 2017.5.3. "When we began planning, only five weeks before the election, most of us expected Hillary Clinton to win." Facebook.

_____. 2017.5.11. "It's not rocket science -- fossil fuel billionaires spend money to lie about climate change and buy off politicians." Facebook.

_____. 2017.6.16. "So much joy, determination, anger, pain, and hope in this room as we start our very first training." Facebook.

_____. 2017.6.17. "We began today's session with a moment of silence for Philando Castile, his family, his community, and the hundreds of children he helped to feed every day." Facebook.

_____. 2017.7.6. "President Trump thought it was a good idea to bash wind power last week in Iowa." Facebook.

_____. 2017.7.13. "Over 45 new people joined Sunrise on our second-ever welcome call last night." Facebook.

_____. 2017.7.16. "Our first two statewide launch trainings this weekend were huge successes!" Facebook.

_____. 2017.8.7. "At town hall young Christian confronts Congressman who said God will 'take care of' climate change." Midium.

_____. 2017.8.11. "Wow -- that's Sunrise Movement Twin Cities calling out Rep. Tim Mahoney." Facebook.

_____. 2017.8.22. "Senator Marco Rubio hasn't held a town hall in months." Facebook.

_____. 2017.8.23. "Big Oil knew that climate change was their fault, but they deliberately deceived the public and purchased politicians to cover their tracks." Facebook.

_____. 2017.8.29. "In the coming days, we'll hear the usual officials saying things like, 'Nobody could have predicted this.'" Facebook.

_____. 2017.8.31. "We are here outside former Exxon CEO and current Secretary of State Rex Tillerson's house." Facebook.

_____. 2017.9.13. "This morning, our team of 8 Sunrise Speakers hit the road at the crack of dawn to embark on an epic journey." Facebook.

_____. 2017.9.18. "Florida and Texas have been ravaged by hurricanes." Facebook.

_____. 2017.9.19. "Sunrise NYC member Daniela Lapidous disrupts U.S. EPA Administrator Scott Pruitt at an event." Facebook.

_____. 2017.9.20. "For years Big Oil knew climate change threatened cities like San Francisco and Oakland." Facebook.

_____. 2017.10.10. "The overturn of the Clean Power Plan is a handout to the corporate executives that EPA administrator Scott Pruitt has aligned himself with his entire career." Facebook.

_____. 2017.11.19. "Over a Thousand Youth Join National Day of Dedication for Climate Change-Themed Time Capsules." Midium.

_____. 2018.6.4. "Sunrise Semester Bootcamp: Day 1!" Midium.

_____. 2018.6.8.

_____. 2018.6.13. "Sunrise Semester Bootcamp: Days 5-7." Midium.

_____. 2018.6.21. "Why we're fighting for migrant justice." Midium.

_____. 2018.8.7. "Sunrise Movement Announces First Round of Endorsed Candidates." Midium.

_____. 2020.1.9. "Sunrise Movement endorses Bernie Sanders for President." Midium.

_____. 2020.5.29. "The Climate Justice Movement Must Oppose White Supremacy Everywhere — By Supporting M4BL." Midium.

_____. 2020.6.20. "Mitch didn't see us coming." Midium.

_____. 2020.7.27. "How Sunrise is giving 100-year-old tactics new life in the revolution." Midium.

US Congress. 2019. "Recognizing the duty of the federal government to create a green new deal." H.Res.109, 116th Congress, First Session, February 2019. (2022년 6월 2일 검색).

〈홈페이지〉

Sunrise. https://www.sunrisemovement.org/ (2022년 6월 29일 검색).

Sunrise DC. https://dc.sunrisemovement.org/ (2023년 4월 29일 검색).

Sunrise NYC. https://sunrisenyc.org/ (2023년 4월 29일 검색).

5장

기후위기 시대, 자급 관점의 농업이 전환의 틈새를 만들 수 있을까?

장우주

> 기후위기로 인해, 한국 농식품체계는 식량 생산량 감소, 종자 및 생물다양성의 위협 같은 문제에 직면해 있다. 이 글은 기후위기에 대응하여, 대안농업에 참여하는 농촌과 도시에서 '농사짓는 여성들'의 경험에 주목하여, 여성들이 틈새 실험에서 얻은 전환의 방식과 함의는 무엇인가라는 물음에 집중한다. 문헌연구와 6명의 농사짓는 여성들의 인터뷰 분석을 통해 얻은, 농사짓는 여성들의 생태적 전환의 방향은 '자급의 재가치화'이다. 첫째, 대규모화와 단작의 관행농업 방식에서, 필요에 기반한 다품종 소량생산을 통해 종 다양성을 보존하는 대안농업을 지향한다. 둘째, 에너지 집약적인 스마트 팜 등의 기술방식보다는, 생태계를 위한 미생물이 존재하는 '흙'과 '땅'을 살리는 방식을 선택한다. 셋째, 원거리, 대량 물류 시스템이 아닌, 지역 안에서 생산·소비·교환 시스템을 실험하고 있다. 그래서 도시-농촌, 소비-생산, 생산-재생산의 이분화된 기존체제의 경계를 희미하게 하는 전환을 실험하고 있다.

키워드: 자급 관점, 농사짓는 여성들, 생태적 지식

1. 기후위기 시대, 관행농업과 먹거리 문제

기후변화로 인해 가장 직접적인 영향을 받는 분야 중의 하나가 농업이다. 농업은 오랜 시간 계절의 주기성에 근거하여 지속가능한 분야이다. 따라서 갑작스러운 한파, 서리, 홍수, 가뭄, 온도변화 등 다양한 형태의 급격한 기후변화는 농업의 과정 및 식량 생산량에 영향을 미치며, 나아가 먹거리 부족 문제, 농민의 소득 저하의 문제 등 사회 시스템에까지 연결된다.

예를 들어, 전국 양파농업의 산지인 전남 무안, 함평, 신안의 농민들은 2023년 6월 초부터 양파의 수확과 출하를 앞두고 있었다. 그런데 4월 말, 며칠 동안 밤 기온이 영하로 급격하게 떨어지고, 서리가 내렸다. 그 직후 5월 초부터는 20도가 넘는 고온의 날들이 지속되기 시작했다. 고온현상이 계속되면서 병충해가 발생하였으며, 이와 같은 급격한 기온변화로 인해, 양파의 수확량이 평균 30% 이상 줄 것으로 예상되었다. 또한 양파의 생육상태도 좋지 않아, 예년에는 9월까지 양파를 저장할 수 있었으나, 올해에는 그때까지 저장이 어려울 것으로 예상되었다(『농민신문』, 2023.5.15.). 이에 정부는, 예년에 비해 전국 양파의 생산량이 전체적으로 줄어들고, 양파가격이 폭등할 것에 대비하여 양파수입을 2만 톤 더 늘리겠다고 발표하였고, 양파가격이 급락하면서 농민들의 원성을 사기도 하였다(kbs, 2023.5.15.). 단 며칠간의 급격한 기온변화는 양파의 수확량, 저장성, 가격의 급락, 농민의 수입, 먹거리에 대한 수입정책 등 다양한 차원으로 연쇄적인 영향력을 미쳤다.

한국의 농업은 1970년대 녹색혁명의 과정을 거쳐 대규모화와 단작을 특징으로 현재의 농업 시스템에 이르렀으며, 총체적인 문제들에 직면하고 있다. 농산물 가격정책과 관련한 농민들의 소득과 생존권의 문제, 농약과 화학비료 사용으로 인한 오염문제, 대규모 공장식 축산업으로 인한 메탄 및 탄소 발생량의 증가, 농민의 고령화, 외국인 농업노동자에 대한 복지문제 등이 그것이다. 근래에는 기후위기가 가속화되면서, 식량 생산량의 감소, 종자 다양성과 생물다양성까지도 위협받고 있다. 이 글은 기후위기에 대응하여, 체제전환의 주체로 대안적인 농업방식에 참여하는 농촌과 도시에서 '농사짓는 여성들'의 경험에 주목하고자 한다. 관행적인 농법과는 달리 대안적인 농법으로 농사짓는 여성들이 해온 틈새에서의 실험들이 기후위기 시대에 지속가능한 농업과 먹거리 체계에 전환의 지점들을 제공하기 때문이다. 그것은 기후위기에 대응하여, 탄소의 발생량을 줄이기 위한 생태적인 방식의 농법, 화학비료와 농약의 오염으로부터 회복을 위한 흙에 대한 강조, 먹거리 일부라도 자급하려는 농사의 시도, 그리고 좀 더 가까운 거리 안에서 농산물을 다양한 방식으로 직거래하고, 공급하고, 나누는 등의 실험이 틈새 전략으로 읽혀진다.

이 글에서 '농사짓는 여성들'은 관행적인 농업방식에 대응하여 대안적인 농업방식으로 농사를 짓는 여성들을 의미한다. 농촌에서 농사를 짓는 여성농부이거나, 도시에서 텃밭이나, 도시농업을 하는 여성들을 포함한다. 전업적인, 직업적인 의미의 여성농부도 있지만, 작은 공동체의 일원으로 참여하거나 작은 텃밭모임에 참여하는 여성들도 포함될 수 있다.

여성농민들과 도시농업에 참여하는 여성들이 유기농업운동, 생협운동, 지역 먹거리 운동, 도시농업 운동, 지역 먹거리 정의 운동 등 글로벌 농식품 체계에 도전하여 대안 농식품 시스템을 만들기 위한 실천과 시도 들을 해오고 있다(이효희, 2021; 강지연, 2021; 정숙정, 2021; 김효정, 2022). 특히 기후위기에 직면하면서 농사짓는 여성들이 지켜온 가치들 중에서도 다품종 농사로 생물다양성을 보호하려고 노력하고, 필요에 기반해서 생산하고, 자연친화적인 방식으로 농사방법을 고민하면서 지속가능성을 높이고 있다. 또한 지역 안에서의 신뢰를 기반으로 한 직거래 등의 물류방식을 통해 탄소발생량도 줄이고, 관행적인 물류 시스템에 도전하는 등의 '틈새' 실험들을 하고 있다.

생태위기에 직면하여 사회주의 에코페미니스트의 마리아 미즈와 벤홀트-톰젠은 '자급의 관점'을 제시하였다. 이는 가부장제 자본주의 체계에서는 자연이 무한히 착취당하는 자원일 수밖에 없으며 여성 또한 재생산 영역의 돌봄노동을 하는 존재일 뿐이다. '자급'이란 상품을 생산하기 위한 임금노동과 소비로 이루어진 이분화된 세계를 넘어서, 삶에 필요한 것을 생산하는 세계관으로의 전환을 의미한다. 자연친화적인 관점으로 필요에 따라 자신이 직접 생산에 참여하고, 협동조합을 통한 도농 간의 교류 등을 제안하였다(미즈, 벤홀트-톰젠, 2013). 이런 자급의 관점은 기후위기 시대에 어떤 의미로 재가치화할 수 있을까?

  이 글은 문헌연구를 통해 기후위기와 관련한 비판적 에코페미니즘, 사회주의적 에코페미니즘에서의 자급의 관점, 그리고 신유물론의 관점에서 이론적으로 분석하고자 한다. 선행연구로는 한국 대안농식품 운동에서 여성농민과 관련한 선행연구들과 여성 주도적인 도시농업 및 도시텃밭운동에 관한 선행연구들을 중심으로 분석하고자 한다. 또한 보완자료로 유기농 인증을 받아 대안농법으로 농사를 짓는 충남 청양, 홍성의 40~60대의 여성농민 5명과 퍼머컬쳐 농업 강사이면서 서울 ○○전환마을 대표로 활동하고 있는 40대 여성 1명과의 인터뷰 내용을 분석하여 자료로 삼고자 한다.

〈표 1〉 심층 인터뷰 대상자 정보

연번	이름	지역	연령대	농사 경험	농사 방법	농사 이전 경험	농산물 판로	활동
1	박영선	청양	60대 초반	26년	하우스	여성운동, 소비자생협 활동	꾸러미 생협	청양군 로컬푸드 관련 이사장 등 역임
2	안미경	홍동	50대 후반	25년	노지	출판 편집 (녹색평론)	로컬마켓	지역아동센터 센터장, 여농회 회장 역임, 텃밭교육 기획
3	최숙선	홍동	50대 중반	12년	하우스 +노지	도시 주부	홍성유기농 협동조합	학교텃밭 교사, 장애인을 위한 텃밭 교사 등

연번	이름	지역	연령대	농사 경험	농사 방법	농사 이전 경험	농산물 판로	활동
4	박정미	홍동	40대	6년	하우스	주부, 홍동 출신	홍성유기농 협동조합	홍동의 다양한 기관 활동 경력 및 텃밭 교사로 활동
5	박경민	홍동	50대 후반	17년	노지	피아노 강사	홍성유기농 협동조합 일부 꾸러미	텃밭 교사로 활동
6	유민정	서울	40대	14년	노지 (도시 농업)	여성운동/영국 전환마을 운동 경험	전환마을 비건 식당 식자재 공급	퍼머컬쳐 농업 및 전환마을운동 대표

*이름은 가명

2. 기후위기 시대의 농업의 길찾기

1) 기후위기와 관행농업의 난제들

한국의 농업에 관행농업 방식이 촉발된 계기는 1970년대 녹색혁명이라고 불리는 과정을 통해서였다. 미국 농학자 노먼 볼로그 박사가 멕시코에서 교배 육종을 통해 생산량도 높고 병충해에도 강한 우수한 품종의 밀을 개발·보급하여 굶주림에서 벗어난 역사적인 사건을 녹색혁명이라 명명하였다(남재작, 2022: 107). 그 후에 세계농업 연구를 위해 국제벼연구소 등의 기구가 만들어졌고, 그 연구의 성과를 토대로 해서 1966년 서울대학교 허문회 교수가 록펠러재단의 후원으로 새로운 품종인 통일벼를 처음 만들었다. 이 통일벼의 보급으로 한국은 1977년에 식량자급을 달성하게 되었다(남재작, 2022: 107).

그러나 대규모 농업방식, 화학비료와 농기계의 사용이 확대되면서 부정적인 측면도 노정하게 되었다. 단일한 품종을 대규모로 재배하게 되면서, 병충해에 취약해져서 급격한 기후변동이 생길 경우 수확량이 급감하거나, 한 해의 농사를 망치는 경우가 발생하게 되었다. 또한, 화학비료와 제초제 사용량이 누적되면서 토양오염도가 높아지고, 강과 바다로 흘러들어 전체 생태계 오염의 원인물질로 작용하기도 하였으며, 벌과 같은 농사에 반드시 필요한 곤충 등 생태계를 구성하는 다양한 동식물들의 생존에 영향을 미치기도 하였다.

기후위기와 관련하여 관행농업의 가장 중요한 문제는 다양한 씨앗 즉 종자들이 사라지고 있는 문제이다. 녹색혁명 이후, 한 품종에 대해서 병충해에 강하고 생산량이 높은 단일한 종자로 개량되어갔다. 그러나 기후변동이 급격한 상황에서는 종자들이 다양해야만 어떤 종자든 살아남을 가능성이 높아지는데, 단품종일 경우에는 모두 멸종할 가능성이 더 높기 때문이다. 또한 기후위기의 측면에서 녹색혁명형 농업의 화학화·기계화 방식이 거의 모든 농업생산 부문으로 확대되면서 화학비료의 질소성분이 분해되는 과정에서 이산화질소뿐만 아니라, 미세먼지와 오존을 대기 중에 형성하는 대기 오염물질을 배출한다(이효희, 2021: 2).

기후위기로 인한 관행농업의 문제 중의 하나는 기온상승에 따라 과수원 산지가 북상하고 있다는 점이다. 예를 들어 사과 재배 지역이 북상하고 있다(남재작, 2021: 54). 대구 사과는 청송 사과에 자리를 내주었고, 경북 사과는 충북을 지나 강원도 휴전선까지 북상했다(남재작, 2021: 55). 나아가 공장식 축산업의 경우에는 여름철 온도가 상승하면서 가축들의 폐사율이 높아짐에 따라, 냉방설비를 갖추는 곳이 늘어가고 있다(남재작, 2021: 56). 또한 공장식 축산업이 다량의 탄소와 메탄가스를 배출하는 원인 제공처로 지적되고 있다.

결국 대규모 단작을 위주로 한 농산물의 생산은 대규모의 운송, 물류체계, 무역을 통한 에너지의 사용과 탄소발생을 전제로 하게 된다. 그것은 생산지와 소비지의 거리가 떨어져 있고, 저장을 위한 집약적인 에너지를 필요로 한다는 것을 의미한다.

한국의 곡물자급률은 2019년을 기준으로 대략 20%로 추정한다. 주식으로 사용하는 식량은 45%이며, 쌀은 거의 자급하지만, 밀은 거의 전적으로 수입에 의존하고 있고, 옥수수는 3%, 콩은 25% 정도의 자급률을 보이고 있다. 이 자급률은 기후도 중요한 요인이기도 하지만, 세계 농식품체계 및 우크라이나와 러시아와의 전쟁 등 국제정치와의 역학관계에 따라 가격이 결정되고 있다(남재작, 2022: 221-223).

농가인구는 2019년도에 약 2,245천 명으로 인구대비 4.3%이며(이효희, 2021: 51; 통계청 농림어업조사 재인용), 1980년도 10,827천 명에 대비하여 대폭 감소했으며, 고령화되기도 하였다. 2019년 농가 여성은 1,145천 명으로 전체 농가인구의 51%를 차지한다(이효희, 2021: 51).

녹색혁명 농업이 지배하는 영농방식은 기계화, 대형화에 기반하며, 관행농업의 유통체계는 주산지 정책을 바탕으로 한 대규모 물류유통에 기반한다. 시장유통으로 익명성에 기반을 둔 관행유통체계이면서 지역과의 연결고리가 약화되어 있다. 그러나 농사를 지어온 여성들은 대안농업으로 신뢰를 바탕으로 하는 관계시장에서 대안적 가치와 철학을 실현하고 지역공동체 안에서 다양성, 탈집중화, 생태적인 방법으로 지속가능한, 회복탄력적이고, 순환적인 대안적 농업을 만들어가고 있다(이효희, 2021: 6-7).

2) 대안농업과 농사짓는 여성들

관행적인 농업방식에 대응하여, 대안농업[1]이 확대되었지만 대안농업 초기부터 여성농민의 존재를 드러내기는 쉽지 않았다. 왜냐하면, 대안농업도 가족농 위주이기 때문이었다. 여성농민의 존재는 가장인 농부의 부인의 존재로 여겨졌

---

1 '대안농업(alternative agriculture)'의 개념은 관행농업과는 대별되는 포괄적 용어로 사용하고자 한다. 관행적인 농업의 문제를 다양한 측면에서 해결하는 농업방식과 가치를 함의하는 개념으로 이효희의 정리를 따르고자 한다. 그 내용에는 유기농, 생태적인 농업, 지속가능한 농업, 자연농업 등의 세밀한 차이들을 포괄하고 있다(이효희, 2021:4).

고, 농사 과정에서는 보조적인 역할을 주로 하였다. 그래서 농업 시스템에서도 법적인 주체로 여성농부의 이름을 올리기는 쉽지 않았다(이효희, 2021: 4; 이효희·윤병선, 2021: 9; 정숙정, 2021).

대안농업에서 여성농민의 존재는 오랜 기간 농업 및 먹거리 관련 활동을 통해 드러나게 되었다. 1970년대부터 시작된 유기농업 운동, 1980년대 유기농 농산물 직거래생활협동조합 운동, 1990년대 학교급식운동, 2000년대 지역먹거리운동, 전국여성농민회총연합(이하 전여농), 그리고 2004년 전여농이 비아 캄페시나(La Via Campesina)[2]에 가입하여 식량주권 운동을 본격적으로 시도하면서 대안농식품운동의 실천 주체로 주목받기 시작했다(이효희·윤병선, 2021: 9). 2009년에는 '언니네 텃밭'이라는 활동을 통해서 한국 내에서 여성농민들이 생산한 농산물을 유통하는 사회적협동조합 활동으로까지 주도하게 되었다(김효정, 2022). 최근에는 가족 단위가 아니라, 비혼 여성들이 충남 홍성에 귀촌하여 다양한 삶의 방식으로 농촌에 정착하여 살아가기도 한다(양희주, 2022).

다른 한편 1990년대부터 도시에서 텃밭이나 공유지에서 농사를 짓는 사람들이 늘기 시작했다(강지연, 2021; 윤유선, 2023) '도시텃밭운동' 혹은 '도시농업'으로 불리기도 했다. 지역, 계층, 연령 등 다양한 참여가 있었지만, 지역, 그룹에 따라 모임 리더와 참여자의 대부분이 여성들로 구성되기도 했다.

어떤 도시농업 그룹은 지역에 근거를 두고 비슷한 세대, 지역, 유사한 삶의 경험을 지닌 여성들이 주를 이루었다(강지연, 2021). 도시에서의 텃밭농사와 텃밭교육 강사를 양성하는 것을 목표로 하여, 직거래 장터 운영, 지역에서 돌봄이 필요한 아이들을 위한 급식 제공, 학교텃밭에서 강사로 참여하면서 관련 조례 제정에 힘을 보태기도 하였다. 대안농업 방식으로 도시농업을 활성화하고, 지역의 먹거리 시스템과 이와 관련한 돌봄 시스템도 마련해서 실험하고 있었다

---

[2] '비아 캄페시아(La Via Campesia)'는 1993년에 만들어진 국제적 농민운동조직이다. 현재 81개국 182개 단체의 농민들이 참여하고 있으며, 소농-중농 단위의 농민들이 참여하며 식량주권을 기반으로 한 활동을 펼치고 있다.

(강지연, 2021). 그 외에도 다양한 그룹들이 출현하기 시작하였다. 퍼머컬쳐[3]라는 농법을 통해 도시 혹은 도시 인근에서 여성들이 농사를 지으면서 먹거리 일부를 자급하면서 스스로를 '기후농부'라고 명명하기 시작했다(윤유선, 2023: 118). 20대부터 60대까지의 다양한 연령, 비혼부터 주부들까지 다양한 가족형태, 다양한 섹슈얼리티, 주거지도 다르지만, 주기적으로 공유하는 밭에 농사지으러 오는 것에 대한 합의만 이루어지면 가능한 형태로 운영되었다(윤유선, 2023). 그래서 여성농민들, 혹은 지역의 여성들뿐만 아니라, 다양한 세대, 계층, 지역, 섹슈얼리티, 가족형태 등의 여성들이 생태지향적인 가치와 농사짓는 실천에 합의하면 참여가 가능한 형태로 확대되고 있다.

3. 농사짓는 여성들의 전환적 가치들

대안농업에서의 여성농민들은 농업을 해오면서 세워온 '생태적 가치'와 여성주의적 관점은 생태위기와 먹거리 시스템의 위기에도 불구하고 생태전환의 잠재성을 담지하고 있다. 기후변화라는 환경적 요인, 그 외의 다양한 요인들이 연결되고 얽혀서 또 다른 방식들을 보여주기도 한다.

1) 다품종 소량생산: 다양한 것이 살아남는다

여성들이 주도적으로 하는 대안농업은 소농이면서 밭농사 위주로, 연간 50~80여 종 채소 등의 품종을 일 년 내내 심고, 수확하는 과정을 반복한다. 가족을 위한 먹거리 자급을 위한 목적도 있지만, 로컬마켓이나, 꾸러미 사업을 하

---

[3] 오스트레일리아에서 시작된 대안농법으로 일본의 유기농업 방식과 오스트레일리아와 서양의 유기농업의 방식으로부터 영향을 받았다. 따라서 한국의 유기농업 방식과 유사한 측면이 있다(윤유선, 2023).

면서 소량이지만 다양한 품종을 계절에 따라 '연결'된 소비자들에게 보내기 위해서이기도 하다.

단일품종을 대규모로 심는 관행농법과는 달리, 다양한 생물종을 키워낸다. 이를 위한 씨앗들은 자신이 일부 채종하거나, 토종씨앗 나눔에서 구하거나, 구매를 통해서 씨앗을 구한다. 이렇게 많은 종류의 밭농사를 짓는 것을 즐거운 농사 과정으로 여기기도 한다.

"심은 거 몇 월 며칠 날 뭐 심었다. 이렇게 해가지고 벽에다 붙여놨었는데 한 친구가 오더니 85가지다, 85가지. 그러더라… 그러니까 어떻게 보면 실험한 건 85가지인데 지금 거기서 꾸러미 하려니까… 한 50종류 그 정도는 되는 것 같아요."(박영선, 2022.9.12.)

"근데 저희는 한 필지에도 한 품종을 안 심어요… 가능한 한 2~3가지 나눠서 이렇게 심어서 여기서는 이제 파종이 들어가면 한쪽에서는 김매고 한쪽에서는 수확하고, 이렇게 작업이, 다양한 작업이 그 시기에 골고루 섞이도록 하는 게… 그러다 보니까 파종할 때 설렁설렁 파종하고 기일 때 좀 집중해서 막 하고 또 수확할 때는 수확의 기쁨 때문에 이게 노동이라는 생각이 좀 안 들고 그러니까 밭 농사를 2,000평 넘게 지어도 이렇게 노동이 힘들다라는 것들을 가능하면 적게 느끼면서 저희가 그 일들을 해왔던 것 같아요… 어느 한 사람이 이러면 너무 일이 많아. 그러니까 이 앞에는 그냥 밀, 착 심어버리고 이 밭에는 깨, 팍 심어버리고 이러면 기계로 해버리면 일이 훨씬 더 단순한데 밭을 쪼개놓으면 훨씬 더 일이 많기는 하거든요. 근데 일이 많은데도 저희는 덜 힘들다고 체감을 하는 거예요. 그게 다양한 작업 방식을, 거기서 다양한 느낌들이 있으니까 힘든 것도 있지만 즐거움도 있고 신기함도 있고 막 이러니까 훨씬 일도 좀 덜 힘들다라는 느낌을 받으면서 저는 그렇게 일을 했고. 그리고 이제 또 이제 저희가 농사하면서 하는 게 있다면 가능한 한 기계는 많이 쓰지 말

자, 그런 거 하고. 그리고 가능한 한 외부의 노동력을 투입하는 걸 좀 적게 하
자, 이런 식으로⋯ 그런데 그런 것들이 다 우리가 막 그런 철칙을 갖고 시작을
했다기보다는 가난한 젊은 부부가 농사를 짓다 보니까 가능한 한 돈 들지 않
는 농사를 짓다 보니까."(안미경, 2022.9.21.)

   인터뷰에 참여한 홍동의 안미경의 경우, 25년 전 농사를 처음 짓기 시작하면
서, 가족이 먹고살기 위한 '자급'의 농사법으로 다양한 씨앗을 조금씩 뿌렸던
것이 시작이었다. 소농이 할 수 있는 방식이 바로 '다품종 소량생산'이었고, 이
는 기계의 힘도, 다른 사람들의 손도 빌리지 않고 자립적으로 농사를 지을 수
있는 농사방법이기도 했다.
   '다품종 소량생산'이라는 농사방법은 다양한 품종들이 변화하는 기후와 토양
에 적응하면서 살아남아 보존되는 것을 의미하기도 한다. 특히 토종 품종들의
'종자'를 보존하기 위한 활동들은 여성농민들에 의해 여러 해 전부터 다양한 형
태로 이루어져왔다. 예를 들어 씨앗도서관을 통해 다양한 토종씨앗들이 필요한
이들에게 나누어지고, 농사를 지어 채종한 씨앗들은 다시 씨앗도서관에 기증하
는 방식으로 시스템을 만들어 운영하고 있기도 하다(시바, 2018; 홍성 씨앗도
서관, 2020; 이효희, 2021).
   인터뷰에 참여한 여성들의 경우, 자신이 주요 품종을 선택해가는 과정에서,
이웃들이 농사짓는 품종을 살펴보면서 중복되는 품종은 피해서 선택하는 과정
을 거치게 된다. 그래야 필요한 농작물을 다양하게 확보할 수 있으며, 지역 내
교환의 가치성, 상품성도 높아지기 때문이다. 그러므로 그 지역의 기후 등을 고
려한 주요 작물은 함께 생산하지만, 그 외에는 다양한 농산물을 생산하게 된다.
   농사방법에 있어서 새로운 시도를 하기도 한다. 퍼머컬쳐와 같은 대안농법
을 하는 곳에서는 자연의 숲을 닮은 농법, 즉 숲밭(Food Forest Garden)의 개념이
다. 숲 생태계를 모방하여 여러 작물을 동시에 재배하는 다품종을 숲으로 구현
한 밭으로 관목, 열매 및 과일나무, 덩굴식물, 피복식물, 뿌리식물 약초류와 허

브 등 7가지 이상의 층으로 구성된다(윤유선, 2023:30). 그런 농법은 서리나, 기온 차로부터 식물들이 서로를 보호할 수 있게 된다. 기후변화로부터도 작물들이 서로를 보호할 수 있게 된다. 또한 허브 같은 것을 함께 심으면, 기후변화로 생기기 쉬운 해충으로부터의 피해도 막을 수 있게 된다. 품종 면에서도 다년생을 40% 이상 배치해서 심는다. 그러면 농부가 매년 많은 노동을 하지 않더라도 자연스럽게 다양한 종이 보존되면서 생태계가 지속가능하게 된다.

그러므로 기후위기 상황에서 생물종 다양성을 보존하는 것은 농업 분야에서도 중요하다. 농약이나, 생산량 증대를 위한 품종개량으로 종들이 단일화되고, 그 단일화된 종들은 특정한 기후에서 멸종할 가능성이 높아지기 때문이다. 기온변화에도 적응해서 멸종하지 않고 살아남을 수 있도록 종을 다양화해서 생존 가능성을 높이는 것이 중요하다. 그러므로 기후위기 시기에 다품종 소량 농업으로 다양한 품종을 지켜나가고자 하는 농사짓는 여성들의 활동은 의미있다.

다품종 소량생산 방식과 자급의 즐거움

관행농업은 단일품종을 중심으로 구획을 정해서 농사를 짓는 시스템을 구축한 농업방식이 대부분이다. 그래서 특정한 기간 내에, 필요한 노동을 해내야 하기 때문에, 농사를 짓는 사람들도 반복적이고 단순한 노동을 장시간 할 수 밖에 없는 구조이기도 하며, 규모에 따라서는 기계나 다른 인력을 힘이 필요한 농사 방법이다. 그런데, 50~80종의 씨를 뿌려서 농사를 짓는 경우에는, 파종 및 수확하는 시기도 다양하고 규모도 크지 않기 때문에, 관행농업에 비해서 '덜 힘들다'라고 느끼게 된다.

다품종 소량생산의 의미는 대안농업을 하는 소농이나 도시농업을 하는 여성들 공동체에서는 '자급'의 의미가 기후위기의 시대에 더 중요한 의미로 강조된다. 즉, 스스로 생산 가능한 먹거리를 '자급자족'한다는 의미이기도 했다. 특히 도시농업에 참여하는 농사짓는 여성들도 몇 가지 필요한 먹거리를 스스로 생산해보는 경험에 큰 의미를 두었다. 즉, 생산과 소비가 이원화되어 있는 경제 시스템 속에서, 도시에 사는 소비자로만이 아니라, 먹거리 일부를 생산하는 것을 의미한다(미즈, 2014; 윤유선, 2023). 이는 농업생산량 극대화를 통한 이윤추구라는 자본주의 시스템의 가치와도 대별된다. 이 자급의 전제는 '적절한 필요에 의한' 생산의 의미도 담고 있다.

그러나 기후위기로 인해 대안농업을 하는 농가에도 어려움이 있다. 첫 번째 어려움은 농사 품종에 따라 수확량이 줄어들기도 한다는 점이다(김효정, 2022: 152; 정숙정, 2022: 116; 남재작, 2022). 특히 기후변화에 민감한 품종에 따라서는 수확량이 급감하기도 한다. 예를 들어, 벌의 수분(受粉)을 통해 꽃을 피우고, 열매를 맺어야 하는 호박 농사의 경우에는 3년 전에는 수확량이 2,000여 개 정도였던 것에 비해 500여 개로 대폭 줄기도 한다고 보고하고 있다(박정미, 2022.9.21.).

두 번째 어려움은 다양한 해충의 피해가 늘면서 그에 따른 노동량도 급격히 증가하게 되었다는 점이다. 기온이 높아지면서, 해충의 피해가 크게 증가했다. 대안농업 내에서 허용한 범위 내이기는 하지만, 해충퇴치제의 사용이 늘기도 하며, 그에 따라서 여성농민들의 노동시간과 노동량도 증가하게 되었다.

> "옥수수 심고 그렇게 벌레가 많아 본 적 처음이에요… 친환경 약해보기는 처음이야. 올해 옥수수를 내가 지금 일 년 열두 달 지금 나오고 있고… 올해 벌레가 유난히 많아. 기온이랑 관련 있는 것 같아, 기온과. 그 다음에 이제 비가 많이 온 거랑 습도… 그래서 약을 이제 처음 처방하고… 우리는 친환경 약재를 써요… 원래 옥수수는 약을 안 하고 그랬지. 근데 옥수수에 약을 할 정도니…."(박미선, 2022.9.21.)

세 번째 어려움은 품종별로 파종과 수확 시기에 혼란이 생긴다는 점이다. 파종 및 수확 시기 등이 품종, 지역, 기온 등의 조건에 따라 매년 일정했으나, 기온이 상승하고 겨울이 짧아지면서 오랜 경험을 지닌 여성농민들도 파종이나 수확

시기를 판단하고 결정하는 데 혼란을 느끼기도 하였다.

2) 생태적 지식 '감': 감각-연결-얽히고-체득하는 지식

1년에 50~80여 가지가 넘는 품종을 심고 기르고 수확하려면, 그 품종의 특징, 그 지역 기후와 흙의 특성에 맞는 파종시기, 해충퇴치의 방법, 수확시기 등 농사법에 관한 특화된 지식과 통합적 판단력을 갖추어야 한다. 인터뷰를 통해 만난 여성농민의 경우, 이 모든 지식은 처음 몇 년간 농사를 지으면서 체득하였다. 처음엔 파종시기 등도 기록하고 관련된 교육에도 참여하면서 지식을 쌓지만, 농사 경험 2~3년이 지나면 '감'이라는 말로 집대성되어 몸에 체득되어 쌓이는 특성화된 지식이 된다. 이 지식은 그 지역만의 기후조건, 토양의 특질이 개입된 생태적 감각, 정보화된 생태적 지식, 흙, 50여 가지가 넘는 품종들의 씨앗, 시기에 맞는 적절한 여성농민들의 노동, 그에 대한 통합적인 평가와 성찰, 지식에 대한 수정된 실험과 시도 등이 순환되는 형태로 일어난다. 이런 지식을 상황적 지식(situated knowledge)이라고 할 수 있다(이효희, 2021; 김효정, 2022; 정숙정, 2022).

기후-땅의 변화에 민감한 생태적 지식

이 지식은 농사 경험이나 실험을 통해 평가하고, 생태적인 기준으로 그 지역에서 새로운 실험을 시도해보면서 지식이나 내용을 쌓게 된다. 특히 기후변화로 인해 직면하는 문제에 대해서 대안적인 방안을 마련하고 여성농민들이 가설을 세우고 다시 실험하고 학습을 통해서 대안과 해결방안을 마련해 나간다.

예를 들어, 홍동의 한 여성농부의 예를 들어보면, 급격한 기후변화로 인해 단호박의 수확량이 줄어들었다. 이 여성농부는 봄, 가을에 파종을 하는데, 그 다음 파종 때에는 날씨의 변화를 감안하여 단호박의 파종시기를 예년에 비해서 앞당겨보았다. 그럼에도 이번에도 단호박의 수확량이 줄어들었다. 이번에는 수확량이 줄어든 원인이, 꽃이 피고 난 다음에 수분(受粉)이 제대로 되지 않았다는 것에서 비롯되었음을 관찰로 알게 되었다. 수분을 위한 벌의 개체수가 현저히 줄어들었다는 것을 관찰에 의해서 인지하게 된 것이다. 그래서 이 여성농부는 앞으로 상대적으로 벌의 개체수가 더 많은 봄에만 파종을 시도해볼 예정이다(박경민, 2022.9.21.). 원인을 분석하고, 생태적 대안을 찾고, 실행하고, 평가하는 방식을 반복하면서 대안을 모색한다.

매해 새로운 품종을 심어보면서, 그 품종에 대해 학습하고 실험도 한다. 한 나물을 한 계절에 수확하여 먹고 끝나는 것이 아니라, 말려서 저장했다가 겨울 채소로도 이웃과 나누는 등 연구도 하고 응용도 한다(박영선, 2022.9.12.). 어떤 때에는 필요한 지식이 있으면 인근 대학의 농업 관련 강좌에 등록하여 교육을 받기도 하며, 지역 농업 관련 교육에도 참여한다. 다양한 품종들, 흙, 미생물들과 여성농민들의 삶이 밀착되고, 얽혀들고, 이해하고, 돌보고, 먹히고, 먹여 살리는 관계가 되어간다(해러웨이, 2021).

시바가 지적했듯 금융자본이 농민들로부터 얻은 정보와 기후 관련 데이터를 빅데이터화하여 독점하고 있으며(시바·시바, 2018), 한국의 경우에도 외환위기 때 한국의 종자 기업들이 몬산토에 인수·합병되었다가, 2012년에 다시 한국 기업이 인수하는 과정을 거치게 된다. 이때, 그 과정에서 청양고추, 시금치 등의 중요한 몇 가지 품종은 저작권을 몬산토[4]가 지속적으로 소유하게 되었다. 그래서 지금도 이런 품종들의 종자들은 한국에서도 로얄티를 지불하고 있다. 이런 의미에서 지역의 토양이나 기후에 맞게 생성된 생태적 농업의 지식, 데이터, 기후변화에 맞는 대안적인 농사법 등에 대한 데이터와 내용이 지역사회 안에서 정리되고, 공유되는 과정은 중요해진다.

---

4 GMO 기업의 대명사인 몬산토는 2018년 바이엘 주식회사가 인수하여 몬산토라는 브랜드를 폐기함에 따라 지금은 존재하지 않는다.

4. 기후위기의 도전과 전환의 틈새 만들기

1) 스마트 팜(smart farm)인가? '땅'과 '흙'의 미생물인가?

기후위기에 대응하는 하나의 방식으로 과학기술적 접근의 대안이 등장하고 있다. 급격한 기후변화에 영향을 받지 않으면서도, 인력의 고령화로 인한 농촌에서의 부족한 인력난을 해소할 수 있는 방안들이 모색되고 있다. 첨단 과학기술을 적용한, 드론을 이용한 농업이나 스마트 파밍(smart farming) 등의 등장이 그것이다. 이와는 대조적으로 대안농법으로 농사를 지어온 여성들에게 소중한 것 중에 하나는 '흙'과 '땅'이다. 다양한 미생물이 살아있는 '흙'은 기후변화 시기에 더욱 중요한 물질적 요소로 다음과 같은 가치가 부여되기도 한다.

첫째, 제초제나 화학비료를 치지 않고 얻은 흙의 생명력은 인간과 생태계의 다양한 종들의 생존가능한 토대가 된다. 영양분이 있고 오염되지 않은, 식량자원을 얻는 토대가 되기도 하며, 생태계의 기반이 된다. 농사짓는 여성, 흙, 그리고 종들의 물리적인 관계성을 중요하게 생각한다. 푸이그 드 벨라카시는 이러한 관계성을 돌봄의 관계를 넘어서 '터칭 비전(touching vision)'이라고 강조한다 (Puig de la Bellacasa, 2017:112).

둘째, 대안농법으로 농사짓는 여성들은 흙이 식물의 뿌리가 기후위기의 원인이 되는 탄소를 포집하는 기능을 수행한다는 점을 강조한다. 그래서 퍼머컬쳐 농법에서는 땅을 가는 경운의 과정을 거치지 않으며 뿌리를 뽑지 않는다. 잡풀도 뿌리는 놔둔 채 베어서 땅에 덮어준다. 탄소를 품은 유기물은 토양을 거름지게 하고 생산량도 증가하게 만들기 때문이다(윤유선, 2023).

그러나 흙도 필요 없고, 빠른 속도로 재배할 수 있는 스마트 팜은 품종마다 필요한 영양제, 기계적으로 습도나 온도조절을 통해 농산물을 얻는 인공적 방식이다. 이런 과학기술에 기반한 농법은 기후, 토양, 해충의 영향을 받지 않고, 실내에서 재배가능한 농업기술로 효율성과 생산성을 목표로 한 것이다. 재배기간도 단축되며, 재배과정도 ICT에 기반하여 작동가능하다. 그러나 이러한 생산 방식은 대안농업을 하는 농사짓는 여성들에게는 생산성만을 기준으로 한 단편적인 농법이며 비판적으로 읽힌다.

"전라도에 수출을 많이 한데서 가보니까 흙이라고는 한 톨도 없어요. 어떻게 시멘트로 이렇게 해놓고 관으로 다 연결해서 하는데 나는 그때 처음 알았어요. 양액재배라는 게 있다는 거. 물을 타가지고 걔한테 필요한 영양소 같은 거를 그때그때 공급을 해주는 거예요. 물하고 약만 있으면 되는 거지. 그래서 정말 흙이라고는… 나는 진짜 너무 깜짝 놀랐어요. 다 시멘트고 거기에 이제 병 같은 게 이렇게 하나씩 당겨가지고 거기에 이렇게 파프리카가 나오고 있고 엄청 잘 자라고 있죠… 농림부에서 친환경 정책을 하는 사람들의 인식이 이런 거구나, 하고 깜짝 놀란 적이 있어요… 이제 그런 거는 안 되고 일단은 땅을 좀 살리고 땅에서 나오는 거를 먹어야…"(박영선, 2022.9.12.)

스마트 팜은 빠르게 확산되어 가고 있다. 그 논리에는 기후변화에 대한 기술적 대응이라는 논리도 있으며, 한국의 맥락에서는 농촌의 부족한 인력에 대한 대안의 한 방편으로도 모색되고 있다.

"스마트 팜은 이제 생산성은 사실 좋죠. 왜냐하면 땅이 아닌 데서 먹거리가 나오는 거니깐, 양액이라는게… 실제로 그거는 이제 물기가 너무 많아서 잘라서 올려놓으면 녹아버리거든요. 근데 제 밭에서 나오는 상추 1장 먹으면 되는데 거기서는 한 60개 정도를 먹어야 돼요. 저희 이제 흙에서 제대로 된 데서 나오는 한 장 먹으면 되는데 이러다가 이제 사람이 아파서 죽는 거죠. 스마트 팜은 지금 건설자본이 들어간 거라서 이건 어떻게 할 수가 없어요. 그거 자체가 일반적인 밭에 비해서 약 200배 정도 돈이 들어가거든요… 에너지도 집약적이고 워낙에 또 많이 투입해야 되니까, 그니까 뭐든지 자본주의는 그런 거예요.

투입이 많이 되면 그걸 만든 사람들은 돈을 벌죠."(유민정, 2022.10.28.)

스마트 팜 또한 화학비료를 사용하지 않아 대안농법으로 보이지만, 농사짓는 여성들은 영양적 측면에서 문제를 제기하고 있으며, 생산적 측면에서는 효율적이지만, 에너지 측면에서는 전기에너지를 집약적으로 사용하게 된다는 점을 지적한다. 또한 처음 시설을 구축할 때 많은 비용이 들어서, 젊은 농부들은 시설 설비를 위한 빚을 짊어지게 되는 원인이 되기도 한다. 상추와 같은 값싼 채소를 스마트 팜에서 생산하게 된다면, 고가의 장비설비로 지게 된 농가의 빚과 이자를 감당한다는 것은 젊은 농부들에겐 장기간에 걸쳐 큰 짐이 될 것이다.

반다나 시바와 카르티케이 시바는 신자유주의 체계하에서 전 세계 1%를 차지하는 금융자본이 기계론적이고 환원적인 사유를 바탕으로 한 유전자조작 기술로 품종을 단일화하고 있다고 주장한다(시바·시바, 2018). 기후변화가 급격해지면서, 글로벌한 자본은 기후변화에 대한 빅데이터를 수집하여 디지털 농업의 모델을 제시하기 시작했다.

다국적 식량기업이었던 몬산토는 2013년에 글로벌한 기후 데이터 기업 클라이밋 코퍼레이션(Climate Cooperation)을, 2014년에는 세계에서 가장 큰 토양 데이터 회사인 솔룸(Solum.,Inc.)을 인수했다(시바·시바, 2018: 116). 몬산토는 급격한 기후변화에 취약한 농업 분야에서 기후데이터와 토양에 관한 빅데이터를 가공하여 플랫폼에서 유료로 제공하게 된다(시바·시바, 2018: 119). 그래서 몬산토는 디지털 농업, 데이터 과학, 유전공학을 결합하여 통합농업 시스템 플랫폼을 구축했으며, 더 고차원적 수준에서 식량안보의 기초로 사용되는 것이 아니라 식량통제에 활용될 수 있다고 시바는 주장하고 있다(시바·시바, 2018: 118).

나아가서 금융자본이 기후위기에 대응하여 내놓는 대안들은 지구공학 일사량, 이산화탄소 제거 또는 온실가스 제거로 포괄되는 공학적 개입으로 빌 게이츠 등이 지원하는 실험이나 자원들의 문제점을 시바는 지적하고 있다. 이는 독점적이며, 혁신, 기술, 투자와 같은 과정으로 포장되어 다양한 의견수렴이나, 민주적인 참여 등은 제한되는 중앙집권적이고 권위적인 방식으로 이루어지는 체계와도 연관된다고 지적한다(시바·시바, 2023: 179-199). 우주에 다양한 우주선을 보내고, 탄소를 포집하기 위한 지구공학과 관련한 연구 등, 자본투자를 이용한 중앙집권적 방식의 연구로 몰아가고 있다고 주장하고 있다. 따라서 과학기술과 관련한 농업이 과연 민주적인 논의와 생태계를 고려한 방식인지, 누구를 위한 자본인지에 대한 논의 없이 이루어진다는 점이 문제인 것이다.

2) 자급농업의 틈새 만들기: 지산지소(地産地消), 지역에서 만들고 지역에서 소비하기

급격한 기후변화 속에서 어떻게 체계의 전환을 만들어갈 것인가? 관행농업에서의 방식과는 다르게 대안농업에서의 여성들이 다양하게 제시하는 방식들에 주목할 필요가 있다. 이러한 방식들은 신자유주의 체계 안에서 금융자본이 통합체계를 세우고 독점화하고 중앙집권적인 시스템을 운영하는 것에 대해, 어떻게 지역에서 새로운 대안을 만들고 실험하고 연대해 나갈 것인지와 연결되어 있기도 하다.

대안농업을 하는 소농 여성들의 농산물은 다양한 방식으로 먹거리 시스템에 제공된다. 첫 번째 방식은 대안농업을 하는 지역에서는 생활협동조합(이하 생협)의 생산자로 계약을 맺어서 특정한 농산물을 계약한 시기에 공급하는 것이다. 생협의 생산자 조직의 일원이 되어서, 특정한 농산물을 계약한 시기에 생산하여 공급하는 방식이다. 적정한 가격을 생산 전에 사전에 소비자조직과 책정하므로, 안정적으로 생산할 수 있지만, 일정한 생산량을 지속적으로 공급하기가 쉽지는 않은 방식이다. 또한 생협조직 중에는 기업적인 마인드로 유기농제품을 유통하는 생협이 등장하면서 많은 대안농업 여성농민들이 생협의 공급자로서는 상당히 많이 이탈하기도 하였다(안미경, 2022.9.21.).

인터뷰에 참여한 홍성의 여성농민들의 경우에는, 홍성지역의 유기농협동조합원으로 참여하여, ① 홍동지역 학교 급식의 식재료를 공급하고 ② 지역의 상점 및 장터에 주로 공급한다. 또한 홍성지역 여성농민회가 주도하여 ③ '함께 먹는 식구들'이라는 이름으로 회원들끼리 상품가치가 떨어지는 농산물을 싼값에 상호교환하거나, 반찬 등의 가공품으로 만들어서 직접 거래하는 방식으로 공급하고 있다. 또한 다른 지역의 여성농민들도 '꾸러미' 형태로 생산된 농산물을 도시의 소비자들과 '직접 거래'를 하고 있었다.

이렇게 먼 거리의 도시로 공급하는 것보다는, 지역 내에서 대안농업으로 생산된 농산물을 주로 공급하게 된 요인 중의 하나가 기후변화라고 볼 수 있다. 높아진 기온으로 인해 잎채소 농산물은 금방 시들기 때문에, 원거리 소비자에게 공급하는 것은 점점 어려움을 겪고, 이를 해결할 물류 시스템을 갖추는 것은 더욱 에너지 집약적이고, 유지비용이 높아지기 때문이다. 그래서 지역에서 "나 어제 네가 키운 양파 장터에서 샀어."(안미경, 2022.9.21.)라는 대화가 가능해진다. 왜냐하면, 유기농산물에는 생산자인 농민의 이름이 표기되기 때문이다. 동네에서 누가 생산한 농산물인지, 또한 누가 먹을 농산물인지도 분명하기 때문에 더욱 책임감을 느끼게 된다. 그래서 어디서 온 농산물인지 모르는 것이 아니라, 지역 먹거리 시스템에서 누가 생산한 농산물인지 알기 때문에 믿고 먹게 된다(이효희, 2021).

'전환마을 ○○'의 경우, 도시텃밭에서 공동생산하는 농산물은 함께 운영하는 채식 위주의 마을식당에서 식재료로 일부 사용된다. 마을식당의 메뉴가 생산된 식재료를 고려해서 정해지기도 한다. 또한 마을식당의 음식물 찌꺼기는 도시텃밭용 퇴비를 만드는 데 사용된다(유민정, 2022.10.28.).

대안농업의 여성농민들은 지역 학교 급식에 유기농 식자재를 공급하여 판로를 마련하거나, 지역로컬협동조합, 로컬마켓에서는 장터나 상점에 주로 생산물을 공급하고 있다. 그 외에 실험적이고 대안적인 방식으로 지역에 귀농하여 자원이 필요한 청년들을 위해 교환이나 선물, 값싸게 반찬을 공급하는 등의 시도를 하고 있었다.

이런 다양한 시도들은 가정이나 지역 내에서의 생산과 소비를 통한 건강한 자급의 시스템을 만들어가는 시도이다. 농촌의 농민이 생산하고 도시의 착한 생협 소비자가 구매하는 '이분화'된 기능과는 다른 방식이다.

> "○○단체는 착한 소비자 운동에 더 가깝다면 저희는 소비로는 이 자본주의 문제나 이 불평등을 해결할 수 없다. 그렇기 때문에 1%라도 생산하는 마을이 되면 10%의 마을에서 그걸 나누면 10%의 자급경제가 만들어진다… 그리고 전체 전 세계 인구가 10%를 작업하면 기후위기가 끝난다고 하거든요… 그래서 전체적으로 저희 밭에서는, 공동체에서는 매일 뭘 생산하라고 그래요. 자꾸 착한 소비 이런 거… 별로 좋아하지 않아 가지고 대부분 다 그래서 몸을 써서 농사짓는 걸 많이 하죠."(유민정, 2022.10.28.).

그래서 유민정은 착한 소비자 운동을 하기보다는 도시에서도 퍼머컬쳐 농법으로 농사를 지어서 일부 자급할 것을 주장하며 활동하고 있다. 그 방식이 도시가 농촌에 기생하며 살아온 것을 끝내고 1%라도 생산해나가는 것이라면, 지금의 자본주의 시스템으로부터 전환의 계기를 마련할 수 있다고 생각한다.

5. 자급농업의 틈새 넓히기: 자급에서 연결하기로

여성농부 혼자서 주 1회 혹은 2주에 1회씩 꾸러미 상자를 도시에 보내는 것은 쉽지 않은 일이다. 아무리 한 해에 50~80가지의 품종을 심어도, 매번 다양한 농산물 꾸러미를 만들기는 쉽지 않기 때문이다. 그래서 보통은 지역 여성농민들이 조직을 만들어서 그 지역에서 생산되는 농산물을 모아서 보내게 된다.

청양의 박영선의 경우에는, 동네 여성농민들과의 협업을 통해 주 1회의 꾸러미 상자를 만들어 보내면서 도시 소비자와 연결되면서도, 현지 지역에서는 여성농민들과 경제적으로 협업관계를 만들고 있다. 농촌사회에서 현재 가장 큰 문제는 농민의 고령화로 인한 농민인구의 감소를 꼽을 수 있다. 가용노동력 확보를 위해 외국인 노동력을 확보한다든지, 매년 농사의 규모를 축소하기도 한다. 한편으로 지역에서는 젊은 귀촌·귀농 청년들을 유입하기 위한 사업들을 지역 단위로 활성화하기도 한다. 그런 사업의 일환으로 대안농업을 하는 여성농민 활동가들이 귀농한 젊은 여성농부들에게 유기농업의 농사법, 농업경영과 관련한 노하우 등을 전수하는 등의 다양한 시도를 하고 있다. 꾸러미상자 보내기 사업을 함께 운영하면서, 농업경영과 관련한 노하우 등을 전수하는 것이다.

경북 상주에는 여성농민조직이 주도하여 지역에 매장을 열어 생산-가공-물류사업을 공동체적으로 운영하는 경우도 있었고(김효정, 2022), 충남 홍동의 경우에는 생산과 유통은 각자가 개인적으로 속한 조직에서 해결하고, 여성회를 통해서는 공통적으로 관심을 갖는 여성주의적 교육과 지원사업 등을 운영하고 있었다.

특히 읍내에 사는 비농업인을 대상으로 한 텃밭농업을 통한 대안농업 경험을 전수하는 일도 하고 있다. 홍동에서는 여성회가 주도하여, 읍내에 사는 여성들에게 대안농법으로 1년 동안 텃밭 농사짓는 방법을 가르치고 있다. 읍내의 참여자들 몇 명과 여성농민 한 명이 멘토가 되어, 심고자 하는 작물에 대해 컨설팅도 해주고 함께 농법에 대해 공부도 하면서 함께 대안농업의 농삿법을 멘토링하면서 전수하고 있었다.

그러므로 기후위기 시대의 자급이란 삶의 생산과 좋은 삶을 향해 필요한 것을 생산하는 자율적이며 자족성을 가진 삶의 태도이기 때문에, 자연을 착취하면서 자본을 축척하고 잉여를 추구하는 과정인 자본주의 가부장제, 식민주의의 체계와는 구분되는 것이다(미즈, 2013: 56-57). 그래서 자급의 관점을 바탕으로 한 먹거리 시스템을 탈중심화하여 자급적인 생태지역공동체로 전환해간다고 볼 수 있다.

6. 자급으로 전환을 이루기 위하여

급변하는 기후변화에 대응하여, 대안농업과 자급의 관점으로 전환을 만들어 간다면 몇 가지 지점을 염두에 두어야 한다. 첫째, 다양한 종자들을 통해서 생물종 다양성을 보존해야 한다. 이러한 노력은 다품종 소량생산 방식을 통해서 씨앗을 지켜나가는 노력에 의해서 가능한 것이다. 이러한 관점은 다양성을 존중하고 탈중심화로 나가는 시스템을 이끌어낼 수 있다.

또한 도시에서도 농사를 지어 식량 자급의 기반을 마련해야 한다. 반다나 시바가 주장하듯, "부유하든, 가난하든, 젊었든 나이 들었든, 종파가 무엇이든, 계급이 무엇이든, 모든 사람은 식량을 길러내는 법을 배워야 한다. 모든 공간이, 모든 발코니와 테라스가 텃밭이 되어야 한다(시바, 2015: 260)." 개인이 필요한 만큼은 즐거운 노동을 통해서 텃밭에서 생산하고 다른 필요한 것은 지역 내에서 교환이나, 다른 방식으로 구할 수 있는 먹거리 시스템을 생각해볼 수 있다. 도시에서 나고 자라서 농사를 지어본 경험 없이 도시텃밭에 참여했던 20대 1인 가구 여성들은 기후위기 시대에, 도시 텃밭활동을 통해 먹거리 일부를 자급자족하는 것에 대해 필요성을 느끼고 있었다(윤유선, 2023). 그것은 도시에서 사무직 임노동을 통해 번 돈으로 소비하는 것과는 다른 삶의 방식이기도 했으며, 제로웨이스트나 플라스틱 제품 안 쓰기처럼 소극적인 환경운동과도 다른 방식으로 자본주의적인 시스템에서 벗어나, 전환적인 삶의 방식의 하나로 받아들이는 것이다. 그래서 어떤 20대 여성은 먹고사는 것의 기본은 텃밭으로부터 자급하고, 자신이 하고 싶은 일을 하면서 살아가는 삶의 방식을 대안으로 생각하기도 한다(윤유선, 2023: 133). 식량자급과 기후위기 대응을 위해 필요한 실천의 하나라고 생각하기 때문이었다.

기후위기에 탄소를 가두기 위한 숲과 밭을 늘리기 위한 틈새 실험의 전략은 도시에 시멘트를 걷어내고, 흙으로 생태계를 복원하는 것이다. 숲을 더 만들고, 다양한 텃밭을 만들어서 도시에서 식량의 일부를 자급해나가는 기초를 만들어가야 한다. 공원의 일부에 노지텃밭, 건물에는 옥상텃밭을 만들고, 어릴 때부터 생존의 한 기술로 간단한 식물을 심고 가꿀 수 있도록 학교텃밭에서의 교육을 더욱 활성화할 필요가 있다. 도시에서도 텃밭과 숲을 연결해 나가면서, 탄소발생량을 줄여나가야 할 것이다.

그래서 도시텃밭 등 도시 안에서 농사를 지을 수 있는 공유지의 확보는 중요한 일이다. 공동으로 경작하고, 생산물을 지역에 어려운 이웃이나, 아이들의 급식으로 공급하고(강지연, 2021), 그 외에는 개인으로 농사를 짓게 하기 위해서는 제도적인 차원에서의 개혁을 필요로 한다. 그런 공유지를 합법적으로 확보해 나가는 것 혹은 점거해 나가는 것도 중요한 전략이 된다.

기후위기에 대응하기 위한 체제전환을 위한 급진적인 전략 중의 하나는 화학비료와 살충제 사용을 단계적으로 폐지하여, 인도의 시킴(Sikkim)주에서와 같이, 살충제 사용을 금지하고 100% 유기농업으로 전면적으로 전환하는 정책을 실시하는 것이다(Heindorf 2019, Barlow et al, 2022:205에서 재인용). 특정한 지역이 모델이 되어, 생태계를 살리고 화학비료와 살충제로부터의 오염을 거두어들이는 것을 시도하는 것이다.

전환을 위한 틈새 실험에서 가장 중요한 것은 사람이다. 농촌의 전업 여성농부는 고령화로 인하여 급격히 수가 줄어들고 있으나, 귀농·귀촌 생활을 시도하고 있는 젊은 세대의 여성들도 있으며, 도시에서 농사짓는 여성들도 다양한 경로를 통해 늘어나고 있기도 하다. 그러나 기후위기에 대응하면서 생태적 가치와 농업방식을 지켜나가면서 삶을 지탱하기는 쉽지 않은 상황이다. 생태계와 대안농업을 지켜나가는 이들에게 기본소득과 같은 전환적인 정책적 지원도 필요하다.

도시에서 상추, 바질, 토마토, 옥수수, 블루베리 나무 등 몇 가지 되지 않는 먹거리가 될 식물을 키우고 나눈다고 해서, 기후위기를 대응하는 방편이 될 수 있을까? 물론 체제전환이 한꺼번에 일어나지는 않는다. 하지만, 현재의 거대한 자본주의 시스템 속에서 소비하는 먹거리와는 달리, 자연과의 직접적인 관계의 경험을 쌓으면서, 기존 시스템에서 벗어나는 전환의 틈새를 만들어가는 시작으로 읽을 수 있다. 그 형태는 물리학자 캐런 바라드가 제시하듯 '파동의 시위대'의 모습과 유사할 것이다(박신현, 2023: 97). 때로는 흩어진 물의 입자와 같지만, 어떤 경우에는 개별입자 형태를 벗어나, 물과 같은 모습으로 유동적으로 모이고, 어떤 때는 얼음처럼 단단해져서 시위하고, 어떤 때는 이슬처럼 모여서 군중시위를 하고 위험의 순간에는 안개처럼 흩어지는 형태를 말한다(박신현, 2023: 97-98). 대안적인 틈새에서의 실험은 개별적인 활동으로 힘이 없어 보이지만, 필요에 따라서는 많은 수가 유동적으로 모이고, 단단하게 체제에 맞서기도 하고, 때론 안개처럼 스며들고, 파동이 되어 퍼지면, 어느 순간 그 단단한 기존체제를 넘어서서 대안의 시스템을 형성하게 될 것이다.

⟨부록: 관행농업-대안농업- 자급 관점의 대안농업 비교⟩

구분	관행농업	대안농업	자급 관점의 대안농업 여성 중/소농
품종	• 단일품종	• 다품종	• 다품종
목표 생산량	• 대량생산	• 적정생산	• 적정생산
비료	• 화학비료	• 퇴비, 친환경 비료	• 퇴비, 친환경 비료
종자 구입	• 품종개량된 씨앗 구매	• 다양한 씨앗 구매 • 토종씨앗 공유	• 다양한 씨앗 구매 • 토종씨앗 공유 • 선물
형태	• 대농, 중농, 소농 • 기업농	• 중농, 소농 • 생산자협동조합 • 다양한 농부들의 협업	• 중농, 소농 • 지역생산자협동조합 여성 농민 • 도시텃밭 공유자들, 개인
보조 노동력	• 외국인 농업노동자	• 외국인 농업노동자 • 품앗이 • 협업	• 자급하는 개인들 • 품앗이 • 협업
유통구조	• 이윤중심 유통구조	• 자급 • 전국조직 협동조합 • 지역유기농협동조합	• 자급 • 지역유기농협동조합 • 직거래를 위한 로컬매장 • 신뢰에 기반한 다양한 형태 • 선물
생산-소비 간의 거리	• 생산-소비 지역 간의 원거리 • 분리	• 생산-소비의 분리	• 지역 내에서의 근거리 유통 및 교환 • 직거래

참고문헌

강지연. 2021. 「여성 중심 도시농업의 공동체경제와 지역 돌봄: 서울시 금천구 사례를 중심으로」. 한국농촌사회학회(편). 『농촌사회』 31(2): 65-134.

김효정. 2022. 「인도네시아와 한국 여성농민의 대안농업운동을 통해 본 '생태시민되기'에 관한 연구」. 이화여자대학교 대학원 박사학위 청구논문(미간행).

남재작. 2022. 『식량위기 대한민국』. ㈜웨일북.

미즈, 마리아(M. Mies). 2014[1986]. 『가부장제와 자본주의』. 최재인 역. 갈무리.

미즈, 마리아·벤홀트-톰젠·베로니카(M. Mies, V. Bennholldt-Thomsen). 2013. 『자급의 삶은 가능한가』. 꿈지모 역. 동연.

박신현. 2023. 『캐런 바라드』. 컴북스캠퍼스.

시바, 반다나(V. Shiva). 2015. 『이 세계의 식탁을 차리는 이는 누구인가: 인간과 자연을 살리는 푸드 민주주의 비전』. 우석영 역. 책세상.

시바, 반다나·시바, 카르티케이(V. Shiva & K. Shiva). 2018. 『누가 지구를 망치는가: 1%가 기획한 환상에 대하여 Oneness vs. The 1%』. 추선영 역. 책과함께.

양희주. 2022. 「페미니즘 실천 공간으로서의 농촌: 충남 홍성의 비혼여성 귀농사례를 중심으로」. 제주대학 대학원 사회학과 석사학위 청구논문(미간행).

윤유선. 2023. 「농사짓는 여성들: 퍼머컬쳐 단체 〈수락〉의 자본주의 비판과 대안적 노동 모색」. 서울대학교 대학원 인류학과 석사학위 청구논문(미간행).

이상희. 2023.05.14. "양파잎 마르고 까맣게 변해… 수확 한달 남기고 날벼락." 〈농민신문〉. https://www.nongmin.com/article/20230512500620 (2023년 5월 21일 검색).

이효희. 2021. 「한국 대안농식품 운동에서 여성농민의 실천에 관한 연구」. 건국대학교 대학원 농식품경제학과 박사학위 청구논문(미간행).

이효희·윤병선. 2021. 「여성농민의 대안농식품 운동 실천과 농촌공동체의 재구성」. 『농촌사회』 31(2): 7-63.

임서영. 2023.05.15. "'올해 수확 전인데'… 수입 확대에 양팟값 하락 우려." 〈KBS뉴스〉. https://news.kbs.co.kr/news/view.do?ncd=7675941&ref=D(2023년 5월 2일 검색)

정숙정. 2021. 「여성x농민의 교차성: 여성농민의 불평등 경험과 정체성」. 『농촌사회』 31(1): 93-153.

해러웨이, 도나(D. Haraway). 2021. 『트러블과 함께하기: 자식이 아니라 친척을 만들자』. 최유미 역. 마농지.

홍성 씨앗 도서관. 2020. 『우리동네 씨앗도서관』. 들녘.

Gaard, G. 2017. Critical Ecofeminism, Lexington Books.

Alaimo, Stacy. 2016. Exposed: Environmental Politics and Pleasures in Posthuman Times. University of Minnesota Press.

Joanna Wilson & Eric Chu. 2020. "The embodided politics of climate change: analysing the gendered division of environmental labour in the UK." *Environmental Politics*. 29(6): 1085-1104.

MacGregor, S. 2014. "Only Resist: Feminist Ecological Citizenship and the Post Politics of Climate change." *Hypatia: Special Issues on Climate Change*. 29(3): 617-633.

Nathan Barlow, Livia Regen, Moemie Cadio, Ekaterina Chertkovskara, Max Hollweg, Christina Plank, Merle Schulken and Verena Wolf (Ed). 2022. Degrowth & Strategy: How to bring about social-ecological transformation. Mayfly Books.

제2부

체제전환의 확장과 불투명성

2부 체제전환의 확장과 불투명성

6장 인간 너머의 기후정의는 어떻게 가능한가? 최명애
7장 기후 및 감염병 위기에 맞서 탈식민 사회정책은 어떻게 생태복지체제를 만들 수 있는가? 한상진
8장 기후위기에 직면한 사회, 체계변화인가 체제전환인가? 박순열

6장

인간 너머의 기후정의는 어떻게 가능한가?

최명애

> 이 글은 기후정의와 체제전환 논의가 인간중심적으로 이뤄져 왔다는 문제의식에서 출발, 인간과 비인간을 망라하는 다종적 관계를 중심으로 기후논의를 새롭게 살펴본다. 기후정의와 다종적 정의를 기후위기 맥락 속에서 결합한 다종적 기후정의는 기후위기 속에서 인간과 비인간이 공유하는 취약성, 신체적 경험과 공감, 관심 기울이기와 응답-능력을 통해 형성, 작동하는 다종적 상호의존성과 돌봄의 감각과 지향으로 설명할 수 있다. 다종적 기후정의 관점에서 탄소중립을 위한 최근의 해상풍력발전 확대는 인간과 비인간의 연결망을 단절하고 비인간을 비가시화한다는 점에서 다종적 기후불의를 야기한다. 이 글은 인간을 중심으로 논의되어온 기후정의 논의를 비인간 존재를 포함하는 다종적 관계로 확장하고, 취약성과 신체, 관계에 기반한 관계적 정의를 제시함으로써 기후위기와 체제전환 논의를 확장하는 데 기여하고자 한다.

키워드: 기후정의, 다종적 정의, 해상풍력발전

1. "동물도 살고 싶다"

지난 2022년 9월 24일 서울 도심에서는 3년 만에 '기후정의행진'이 열렸다. 전국에서 모여든 3만 5,000여 명의 참가자들은 각양각색의 깃발과 손팻말을 들고 기후정의 실현과 체제전환을 촉구했다. 이날 현장에는 '동물'을 내세운 선전물들도 등장했다. "동물도 살고 싶다", "모든 존재의 해방을 위한 기후정의", "종차별 없는 기후행진"과 같이 동물권 단체에서 내건 깃발들과, "함께 살아요"라는 구호 아래 뜸부기, 저어새, 수원청개구리 같은 멸종위기 동물들의 이름도 보였다. 제주에서 상경한 한 시민은 살아있는 말 한 마리를 데리고 행진에 참여해 눈길을 끌었다. 그는 언론 인터뷰에서 "기후위기가 비단 인간의 문제가 아니라 자연, 환경, 그리고 제가 키우는 말들의 문제라고 생각해서 함께 왔다."고 밝혔다(한국일보, 2022). 농민, 어민, 노동자 같은 인간뿐 아니라, 동물 또한 생존위기에 처한 기후위기의 '최일선 당사자'일 수 있다는 것이다. 기후정의행진에 동물이 본격적으로 등장한 것은 한국 사회의 기후논의가 인간의 경계를 넘어 인간과 비인간의 공동세계로 확장되고 있음을 시사한다. 기후위기는 지구상의 모든 존재에게 영향을 미치는 사건이며, 인간뿐 아니라 동물과 같은 비인간 존재를 포함해 기후정의를 생각해야 한다는 것이다. 한 시민의 손에 들려 있던 "모든 존재의 해방을 위한 기후정의"라는 손팻말은 이 같은 '인간 너머'의 기후위기 인식과 대응의 필요성을 보여준다.

기후정의는 기후위기로 발생하는 피해와 기후대응에 따르는 부담의 불평등을 지적하고 해소하기 위한 담론이자 사회운동이다(Schlosberg and Collins, 2014; 홍덕화, 2021). 온실가스 배출량은 미미하지만 기후변화에 따른 해수면 상승으로 피해를 입고 있는 남태평양 섬 국가들을 중심으로 시작된 기후정의 논의는 지난 20여 년간 국제 환경 논의에서 국내 논의, 즉 한 국가 내에서도 존재하는 기후불평등에 대한 논의로 확장됐다. 섬 국가들뿐 아니라 선주민, 도시 빈곤계층, 다양한 형태의 소수자 등 기후변화로 취약성이 강화된 다양한 집단들로 확장된 것이다.

한편, 924 기후정의행진에서 보듯 최근의 환경 및 동물 활동가들과 비판적 연구자들은 기후정의 논의에서 '비인간'의 부재를 지적한다(Henning and Walsh, 2020). 빙산에 위태롭게 매달려 표류하는 북극곰이 기후위기의 상징이 된 지 오래다. 그러나 북극곰처럼 인간에게 가시화되지 않은 대부분의 동식물들은 기후위기의 수동적 피해자로 그려지거나, 기후대응 논의에서 종종 누락된다. 현재의 기후정의 논의에서 비인간은 인간이 아닌 존재도 포함할 수 있도록 보다 포용적인 기후정책이 필요하다는 선언적 수준에서 언급되는 듯하다(한상운 외, 2021). '비인간'의 범주가 동식물뿐 아니라 곤충과 미생물, 숲과 습지와 같은 생태계까지 포함하고 있으며, 이들 인간과 비인간이 다양한 방식으로 상호작용하고 있음을 감안할 때 논의는 더욱 복잡해진다. 한반도의 온난화로 꿀벌이 피해를 입고 있지만, 흰줄숲모기나 매미나방 같은 외래 곤충은 영역을 확장하며 번성하고 있다. 나아가, 모든 존재가 기후위기를 함께 겪고 있는 가운데, 기후위기 해결을 위한 노력이 특정 종의 생존을 위협하는 결과로 이어지기도 한다. 재생에너지 설비 확대가 철새의 이동경로를 교란하는 것이 한 예다.

최근 생태인문학과 신유물론 경향의 연구자들은 기후정의가 '인간' 집단 간의 기후불평등만을 논의한다는 점에서 인간중심적이라고 지적한다. 이들은 따라서 '다종적 정의(multispecies justice)'의 관점으로 기후변화를 새롭게 바라볼 것을 제안한다(Tschakert et al., 2021; Chao et al., 2022; Tschakert, 2022; Verlie, 2022). 인간과 비인간의 얽힘과 관계성을 중심으로 기후위기와 대응을 검토하고, 다종적으로 정의로운 미래를 모색해보자는 것이다. 이들은 다종적 관점에서 기후정의를 모색하는 것이 단순히 기후정의의 대상을 인간에서 비인간 존재로 확장하는 것이 아니라고 지적한다(Winter, 2022; Chao and Celermajer, 2023). 대신 정의를 인간과 비인간의 고유하고 맥락화된 상호작용의 결과물로 보는 관계적 접근을 발전시키고, 어려움 속에서도 다종적으로 보다 정의로운 관계를 만들어가려는 지향을 강조한다.

이 글은 최근의 기후정의와 다종적 정의 논의를 결합해 '다종적 기후정의'를 살펴보고, 다종적 기후정의가 체제전환에 갖는 의미를 살펴본다. 기후정의를 다종적 차원으로 확장해 고찰함으로써 이 장은 기후위기와 체제전환 논의에서 상대적으로 소홀히 다뤄진 '비인간' 측면을 적극적으로 발굴하고 탐색하고자 한다. 최근 국내외 사회과학에서는 인간이 아닌 존재와 인간과의 관계를 지칭하기 위해 비인간(nonhuman), 인간 너머(more-than-human), 인간 이상(other than human), 다종(multispecies) 등의 다양한 개념을 고안하고 발전시키고 있다.[1] 이 논문은 기후위기에 얽힌 비인간 존재의 다양함과 인간-비인간 관계의 복잡성을 상기하기 위해 '다종'을 주로 사용하고, 국내 사회과학에서 비인간에 대한 연구가 '인간 너머'라는 이름으로 소개되어 있음을 감안해 다종과 유사한 의미로 '인간 너머'라는 표현도 활용했다.

이 글은 세 부분으로 구성돼 있다. 먼저, 기존의 기후정의와 다종적 정의 논의를 기후위기 및 대응과 연결지어 비판적으로 검토한다. 이어, 해외 문헌연구를 중심으로 다종적 기후정의 개념을 소개하고 주요 특징-기후 취약성, 신체와 공감, 응답-능력, 코스모폴리틱스-을 살펴본다. 나아가, 다종적 기후정의 관점에서 최근의 해상풍력발전 확대 계획을 살펴보고, 다종적으로 정의로운 체제전환의 가능성을 검토한다. 이 장은 다종적 기후정의를 기후위기 속에서 인간과 비인간이 공유하는 취약성, 신체적 경험과 공감, 관심 기울이기와 응답을 통해 형성·작동하는 다종적 상호의존성과 돌봄의 감각으로 설명할 것이다. 또, 다종적 기후정의 관점에서 탄소중립을 위한 최근의 해상풍력발전 확대는 다종적 연결

---

[1] 췌이컬트 등은 비인간을 "서로 다양하고 상이한 방식으로 엮여 있는 모든 생물, 무생물, 생명체(life forms)와 신체(bodies)"로 설명한다(2021: 5). 최근 사회과학에서는 인간이 아닌 존재를 지칭하기 위해 '비인간(nonhuman)' '인간 너머(more-than-human)' '인간 이상(other than human)' '다종(multispecies)' 등의 다양한 표현을 사용하고 있다. 다종적 정의 연구자들은 비인간 존재(동물, 식물, 균, 광물 등) 그 자체(e.g. 개체, 생태계)가 아니라 존재들이 맺는 '관계'를 강조한다는 점에서 '다종'이라는 표현을 선호한다(Chao and Kirksey, 2022).

망을 단절하고 비인간을 비가시화한다는 점에서 다종적 기후불의를 야기하고 있다고 주장할 것이다.

2. 기후정의와 다종적 정의

1) 기후정의

기후정의는 기후위기의 피해가 사회적으로 취약한 국가와 계층에 집중돼 있으며, 이를 해결하기 위한 책임과 의무 또한 불평등하게 배분돼 있다는 기후불의(climate injustice)에 대한 자각에서 출발한다(Schlosberg and Collins, 2014). 온실가스 배출에 대한 서구 선발 산업국가들의 역사적 책임을 묻는 환경 담론 및 운동으로 출발한 기후정의는 지난 20여 년에 걸쳐 기후위기 적응과 감축의 원칙이자 기후대응의 보수화를 막는 대안 기후 담론과 사회운동으로 자리 잡았다(홍덕화, 2021). 특히 2015년 파리협정 서문에 명문화되면서 기후정의는 국가 기후정책에서 추구해야 할 핵심 원칙이 됐다(Lee et al., 2023). 한국에서도 「기후위기 대응을 위한 탄소중립·녹색성장 기본법(약칭 탄소중립기본법)」에서 기후정의를 기후위기 대응의 원칙 중 하나로 제시하고, "기후변화를 야기하는 온실가스 배출에 대한 사회계층별 책임이 다름을 인정하고 기후위기를 극복하는 과정에서 모든 이해관계자들이 의사결정 과정에 동등하고 실질적으로 참여하며 기후변화의 책임에 따라 탄소중립사회로의 이행부담과 녹색성장의 이익을 공정하게 나누어 사회적, 경제적 및 세대 간의 평등을 보장하는 것을 말한다."(「탄소중립기본법」 제2조 12항)라고 정의하고 있다. 즉, 기후변화에 따르는 책임과 의무를 계층과 세대에 걸쳐 공정하게 배분하며, 이들 이해당사자가 기후 관련 의사결정 과정에 보다 평등하게 참여하도록 해야 한다는 것이다.

이처럼 다양한 인간 집단의 보다 공정한 책임 및 부담 배분, 동등한 참여를 강조한다는 점에서 기후정의는 환경정의를 계승하며, 분배적·절차적 정의를 강조하는 것으로 보인다(박재묵, 2006). 기후정의와 환경정의는 큰 틀에서 롤스로 대표되는 근대 자유주의 정의론을 따르고 있다(최병두, 2010). 롤스는 정의의 주체를 '자유롭고 평등하며 자율적인 개인'으로 보고, 사회적 편익의 공정한 배분을 정의의 실현으로 봤다. 롤스의 평등 지향의 자유주의 정의론이 1980년대 이후 환경정의 논의에 이론적으로 영향을 미치면서 환경정의 담론과 운동이 자연자원 및 환경오염의 계층 간, 인종 간, 국가 간의 공정한 배분에 주력하게 된다(Agyeman et al., 2016; 박재묵, 2006). 기후정의 또한 온실가스 감축에 따르는 비용, 부담, 편익, 피해 등을 보다 공정하게 배분하는 '분배적 기후정의', 기후 관련 논의 및 의사결정 과정에 기후변화 취약계층 및 미래세대의 참여를 보장하는 '절차적 기후정의' 등을 중심으로 발전해왔다(한상운 외, 2019). 아울러 선주민, 소수자, 사회적 취약계층 등의 기후피해와 구조적 원인을 인정하는 '인정적 기후정의' 또한 주목을 받아왔다. 지난 2005년 이누이트가 온실가스 감축 실패로 고유의 문화와 정체성을 상실할 위기에 놓였다며, 미국 정부를 상대로 인권침해 소송을 낸 것이 그 예다(박태현, 2011). 최근의 기후정의 논의는 분배적, 절차적 정의의 측면을 넘어 취약성, 역량, 인권 등과 결합하며 정책적 대응의 범위를 넓히고 있다(홍덕화, 2020).

한편, 쉴로스버그 등은 기존의 기후정의 논의가 인간중심적 한계를 보인다고 지적한다(Schlosberg, 2012; Tschakert et al., 2021). 쉴로스버그(2012)는 기후정의가 서구 정의론의 '자유주의-인간주의 존재론(liberal-humanist ontologies)'에 기반을 두고, '이성'적으로 판단하는 '인간'만을 정의의 주체와 대상으로 삼았다고 비판한다. 세계가 다양한 인간 너머의 관계로 구성돼 있으며, 객관과 이성, 경제적 합리성뿐 아니라, 신체, 경험, 애착 또한 세계의 작동에 영향을 미치고 있음을 간과해왔다는 것이다. 이들은 유엔기후변화협약(UNFCCC)에서 기후정의 개념의 등장과 발전을 분석한 가흐(2019)의 연구를 인용해, UNFCCC로 대표되는 국제기후협상의 기후정의 논의 어디에도 비인간이 등장하지 않는다고 꼬집는다. 췌이컬트 등(2021)은 기후정의 논의가 인간 중에서도 서구 백인이라는 특정 집단을 중심에 놓고 나머지를 주변화, 타자화하는 인간 예외주의를 보여준다고 지적한다. 기후정의 논의가 비서구 인간과 비인간 집단을 무기력하고 무능력한 존재, 즉, 기후위기로 생존과 생계가 위협에 처했는데도 지켜낼 역량이 없는 존재로 만들어내고 있다는 것이다. 췌이컬트 등은 이처럼 기후정의가 여전히 식민주의와 인간중심주의라는 구조 내에서 작동하고 있다고 비판한다. 이들의 지적은 환경정의 논의가 인종, 계급, 절차적, 분배적 정의에 지나치게 몰두하는 경향을 보이며, 미래세대와의 관계, 다른 종과의 관계도 포함할 수 있도록 환경정의 개념을 확장해야 한다는 박재묵(2006)의 지적과도 접점을 갖는다.

  기후정의의 인간중심적 한계에 대한 지적은 최근 신유물론 계열의 인류학, 지리학, 사회학 등에서 발전시키고 있는 '다종적 정의' 논의와 교차된다(Celermajer et al., 2020; Chao and Celermajer, 2022; Chao et al., 2022; 최명애, 2022). 다종적 정의는 동물권과 동물 정치, 선주민 및 탈식민주의 자연 철학, 포스트휴머니즘과 신유물론, 환경정의 등의 폭넓은 학술적 논의에 기반을 두고 인간중심주의 근대 체제를 비판하고 대안적 미래를 탐색하는 학술연구를 가리킨다(Chao and Celermajer, 2023). 생태인문학자들이 주도한 초기 작업은 인간과 동물, 식물, 균, 광물 등 다양한 존재들의 다종적 얽힘을 드러내는 데 주력했다(Kirksey, 2014; Kirksey, 2020; Chao, 2022). 이들은 비인간 존재를 수동적 대상이나 배경으로 보는 대신, 인간의 계획과 실천에 협력하고, 저항하고, 때로는 영합하고 교란하는 능동적 '행위자'로 재구성하고, 인간과 비인간의 다종적 상호작용을 통해 세계가 구성되고 작동함을 인류학적 현장연구를 통해 제시해왔다.

  기존의 다종적 연구가 다종적 얽힘을 드러내는 데만 지나치게 몰두해왔다는 지적 속에서 최근 연구자들은 다종적 관계의 정치적 측면으로 연구를 확장하고 있다(Tschakert et al., 2021; Thaler, 2022; Winter, 2022).[2] 즉, 다종적 관계의 형성과 작동을 권력 관계와 식민주의, 자본주의와 같은 구조의 문제와 연결지어 살펴보는 것이다. 이들은 특히 최근의 생태사회적 위기의 원인을 인간-자연 이분법과 이에 기반해 자연에 대한 지배와 통제를 확장해온 인간중심주의에서 찾고, 인간중심주의의 외부에서 다종적으로 정의로운 미래를 모색할 것을 요구한다. 과학철학자 해러웨이의 지적처럼 "다종적 환경정의 없이는 환경정의도 생태적 세계도 불가능하다."는 것이다(Haraway 2018:102). 이때 다종적 정의 논의의 핵심 쟁점은 인간을 중심으로 발전시켜온 정의 개념과 실천을 인간과 비인간을 망라하는 다종적 관계에 어떻게 적용할 것인가이다.

비인간을 포함해 정의를 새롭게 사유하려고 한다는 점에서 다종적 정의는 자연물에게 인간과 유사한 법적 지위를 부여하고자 하는 '자연의 권리(Right of Nature)' 논의와 교차되는 듯하다. 동물권 및 환경 법학자와 활동가 들은 동물, 숲, 강, 산 등도 인간과 다를 바 없는 법적 권리를 갖는다고 보고, 자연물이 스스로를 보호할 수 있도록 하는 법적·제도적 장치들을 고안해왔다(Stone, 1972; 보이드, 2018; 강금실 외, 2020; Fitz-Henry, 2022). 이들은 특히 동식물과 생태계가 인간과 마찬가지로 개발사업 등의 환경변화로 생존위기에 처하게 됨을 지적하며, 자연물에게 소송을 제기할 수 있는 원고 적격을 부여할 것을 요구해왔다. 나아가, 인간이 만든 기업이나 단체와 마찬가지로 자연물도 '법인'으로 등록해 인간 후견인을 통해 법적 지위와 권리를 행사하도록 해야 한다고 주장해왔다.[3] 자연의 권리 논의는 비인간도 환경과 관련된 의사결정에 참여할 수 있도록 장치와 제도를 개선하고자 한다는 점에서 환경 및 기후정의의 '절차적 정의'를 비인간에게 확대 및 적용하려는 모습을 보인다(Dryzek and Pickering,

---

2 국제 학술지 『Environmental Politics』(2022, 31권 2호), 『Cultural Politics』(2023, 19권 1호)에서 각각 발간한 다종적 정의 특집호 참고.
3 뉴질랜드 황거누이강은 2017년 인간과 동등한 법적 권리를 인정받았으며, 국내에서는 최근 제주 남방큰돌고래를 원고 적격이 있는 생태 법인으로 등록하는 방안이 활발히 논의되고 있다.

2018).

그러나 컬크시, 차오, 셀레마이어 등의 다종적 정의 연구자들은 자연의 권리 논의가 법적 권리와 같은 인간중심적 범주를 일부 비인간에게 그대로 확장한다는 점에서 인간중심주의를 벗어나지 못하고 있다고 선을 긋는다(Chao et al., 2022; Chao and Celermajer, 2023). 법적 권리의 비인간으로의 확장은 인간과 비인간의 유사성에 기반한 것으로, 비인간 존재의 다양성과 다종적 상호작용의 복잡성을 감안할 때 한계가 분명하다는 것이다. 모든 비인간 존재가 고등동물이나 숲, 강처럼 인간의 관심과 법적 지위의 대상이 될 수는 없다. 나아가, 인간-비인간의 이해가 반드시 일치하거나 협력적일 수는 없으며(e.g. 선주민 후견인의 숲 보호), 많은 경우 오히려 상충하거나 모순된다. 이 같은 다종적 관계의 다양성과 복잡성을 담아내기에 자연의 권리는 협소한 논리라는 것이다. 차오와 셀레마이어는 "단순히 포용적 제도를 비인간으로 연장하는 것을 넘어, 다종적 관계가 갖는 존재론적 다양성, 관계적 복잡성, 공통점이라고는 찾아볼 수 없는(incommensurable) 욕망과 의사소통을 담아낼 수 있는 새로운 정치적 상상이 필요하다."고 주장한다(Chao and Celermajer, 2023:2).

인간중심적 제도를 비인간에게 연장하는 대신, 다종적 정의 연구자들은 고유한 다종적 관계의 형성과 작동에 주목하는 새로운 정의 접근이 필요하다고 강조한다(Tschakert et al., 2021; Winter, 2022; Chao and Celermajer, 2023). 이들은 다종적 정의의 주체와 대상이 기후정의에서 다루는 인간이 아님을 강조한다. 대신 다종적 관계, 즉 "다양한 인간과 비인간, 생물과 무생물, 그들의 상호작용과 과정" 그 자체에 주목하고, "다양한 인간과 비인간 생명의 생계와 필요가 고려되는 공동세계를 구성하는 것"을 다종적 정의의 목적으로 본다(Tschakert et al, 2021:5). 췌이컬트 등(2021)은 다종적 정의는 자율적 개인 주체를 중심으로 발전시켜온 기존의 서구 자유주의 정의 이론으로 설명하기 어렵다고 지적한다. 대신, 인간과 비인간의 고유하고 맥락화된 상호작용에 주목하는 '관계적' 접근이 필요하다고 강조한다. 이들은 정의를 모두가 동의하는 보편적 원칙과, 법적·제도적 장치를 통해 원칙을 실현하는 데서 찾지 않는다. 대신, 정의를 다종적 관계망의 작동에 따라 만들어지는 관계적 성취물로 본다. 관계망이 어떻게 형성되고 작동하느냐에 따라 불의가 야기될 수도, 정의가 생성될 수도 있다는 것이다. 또, 종에 따른 구분이 아니라, 지구상의 모든 생명체가 지구에 살아감으로서 취약성을 갖고 있으며, 종의 경계를 넘어 취약성을 공유하고 있다는 데 주목한다(Celermajer et al., 2021). 취약성으로 연결된 다종적 연결망 자체가 정의의 대상이 된다는 것이다. 따라서 다종적 정치는 취약성을 공유하는 다종적 공동체가 지구에서 살아감으로써 발생하는 위험을 어떻게 나눠 가질 것인가의 문제가 된다. 스리니바산과 코크레인은 인간이라는 종의 이해가 환경과 생태 위험을 둘러싼 다종적 의사결정에 다양하고 미묘하게 개입하고 있음을 지적하면서, 협상이 어떻게 진행되느냐에 따라 다종적 정의도, 다종적 불의도 야기될 수 있다고 설명한다(Celermajer et al., 2021).

3. 다종적 기후정의

최근 한국사회에서 동물에 대한 관심이 빠르게 확산되는 것과 함께, 국내 기후정의 운동에서도 동물을 포함한 비인간에 대한 언급이 늘어나고 있다. 기후활동가들과 비판적 연구자들로 구성된 기후정의포럼이 펴낸 『기후정의선언』에서는 "똑같은 재난이 닥쳐와도 (…) 비인간 동물이 인간보다 더 위험해진다."고 지적하며 "돌봄과 연대는 인간만이 아니라 동물 등 비인간도 포함된다."라고 선언하고 있다(기후정의포럼 외, 2021:30, 65). 924 기후정의행진에 이어 이듬해 상반기 기후정의 파업에서도 '생태학살 중단', '대규모 공장식 축산 통제' 등이 핵심 요구사항의 하나로 등장했다. 이 책의 1장에서 구도완은 기후 및 환경 진영의 비인간에 대한 관심을 포착하고 '탈인간'을 체제전환 의제의 하나로 꼽는다. 기존의 기후 담론들이 인간중심주의적 경향을 보여왔다면 동물권 운동을 중심으로 기존 체제의 생명파괴적 속성을 드러내는 한편, 탈인간중심주의적 담론들이 등장하고 있다는 것이다.

이 절에서는 비인간을 포함해 기후정의를 사유하기 위한 방법의 하나로 다종적 기후정의 논의를 살펴본다. 최근의 신진 다종적 정의 연구자들은 다종적 정의를 기후위기라는 맥락과 연결시키고, '다종'의 렌즈로 기후위기와 대응을 새롭게 살펴보는 다종적 기후정의 논의를 발전시키고 있다(Tschakert et al., 2021; Tschakert, 2022; Verlie, 2022; Winter, 2022). 이들은 특히 2019/2020년 호주 산불을 사례로 인간과 비인간이 기후위기를 공유하는 가운데 기후위기의 피해가 인간과 비인간에게 다른 수준으로 공유되어 있음에 주목하고, '인간 너머의 기후정의', '인간 너머의 연대' 등의 개념 통해 다종적으로 정의로운 기후 미래를 모색하고 있다. 이 절에서는 먼저 다종적 기후정의 논의의 기반이 되는 관계적 정의 논의를 짚어보고, 다종적 기후정의 논의의 인간-자연 존재론, 인식론, 윤리적 태도 및 정치적 기획 등을 살펴봄으로써 이 개념을 소개한다.

1) 관계적 정의 접근

앞서 언급한 것처럼 다종적 기후정의 연구자들은 다종적 기후정의가 단순히 기후정의 논의를 비인간 세계로 확장하는 것이 아님을 강조한다(Chao et al., 2022; Chao and Celermajer, 2023). 인간 집단 사이의 분배적·절차적 정의를 중심으로 발전시켜온 기후정의 개념을 다종적 관계로 확대 적용하는 것은 현실적으로 어려우며 효과적이지도 않다는 것이다. 또, 특정 비인간을 피해자로 호명하고 법적·제도적 보호를 제공하는 이른바 '자연의 권리' 방식도 다종적 관계 속에서 기후 부정의를 논의하는 데 한계가 있다고 본다. 다종적 연결망에는 인간부터 동물, 미생물에 이르기까지 다양한 존재들이 모순되고 상충되는 방식으로 결합하고 있다. 한 종에게 정의로운 결정이 반드시 다른 종에게도 공평한 것은 아니며, 오히려 다른 종의 취약성을 강화하는 불의로 이어지기도 함을 감안할 때 개념의 확장이나 일반화로는 다종적 기후정의를 설명할 수 없다는 것이다.

이들은 다종적 관계의 다양함과 복잡함을 감안할 때, 고유한 다종적 관계망의 형성과 작동을 중심으로 정의와 불의를 설명하는 관계적 접근을 발전시킨다(Tschakert et al., 2021; Verlie, 2022; Winter, 2022; Reid, 2023). 이들에게 정의는 미리 정해진 보편타당한 기준(e.g. 법적 권리)을 요구하고 쟁취하는 것이 아니라, 인간과 비인간의 맥락화된 상호작용의 효과다. 즉, 다종적 관계가 어떻게 만들어지느냐에 따라 정의가 실현될 수도 있고, 불의가 강화될 수도 있다는 것이다. 이때 기후정의는 개별적 주체가 "요구"할 수 있는 것이 아니라, "관계로부터, 관계의, 관계를 위해서 생성되는" 관계적 산물이 된다(Winter, 2022:1).

레이드는 다종적 정의를 특정한 다종적 관계성(multispecies relationality)-관계망에 결합된 존재들의 '번성(flourishing)'을 지향하는 관계에서 찾는다. 다른 종에게 관심을 기울이고, 취약성을 알아차리며, 이에 응답할 수 있는 능력을 통해 비로소 다종적 정의의 가능성이 만들어진다는 것이다. 이는 다종적 정의가 "인간과 비인간 친족 관계를 만들고 길러내는 것"이라는 해러웨이(2018:102, 강조 필자)의 설명과도 조응한다. 레이드는 특히 다종적 정의를 위해서는 법과 제도, 과학적 지식이 아니라 자연을 이해하고 관계 맺는 방법을 배우는 것이 중요하다고 강조한다. 이를 통해 착취가 아니라 종의 경계를 넘는 상호주관성(inter-subjective)의 관계가 만들어질 수 있다는 것이다. 비슷한 맥락에서 췌이컬트는 다종적 연결망에 결합한 비인간 존재들의 다양성을 상기시키며, 개별 존재가 아니라 존재들의 '연결'을 강조하는 관계적 접근이 "쾌고감수능력이 있는 동물뿐 아니라 미생물, 숲, 강, 흙과 같은 다양한 존재들을 망라할 수 있는 공간을 만들어낼 수 있다."고 지적한다(2022:278). 여기에서 비로소 "공유된 취약성이 무수한 다른 존재들에 대한 돌봄의 추동력이 되는" 다종적 정의가 상상될 수 있다는 것이다(2022:278).

이처럼 다종적 기후정의는 행위자-연결망과 어셈블리지의 작동을 강조하는 최근의 자연-사회 관계 논의와 교차한다. 신유물론 접근을 취하는 자연-사회 논의는 인간과 비인간의 이질적 연결망을 중심에 놓고 사회 현상을 연결망의 효과로 보는 관계적 존재론, 신체와 정동을 강조하는 인식론, 고유한 인간-자연 상호작용을 통해 생성되는 관계적 윤리, 인간과 비인간 모두에게 보다 민주적인 공동세계를 만들어가고자 하는 코스모폴리틱스의 정치적 지향 등으로 요약할 수 있다(Choi, 2016). 실제로 다종적 기후정의 연구자들이 강조하는 신체적 조우를 통한 다종적 윤리의 감각(Verlie, 2022), 인간과 비인간을 망라하는 포용성, 응답-능력, 코스모폴리틱스(Tschakert et al., 2021) 등은 자연-사회 관계에 대한 관계적 접근의 핵심 개념들과 조응하고 있다. 관계적 접근을 통한 기후정의에 대한 탐색은 기존의 평등주의적 자유주의 정의 이론을 보완하는 한편, 신유물론 연구에서 본격적으로 다뤄지지 못한 정의 논의를 생각해볼 수 있는 이론적 공간을 열어줄 것이다.

2) 다종적 기후정의의 특징

이처럼 다종적 기후정의에 대한 학술적 논의는 다종적 관계를 중심으로 기후위기와 대응을 이해하고 다종적으로 정의로운 미래를 모색하는 데 목표를 둔다. 다종적 기후정의 논의는 누가 정의의 대상이 될 것인가, 기후위기와 불의를 어떻게 인식할 것인가, 기후위기 속 인간-비인간의 윤리적인 관계는 어떻게 생성되며 어떤 정치적 기획이 가능한가 등의 핵심 질문에 대해, 기존의 인간중심적 기후정의 논의와 차별화되는 모습을 보인다.

취약성을 공유하는 다종적 연결망

먼저 다종적 기후정의는 인간 개인이나 집단이 아니라 인간과 비인간이 연결된 다종적 연결망을 정의의 주체이자 대상으로 삼는다. 다종적 기후정의 연구자들은 인간과 비인간 모두의 삶이 기후변화로 크게 취약해졌으며, 모든 존재가 신체를 통해 취약성을 경험하고 있다는 데 주목한다. 기후위기 맥락에서 취약성(vulnerability)은 인간 및 비인간 존재가 기후재난으로 입는 피해를 가리킨다. 최근 기후정의 논의에서 취약성은 기후위기로 인한 피해가 단순히 재난 노출 정도가 아니라 재난에 대응하고 재난으로부터 복구할 수 있는 사회적, 경제적 역량과 연결지어 논의된다(홍덕화, 2020). 즉, 사회 취약계층의 재난 취약성이 유난히 높은 것은 사회적 측면에서 재난대응과 복구능력이 상대적으로 낮기 때문이므로, 취약계층의 역량을 강화하기 위해 보다 적극적인 지원조치가 필요하다는 것이다. 이때 취약성은 특정 인간집단의 기후피해를 심화하는 부정적 요인으로, 조속한 정책적 개입을 통해 완화시켜야 할 요소로 여겨진다.

한편 다종적 기후정의 연구자들은 취약성을 위험으로만 보지 않는다. 이들은 취약성에서 인간과 비인간을 연결하는 "행위력(agentic force)"을 읽어낸다(Reid, 2023). 기후위기로 인한 생존의 위협과 삶의 질 악화는 종의 경계를 넘어 지구상의 모든 존재가 함께 겪고 있는 문제다. 기후위기로 더욱 취약해졌다는 감각은 인간과 비인간 모두에게 고르게-그러나 다른 강도로-경험되고 있으며, "공유된 취약성(shared vulnerability)"을 통해 전혀 다른 생활세계에 살고 있는 인간과 비인간 존재들이 연결될 수 있다는 것이다. 나아가, 취약성에 기반한 다종적 연결은 "개별 인간 주체를 넘어 상호의존적인 생물 및 원소(elemental) 행위자들을 포함하는 다종적 '연결망'이 [기후] 피해에 노출되고 있음"을 효과적으로 드러낸다(Reid, 2023, in Chao and Celermajer, 2023:6). 즉, 기후위기에 대한 취약성의 감각이 취약성을 공유하고 있는 비인간 존재들로 기후위기의 연결망을 확장하고, 개별 인간과 비인간 존재를 넘어 다종적 연결망 자체를 중심으로 기후위기와 기후정의를 생각할 수 있게 한다는 것이다.

신체와 공감

췌이컬트(2022)는 특히 신체적 교환을 통해 비인간 존재들이 겪고 있는 괴로

움을 맞닥뜨림으로써(encounter) 기후위기 대응을 위한 "인간 너머의 연대(more-than-human solidarity)"가 만들어질 수 있다고 주장한다. 기후피해와 책임의 배분을 둘러싼 합리적인 판단만큼이나, 신체를 통해 다른 존재의 취약성을 알아차리고 공감하는 경험을 통해 윤리가 생겨날 수 있다는 것이다. 그는 기후위기와 관련한 다종적 신체 대면을 시각적(visual), 체현적(embodied), 윤리적(ethical), 정치적(political) 조우의 4가지로 구분하고 각각의 방식을 통해 각기 다른 수준으로 다종적 연결망에 결합된 비인간 존재와 그들의 고통을 인지하게 된다고 설명한다. '시각적 조우'가 텔레비전을 통해 산불에 그을린 캥거루를 보는 것처럼 원거리에서의 간접적 대면을 가리킨다면, '체현적 조우'는 새끼를 잃고 괴로워하는 코알라를 보면서 동물의 고통이 마치 자신의 고통인 것처럼 느끼게 되는 감정적, 신체적 상태를 가리킨다. '윤리적 조우'는 비인간 존재와의 공감이 현재의 불의한 상황을 바꾸고자 하는 윤리적 실천으로 이어지는 것을, '정치적 조우'는 비인간 존재를 인간과 함께 변화를 견인할 수 있는 정치적 행위자로 보는 것을 가리킨다. 췌이컬트는 이처럼 다양한 수준에서의 대면을 통해 비인간 존재를 기후변화 속에서 인간과 더불어 "함께 살고 함께 죽는"(Van Dooren, 2019) 존재로 재구성한다고 강조한다.

"취약성을 공유하고 있다는 자각이 인간과 비인간이 공유하고 있는 경험에 눈길을 돌리게 하고, 개별적으로 혹은 집단적으로 상실한 것에 대해서 애도하게 한다. (…) 이 같은 윤리적 어셈블리지를 붙들고 씨름함으로써 우리는 자칫하면 우리 눈에 보이지도, 알려지지도 않았을 다른 존재들 또한 행위성과 인격성(personhood)을 갖고 [인간과 비인간이] 공존하는 일상과 공간을 요구하고, 또한 재구성하고 있음을 받아들이게 된다."(Tschakert, 2022:288)

신체를 경유하는 공유된 취약성의 감각과, 이를 통해 생성되는 다종적 기후정의는 벌리(2022)의 호주 산불 연구에서 보다 선명히 드러나는 듯하다. 벌리는 호주 산불 기간 동안 '숨쉬기'를 통해 시드니 공원에서 숨을 고르는 자신과 다양한 시공간에서 산불을 겪었거나 겪고 있는 비인간 존재들이 접속할 수 있었다고 말한다. 그는 산불이 인간과 비인간을 망라해 수십억에 이르는 존재들에게 "호흡의 위기"를 가져왔으며, "재난의 공기"를 들이마시는 행위가 다양한 비인간 존재들과 기후재난을 공유하는 실천이 되었다고 설명한다. 벌리는 "그 연기를 호흡하는 것"은 "소각된 생태계를 들이마시는 것이며, 이를 통해 불타버린 다종적 신체의 작은 조각들을 우리의 폐로, 혈액으로, 기관으로, 뇌로 들어오게 하는" 신체적 횡단의 과정이라고 묘사한다(2022: 297). 그는 특히 숨쉬기라는 신체적 실천이 산불 현장의 인간과 비인간 존재들을 우리의 신체로 소환하고, 우리의 신체를 산불 현장으로 데려가는 횡단신체적 역할을 수행하며, 나아가 재난 현장의 취약한 존재들을 인지하고, 응답하고자 하는 열망(aspiration)으로 이어졌다고 강조한다. 이때 다종적 정의는 산불 현장의 취약한 인간 및 비인간 존재들을 외면하지 않고 그들과 '공모(conspiration)'하여 무엇이라도 하고자 하는 강력한 '열망'이라고 벌리는 설명한다.

응답-능력

그렇다면 다종적으로 정의로운 윤리적 관계와 정치적 기획은 어떻게 가능할 것인가? 다종적 기후정의 연구자들은 관계적 자연-사회 논의에서 발전시켜온 응답-능력과 코스모폴리틱스를 기후위기 맥락으로 불러온다(Tschakert et al., 2021). 해러웨이(2018) 등이 지적하듯 다종적 연결망에 결합된 다른 존재를 알아차리고, 이들의 고통과 기쁨을 보고 듣는 법을 배우고, 책임 있게 응답하는 것이 다종적 윤리의 실천이라는 것이다. 다종적 연결망에 결합된 다른 존재를 인지하고 윤리적 관계를 맺는 방법의 하나로 왈도와 쉴로스버그는 누스바움의 개념을 빌려 '공감적 상상(sympathetic imagining)'을 제시한다(Celermajer et al., 2021). 인간이 전혀 다른 생활 세계에 살고 있는 동물을 이해할 수는 없지만, 인간과 비인간 모두가 갖고 있는 신체의 경험과 감각을 통해 동물의 처지를 상상해볼 수 있다는 것이다.

인간과 비인간이 기후위기로 취약성을 공유하고 있는 상황에서 공감적 상상은 미처 생각하지 못했던 비인간 존재들로 다종적 연결망을 확장하게 하는 듯하다. 벌리(2022)는 시드니 도심에서 반쯤 타버린 유칼립투스 나뭇잎을 들고 산불 현장을 빠져나오지 못한 코알라를 떠올린다. 폭우의 경험은 재난 현장에서 황급히 피난하는 주민들뿐 아니라 축사에 갇힌 채 물에 잠겨 죽어가는 가축들을 상상하게 한다. 폭염은 도시의 인간뿐 아니라 축사의 동물들도 달군다. 폭염의 경험은 "축사 지붕에 물을 뿌리고 환풍기를 돌려도 축사 온도는 42도를 넘어서기 일쑤였다."는 언론 보도를 보면서 더위에 지쳐 죽어가는 닭에 대한 공감적 상상을 가능케 한다(MBN뉴스, 2021).[4] 나아가, 기후재난에 대한 취약성이 인간 집단뿐 아니라 종의 경계를 따라 불평등하게 배분되어 있으며, 시장주의, 성장주의, 인간중심주의 사회경제 체제를 통해 구조화되고 강화되고 있다는 자각은 다종적 불의의 관점에서 기후위기와 대응을 새롭게 바라볼 수 있게 한다. 이처럼 신체적 경험을 통한 공감적 상상이 종의 경계를 넘어 "인간 너머의 연대"(Tschakert, 2022), "종 간 동맹(inter-species alliance)"(Chao and Kirksey, 2022)을 가능케 하고, 보다 정의로운 다종적 관계를 위한 윤리적 응답과 정치적 기획의 가능성을 만들어내는 것이다.

다종적으로 정의로운 전환

라투르와 스텐저스가 제안한 코스모폴리틱스는 "세계를 이해하고 정치적 결정을 내리는 데 비인간 존재를 적극 고려하고자 하는 정치적 지향"으로 설명할 수 있다(최명애, 2022:93). 췌이컬트 등은 기후정치의 코스모폴리틱스를 기술관료적, 신자유주의적 기후위기 대응을 넘어 "활기찬 삶, 생존가능성, 정의(live-

---

[4] 기상관측 이래 최고 기온을 기록한 2018년의 폭염으로 전국적으로 4,526명의 온열 질환자가 발생했다. 같은 기간에 812만 마리의 닭이 양계장에서 폐사했다.

ability, survivability, justice)"를 위한 새로운 정치적 공간을 만들어내는 것으로 설명한다(2020:7). 이들은 기술과 시장에 의존하는 기존 방식으로는 기후 코스모폴리틱스를 실현할 수 없다고 단언한다. 그러나 기후 코스모폴리틱스의 모습과 경로에 대해서는 아직까지 뚜렷한 상을 제시하지 못하는 듯하다.

다종적 기후정의를 정치적 기획에 결합하는 방법의 하나로 '다종적으로 정의로운 전환'을 생각해볼 수 있다. 홍덕화(2020)는 기후정의 담론과 운동이 기후위기 논의가 탈정치화되는 것을 막고 급진적인 기후변화 대응 정책을 이끌어내는 데 일정 부분 기여했다고 평가한다. 그는 "전환의 정치를 구성하는 사회운동으로 기후정의에 어떤 요구가 포함되느냐에 따라 기후위기 대응 방향과 전환 경로가 영향을 받을 수 있다."고 지적한다(2020:305). 예컨대, 에너지 전환 과정에서 전환 대상이 되는 산업과 노동자에 대한 보호가 기후정의의 이름으로 제기되었고, 이를 계기로 노동자 보호를 포함한 포괄적인 사회 전환 요구가 '정의로운 전환'이라는 기후 의제로 대두될 수 있었다는 것이다. 비슷한 방식으로, 다종적 정의가 기후정의의 한 요구로 포함될 때 기후위기 대응 방식과 경로 역시 달라질 수 있을 것이다. 다종적 정의를 주장하는 것은 탄소중립과 체제전환 논의가 인간만이 아니라 비인간 존재, 나아가 다종적 관계의 차원을 누락하지 않도록 할 수 있다. 기후위기 대응을 위해 마련된 정책과 전략이 비인간 존재에게 어떤 영향을 미치는지를 살펴보고, 여기서 발생하는 불평등과 불의를 드러내고, 지난한 협상을 거쳐 책임 있는 선택을 하게 하는 것이다. 이를 통해서 비로소 기후위기 속에서 비인간 존재와 함께 현재와 미래를 살아가는 방법을 탐색할 수 있을 것이다.[5]

---

[5] 한 예로, 최근의 자연기반해법 논의는 기존의 기후위기 대응이 야생동물 서식지와 생태계를 훼손한다는 자각에서 출발했다는 점에서 국제 기후협상에서 누락되어온 '비인간'의 차원을 조명했다고 볼 수 있다(Cohen-Shacham et al., 2016; 이우균 외, 2023). 그러나 자연기반해법은 동식물과 생태계를 탄소흡수원으로 환원하고, 탄소흡수원을 확대하기 위한 보전지역 확대, 탄소흡수원의 화폐가치 창출과 국제인증 등에 치중한다는 점에서 실질적으로는 시장주의적 기후위기 대응 방안으로 활용된다(Eggermont et al., 2015; Bragg et al., 2021).

다종적으로 정의로운 기후정치를 상상하기 위해 비인간 동식물과 생태계를 기후변화의 수동적 피해자가 아니라 기후논의에서 목소리를 내는 "정치적 행위자"(Tschakert, 2022)로 생각할 수 있다. 이는 신유물론과 다종적 연구에서 강조해온 비인간의 행위성 논의와도 조응한다(Choi, 2016). 췌이컬트(2022)는 아직까지 실체로 존재하지 않는 미래세대가 기후정의 논의에서 소환되고 영향력을 행사함을 주목하며, 기후정치의 모든 당사자가 현존하거나 실체를 갖는 것은 아니라고 지적한다. 또, 기후난민을 기후변화로 삶의 터전을 잃은 피해자로만 볼 것이 아니라, 기후위기에서 생존하기 위해 이동하는 존재로, 이동정의를 요구하는 정치적 행위자로 새롭게 볼 수 있다고 주장한다. 비슷한 맥락에서 비인간 동식물과 생태계 또한 미래세대처럼 현존하지 않고도 기후위기 대응 논의의 장에 참여할 수 있으며, 기후난민처럼 서식지 이동과 행동변화를 통해 기후변화에 적극적으로 대응하는 능동적 행위자로 볼 수 있다.

기후변화에 관한 국가 간 패널(IPCC) 6차 보고서를 포함해 국제 기후논의에서 비인간은 종종 지구 평균기온 상승에 따라 멸종에 처하는 수동적 존재로 묘사된다(Lee et al., 2023).[6] 그러나 실제 많은 동식물은 변화하는 기후에 적응하고 생존하기 위해 빠른 속도로 남북극 극지방 및 고산 지역으로 이동하고 있다(브라켈, 2022). 기후난민을 예외로 하면, 이동하지 않는 것은 인간뿐이다. 바이오시프트(bioshifts), 즉 기후변화에 따른 동식물의 이동속도는 연평균 0.42km 이상이며, 해양동물의 이동속도는 육상동물보다 2배 이상 빠르다. 이를 감안할 때 동식물과 생태계는 기후위기 앞에서 무기력하게 멸종을 기다리는 존재라기보다, 빠르게 변화를 감지하고, 적극적으로 대응한 능동적 행위자가 된다. 비인간은 줄곧 '말했지만', 기후운동과 기후협상이 듣지 않았던 것이다. 르느와르 등은 육상동물과 해양동물의 바이오시프트 속도 차이를 육상동물의 경우

---

[6] IPCC 6차 보고서는 생물종 3만 652종에 대한 기후영향평가 결과를 토대로, 지구 평균기온이 1.5도 상승할 경우 평가대상 종의 3~14%가 멸종위기에 처하며, 1.5~3도 오르면 생물다양성이 높은 핫스팟 지역 토착종의 멸종위험이 10배 이상 증가한다고 보고하고 있다(Lee et al., 2023).

인간이 만든 건조환경에 가로막혀 이동에 제약이 발생하기 때문으로 설명한다(Lenoir et al., 2020). 기후변화에 따른 동식물의 이동을 기후파국의 전조로 보는 대신, 이들의 이동을 인정하고 보조할 수 있는 방안을 기후적응 대책에 포함시키는 것이 비인간에게 '응답'하는 기후정치의 한 방식이 될 수 있을 것이다.

탤러는 다종적 정의의 유용성을 "만약 …이라면(what if)"라는 도발적인 질문을 던짐으로써 "불가능하다고 여겨온 것을 생각할 수 있게 한다."는 데서 찾는다(Thaler, 2022:252). 다종적 관점에서 기후위기와 대응을 바라보는 것은 이처럼 인간중심주의의 외부에서 기후위기를 생각하고, 다종적으로 정의로운 전환을 상상할 수 있는 개념적 공간을 만들어낸다. 기후위기 속에서 인간과 비인간의 상호의존성과 취약성을 인지하고, 익숙하거나 당연히 여겨온 기후변화 대응을 새롭게 바라보며, 이를 통해 발생하는 생태사회적 변화가 인간과 비인간의 취약성에 어떤 영향을 미치는지를 살펴보고, 어떻게 응답할지를 탐색할 수 있게 하는 것이다. 다음 절에서는 다종적 기후정의를 분석의 프레임 워크로 삼아 국내 해상풍력발전 확대 사례의 다종적 측면을 살펴본다.

4. 탄소중립과 다종적 불의

1) 기후위기 해결을 위한 해상풍력발전

기후위기를 해결하기 위한 사회의 대응은 기술과 시장을 이용한 온실가스의 파격적 감축부터 시장주의, 성장주의, 인간중심주의 사회경제 시스템 자체를 바꿔야 한다는 체제전환 논의까지 다양한 스펙트럼에서 전개되고 있다(구도완, 1장). 기후운동가들과 비판적 연구자들은 체제전환을 요구하고 있지만, 현재 기후변화 대응 정책과 제도의 주류는 2050년까지 탄소 순 배출량을 0으로 만드는 탄소중립으로 기울어진 상태다(Lee et al., 2023). 기후위기 비상상황이라는 위기의식이 체제전환을 통한 기후문제의 근본적 해결보다는, 지구 기온상승의 원인으로 지목된 탄소부터 줄이고 보자는 탄소 환원주의적 기후대책을 추동하고 있는 것이다(홍덕화, 2021).

한국의 탄소중립 드라이브는 2021년 「탄소중립기본법」이 제정되고 이듬해 시행되면서 본격화됐다. 2023년 4월 발표된 국가 온실가스 감축목표(NDC)는 중단기적으로는 2030년 국가 온실가스 배출량 2018년 대비 40% 감축, 장기적으로는 2050년 탄소중립이다. 정부는 "2050년까지 탄소중립을 목표로 하여 탄소중립 사회로 이행하고 환경과 경제의 조화로운 발전을 도모한다."는 비전과 함께, 4대 전략 12대 과제를 제시했다. 이때 제1 과제가 원전·신재생 등 무탄소 전원을 최대한 활용한 온실가스 감축으로, 재생에너지 설비 확대 등을 통해 전력 분야 에너지원을 화석연료에서 저탄소 에너지원(원자력, 재생에너지, 신에너지)으로 교체하고, 2030년까지 전력 분야 온실가스 배출량을 2018년의 절반 가까운 수준(45.9%)으로 줄이겠다는 것이다. 이를 위해 2022년 9.2%에 불과한 신재생에너지 발전 비중을 2030년까지 21.6% 이상으로 확대한다는 정책 목표를 갖고 있다. 재생에너지 확대의 핵심은 해상풍력발전으로, 풍력발전 설비를 2030년까지 현재 규모의 10배로 확대하고, 이 중 70% 이상을 해상풍력으로 충당한다는 계획이다.

해상풍력발전을 통한 재생에너지 확대와 탄소중립의 청사진은 해상풍력발전의 현재 수준을 감안할 때 매우 야심만만하다. 2021년 말 현재 국내 해상풍력 발전 설비는 142.1메가와트(MW)로 전체 풍력발전(1.6GW) 설비의 8.7%에 불과하다. 해상과 육상을 합친 전체 풍력발전 설비 자체가 국내 전력발전 설비 규모(129.2GW)의 1.3%에 그친다. 발전량 기준으로는 더 낮아 해상풍력의 기여는 거의 미미한 수준이며, 전국 풍력발전 전체 발전량도 국내 발전량의 0.6%에 불과하다. 2030년까지 풍력발전 설비를 16.5GW로, 이 중 12GW를 해상풍력으로 확보하기 위해서는 해상풍력발전 설비 규모를 지금의 96배로 키워야 한다(이후승·정슬기, 2021).

때문에 해상풍력발전 설비를 설치할 수 있는 전국 연안 지역과 지자체에서 강력한 해상풍력 확대 바람이 불고 있다. 현재 운영 중인 설비는 제주 탐라 30MW, 전남 영광 34.5MW 등 수십 MW급 6곳에 불과하지만, 건설이 추진되고 있는 곳은 89곳에 이른다(한국수산경제, 2021). 이미 허가를 취득한 곳도 39곳이다. 해상풍력발전을 가속화하기 위해 풍력발전보급촉진을 위한 특별법도 발의돼 논의 중이다. 지자체 주도로 풍력 입지를 선정하고, 환경영향평가를 간소화해 풍력발전 인허가 시간을 대폭 단축하자는 것이다. 게다가 해상풍력은 설비 규모나 고도 관련 제약을 덜 받기 때문에 육상풍력이나 태양광에 비해 설비를 대형하기 용이하다. 거주지와 멀리 떨어져 있어 소음 피해나 자연 파괴 논란으로부터도 상대적으로 자유롭다. 탄소중립을 위한 재생에너지 확대 정책의 핵심에 해상풍력발전의 확대가 놓여 있는 것이다.

2) 해상풍력발전의 다종적 기후불의

해상풍력발전이 재생에너지 확대와 탄소중립의 전략으로 주목받는 이면에서는 해상풍력발전으로 예상되는 어민 피해에 대한 관심이 높아지고 있다. 풍력발전에는 수심 50m 이하, 초속 6m 이상의 바람이 부는 연안이 필요하다. 그런데 이 조건을 충족하는 곳 대부분이 현재 연안어업이 이뤄지고 있는 지역이다. 정부의 계획대로 해상풍력발전을 12GW 규모로 확장하려면, 여의도 면적의 1,000배에 이르는 2,800km2의 연안이 풍력발전 단지로 전용돼야 한다(임현지 외, 2021). 어민들이 이용하는 어장에 발전설비가 설치되고 운영되면서 어업에 지대한 영향을 끼치게 되는 것이다. 실제로 경남 통영, 부산 청사포, 전남 영광 등 정부가 예고한 주요 해상풍력발전 단지들이 어민의 강력한 반대에 부딪쳐 좌초되고 있는 실정이다. 기후위기를 해결하기 위한 해상풍력발전 단지 설치가 사회적으로 취약한 어민의 생계를 위협하는 결과로 이어진다는 점에서 이는 전형적인 기후불의의 모습을 보여준다.

한편, 어민과 달리 해양 동식물과 생태계는 해상풍력발전 논의에서 좀처럼 찾아보기 어렵다. 어민의 어장은 곧 해양동물의 서식지이기도 하다. 해상풍력발전 설비가 이미 운영 중인 제주 연안은 남방큰돌고래 서식지이며, 대형 해상풍력사업이 줄줄이 예정된 전남 해안에는 멸종위기 해양포유류 상괭이와 다양한 갯벌 저서생물이 살고 있다. 서해안 해상풍력 계획 지역에는 괭이갈매기의 집단 번식지가 다수 존재한다(이후승·정슬기, 2021). 풍력발전단지 설치와 운영은 해양 포유류와 조류, 어류, 저서생물 등 연안에서 삶을 꾸려가는 다양한 비인간 존재와 생태계에 영향을 미친다(Goodale and Milman, 2016; Best and Halpin, 2019; Bennun et al., 2021). 풍력발전 설비 공사와 운영은 어류와 포유류의 서식지를 직접적으로 파괴하고, 소음, 진동, 전자기장을 일으켜 해양 포유류의 생태를 교란할 수 있다. 발전기와 함께 송전 케이블 매설은 저서생물이 서식하는 해저면을 직접적으로 훼손한다. 발전기 운영에 사용하는 윤활유, 냉각제, 연마제 등의 화학물질은 바다를 오염시킬 수 있다. 나아가, 풍력발전기 예정지는 바람을 타고 이동하는 해양성 조류의 이동경로이기도 하다. 풍력발전기와 조류의 충돌 또한 우려되는 것이다. 이처럼 어민뿐 아니라 다양한 비인간 존재 또한 해상풍력발전의 확대로 생존과 생계의 위협을 받게 된다.

그러나 현재 해상풍력발전 논의에서 이들 비인간의 존재감은 매우 미미하다. 육상개발 사업에서 야생동물의 서식지가 발견돼 사업이 중단되거나 우회되는 것과는 대조적이다. 해양동물은 바닷속에 서식해 인간의 눈에 잘 띄지 않는데다, 해상풍력발전 예정지가 인간 거주지로부터 멀리 떨어져 있어 관련 논의에서 누락되기 쉽다. 나아가 현재의 해상풍력발전 논의 구조에서 비인간을 고려할 수 있는 부분은 환경영향평가의 '입지 선정 및 환경 영향 감축' 항목뿐이다. 저서 생태계, 어류 및 수산자원, 보호종 및 보호구역에 대한 조사를 실시하고, 해당 사업이 이들 생물에 미치는 영향을 최소화하는 전략을 마련하라는 것이다. 최근의 해상풍력특별법은 그나마 환경영향평가마저도 간소화할 것을 제안하고 있다. 해상풍력발전 예정지에 어떤 동식물과 생태계가 있는지 파악하고,

해상풍력발전 사업이 이들에게 미치는 영향을 평가하고 대응하는 것을 어렵게 하는 것이다.

인간과 비인간이 모두 함께 겪고 있는 기후위기를 해결하기 위한 방안이 비인간 동식물과 생태계의 생존을 되레 위협한다는 점에서 해상풍력발전 확대는 다종적으로 '불의'한 모습을 보인다. 앞서 살펴본 것처럼 다종적 기후정의는 특히 인간과 비인간이 공유하는 취약성에 기반한 다종적 연결망을 강조한다. 그런데 해상풍력발전 확대는 다종적 연결망을 확장하는 대신, 오히려 연안을 매개로 인간과 비인간이 맺어왔던 다종적 연결망을 끊어내는 듯하다. 어민, 어류와 해조류, 해양포유류, 저서생물 등 연안의 인간과 비인간은 오랜 시간에 걸쳐 생활과 생계의 다종적 연결망을 구성하고 작동시켜왔다(김준, 2010). 해상풍력발전 논의에서 연안은 풍력발전 설비를 설치할 수 있는 부지로 새롭게 구성된다. 연안이 갖는 다종적 삶의 공간이라는 차원은 탈각되고, 대규모 재생에너지 설비를 빠르게 설치할 수 있는 공간으로 단순화되는 것이다. 이 과정에서 발생하는 어민의 피해는 가시화되고 논의의 장에 포함되지만, 비인간 동식물과 생태계의 처지는 드러낼 통로를 찾지 못한 채 누락되고 만다. 연안 다종적 공동체의 연결망이 해체되고, 인간만이 해상풍력발전 확대의 피해자로 구성되고 정책적 개입이 이뤄지는 것이다. 기존의 인간-동식물-생태계를 연결하는 다종적 관계가 단절되면서, 비인간 존재들은 연결망에서 분리돼 발전단지 예정 부지의 존재감 없는 일부가 된다. 이처럼 '연결' 대신 '분리'를 강화한다는 측면에서 해상풍력발전 확대는 다종적으로 정의롭지 못하다. 비인간 존재가 비가시화되어 있는 상황에서 비인간 존재와의 신체적 조우와 공감은 물론, 응답도 기대하기 어렵다.

해상풍력발전 확대는 연안에 기반을 두고 삶의 취약성을 공유해온 인간과 비인간의 다종적 연결망을 교란하고, 인간을 비인간 존재들로부터 분리한다는 측면에서 인간중심주의적, 인간예외주의적 입장을 취하는 듯하다. 지금의 기후위기가 근대 인간중심적 사유와 실천의 결과라는 차크라바티 등의 지적을 상기할 때(Chakrabarty, 2009), 기후위기를 극복하기 위한 해결책이 여전히 인간중심주의적으로 작동하고 있다는 점은 역설적이다. 더구나 '인간'이 일으킨 기후변화로 인간과 비인간이 생존의 위기를 겪고 있는데, 기후위기 해결을 위해 나온 제안이 비인간의 삶을 더욱 취약하게 한다는 상황은 사뭇 당황스럽기까지 하다. 이는 탄소중립 논의가 기후위기를 일으키고 강화하는 체제의 문제를 건드리지 않고 온실가스 감축에만 몰두하고 있는 것과 무관하지 않다. 말러 등은 시장주의 체제 속에서 작동하는 탄소중립의 기획이 결국 시장에 포섭될 수밖에 없음을 지적한다(Maller, 2021). 마찬가지로 인간중심주의 체제 속에서는 탄소중립 방안이 인간과 자연을 분리하고 인간의 필요를 위해 자연을 착취하는 다종적 불의를 재생산하고 강화할 수 있는 것이다.

3) 다종적으로 정의로운 해상풍력발전?

그렇다면 다종적 기후정의를 지향하는 탄소중립과 해상풍력발전은 불가능한 것일까. 최근 일각에서는 남방큰돌고래나 괭이갈매기와 같은 해양동물을 해상풍력발전과 연계해 드러내고자 하는 시도가 이뤄지고 있다. 제주 해양환경단체 핫핑크돌핀스(2022)는 탐라해상풍력발전 예정지가 남방큰돌고래의 서식지와 교차하고 있다며, 남방큰돌고래 서식지 보호를 위해 풍력발전 사업을 취소할 것을 촉구하고 있다. 앞서 대정해상풍력발전단지 시범사업은 해녀 등 어민의 반발과 함께 남방큰돌고래 서식지 훼손 우려가 불거지면서 2020년 제주도의회에서 부결돼 추진이 중단됐다. 한편, 한국환경연구원과 국립생태원은 2021년 6월부터 1년 반에 걸쳐 서해를 중심으로 전국 섬 지역의 괭이갈매기 집단번식지와 이동경로를 조사했다(연합뉴스, 2023). 괭이갈매기와 노랑부리저어새 166마리에 직접 위성추적장치를 달아 파악한 대형 조사로, 해상풍력발전 사업에 대한 환경영향평가 자료로 활용하기 위해서다. 서해가 섬이 많고 수심이 얕아 해상풍력발전에 적합하지만 동시에 호주와 시베리아를 잇는 동아시아-대양주 철새 이동의 주요 경로이기도 하기 때문이다.

이들의 시도는 인간중심주의에서 한 발짝 물러서서 해상풍력발전 논의를 생각할 수 있는 공간을 마련해주는 듯하다. 해상풍력을 둘러싼 정책적 논의가 인간과 비인간의 연결망을 단절하는 결과로 이어졌다면, 이들 환경단체와 연구기관은 기존 논의에서 누락되어왔던 비인간 존재에 주목하고, 해상풍력발전 확대가 이들에게 미치는 영향을 드러냄으로써 해상풍력발전의 연결망을 비인간으로 확장한다. 탄소감축의 필요성, 해상풍력의 효과, 어민의 피해와 함께 해양동물에게 미치는 영향이 해상풍력발전 논의의 장에 포함된다. 특히 풍력발전기 틈에서 위태롭게 유영하는 남방큰돌고래의 모습, 중국과 북한, 서해를 넘나들며 알을 품고 번식하는 괭이갈매기의 생태는 연안이 비단 풍력단지 예정 부지나 어민의 어장만이 아니라 다양한 비인간 존재가 인간과 마찬가지로 삶을 꾸려가는 공간임을 설득력 있게 제시하고 있다. 비인간에 대한 공감적 상상은 해상풍력발전이 이들에게 미치는 영향을 살펴보게 하고, 인간의 결정을 다시 한 번 돌아보게 한다. 제주에서는 기존에 추진하던 해상풍력발전 사업이 중단됐다. 그렇다고 다종적 기후정의에 대한 희구가 반드시 다종적 불의를 이유로 계획 중단으로 이어지거나 사업 철폐를 요구하는 것은 아니다. 환경부는 괭이갈매기 서식지 조사로 그간 해양풍력발전 논의에서 소외되었던 비인간 존재를 부각시켰지만, "바닷새 핵심 서식지가 해상풍력발전소 입지의 절대적인 기준이 되지는 않을 것"이라고 신중한 태도를 보였다(연합뉴스, 2023). 해상풍력발전 입지 결정에는 멸종위기 조류를 포함해 다양한 인간과 비인간의 경합하는 이해와 요구가 중첩돼 있다는 것이다. 다종적 관계의 다양성과 복잡성 속에서 기후위기 대응은 지난한 협상과 최선일 수 없는 선택을 동반한다. 그럼에도 이 같은 협상과 선택이 인간을 넘어 비인간을 포함한 다종적 관계의 번성을 지향할 때 비로소 다종적으로 정의로운 전환을 상상할 수 있을 것이다.

5. 트러블과 함께 체제전환

924 기후정의행진은 기후정의 실현과 체제전환을 핵심 요구로 내걸었다. 이는 기후위기 극복을 위해 기존의 시장주의, 성장주의, 인간중심주의 체제의 근본적 전환이 필요하다는 비판적 연구자들의 주장과도 일치한다(기후정의동맹, 2022). 탈인간이 언급되고 있지만 그러나 실제 현실의 기후정의와 체제전환 논의에서 비인간은 종종 누락되거나 선언적으로 언급되는 데 머무는 듯하다. 이 글은 기존의 기후논의가 인간중심적으로 전개되어왔다는 문제의식에서 출발, 인간과 비인간의 다종적 관계를 중심으로 기후정의와 체제전환을 살펴봤다.

이 장은 먼저 다종적 기후정의 개념을 소개하고, 다종적 기후정의가 인간중심적으로 발전시켜온 기존의 정의 개념과 제도를 비인간으로 확장하는 것이기보다는, 인간과 비인간의 고유하고 맥락화된 상호작용을 통해 생성되는 관계적 감각과 지향을 가리킨다고 설명했다. 이 같은 다종적 관계는 기후위기 속에서 인간과 비인간이 공유하는 취약성, 신체적 경험과 공감, 관심 기울이기와 응답-능력을 통해 형성·작동하며, 다종적으로 정의로운 기후위기 대응을 모색하게 한다고 지적했다. 이어 탄소중립 달성을 위해 제안된 해상풍력발전 확대가 인간과 비인간의 연결망을 단절하고 비인간을 비가시화한다는 점에서 다종적 기후불의를 보여준다고 주장했다. 한편, 해상풍력발전 논의에서 누락된 비인간 존재를 드러내고 연결시키는 최근의 시도에서 다종적으로 정의로운 전환을 모색할 수 있는 가능성을 엿볼 수 있다고 지적했다. 이를 통해 기후정의 논의를 비인간 존재를 포함하는 다종적 관계로 확장하고, 분배적·절차적 정의를 넘어 취약성과 신체, 공감에 기반하는 관계적 정의를 살펴봄으로써 국내 사회과학의 환경정의 논의를 발전시키고자 했다.

결론을 대신해 다종적 기후정의가 기후위기와 체제전환 연구 및 실천에 갖는 의의를 간략히 짚어보고자 한다. 이 장은 앞서 해상풍력발전을 둘러싼 정책 논의가 다종적 기후불의로 이어진다고 지적했다. 그러나 이 글이 다종적 기후 불의를 고려해 탄소감축 노력을 중단하자는 이야기는 결코 아니다. 그렇다고 탄소 감축목표를 조속히 달성하기 위해 돌고래와 철새, 저서생물의 생태와 서식지를 훼손해도 된다는 이야기는 더욱 아니다. 그보다는 체제전환과 다종적 기후정의가 결코 무구하지 않으며 지난한 협상과 책임 있는 판단의 과정임을 강조하고자 한다. 다종적 얽힘 속에서 한 종에 대한 정의의 실현은 불가피하게 다른 종을 위험에 노출시키거나 생존을 위협하는 결과를 수반하게 된다(Parreñas, 2018). 모두를 만족시킬 수 있는 보편타당한 해결책은 없다. 어느 하나도 덜 중요할 수 없는 가치들의 경합 속에서 고통스러운 협상과 선택이 필요한 것이다.

  필자는 다종적 기후정의가 이 같은 인간 너머의 협상과 책임 있는 선택의 지향점이 될 수 있다고 본다. 홍덕화는 기후정의가 "탄소배출로 환원할 수 없는 사회문제를 환기하며 생태적 현대화를 의심하는 출발점"으로 기능해왔다고 지적한다(2021:133). 기후정의의 요구가 익숙하고 당연하게 여겨온 기존의 체제와 체제개선의 기획에 파열음을 내어왔다는 것이다. 다종적 기후정의도 마찬가지다. 해상풍력발전 사례에서 보듯 다종적 기후정의는 다종적 측면에서 기존의 기후대응 전략이 정의롭지 못함을 드러내는 분석도구가 될 수 있다. 나아가, 인간뿐 아니라 비인간을 포함해 기후위기 대응과 체제전환을 설계하고 실천해야 한다는-거의 불가능하지만 포기할 수 없는-지향점이 될 수 있다. 다종적 기후정의를 체제전환의 지향으로 삼음으로써 경합하는 존재와 가치 들 속에서 책임 있는 결정을 내리고, 결정의 결과와 함께 살기를 감수할 수 있을 것이다. 차오와 셀레마이어는 종의 경계를 횡단하는 책임 있는 "트러블과 함께하기"를 통해 "거의 가능하지 않지만 반드시 필요한 공동의 미래"(Haraway, 2003:7, in Chao and Celermajer 2023:6)가 가능하다고 지적한다. 다종적 기후정의를 향한 체제전환은 그래서 매끄럽지 않으며, 최선일 수 없는 선택들과 어색하게 공존하지만, 결코 포기할 수 없는 길일 것이다.

참고문헌

강금실 외. 2020. 『지구를 위한 법학: 인간중심주의를 넘어 지구중심주의로』. 서울대학교 출판문화원.

구도완. 2023. "한국의 기후 담론과 전환전략." 『기후위기, 전환의 길목에서』. 홍덕화·구도완·김수진·김지혜·박순열·서지현·안새롬·장우주·정영신·최명애·한상진. 도서출판 풀씨.

기후정의포럼 외. 2021, 기후정의선언, 한티재, 서울.

김준. 2010. 『한국 어촌 사회학』. 민속원.

박태현. 2011. 「기후변화와 인권」에 관한 시론: 지금까지 논의현황과 향후 과제」. 《동아법학》 52: 285-315.

박재묵. 2006. "환경정의 개념의 한계와 대안적 개념화." 『환경사회학연구 ECO』 10(2):75-114.

보이드, 데이비드(D. Boyd). 2018. 『자연의 권리: 세계의 운명이 걸린 법률 혁명』. 이지원 역. 교유서가.

브라켈, 벤야민 폰(B. Brackel). 2022. 『피난하는 자연: 기후변화 시대 생명들의 피난 일지』. 조연주 역. 양철북.

이우균 외. 2023. 『자연기반해법-위기에서 살아남는 현명한 방법』. 로운.

이후승·정슬기. 2021. "탄소중립 이행을 위한 해상풍력발전의 생태환경적 쟁점 및 개선방향." 『KEI 포커스』 9(6): 1 - 16.

임현지 외. 2021. "해상풍력 발전사업의 원만한 이해관계자 협의를 위한 절차적 개선방향-어업손실보상 근거와 기준을 중심으로." 『환경법과 정책』 27: 29-53.

최명애. 2022. "비인간 동물을 인간의 정치에 어떻게 포함시킬 것인가." 『전환의 정치, 열 개의 시선』. 김수진·박순열·구도완·홍덕화·정영신·서지현·한상진·안새롬·장우주·최명애. 도서출판 풀씨. 302-338.

최병두. 2010. 『비판적 생태학과 환경정의』. 한울아카데미.

한상운·정우현·마아랑. 2021. 『기후정의 실현을 위한 정책 개선방안 연구 (III)』. 환경정책연구원.

한상운·조공장·김도균. 2019. 『기후정의 실현을 위한 정책 개선방안 연구 (Ⅰ)』. 환경정책연구원.

홍덕화. 2020. "기후정의와 전환 담론의 급진화." 『생명자유공동체 시대의 새로운 질문』. 구도완·김수진·박순열·서지현·안새롬·장우주·정영신·한상진·홍덕화·황진태. 도서출판 풀씨. 302-345.

_____. 2021. "탄소중립인가 기후정의인가, 전환정치의 이정표 그리기." 『전환의 질문, 질문의 전환』. 구도완·김수진·박순열·서지현·안새롬·장우주·정영신·최명애·한상진·홍덕화·황진태. 도서출판 풀씨. 105-139.

Agyeman, J., Schlosberg, D., Craven, L., and Matthews, C. 2016. "Trends and directions in environmental justice: from inequity to everyday life, community, and just sustainabilities." *Annual Review of Environment and Resources* 41: 321-340.

Bennun, L., Van Bochove, J., Ng, C., Fletcher, C., Wilson, D., Phair, N., and Carbone, G. 2021. "Mitigating biodiversity impacts associated with solar and wind energy development." Guidelines for Project Developers. The Biodiversity Consultancy, Gland, Switzerland: IUCN and Cambridge, UK.

Best, B. D. and Halpin, P. N. 2019. "Minimizing wildlife impacts for offshore wind energy development: Winning tradeoffs for seabirds in space and cetaceans in time." *PloS One* 14(5): e0215722.

Bragg, J., Jackson, R. and Lahiri, S. 2021. The Big Con: How big polluters are advancing a "net zero" climate agenda to delay, deceive, and deny. Available at: https://www. corporateaccountability. org/wp-content/uploads/2021/06/The-Big-Con_EN. pdf

Celermajer, D., Chatterjee, S., Cochrane, A., Fishel, S., Neimanis, A., O'Brien, A., Reid, S., Srinivasan, K., Schlosberg, D., Waldow, A., 2020. "Justice through a multispecies lens." *Contemporary Political Theory* 19(3): 475-512.

Celermajer, D., Schlosberg, D., Rickards, L., Stewart-Harawira, M., Thaler, M., and Tschakert, P. 2021. "Multispecies justice: Theories, challenges, and a research agenda for environmental politics." *Environmental Politics* 30(1-2):

119-140.

Chakrabarty, D. 2009. "The climate of history: Four theses." *Critical Inquiry* 35(2): 197-222.

Chao, S. 2022. In the Shadow of the Palms: More-than-human becomings in West Papua. Duke University Press.

Chao, S., Bolender, K. and Kirksey, E. 2022. The Promise of Multispecies Justice. Duke University Press.

Chao, S. and Celermajer, D. 2023. "Introduction: Multispecies justice." *Cultural Politics* 19(1): 1-17.

Chao, S. and Kirksey, E. 2022. "Introduction: Who benefits from multispecies justice?." in The Promise of Multispecies Justice, edited by S. Chao, K. Bolender, and E. Kirksey. Duke University Press, pp.1-22.

Choi, M. 2016. "More-than-human geographies of nature: Toward a careful political ecology." *Journal of the Korean Geographical Society*, 51(5):613-32.

Cohen-Shacham, E., Walters, G., Janzen, C., and Maginnis, S. 2016. Nature-based Solutions to Address Global Societal Challenges. IUCN: Gland, Switzerland

Dryzek, J. S. and Pickering, J. 2018. The Politics of the Anthropocene. Oxford University Press.

Eggermont, H., Balian, E., Azevedo, J. M. N., et al. 2015. "Nature-based solutions: new influence for environmental management and research in Europe." *GAIA-Ecological Perspectives for Science and Society* 24(4): 243-248.

Fitz-Henry, E. 2022. "Multi-species justice: A view from the rights of nature movement." *Environmental Politics* 31(2): 338-359.

Goodale, M. W. and Milman, A. 2016. "Cumulative adverse effects of offshore wind energy development on wildlife." *Journal of Environmental Planning and Management* 59(1): 1-21.

Haraway, D. 2018. "Staying with the trouble for multispecies environmental justice." *Dialogues in Human Geography* 8(1): 102-105.

Henning, B. G. and Walsh, Z. 2020. Climate Change Ethics and the Non-human

World. Routledge.

Kirksey, E. 2014. The Multispecies Salon. Duke University Press.

Kirksey, E. 2020. "The emergence of COVID-19: A multispecies story." *Anthropology Now* 12(1): 11-16.

Lee, H., Calvin, K., Dasgupta, D., et al. 2023. AR6 Synthesis Report: Climate Change 2023 Summary for Policymakers, IPCC.

Lenoir, J., Bertrand, R., Comte, L., et al. 2020. "Species better track climate warming in the oceans than on land." *Nature Ecology & Evolution* 4(8): 1044-1059.

Maller, C. 2021. "Re-orienting nature-based solutions with more-than-human thinking." *Cities* 113:103155.

Parreñas, J. S. 2018. Decolonizing Extinction: The work of care in orangutan rehabilitation. Duke University Press.

Reid, S. 2023. "Ocean justice: reckoning with material vulnerability." *Cultural Politics* 19(1): 107-127.

Rupprecht, C. D., Vervoort, J., Berthelsen, C., et al. 2020. "Multispecies sustainability." *Global Sustainability* 3(e34): 1-12.

Schlosberg, D. 2012. "Justice, ecological integrity, and climate change." in Ethical Adaptation to Climate Change: Human virtues of the future. A. Thompson, J. Bendik-Keymer (eds). 165-183.

Schlosberg, D. and Collins, L. B. 2014. "From environmental to climate justice: climate change and the discourse of environmental justice." *Wiley Interdisciplinary Reviews: Climate Change* 5(3): 359-374.

Stone, C. D. 1972. "Should trees have standing? toward legal rights for natural objects." *Southern California Law Review* 45: 450-501.

Thaler, M. 2022. "What If: multispecies justice as the expression of utopian desire." *Environmental Politics* 31(2): 258-276.

Tschakert, P. 2022. "More-than-human solidarity and multispecies justice in the climate crisis." *Environmental Politics* 31(2): 277-296.

Tschakert, P., Schlosberg, D., Celermajer, D., Rickards, L., Winter, C., Thaler, M., Stewart-Harawira, M., Verlie, B. 2021. "Multispecies justice: Climate-just futures with, for and beyond humans." *Wiley Interdisciplinary Reviews: Climate Change* 12(2): e699.

Van Dooren, T. 2019. The Wake of Crows: Living and dying in shared worlds. Columbia University Press.

Verlie, B. 2022. "Climate justice in more-than-human worlds." *Environmental Politics* 31(2): 297-319.

Winter, C. J. (2022) "Introduction: What's the value of multispecies justice?." *Environmental Politics* 31(2): 251-257.

연합뉴스. 2023년 6월 19일. "해상풍력단지 만들 때 바닷새 '핵심 서식지' 따진다." https://kollo.kr/content?id=ecHJ6v

한국일보. 2022년 9월 24일. "'지구 이러다 다 죽어요' 청소년도 동물도 기후정의 외쳤다." Available at: https://m.hankookilbo.com/News/Read/A2022092418270000760

한국수산경제. 2021년 6월 28일. "해상풍력발전 현황 및 문제점." http://www.fisheco.com/news/articleView.html?idxno=76407

핫핑크돌핀스. 2022년 1월 20일. "돌고래 쫓아내는 탐라해상풍력 확장사업 반대한다." http://hotpinkdolphins.org/?p=26735

MBN뉴스. 2021년 7월 14일. "축사 온도 쟀더니 42도…'가축 폐사 막아라' 농가 사투." https://m.mbn.co.kr/news/4551150

기후 및 감염병 위기에 맞서 탈식민 사회정책은 어떻게 생태복지체제를 만들 수 있는가?

한상진

> 이 글은 체제전환을 위한 실천연대에서 사회정책과 관련된 생태복지 담론의 구체화가 필요하며, 이를 위해 일, 가족, 민족, 자연을 교차시키는 탈식민성의 재해석이 요청됨을 주장한다. 즉, '기후위기와 체제전환'의 논점은 감염병 위기까지 포괄하는 행성적 차원으로 확장되어야 하며, 전환정치의 주체 형성 역시 비인간생명체와 사회적 취약집단을 아우르는 제4섹터라는 새로운 범주화에 바탕을 두어야 한다. 이 글은 기후위기와 체제전환에 관한 논의는 인간중심의 관점을 넘어 '행성적 제4의 길'이라는 비정규직, 여성, 이주난민, 장애인, 인간 너머의 존재 등이 중심이 되는 생태복지체제의 경로 모색으로 나아가야 함을 보이고자 한다.

키워드: 기후 및 감염병 위기, 탈식민 사회정책, 행성적 제4의 길

1. 2022년 8월, 기후 및 감염병 위기가 던지는 문제

2022년 8월 초, 1시간당 141mm의 이례적 집중호우로 서울 신림동 반지하 주택에 살던 여성 발달장애인과 면세점노조 전임자인 여동생 A 씨, 그리고 A 씨의 딸이 익사했다. 서울장애인부모연대 대표는 "기사를 찾아봐도 이번 재해로 희생된 발달장애인의 서사는 찾을 수 없고 장애를 가진 가족을 가족이 책임져야 하는 나라에 우리가 살고 있다."고 지적했다(이우연, 2022.08.12). 또 민주노총 백화점면세점판매서비스노조는 입장문을 통해 "코로나19 재난으로 인한 면세점 노동자들의 소득 저하는 더욱 반지하가 아닌 다른 주거형태를 선택하기 어렵게 했을 것이다. 그분들의 생명과 안전을 지키기 위해서는 더 나은 주거형태를 선택할 수 있도록 국가가 나서야 한다."고 밝혔다(고병찬, 2022.08.11.).

반지하주택 거주자도 2020년부터 공공주택에 입주할 수 있는 '주거상향 지원'을 받게 되었는데, 문제는 그 대상자가 정해진 소득기준 이하인 동시에 '무주택자'여야 한다는 점이다. 기후위기로 인한 집중호우로 참변을 당한 신림동 일가족은 없는 살림에 전월세 난민이 되는 것은 피하고자 침수된 주택을 7년 전에 매입해 살아왔다. 이렇듯 반지하 '자가살이'를 택한 가구는 소득수준이나 주택가격에 무관하게 주거상향 지원 제도의 밖으로 밀려나 있다(최하얀, 2022.08.12.).

2022년 늦겨울부터 초여름까지 한국에서는 산불이 빈발했다. 2019년 말에는 오스트레일리아, 미국 서부에서 극심한 산불이 발생한 후 중국 우한에서 '코로나19'가 보고되었다. 동물로부터 사람에게로 새로운 코로나 바이러스가 최초로 전염된 곳이 중국의 습윤한 시장이라고 비난하는 것은 서구의 편의적 주장으로, 코로나19 대유행의 근본 문제에 대한 부정직하고도 도움이 못 되는 평가이다. 이처럼 기후 불확실성과 코로나19 대유행은 생태계 파괴와 더불어 과소비, 탐욕, 자연/사람에 대한 착취 등에 연결되어 있다(Nesmith et al., 2021: 105-107). 고쉬(2021: 189)는 기후변화가 "그 자체로 위험이라기보다 기존의 분열을 더욱 심화하고 수많은 갈등을 한층 부추기는 위협승수"라고 지적한다. 기후위기는 초국적, 국가적, 지방적 스케일에서 신자유주의의 냉혹성과 결합하여, 생태계 파괴는 물론이고 계급, 인종, 성, 세대 등과 관련한 사회체계 내 차별과 혐오를 부추기는 경향이 있다.

한편 "코로나19 대유행은 한 시대의 멍에가 관용정신으로 가벼워져야 할 또 다른 시대를 열었다."(Solnit, 2020; Williams, 2021: 173에서 재인용). 코로나19는 기후변화를 체현하는 위험이지만, 경쟁적 소비자주의와 개인주의를 초월하는 상호부조, 연대, 친절, 공감 역시 배태해왔다. 이 글은 기후 및 감염병 위기의 배경으로 15세기 말 이래 식민주의에 눈길을 돌림으로써, 서구 복지국가의 맥락에서 분배적 특성에 치우쳐 논의되어온 복지레짐(welfare regime) 접근을 넘어 생태사회적인 것(the ecosocial), 탈식민성(decoloniality),[1] 사회정책의 교차성(intersectionality) 등에 바탕을 둔 생태복지체제(ecowelfare system)[2]로의 전환 방향을 모색한다. 이때 생태복지체제로의 전환을 매개하는 전략은 탈식민 사회정책(decolonial social policy)과 '행성적 제4의 길(planetary fourth way)'로 설정한다.

행성적 제4의 길을 '지구적 제3의 길(global third way)'이라는 기존 담론과 비교해보면 다음과 같다. 우선 '지구적(global)'은 인간중심적 표현이지만, '행성적'은 인간의 세계(world)와 비인간생명체의 지구(earth) 간 공존을 강조한다(주윤정, 2022). 또 '지구(globe)'가 민족국가의 결합에 초점을 두는 반면, '행성성(planetarity)'은 행성적 통로라는 다중스케일의 공간체제를 강조하는 경향이 있

---

1 탈식민성은 포스트식민성(postcoloniality)과 혼용될 수도 있으나, 이 장에서는 명백히 의미가 다른 것으로 사용한다. 즉, 후자는 식민지 지배 이후의 인종, 민족에 치중하지만, 전자는 인종, 민족 외 성, 연령, 장애, 비인간생명체와의 관계 등을 동등하게 다루는 차이가 있다. 윌리엄스(Williams, 2021: 183)에 의하면, 포스트식민성은 제2차 세계대전 이후 유럽에서 복지국가 담론의 일환으로 과거 식민지였던 곳으로부터 이주한 소수민족에 대한 복지 주제로 확립되었다. 반면에 탈식민성은 유럽의 정복 역사로부터의 탈피이며, 식민화, 자본주의, 가부장제 및 근대성에 대한 포괄적 비판에 관계되어 있다.
2 체제에 대한 개념 정의에 대해 필자는 '체계화된 제도'라는 말뜻 자체를 중시하는 입장이다. 이런 관점에서 체제는 경로(path)와 동의어로 취급될 수 있다.

다. 다음으로 '제3의 길'은 국가, 시장을 뛰어넘는 제3섹터 주도의 일을 통한 복지노선으로 이해되는 데 반해, '제4의 길'은 제1의 길, 제2의 길, 제3의 길의 중도가 아니라, 국가, 시장, 노동 등을 생태사회적으로 재편하는 새로운 노선을 가리킨다.

생태복지체제는 생태사회적 배제(ecosocial exclusion)을 극복하기 위해 인간과 비인간생명체의 권리를 동시에 확보하는 생태사회적 웰빙(ecosocial wellbeing)의 경로이다. 차크라바르티(Chakrabarty, 2007; 고쉬, 2021: 159에서 재인용)는 "계몽주의 시대 이후 … 철학자들은 … 인간이 어떻게 다른 인간이나 인위적 제도가 억지로 떠안긴 불공정, 억압, 불평등, 획일성 등에서 벗어날 수 있는지에 관심을 기울여왔다."고 말한다. 환경이라는 족쇄를 벗어던진 인간만이 역사적 행위 주체성을 부여받은 존재로 취급됨에 따라, 비인간의 힘이나 체제는 자유의 셈법에서 고려되지 않았다는 것이다. 그런데 최근의 기후 및 인수공통 감염병이라는 복합위기는 문화 및 상상력의 위기(고쉬, 2021: 19), 나아가 '사회체계론의 위기'를 불러오고 있다.

박순열(2022: 23)은 체제가 몇 개의 체계, 제도, 개념 등으로 구성되어 있어, 체제변화를 이를 구성하는 체계, 제도, 개념(일부)의 변화나 그 관계들의 변화라고 규정한다. 필자는 이 정의에 대체로 동의하나, 인간예외주의에 입각하여 사회(체계)와 자연(환경)을 이분법적으로 다루는 것에는 이의를 제기한다. 인류세, 자본세 등을 거론하지 않더라도 생태계와 사회체계의 착종 현실은 '생태사회적인 것'의 실재성을 강화해왔다. 따라서 기후 및 감염병 위기에 맞서는 시대적 과제는 사회적 쟁점과 생태적 쟁점을 분리하는 것이 아니라, 계급, 인종, 성, 세대 등과 비인간생명체를 연계하여 정책적, 실천적으로 대응하는 데 있다고 하겠다.

이 글에서는 1절 이후 2절에서 생태사회적인 것, 탈식민화, 교차적 사회정책 등을 개념적으로 검토한다. 3절에서는 돌봄, 인종. 생태 등의 위기와 관련하여 기후 및 감염병 위기의 특성을 서술한다. 4절은 기후 및 감염병 위기에 대처하는 탈식민 사회정책, 그리고 '일을 통한 복지' 흐름에서 논의되어온 '지구적 제3의 길'과 차별화되는 '행성적 제4의 길'을 톺아보면서, 생태복지체제로의 전환에 관해 전망해본다.

2. 생태사회적인 것, 탈식민화와 사회정책의 교차성

1) 생태계/사회체계의 관계적 인식

1930년대 이후 도시사회학의 시카고학파로 알려진 인간생태학 모델은 도시라는 사회체계가 침입-경쟁-지배-계승이라는 생태계 논리와 비슷하게 작동함을 발견했다. 또 사회복지 실천 분야의 생태체계이론은 위의 문제의식을 사회체계론과 결합하여 복지 의뢰인에게 개입할 때 해당 개인과 그(녀)의 사회환경(가족, 친구, 이웃 등)에 대한 이중적 초점을 유지하도록 강조해왔다. 이 두 가지 접근은 인간예외주의의 근대적 한계를 드러내지만, 실상 자연에 대한 인공적 약탈과정인 도시화를 자연생태계의 약육강식으로 비유한다거나 개인 중심의 사회복지 실천이 아니라 생명체로서의 인간의 관계 맺음에 주의를 기울임으로써 사회체계론보다는 진일보한 것이었다.

사회체계론, 인간생태학, 생태체계이론 등은 인간 주체의 의미를 강조하는 사회적 구성주의에 의해 도전받았다. 그러나 후자의 입장 또한 전자와 다를 바 없이 인간예외주의에 바탕을 둔 것이다. 그럼에도 후자는 사람의 생활세계에 미치는 자연생태의 영향까지 포괄하는 생태사회적 구성주의(ecosocial constructionism)로 확장될 경우, 자연과 사회 간 상호의존성 증대에 상대적으로 용이하게 접근케 할 수 있다. 이에 반해 사회체계 실재론에 기초하여 '생태사회적인 것' 자체를 관념론으로 치부하는 입장은 극단적 사회학주의의 문제점을 지닌다. 사회학주의의 체계변동 개념은 사회체계와 생태계의 관계적 범주인 생태사회적 체계를 부정함으로써, 기후변화 및 감염병에 맞서는 체제전환의 생태적 차원을 포착하지 못하기 때문이다.

생태사회적인 것에서 '생태적인 것'은 인간에 제한되지 않는 복잡한 종(種)의 역동적 생태계를 포함한다. 그것은 행성 중 하나인 지구 위에 생명이 존재할 수 있게 하는 실제적 생태계를 가리킨다. 따라서 '생태적인 것'은 진화되고 진화 중이며 끝없이 재생산하는 과거, 현재, 미래의 수많은 종으로 구성되고 있다. 이때 쟁점이 되는 것은 한 세대로부터 다음 세대로, 하나의 역사 시기에서 다른 시기로 생명 가능성을 감당하는 실제의 생물리적 장소에서 함께 살고 죽는, 그리고 그들을 둘러싼 생물/비생물적 세계와 상호작용함으로써 형성하(되)는 유기체와 종(種)이다. 20만 년 전 진화했던 호모 사피엔스 이래 인간은 특히 식민주의의 발생 이후 지역적, 행성적 스케일에서의 영향력을 증대시키면서 지방적 생태계를 형성하는 동시에 그것에 의해 형성되어왔다(Krieger, 2021: 19).

또한 '사회적인 것'은 스스로와 다른 종이 살고 재생산하며 죽는 기간에 영향을 미치는 종 내부, 그리고 종 상호 간 생명체의 사회성이다. 인간의 경우 그것은 사회의 (비)공식적 규칙과 함께 사회가 일부를 구성하는 생태계에 대한 영향을 다양하게 구조화, 존중, 통제, 폄하, 도전하는 거버넌스와 관념 등이다(Krieger, 2021: 20).

기후변화나 인수공통 감염병의 대유행은 생태계, 사회체계 간 실재적 관계성을 입증하는 사례이다. 생태계, 사회체계 간의 상호연계는 기후, 건강, 도시농업, 숲 가꾸기, 플라스틱 쓰레기에 의한 해양오염 등에서 뚜렷이 발견된다. 나아가 젠더, 인종, 세대, 장애 등을 둘러싼 차별과 배제 역시 자연의 식민화와 같은 흐름에 있는 생태사회적인 문제로 평가되어야 한다. 환경, 사회, 경제 간 지속가능발전을 둘러싼 세 접근인 세 개의 기둥 모델, 중첩된 원 모델, 내포된 영역 모델(한상진, 2021)을 놓고 해석한다면, '생태사회적인 것'은 환경, 사회, 경제 등을 별개로 취급하지 않고 그 중첩성의 확장을 통해 사회체계를 생태계에 내포된 영역으로 끌어들이는 입장이라고 할 수 있다.

크리이거(Krieger, 2021: 23-34)는 질병 분포의 생태사회적 이론과 관련하여 생태사회적인 것으로 취급될 수 없는 접근에 대해 다음과 같이 식별한다. 첫째, 모델, 프레임워크 등 인과관계만 추론하여 패턴 발견, 유형화에 그치는 경우이다. 둘째, 사회적, 생물적, 생태적 과정의 역동성을 종합하지 않으며 생물학적 체현 역시 간과하는 사회이론이다. 셋째, 생태학을 무시할뿐더러 과거의 우생학적 사회생물학을 연상케 하는 생물사회적 접근이다.

2) 식민주의와 탈식민화

근대 식민화의 역사는 유럽이 아메리카, 아프리카, 아시아, 오세아니아 등을 지리상으로 발견한 15세기부터 시작되었다. 차크라바르티(2014: 502-503)는 서구중심주의에 의거하여 식민주의를 근대화로 포장하는 관점에 대해 '유럽을 지방화하기'라는 기획으로 근본적 비판을 가한다. 그에 의하면, 유럽중심주의를 넘어서는 길은 또 하나의 중심을 내세우는 길도, 안티-중심에 함몰되는 허무주의의 길도, 복수의 중심이라는 상대주의의 길도 아닌 탈중심적인 중심을 모색하는 길이다. 하지만 근대화를 당연시하는 관점에서는 아메리카, 아시아, 아프리카의 식민화가 어떤 자연적 목적도 없는 장기지속적 함의를 갖는 진화적 실험으로 보일 수 있다.

지난 200년 동안 유럽인과 접촉한 아메리카에서만도 5,500만 명의 원주민이 학살되었고, 그 결과 대량의 농업용 토지가 방치되었다. 식민주의의 목표인 사적 이윤은 인간의 노예화, 현금성 작물 생산, 자연자원 채굴 등을 통해 성취된다. 특히 19세기 중반 이후에는 화석연료를 식민지에서 채굴하도록 하여, 환경오염이 폭넓게 배가되었다. 유럽 식민주의의 공격성은 저항에 직면했으나, 백인 식민자들은 선진적 군사역량으로 통제 권력을 장악하는 데 결국 성공했다. 피식민 원주민이 한번 통제를 받게 되면, 지방자원은 채굴되었고 먹거리 작물은 현금성 작물로 대치되었고 사람과 자연은 착취되었다. 아울러 유럽에 의한 식민화는 전통 공동체, 가족, 문화 및 영성의 파괴를 가져왔다(Nesmith et al. 2021: 108-109).

유럽에서 봉건제의 자본주의로의 이행은 대내적으로 인클로저(enclosure) 운동, 대외적으로 중상주의를 배경으로 한다. 후자가 백인에 의한 기타 인종의 식민화라면, 전자는 대자본에 의한 소규모 경작지 몰수라는 자연의 식민화로 해석된다. 토지에 대한 사적소유의 집중과 유색인종, 여성, 노인, 장애인 등에 대한 차별 및 억압은 식민주의의 양날이다. 식민화란 사람들이 타인은 물론 생태계와의 핵심적 관계를 무시하는 세계관 및 관행의 확산 과정이기 때문이다(Nesmith et al., 2021: 110). 역사적으로 식민화된 토지는 제국의 권력 확장에 필수적인 자원 확보를 위해 탈취, 점거되어왔다. 식민주의자는 토지에 대해 사람과 자연의 관계를 북돋우기 위한 것이 아니라 착취될 자원으로 파악한다.

식민주의는 그 정치적 지배가 끝난 20세기 중반 이후에도 폭력과 억압에 의해 생명의 소비 및 가치화를 자극하는 행성적 자본주의의 논리로 잔존해 있다. 이러한 신식민주의의 부정적 결과는 원주민이 식민지에서 경험한 것보다 더 높은 빈곤율과 폭력에 노출하게 만든다. 식민주의의 이윤에 대한 탐욕은 대량학살, 강제적 동화, 타인의 비인간화 등으로 피식민지 민중의 공동체 및 정치적 실체를 파괴하고, 생태계 오염과 자원고갈을 가져왔다(Nesmith et al., 2021: 109-110). 식민주의는 사람과 자연 모두를 통제, 조작되는 대상으로 보아, 인간 상호 간은 물론 인간과 자연 간 관계를 왜곡시킨다. 즉, 자본주의가 지구적으로 구조화된 사회경제적 불평등을 낳아왔다고 한다면, 식민주의는 서구의 억압적 근대성에 의해 비서구 세계가 주체성, 정체성 및 문화적 구성의 왜곡을 경험하게 만들어왔다.

식민주의와 자본주의는 오랜 기간 동반자 관계를 유지해왔지만 똑같은 것은 아니다(Liboiron, 2022: 13). 마르크스는 소수만 생산수단을 소유하는 체계에서 도약하려면 타인보다 더 많은 자본을 가져야 하므로 '본원적 축적'이라는 토지수탈 과정이 자본주의로의 이행에 초석이 된다고 주장한다. 왜냐하면 토지를 우선적으로 빼앗지 않는다면 자본을 만들거나 감추어둘 수 없기 때문이다. 라이보이런(Liboiron, 2022: 13)은 공해를 수반하는 자본주의 생산의 쳇바퀴가 더 많은 토지를 계속 요구하므로, 오염과 자원 몰수가 자본주의의 필수적, 내재적 요소가 된다고 강조한다. 지구를 가로지르는 외래종 수송이 토착 동식물을 멸종시키는 침입종으로 구실 하는 것과 마찬가지로, 식민화는 생태적 악화, 자원고갈, 사람 및 문화의 파괴를 동시에 결과한다.

식민주의로부터 벗어나는 길은 지리적 정치주권의 회복과 상관없이 문화의 회복을 핵심으로 한다. 식민주의자는 원주민에게 열등감의 메시지를 주입하여 전통을 거부하고 자국 문화에 동화되도록 끊임없이 시도하지만, 식민지 민중은 회복탄력적 특성을 갖고 있다. 아프리카, 아시아, 오세아니아 등지 원주민의 세계관은 사람을 균형이 필요하게끔 서로 연계되어 있는 생태계의 일부로 파악한다(Nesmith et al., 2021: 114). 그러므로 탈식민화[3]란 열등의식을 거부하고 인간과 환경의 관계를 존중하는 지방적 원주민의 전통적인 존재양식 가치를 인정하는 과정이다. 탈식민성 또한 식민적 복종은 물론 식민지 민중의 마음과 몸, 토지에 대한 착취를 거부하는 데에 뿌리를 둔다. 이처럼 식민주의의 극복은 유럽 근대의 지구화에 의해 부인되었던 자아와 세계에 대한 앎의 다양한 방식을 재활성화하는 것을 요구한다.

3) 교차적 사회정책

사회정책은 넓은 의미에서 노동정책, 분배정책, 보건정책, 주택정책, 환경정책, 문화정책 등과 연결되는 사회정책과 좋은 의미에서 노동 및 분배 정책을 주

---

[3] 래누이(Laenui, 2006; Nesmith et al., 2021: 114에서 재인용)는 탈식민화의 5단계에 대해, 첫째 문화의 재발견과 회복, 둘째 식민화/착취로부터 결과한 상실의 애도, 셋째 전통 가치를 통합하는 미래 사회, 정치, 경제 구조의 구상, 넷째 비전을 향한 헌신, 다섯째 구상을 현실로 만들기 위한 행동으로 식별한다. 두 번째 단계인 식민화 결과에 대한 애도와 관련하여, 자마일(2022)은 애도란 아주 작고 평범한 것에 대한 감사하는 마음으로 잃어버리고 있는 것을 예우하는 방식이라고 정의한다.

로 다루는 사회복지정책으로 구분된다(김영모, 1999: 19). 전자의 관점에 서 있는 니스미스 외(Nesmith, et al., 2021)는 사회정책이 환경정의, 기후변화, 공동체, 웰빙 등의 여러 생태사회적 쟁점을 가로지르는 특성을 갖는다고 파악한다. 토마스(Thomas, 2022)는 이러한 광의적 사회정책의 하위 부문으로 교차적 환경주의(Intersectional Environmentalism; 이하 IE)를 주창하는데, 이는 사람과 지구행성 둘 다를 보전하려는 포용적 접근이라고 한다.

IE는 사회적, 환경적 정의가 서로 결합되어 있으므로, 그 상호관계를 간과하는 환경주의란 불완전할뿐더러 유해하다는 입장이다. 이 접근은 젠더, 종교, 인종, 연령, 신체능력 및 계급 등 인간을 억압하는 체계가 지구라는 행성에 대한 착취와 연결되어 있음을 부각시킨다. 예컨대 에코페미니즘과 겹쳐지는 환경주의는 젠더, 가부장제가 어떻게 환경에 부정적 영향을 끼치는가에 관심을 두고 사회적 불의로 인해 주변화된 집단의 공간 창출에 주력한다.

이에 비해 후자의 좁은 의미의 사회정책 예로는 노동 및 분배 특성에 주안점을 두는 복지레짐 논의가 대표적이다. 에스핑-앤더슨(Esping-Andersen, 1990)은 서구의 개별 복지국가를 비교하기 위해 복지레짐을 유형화하면서, 젠더, 장애, 세대 등 여타 사회적 분화와 인종, 이민 등 초국적 쟁점을 다루지 않았다. 그가 젠더 변수를 놓치고 있는 점은 '여성의 부불노동에 대해 어느 정도 인정하고 가치부여를 할 것인가'라는 여성주의의 비판을 촉발시켰다(Lewis, 1992; Williams, 2021: 17에서 재인용). 복지레짐 논의는 가내 돌봄을 둘러싸고 여성주의의 문제제기를 받았을 뿐 아니라, 관료 및 전문가의 지배가 아닌 복지 서비스에 민주적으로 참여해야 할 장애인, 아동, 노인의 현실을 설명하지 못해왔다.

윌리엄스(Williams)의 네 개 사회정책 영역 중 가족과 일에 초점을 맞춰 복지레짐 접근을 비판해보면 다음과 같다. 20세기 중반 케인즈주의를 해체하기 위해 등장한 포스트포드주의는 가족이라는 사적 공간에서 무보수 노동으로 수행되는 서비스를 중심으로 노동시장을 재구조화해 사적인 것을 일로 만들었다. 즉, 생산과 재생산 사이의 경계를 지우는 대신 재생산 영역을 돌봄서비스로 가

공해 시장에 내놓도록 한 것인데, 복지레짐 담론은 이러한 변화를 적절히 포착하지 못하고 있다(쿠퍼 외, 2022). 이와 달리 광의의 사회정책 개념에 기초한 교차적 사회정책의 관점은 계급 외에 젠더, 인종, 장애, 세대, 생태계 등이 개별적 중요성을 가지면서 서로 결합된다고 본다. 윌리엄스(Williams, 2021: 53)는 사회정책의 조직화 원리가 애초에 '가족', '민족', '일(work)', 또 최근에는 '자연'을 포함하는 네 영역이 서로 교차됨으로써 구성된다고 제안한다. 이 가운데 가족, 민족, 일은 사회적으로 구성된 표상이어서 시간, 장소에 따라 그 형태와 의미가 변동된다. 이는 복지, 교육, 법률 등의 정치행위자를 통해 촉진되는 제도 정책, 정부 기능 및 관행뿐 아니라 사회운동, 캠페인 등 여타 사회적 힘을 통한 시민사회 주장은 물론 물질적 조건, 권력관계, (경쟁하는) 담론, 서로 다른 사회문화 규범, 신념 및 실천 등에 의거해 구성된다(Williams, 2021: 55).

가족, 민족, 일, 자연이라는 네 개 이념형은 제도, 문화적 유산, 경로 의존성, 권력관계 등에 따라 나라마다 다른데, 복지국가란 각 영역이 변화의 도전을 받을 때 다른 영역과 교차하여 조직, 조건, 사회관계 등을 공고히 재해결하려는 핵심적 방식이라고 할 수 있다(Williams, 2021: 217). 먼저 가족 영역은 돌봄, 친밀성을 대표하며, 독립적이거나 상호의존적인 (비)가족 돌봄과 친밀한 장소, 실천 등에 내재하는 다중적 사회관계에 관련된다(Williams, 2021: 217). 이에 대한 논쟁에는 양육 및 동거, 남성성과 여성성, 성애(sexuality), '경멸(존경)받는 가족이 자연적인 것으로 보여지기' 등이 있다. 이와 함께 민족 영역은 민족국가뿐 아니라 식민주의와 제국주의, 이주 및 정착, 전쟁과 내전 등 민족성을 정의하는 체계의 형성, 조직, 조건 등에 부수하는 사회관계이다. 이 영역에는 우생학, 동화와 분리, 다문화주의, 이주민 배척 형태, 혐오범죄, 구조적·제도적·일상적 인종주의, 장애 및 연령 차별을 둘러싼 배제, 주변화 및 포용의 과정 등이 공존한다.

한편 일이라는 영역이 만드는 생산조직, 사회관계의 조건 및 형태에는 자본축적, 시간·돌봄·병가 등의 노동조건, 사회보장과 상품화, 지불·부불 노동, 핵심·임시 노동 간의 구별, 교육·훈련·숙련의 과정, 고용계약·혈연 노동, 노예, 이주노동 등이 있다. 이와 함께 일과 관련된 계급, 성, 세대, 인종, 장애 등을 둘러싼 사회집단은 지불노동으로부터의 배제뿐 아니라 임금소득에 부착되는 급여로부터의 배제에 저항하기 위해 동원된다. 끝으로 자연 영역은 인간과 비인간 생명세계 및 생물유기체 간에 새로이 발생하는 권력의 사회적 관계에 관한 것이다. 또 가족, 민족, 일과 상호 교차하는 자연의 과정은 토지 및 자원에 대한 인간의 지배, 인간에 의한 인간 배제에 관련되는 자본주의, 식민주의, 제국주의, 가부장제 등과 긴밀히 제휴되어 있다.

3. 복합위기 양상 속 기후 및 감염병 위기의 심화

1) 돌봄, 인종 및 생태를 둘러싼 위기의 복합화

기후 및 감염병 위기는 일, 가족, 민족, 자연이라는 영역에 걸친 금융, 돌봄, 인종, 생태환경 등의 위기와 서로 얽혀있다. 윌리엄스(Williams, 2021: 54)는 교차적 사회정책과 이들 복합위기의 관계를 〈그림 1〉과 같이 나타낸다.

여기서 금융화된 자본주의 위기는 임금과 생산물의 가치 절하로 인해 신용, 저당 등의 대출을 통해 삶이 유지될 수밖에 없는 경제적 파탄 상황을 가리킨다. 또 돌봄의 위기는 노동력을 사회화시켜 생산에 충원하는 사회적 재생산 노동이 여성의 자연적 성향으로 분리되거나 가치절하당하는 것에서 비롯된다. 부불돌봄은 경제를 위한 불가결한 투자이지만 국가 계정에서는 가시적이지 않은 것으로 취급되며, 지불돌봄 또한 저임금, 비숙련 노동이라고 낮게 평가된다. 돌봄은 지불 여부에 상관없이 계급화, 인종화, 세대 간 불평등 등이 겹쳐 있는 가부장제 권력관계를 통해 유지되어왔다(Williams, 2021: 42-44).

한편 인종화된 경계의 위기는 전쟁, 인종갈등, 경제붕괴, 환경재난에 따른 이출 및 지정학적 불평등에 대한 것이다. 이주민을 위험, 불법성, 갈등, 테러리즘과 결부시키는 시각은 민족국가의 강제적 국경통제, 억류, 국외추방 정책을 단계적으로 강화시켜왔다. 이민자의 불법화나 난민 위기에 찬성하는 것은 이동을 비자연적 상태로 보는 방법론적 민족주의의 편견이다(Williams, 2021: 46-51). 제국주의로부터 지구 자본주의에 이르는 식민화 과정의 자연에 대한 착취 관계를 고려할 때, 착취받는 사람의 입장에서 보면 인류세는 '인종적 자본세(racial capitalocene)'에 다름 아니다.

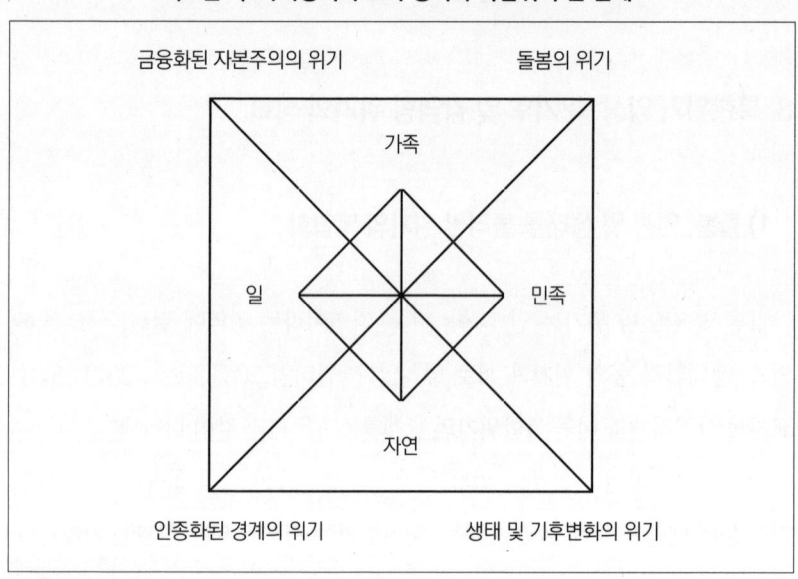

〈그림 1〉 사회정책의 교차 영역과 복합위기 간 관계

자료: Williams(2021: 54)

생태 변동은 인구 및 지역을 가로질러 세대 간에 걸친 공평성, 평등 및 정의의 문제를 제기한다. 예컨대 석유를 대체하는 생물연료 생산은 주변화되는 농토에 대한 경쟁을 격화하게 만들고 원주민 여성의 생계를 위협한다. 1990년대에 최초로 환경정의운동을 촉발한 환경인종주의는 유색인종이 유독성 폐기물 근처에 살거나 깨끗한 공기와 물 등에 접근할 수 없는 상황을 폭로해왔다. 그 일환으로 앤서니(Anthony, 2017; Williams, 2021: 45에서 재인용)는 젠트리피케이션, 축출 및 소수민족 공동체에 타격을 가하는 물, 폐기물 등의 탈규제 방식이 인간과 지구 둘 다의 식민화에서 비롯됨을 논증함으로써 인종적·환경적 불의가 어떻게 병존하는지 보여준다.

금융, 돌봄, 인종, 생태를 둘러싼 위기는 어떻게 복합화되고 있는가? 이들 위기의 공통점은 미래세대의 연대를 위험에 빠뜨리고, 가부장제적, 인종적, 생태사회적 차원의 신자유주의와 그 결과인 생산, 재생산, 소비, 축적, 상품화 및 성장의 방식에 도전한다는 데 있다. 윌리엄스(Williams, 2021: 51-53)에 의하면, 금융위기는 노동 불안정성과 사회지출을 엄격하게 삭감시켜, 돌봄욕구 및 돌봄서비스 노동에 가장 많이 관계하는 여성을 집중 타격한다. 또 대부분의 선진국은 돌봄서비스의 노동비용을 낮게 유지하기 위해 이주노동자에 더욱 의존하면서 그들의 권리를 계속 박탈하고 있다. 특히 지구적 금융위기의 동인인 부채는 선진국에서 주택소유 접근을 제한하고, 개발도상국에서는 농민의 토지가 에너지 신산업에 잠식되도록 만든다.

2) 기후변화와 인수공통 감염병의 위험

건강, 질병, 출생, 죽음 등은 모든 단일한 생명체에게 행성 중 하나인 지구 위에서의 존재의 체현된 진실을 구성한다. 사람과 다른 모든 생명체는 생명이 발생하는 사회적, 생물리적, 생태적 맥락에 의존하며 동시에 그것을 형성한다. 사람의 경우 건강불평등을 포함하는 인구 건강의 패턴은 모든 인구와 행성인 지구가 어떻게 적절한가에 대한 살아있는 기록이다. 기후변화는 생태사회적 위험의 범위나 내용을 직간접적으로 변화시켜왔다. 2022년 현재 지구 행성의 북반구 또한 폭염, 산불 등의 피해를 입고 있으나, 남반구의 경우 빈곤, 농토상실 및 주민의 건강악화가 더욱 심각한 실정이다.

기후영향의 지배적·직접적 효과는 지리적 불공평성을 더욱 크게 만든다. 빈곤국의 홍수나 사막화와 같은 재난은 돌봄 및 생계 책임 모두를 악화시킴으로써 여성을 최악의 상황으로 내몬다. 더욱이 이동이 점점 제한되는 세계 속에서도 기후위기에 따라 기후난민이 속출하는데, 예컨대 남아시아에서는 해수면 상승 및 태풍으로 수백만 명이 고향을 떠났다. 부유한 나라에서도 기후변화와 사회적 취약성 간 연계가 점점 뚜렷해져, 새로운 사회적 문제 및 압력에 대응할 역량을 지닌 선진국들도 머지않아 지구 스케일에서의 환경변동과 기후위기가 불러올 일련의 사회적 위험에 직면하리라 예상된다(Johansson, 2016). 그 밖에 기후위기의 간접적 효과는 사회적 압력과 불평등을 변동시키는 데에서 찾을 수 있다. 기후변화 적응 및 경감의 조치는 에너지 안전, 깨끗한 대기, 건강영향, 고용창출 등과 같은 잠재적 공통편익을 낳는 반면, 사회적 비용의 불균등한 분포로 말미암아 불안정 무산계급(precariat)의 웰빙을 훨씬 저하시키고 있다.

기후변화와 마찬가지로 코로나19는 불규칙하고 예측 불가능한 위험을 대표한다. 감염병 위기는 상대적으로 예측가능한 위험에 맞추어 설계된 복지국가의 기초에 도전하고 있다. 기후위기에 따라 영구빙하가 점점 더 많이 녹게 되면 부가적 위험이 발생하는데, 인간이 면역력을 갖추지 못한 고대 병원균의 방출도 그중 하나이다. 더욱이 경제의 지구화와 세계인구 68%가 거주하는 도시의 고밀도화는 전염병의 온상이 되어왔다. 또한 전쟁이나 전염병 등의 대규모 재난은 사회변동에 큰 영향을 끼쳤는데, 예컨대 제2차 세계대전의 상황이 복지국가 건설을 가능케 했고 스페인독감은 사회의학에 대한 근대적 관념을 형성하게 만들었다(주윤정, 2021: 239).

감염병 대유행은 방역은 물론 인권 및 생태계에 대한 취약성을 드러냄과 동시에, 현존하는 불평등을 더욱 복합화시킨다.[4] 코로나19는 계급이나 국경에 상관없이 노인 및 육체적 취약집단의 사망률을 높이고 사회경제적 불이익집단,

---

4 한국경제연구원의 '코로나19가 취약계층 직장유지율에 미친 영향'은 한국에서 코로나19 대유행 첫해인 2020년의 직장유지율 하락이 중위소득 50% 미만 하위층의 경우 8.4%로 가장 컸고 중위소득 50~150%인 중위층은 3.2%, 중위소득 150% 초과 고소득층은 유의미한 변화가 없는 것으로 보고하고 있다. 또한 이 보고서에 따르면, 해당 연도의 성별 직장유지율은 남성의 경우 유의미한 영향이 없으나 여성의 경우에는 3.5% 하락하는 것으로 나타난다. 신훈(2022.08.04) 참조.

인종적 소수집단 등의 웰빙을 불비례적으로 악화시켜왔다. 특히 선진국들은 신자유주의 원칙을 포기하고 봉쇄령(lockdown)으로 인한 노동자 임금 및 기업 손실을 보조하는 차원에서 공적 차입을 증가시켜왔다. 신종 감염병은 돌봄시장의 약점과 돌봄이용자 및 돌봄노동자의 취약성을 모두 드러낸다. 그리고 50만 명의 코로나19 사망자가 기록될 즈음, 경찰에 의한 흑인 사망도 덩달아 늘어났다(Nesmith et al., 2021: 105). 지속되는 경찰의 야만성과 폭력, 체계적 인종주의와 불평등 등에 분노, 고통을 표현하기 위해 대유행 기간에 많은 사람들이 그들의 집을 떠났다.

 감염병 위기에 대한 사회정책의 해법은 그것이 기존 사회적 위험과 다른 성질의 것이면서도 그것과 착종되어 있음을 분별하는 데서 출발한다. 자연과 상호작용하는 식민주의 방식이 근본적으로 변화하지 않는다면, 인수공통 감염병의 잦은 대유행은 막을 수 없을 것이다. 코로나19의 대유행은 총체적 불평등뿐 아니라 그것과 건강돌봄, 환경악화 간 연계를 고려하는 새로운 복지체제를 요구한다. 이와 함께 중요한 것은 취약한 공적 돌봄과 인종주의의 폐해는 역설적으로 인간에게 잠시 멈추고 삶 자체를 위협하는 지구적 위기를 자각하도록 만든다는 점이다. 이 멈춤은 과거와 현재에 대한 성찰을 통해 자본주의, 식민주의 체제의 모순에 관심을 촉발할 수 있다.

 나아가 주목할 만한 것은 감염병 트라우마에도 불구하고, 또 그러한 트라우마 때문에 위기는 새로운 형태의 이웃, 지방공동체 간 연계망과 시민사회 조직 간 상호성이 움트고 있다는 점이다. 특히 돌봄 및 건강 관계자 등 핵심 작업자의 가치에 대한 인식이 높아지고, 봉쇄령에 따라 교통혼잡과 환경오염이 급감함으로써 깨끗한 공기와 녹지공간이 재평가되고 있다. 민족주의나 불평등을 불식하는 지구적 협력 및 지도력에 대한 욕구 또한 점증해왔다. 예를 들어 미국과 한국은 코로나19가 같은 날에 최초로 발생했지만, 이후의 상황은 대조적 양상을 보였다. 이는 지도력, 문화, 제도 등의 차이로 설명될 수 있는데, 당시 미국 트럼프 대통령의 경우 건강, 생명보다 경제를 보호하는 데 더 큰 관심을 표출했다(Nesmith et al., 2021: 119). 이에 비해 한국은 정부 대책에 대한 시민참여와 공동체 책임이 결합되어 집합적·전략적으로 적절하게 대응했다고 볼 수 있다. 또 이를 뒷받침한 것은 한국의 민주주의와 돌봄윤리, 보편적 건강보험 체계 등으로 해석된다. 나아가 코로나19는 계급, 지역, 직업 등 사회경제적 불평등과 젠더, 인종, 민족, 연령, 장애라는 탈식민적 쟁점이 현실적으로 연계되는 사회정책 전환의 계기를 만들고 있다.

기후변화와 코로나19 감염병 위험은 생태위기의 일환이라는 공통점을 갖지만, 남북문제의 측면에서 차이가 있다. 전자의 경우 북반구 선진국에 의한 탄소배출이 남반구 빈곤국에 더욱 큰 피해를 남기는 데 반해, 후자는 부유한 나라의 웰빙도 마찬가지로 타격하는 식민주의의 부메랑을 뚜렷이 보여준다. 돌봄 및 인종의 위기와 착종된 감염병 위험에 직면하여 모든 지구인들은 자본주의의 경쟁적 개인주의에 반감을 갖기 시작했다. 많은 활동가와 사상가들이 감염병이 창궐하는 지금이 서식하기를 원하는 종류의 세계를 접합할 적당한 때임을 주장한다. 대중적 슬로건이 된 "더 나은 재건(Build Back Better)"은 미국으로부터 유럽에까지 확산되어온 '흑인 삶이 중요하다(Black Lives Matter)' 저항에 의해 근본적으로 재정의되고 있다(Williams, 2021: 173).

에콰도르 원주민의 '부엔 비비르(Buen Vivir)' 운동은 사람과 자연의 조화로운 관계를 위해 공간과 시간을 단일한 스펙트럼에 위치시킨다. 비슷한 흐름에서 탈식민 사회정책은 '개인적인 것이 정치적'임을 인정하면서, 무엇보다 차이와 다양성을 존중하는 재분배를 추구한다. 윌리엄스(Williams, 2021: 188)는 탈식민성의 핵심인 인간-인간 간, 인간-자연 간 관계를 다음과 같이 강조한다. 첫째, 상호의존 관계는 인간과 비인간 존재 및 생명유기체의 생태계 간에 적용된다. 둘째, 상호의존은 현재의 아동 및 청소년 권리뿐 아니라 이 행성을 이어받을 미래세대에 대한 세대 간 의무를 강조한다. 셋째, 그것은 물질적, 도덕적 배상을 받아야 할 탈인간화된 인종적 고통에도 관련된다.

4. 탈식민 사회정책을 통한 생태복지체제로의 전환

1) 탈식민 사회정책과 행성적 제4의 길

생태사회적 배제는 탈식민주의 관점에서 사회정책의 여러 영역을 '생태사회적인 것'으로 재주조(再鑄造)하려는 취지의 신조어이다(한상진, 2018: 90-91). 이는 식민화에 따라 지구 곳곳에서 외래종 수송으로 토착 동식물이 멸종됨과 동시에 사회적 배제집단의 문화 또한 말살되어왔음을 부각시킨다. 식민주의가 여성, 미래세대, 노인, 장애인, 이주난민, 비인간생명체 등에게 웰빙의 위기를 초래한다는 점에서, 3절에서 다룬 탈식민성과 교차적 사회정책은 동전의 양면이다. 즉, 탈식민 사회정책은 자본주의 계급에 근거한 노동 및 분배에 대한 관심을 성, 인종, 연령, 신체능력, 생태환경 등 탈식민적 쟁점과 접합하여 생태복지체제로 전환하는 다양한 경로를 준비하게 만들 수 있다.

유색인종, 빈곤여성 및 장애인 등이 비인간 생명세계와 '밀접'한 것으로 인지됨에 따라, 자연은 오랫동안 인종위계 담론에 의해 정당화되어왔다. 또 시장의 혁신적 해결책에 의존하는 시장환경주의, 더 많은 규제와 조세 인센티브를 도입하는 지속가능 자본주의 등은 지구라는 행성의 자원 규모를 초과하는 진보, 이윤, 생산, 성장이 가능하다는 환상을 부추긴다(Williams, 2021: 219). 신자유주의 패러다임에서 녹색기술이나 돌봄시장은 역동적이고 유연한 해결책이라 포장되나, 단기적 관점에 치우쳐 현존하는 불평등이나 분배적 불균형을 제대로 다루지 못하는 경향이 있다. 탈식민 사회정책의 접근은 기후 및 감염병 위기가 시장 자본주의, 돌봄 및 인종의 위기와 어떻게 영향을 주고받는지에 주목하여, 자연은 물론 유색인종, 여성, 장애인, 아동 및 노인 등 사회적 취약계층이 복합위기에 대응해 어떻게 연대할 수 있는지를 드러낸다.

요컨대 감염병 위험을 비롯한 현대의 복합위기에 근본적으로 맞서는 탈식민 사회정책으로의 전환은 다음과 같은 원칙에 의거해야 할 것이다. 첫째, 원주민, 여성, 장애인, 미래세대, 이주난민 등의 권리를 인정한다. 둘째, 원초적 경관의 서식지와 토지, 물 등이 연계되어 보전되도록 인간과 자연의 조화를 추구한다. 셋째, 일, 가족, 민족, 자연의 교차 영역에서 발생해온 복합위기를 극복하기 위해 인간-인간 간, 인간-자연 간 연대에 주목한다. 넷째, 가부장제 자본주의가 초래하는 불평등과 불의에 맞서 돌봄, 인종차별 반대, 비인간생명체 등의 가치를 승인한다.

다른 한편으로 하나뿐인 지구에서 다른 세계가 가능할까? 니스미스 외(Nesmith et al. 2021: 108)의 짧은 대답은 "그렇다"이다. 하지만 좀 더 길게 대답하려면, 현 상황의 위기를 극복하기 위해 인간이 자연 및 다른 인간과 어떻게 관계 맺을 것인가에 대한 프레임의 전환 필요성을 인정해야 한다. 금융, 돌봄, 인종화된 경계, 생태환경 등을 둘러싼 복합위기가 탈식민 사회정책을 필요로 하므로, 서구적 의미의 복지가 행성적 차원의 웰빙으로 확대되어야 함은 명확하다. 따라서 식민주의가 생태, 사회 및 인간에 미쳐온 영향을 천착하여, 생태복지체제의 전환 전략, 그리고 그 전략에 근거한 자연세계와 인간사회 간 호혜적 프로그램들을 궁리해야 할 것이다.

이제 행성적 제4의 길을 전망하기 위해, 윌리엄스가 제안한 사회정책의 네 개 영역을 중심으로 제1의 길부터 제3의 길까지의 역사적 과정을 평가해보자. 먼저 제1의 길은 민족 영역과 관련되며, 비서구에 대한 식민지배를 바탕으로 한 서구 사회민주주의의 제1섹터(정부) 주도 복지국가 노선이다. 그리고 제2의 길은 가족 영역과 관련되는데, 신자유주의적 제2섹터(기업) 역할과 아울러 여성의 가내 부불돌봄에 중요한 의미를 부여하기 때문이다. 한편 20세기 말에 대두한 제3의 길이란 일 영역을 중심으로 제3섹터(지역사회 비영리조직)와의 거버넌스에 초점을 둔다. 필자는 제4의 길을 자연 영역에서 발생하는 도전적 변화에 대응하는 제4섹터(제1, 2, 3의 섹터에 포괄되는 않는 잔여적 섹터로서의 여성, 유색인종, 장애인, 미래세대, 노인, 비인간생명체 등 생태사회적 불이익집단)의 정책 및 실천 연대로 파악한다.

그렇다면 제4의 길은 왜 행성적 스케일에 의거하는가? 한상진 외(Hahn et al., 2006)는 지구적 제3의 길을 서구 경험에 기초한 '복지에서 노동으로' 프레임으로 이해하는 대신, 비서구에도 적용할 수 있는 제3섹터 주도의 일자리 거버넌스로 설정했다. 그런데 제4의 길은 민족, 가족, 일의 영역과 교차하면서도 자연의 위기에 초점을 두는 탈식민화 사회정책의 경로로 정의되므로, 지구보다는 행성이 생태사회적 웰빙의 감시자이자 주체가 활동하는 스케일로서 더욱 적합하다고 볼 수 있다. 이때 유의할 점은 행성적 제4의 길이 식민주의의 피해자를 집합적 주체로 부각시킨다고 해서, 정부, 기업, 제3섹터 등과 적대적으로 투쟁하는 대립 노선만은 아니라는 것이다.

기후 및 감염병 위기의 재난적 성격은 식민주의의 피해집단이 서로 협동하는 것과 함께, 정책 및 경제의 의사결정을 좌우하는 정부와 기업의 해결 노력도 긴급하게 요청한다. 2022년 한국에서 신자유주의 체제의 재등장은 기후정의, 탈핵 등을 둘러싸고 제3섹터의 저항을 활성화시키겠지만, 정부권력과 환경운동이 대치하는 동안 생태환경 파괴는 지속될 것이므로 바람직한 상황이 못 된다. 지구적 제3의 길을 향한 '일을 통한 복지'에서 제1, 제2, 제3섹터 간 협치가 요구되어왔듯이, 제4섹터로 명명된 집단과 나머지 섹터들 역시 정부권력 및 정당정치의 생태사회적 전환, 그리고 탈식민 사회정책을 향한 공생적 협업에 나서야 할 것이다.

2) 생태복지국가에서 생태복지체제로

복지국가는 항상 국가나 복지 이상의 것이다(Williams, 2021: 219). 국가, 복지에 부착된 의미와 조건은 시간, 공간에 따라 변동한다. 사람들은 스스로의 욕구에 부응하기 위해 복지의 원천으로 공동체 결사체, 이웃, 가족, 친구, 작업장, 인터넷, 자조적 상호부조 집단 및 지구, 국가, 지방 스케일의 공적·사적·자원적(自願的) 공급에 의지한다. 복지국가는 일, 가족, 민족을 재구성하고 다른 한편 그것에 의해 재구성되기 때문에 그동안 〈그림 1〉의 일-가족-민족 간 역동적 관계 속에서 존재해왔다. 그런데 필자는 자연 영역의 부상에 따라 민족국가보다 지구, 지방의 스케일 정치가 더 활발해지고 있어, 복지국가 범주가 지방, 국가, 지구 스케일을 넘나드는 복지체제로 다시 프레이밍될 필요가 있다고 본다.

이태수 외(2022: 193-224)는 녹색복지국가를 복지국가론의 기본 관점에 입각해 녹색의 담론을 포섭하는 접근으로 규정한다. 즉, 복지국가의 역할과 한계를 인정함과 동시에, 인간의 웰빙에 필수적인 생태적 지속가능성을 동시에 고려하는 녹색가치와 사회민주주의를 융합하는 시도라는 것이다. 이때 녹색 복지국가는 인간의 생존을 존중하면서 자연과의 상생관계 속에서 지키고자 하는 생태적 가치, 즉 생명가치를 바탕으로 사회보장제도를 재구성하는 새로운 복지체제로 정의된다. 이러한 녹색복지국가론은 5절에서 검토할 생태복지국가론과 거의 비슷한 한국 복지국가의 생태개혁 지향이라고 할 수 있다.

한편 강수택(2022: 278-280)은 생태연대주의 관점에서 생태복지국가의 생태복지체제로의 스케일 확장에 좀 더 적극적으로 조언한다. 그는 기존의 복지국가론이 국민국가 단위의 사회적 연대를, 생태복지국가론의 경우 글로벌 연대를 추구한다고 차별화하고 있다. 생태위기로 인한 위험이 초국적 성격을 지니므로, 사회적, 생태적 위험을 극복하기 위한 생태복지의 목표는 국제적 연대를 중시할 수밖에 없기 때문이다. 나아가 생태복지국가는 생태적 위험의 예방과 사후 대책을 위해 지역 단위의 로컬연대를 강조하게 됨을 지적하고 있다.

서구 복지국가를 떠받쳐 온 사회민주주의가 경제성장의 산물로 생겨났다는 점에서 탈성장(degrowth)에 친화적인 '생태'라는 접두사가 붙은 생태복지국가론이나 생태복지체제 담론은 모순적 설정이라 할 수도 있다. 전통적 복지국가는 노동-복지의 연쇄에 주로 관심을 가져왔지만, 생태복지체제는 생태적 회복력과 사회적 웰빙이 불가분의 관계라고 전제한다. 현 단계 복지국가는 민족국가/시장의 관계라는 전통적 문제의식에서 벗어나, 별개로 존재하면서도 서로 모순적으로 얽혀 있는 사회정책의 교차 영역에서 탈식민화를 실행하는 생태복지체제로 전환해야 한다.

윌리엄스(Williams, 2021: 217)의 논법을 빌려 생태복지체제를 정의하자면, 그것은 기후 및 감염병의 위기로 근본적 변화를 도전받게 된 자연을 일, 가족, 민족의 영역과 교차시켜 다중스케일(multi-scalar)의 생태사회적 포용(ecosocial inclusion)으로 나아가게 하는 정책 및 실천 거버넌스라고 말할 수 있다. 물론 이는 자연과 일, 가족, 민족 등을 횡단하는 생태복지를 향한 체제전환에서 반드시 돌봄의 위기, 이주난민의 인종화된 경계 위기, 불안정 무산계급의 금융 위기 등에 똑같은 비중을 두어야 한다는 취지는 아니다. 그렇다면 생태복지체제를 복지국가의 생태개혁 수준으로 협애하게 설정하는 것보다 사회정책의 교차 영역과 복합위기라는 맥락에서 포괄적으로 접근하는 의의는 무엇일까? 이는 생태위기에 맞서는 주체를 지구적, 국가적, 지방적 스케일 모두에서 미래세대, 비인간생명체뿐 아니라 계급, 성, 장애, 인종 등에 걸쳐 형성하려는 급진적 기획에서 찾을 수 있다.

이제 생태복지체제의 요점을 정리해보자. 첫째, 민족국가 스케일에서는 공적부조, 사회보험, 사회서비스의 생태개혁이 중요한데, 각각의 사례로는 애완동물의 건강보험 대상 편입, 미래세대를 고려하는 연금개혁, 돌봄과 환경보건 서비스의 결합 등을 꼽을 수 있다. 둘째, 여성, 장애인, 미래세대, 유색인종, 비인간생명체의 이해당사자 운동을 바탕으로 각 주체가 함께 참여하는 돌봄의 윤리를 확립한다. 셋째, 생태사회적 웰빙을 향한 정부, 기업, 제3섹터 및 위 이해당사자 간 공생적 협치를 지향한다. 넷째, 지방 스케일의 생태사회적 공동자산화(ecosocial commoning)와 국가 스케일의 생태복지체제 혁신, 지구 스케일의 탈식민화를 아우르는 다중스케일 정치를 추구한다. 여기에서 생태사회적 공동자산화는 생태적 공동관리를 위한 사회적 규범의 확립을 필요로 한다. 5절에서 박승옥(2022.07.25.)이 제안하는 기초 자치단체 수준의 조직화도 이러한 커먼즈 거버넌스의 제도적 수단이 될 수 있다. 윌리엄스(Williams, 2021: 181)는 생태민주주의의 기획에 토지의 재생과 지방적 이용, 유틸리티와 먹거리에 대한 경제적이고 환경적인 접근, 참여예산제, 채굴주의에 대한 저항 등을 포함시킨다.

5. 앞으로의 전망

복지국가의 생태개혁은 생태복지체제로 전환하기 위한 첫걸음이라는 의의를 지닌다. 한국에서 기후위기 대응의 맥락에서 복지국가의 생태개혁을 다루는 논의로는 남재욱(2022.06.22.), 강경숙(2022.07.11), 박승옥(2022.07.25.) 등이 있다. 우선 남재욱(2022.06.22.)은 기후불평등에 대처하는 복지국가의 과제를 주거복지, 지역 간 불평등, 노동전환 등에서 찾는다. 이 가운데 주거복지는 에너지 빈곤층의 냉난방을 위한 그린 리모델링을, 지역 간 불평등은 화석연료 보조금 폐지로 타격을 받는 농촌 및 농업 대책을, 노동전환은 고탄소 산업으로부터 신재생에너지 등 신산업으로의 재구조화 과정에서 나타나는 일자리 위협에 대한 대응을 필요로 한다. 그런데 에너지 빈곤층의 난방에 대해 석탄, 석유 등 기존 화석연료가 아닌 블랙 팰릿(black pallet)이라는 재생에너지 숯으로 대체하는 방안도 요청된다.

한편 강경숙(2022.07.11.)은 식량, 주거, 성 평등, 사회적 공평, 정치적 발언권, 평화와 정의, 소득과 일자리, 건강 등 '사회적 기초'만이 아니라 기후변화, 대기오염, 생물다양성 손실, 토지개간, 담수 고갈과 같은 '생태적 한계'를 고려하여 복지국가의 '생태적 전환'을 이뤄야 한다고 주장한다. 특히 노동운동을 중심으로 논의된 '정의로운 전환'이 기후정의와 결합하고, 탄소예산 및 배출제로 논의와의 접점이 넓어지는 데 주목하고 있다. 그리하여 '정의로운 전환' 과정에서 고용보장 요구가 나올 수 있는데, 그녀는 산업과 직종이 달라지는 과정에서 노사갈등이 심화되어 탄소중립의 추진에 장애가 되지 않도록 해야 함을 강조한다.

이와 함께 박승옥(2022.07.25.)에 의하면, 한국에서 노동, 농민 등의 시민사회단체 영향력은 급속히 약화되어왔으며 여성, 청년, 장애인, 소수자, 보건복지 등 부문별 사회운동 또한 각개 분산되어 있는 상태이다. 진보정당을 비롯한 지역주민운동이나 협동조합운동 역시 정치경제적 체제전환을 향한 정치력이 미약하다고 평가된다. 그럼에도 그는 느슨하게 분절된 사회운동 상황이 역으로 기후정치의 세력화를 강하게 추동할 수 있는 핵심 동인이 되리라 낙관하면서, 기초 자치단체 수준의 주민조직화 전략을 대안으로 제시한다. 하지만 위의 세 논의는 노동운동의 중심성이나 지방 스케일에서의 거버넌스를 강조하고 있으나, 탈식민 사회정책의 요체인 장애인, 여성, 유색인종, 근로빈곤층, 비인간생명체 간 연대의 근거에 대해서는 불명확한 문제가 있다.

결론적으로 이 글의 논점은 생태복지체제로의 전환을 위해 기후 및 감염병 위기와 금융, 돌봄, 인종화된 경계의 위기를 교차시켜 다양한 정책 프로그램 및 실천행동을 모색해야 한다는 것이다. 위의 세 논의가 제안하는 민족국가 스케일의 생태복지체제는 다음의 과제들과 연계된다면 다중스케일에 걸친 제4섹터 주도의 생태사회적 통합으로 실현될 수 있으리라 기대된다. 먼저 김도균(2018)이 제기한 한국형 '자산기반 복지' 체제는 금융위기에 따른 부동산 광풍 가운데 더욱 강화되고 있다. 다양한 매개를 통해야겠지만 이러한 시장중심의 자산기반 복지는 커먼즈의 상상력으로 공동자산화의 대안 모색이 요구된다고 하겠다.

또한 문재인 정부의 지역사회 돌봄체계나 사회서비스원 설립 등이 코로나19에 어느 정도 적절하게 대응했다고 본다면, 윤석열 정부의 신자유주의적 돌봄체제가 어떻게 감염병에 대처해 나가는지를 예의 주시해야 하겠다. 한편 조선업 등에서의 국내인력 부족 상황 속에서 필연적인 이주노동자 유입은 중국 혐오, 아프간 난민 차별 등의 분위기 속에서 어떻게 반인종주의 연대를 형성할지 지켜볼 필요가 있다. 이와 더불어 이태수 외(2022: 342)가 적절히 검토하고 있듯이, 생태복지체제로의 전환에 소요될 복지재정 확충을 위해 탄소세 신설 등 조세체계의 개편 논의가 반드시 수반되어야 할 것이다.

지금까지 이 글에서는 기후 및 감염병 위기에 맞서기 위해, 민족국가 스케일의 생태복지국가 논의를 확장하여 탈식민 사회정책 접근에 의거하는 생태복지체제의 다중스케일 정치가 시급함을 주장했다. 특히 코로나19 대유행은 지구의 남북반구에 걸쳐 인간/비인간생명체의 공존을 위한 생태사회적 웰빙의 연대를 가시화시키고 있다. 한국의 상황에서 보면 생태복지체제의 탈식민성은 기후변화에 따라 계속 빈발할 집중호우에 대처하여 발달장애인, 여성 감정노동자, 노인, 빈곤아동 등의 웰빙을 보장할 사회주택의 필요성과 연결된다. 더욱이 이는 비인간생명체의 웰빙을 보전하는 서식공간의 확보가 기후 및 감염병 위기를 경감하는 핵심 전략이라는 점과 맥락을 같이 한다.

끝으로 이 글에서 제기한 '제4섹터'라는 체제전환의 주체와 '행성적 제4의 길'이라는 생태복지체제의 의미를 두 가지 사례를 통해 제시하도록 한다. 먼저 2000년대 초부터 시작된 새만금 방조제 간척사업은 갯벌의 매립을 의도했지만, 남수라마을 인근의 부분적인 바닷물 재유통 이후 인근 수라갯벌이 염생식물 및 멸종위기 야생생물의 터전으로 회복되는 사례이다. 즉, 새만금 갯벌에 서식하는 조개, 게, 조류 등의 비인간생명체는 10여 년에 걸친 인간의 개발로 사라진 것처럼 보였으나, 바닷물이 다시 유입되자 행성적 상호작용에 의해 제4섹터로 포괄될 수 있는 웰빙의 주체로 자리매김하고 있다.

한편 또 다른 사례는 한상진(2015)의 송전탑을 둘러싼 밀양 주민과 울산 비정규직의 연대에서 발견된다. 2000년대 초 10년에 걸친 밀양에서의 노인을 중심으로 한 765kV 송전탑 건설 반대와, 비슷한 시기 고용유연화 전략에 맞선 울산의 비정규 노동자에 의한 철탑 고공농성은 제4섹터 내 노인과 비정규직 간 이질적 조우를 빚어내었다. 이 사례는 행성적 도시화(planetary urbanization)에 따라 목표가 상이한 집단 간에도 집합적 유대(bond)가 형성될 수 있음을 시사하며, 생태복지체제의 실험이 민족국가나 지방자치단체의 구획을 넘어 도시 간 제4섹터의 교류를 통해서도 가능함을 보여주고 있다.

참고문헌

강경숙. 2022.07.11. "기후정의, 생태복지국가로의 전환이 시급하다." 복지국가소사이어티. http://www.welfarestate21.net/home/data3.php?mode=read&mod_gno=2676.

강수택. 2022. 『환경과 연대』. 이학사.

고병찬. 2022.08.11. "반지하 장애가족 책임지던 분, 밖에선 감정노동자 울타리." 〈한겨레〉.

고쉬, 아미타브(A. Gosh). 2021. 『대혼란의 시대』. 김홍옥 역. 에코리브르.

김도균. 2018. 『한국 복지자본주의의 역사』. 서울대학교 출판문화원.

김영모. 1999. 『사회정책』. 한국복지정책연구소 출판부.

남재욱. 2022.06.22 "윤석열 정부, 피부 와 닿은 기후위기에도 '원자력'만 고집." 〈프레시안〉.

박순열. 2022. "기후변화가 아닌 체계의 변화, 어떻게 가능한가?" 생명자유공동체 1회 공개포럼 자료집 『기후위기 시대, 체제전환의 길을 묻다』 7-29.

박승옥. 2022.07.25. "한국이 불타는 것도 시간문제다." 〈프레시안〉.

신훈. 2022.08.04. "코로나 고용충격 저소득, 여성에 집중." 〈한겨레〉.

이우연. 2022.08.12. "반지하 장애인 가족 장례식장 앞… 촛불이 하나둘 켜졌다." 〈한겨레〉.

이태수 외. 2022. 『성공한 나라, 불안한 시민』. 헤이북스.

자마일, 다르(D. Jamail). 2022. 『지구를 위한 비가』. 최재봉 역. 경희대 출판문화원.

주윤정. 2021. "코로나 시대의 생태적 전환과 실천들." 인간-동물 연구 네트워크 편. 『관계와 경계 -코로나 시대의 인간과 동물』 238-250. 포도밭.

_____. 2022. "탈식민주의 관점에서 본 생태환경사." 『아시아와 유럽의 기후생태문제 연구』 서울대아시아연구소 동북아센터·한국독일사학회 공동학술대회 자료집.

차크라바티, 디페시(D. Chakrabarty). 2014. 『유럽을 지방화하기』. 김택현, 안준범 역. 그린비.

최하얀. 2022.08.12. "관악구 반지하 가족에게 지상으로 올라올 '주거 사다리'는 없었다." 〈한겨레〉.

쿠퍼, 멜린다(M. Cooper) 외. 2022. 『임상노동』. 한광희 외 역. 갈무리.

한상진. 2015. "밀양 송전탑 주민 및 현대자동차 비정규직 노동자의 희생과 연대를 통한 정의로운 지속가능성의 지향." 『경제와 사회』 105: 201-227.

_____. 2018. 『한국형 제3의 길을 통한 생태복지국가의 탐색』. 한국문화사.

_____. 2021. "먹거리 체계의 생태사회적 전환을 향한 먹거리 정의의 접근." 『ECO』 25(1): 7-36.

Esping-Andersen, G. 1990. Three Worlds of Welfare Capitalism, Princeton University Press.

Hahn, S. and McCabe, A. 2006. "Welfare-to-Work and the Emerging Third Sector in South Korea." *International Journal of Social Welfare*. 15(4): 314-320.

Johansson, H. et al., 2016, "Climate Change and the Welfare State." Sustainability and the Political Economy of Welfare, edited by Koch, M. et al. Taylor and Francis Group.

Krieger, N. 2021. Ecosocial Theory, Embodied Truth, and the People's Health, Oxford.

Liboiron, M. 2022. Pollution is Colonialism, Duke University Press.

Nesmith, A. et al., 2021, The Intersection of Environmental Justice, Climate Change, Community, and the Ecology of Life, Springer.

Phillips, L., 2016, Resolving the Climate Change Crisis: The Ecological Economics of Climate Change, Springer Netherlands.

Thomas, L. 2022. The Intersectional Environmentalist, Voracious/Little, Brown Company.

Williams, F., 2021, Social Policy: A Critical and Intersectional Analysis, Polity.

8장

기후위기에 직면한 사회, 체계변화인가 체제전환인가?

박순열

> 기후변화가 아닌 '체계변화/체제전환'이 학문, 정책, 사회운동 등에서 빈번하게 사용되지만 여전히 매우 불명료하여 그 적합성이 의심스럽다. 이 글은 "기후변화가 아닌 체계변화"를 어떤 사태를 파악하거나 변화시킬 수 있는지를 결정하는 도식(frame)으로 보면서 그 적합성과 효과를 검토한다. 북극의 기후변화를 탐험한 모자이크 탐험대의 사례에서 환경에 개방적이지만 동시에 작동적으로는 닫힌 여러 사회적 체계들의 연쇄적 작동을 확인할 수 있다. 기후위기에 대처하는 사회는 단일한 사회체계가 아니라 서로 다른 코드와 프로그램으로 자율적으로 작동하는 사회적 체계들이고, 제도, 가치, 사회적 체계 등이 결합된 '사회체제'와 구별된다. 논의의 결과, '체계변화', '체제전환'에 대한 보다 정교한 이해는 기후변화에 맞서는 사회의 가능성과 한계를 규명하는 데 필수적이고, 기후변화에 맞서고자 하는 시민들에게 도덕적 호소가 아닌 다른 활동의 가능성을 제공해 준다.

키워드: 사회체계, 커뮤니케이션, 기능분화

1. 기후위기에 직면한 사회의 작동으로서 북극탐험

점점 빠른 속도로 녹는 북극의 빙하, 그 때문에 생존이 위태로운 북극곰은 기후변화의 상징과도 같다. 그 북극에서는 기후변화로 인해 도대체 무슨 일이 일어나고 있는가? 북극에서의 변화는 지구 차원의 기후나 생태계에 어떤 영향을 미치는가? 사람들은, 사회는 무엇을 해야 하는가? 이런 질문들에 답을 찾기 위해 모자이크 탐험대(Multidisciplinary Drifting Observatory for the Study of Arctic Climate; MOSAiC Expedition)는 북극을 탐험하였다. 탐험대는 쇄빙 탐험선 폴라스턴(Polarstern, 북극성)호를 북극의 유빙(流氷)에 결박하여 2019년 9월부터 약 1년 동안 북극에서의 기후변화를 연구하였다. 탐험대에는 20여 국가의 600명이 넘는 과학자와 선원들이 참여하였다. 한국의 극지연구소도 인공위성을 활용하여 탐험선의 항로와 유빙에 관한 정보를 제공하였다. 탐험대는 연구진의 규모, 표류하는 유빙에의 정박, 연중 지속된 연구라는 점에서 북극탐험에서의 전환점이라고 여겨진다.[1]

그렇지만 이 글의 주된 관심은 탐험대의 과학적 성취나 기후변화 연구에서의 과학적 기여 여부에 있지 않다. 이 글은 탐험대의 북극탐험을 사회적 체계와 그 작동으로 파악하고, 그것들이 '기후변화가 아닌 체계변화(system change, not climate change)' 또는 '기후변화가 아닌 체제전환'이라는 도식(frame, 圖式)이 주는 의미를 살펴보고자 한다. 인지심리학에서 주로 논의된 도식은 프레임(frame)이나 스크립트(script) 등으로 여러 분야에서 광범위하게 사용되는 개념이다. 핵심은 사회와 사람(정확하게는 사람의 심리적 체계의 작동인 의식)이 기억을 형

---

[1] 탐험대의 연구 의의와 결과는 저널 『Elementa: Science of the Anthropocene』을 포함하여 여러 학술지에서 확인할 수 있다. BBC와 National Geographic 등에서 탐험(대)에 관한 다큐멘터리와 심층 기사들을 보도하였고, 독일과 미국을 포함한 여러 나라의 언론 매체들에서도 탐험의 어려움, 과학적 의의, 기후변화 대응에서의 의미 등에 관한 기사들을 보도한 것에서 확인되듯이 탐험은 세계적 주목을 받았다. 자세한 내용은 탐험대의 웹페이지(https://mosaic-expedition.org/) 참조.

성할 수 있게 하는 의미조합과 연결된다(루만, 2014a: 137).[2] 이 의미조합은 어떤 것을 (또 다른) 어떤 것으로 기술(記述)하는 것으로서, 특정 결과를 다른 특정 원인에 관련지음으로써 해당 사태에 대한 도덕적 판단, 행위, 평가를 가능하게 한다(루만, 2014a: 634). '기후변화가 아닌 체계변화'는 기후(정의)운동에서 세계적으로 폭넓게 사용되고 있다. '체계변화' 또는 '체제전환'의 대상, 방향, 방법, 주체 등에서는 상당한 차이를 보이지만, 기후변화로 인한 파국을 피하기 위한 자본주의(경제체계)로부터의 이탈 여부가 핵심 쟁점이다.[3] 따라서 '기후변화가 아닌 체계변화'를 하나의 도식으로 파악한다는 것은 기후변화가 그리고 체계변화가 각각 어떤 것에 관한 기술인지, 그 양자가 연결됨으로써 사람들이나 사회가 어떤 판단이나 행위를 하는지를 분석하는 것이다.

탐험대와 관련된 사회적 체계들은 국제북극과학위원회(the International Arctic Science Committee, IASC), 관련 과학분과들, 탐험대에 과학자를 파견한 대학들과 연구기관들, 탐험대에 물자보급과 연구진 교체를 위해 쇄빙선을 보내기로 한 정치체계, 그런 결정을 구체화한 경제체계 등이 대표적이다. 북극에서의 과학자들의 탐험이라는 모자이크 탐험대는 일견 대단히 이례적인 사건으로 보일 수 있지만, 기후변화에 맞서는 사회의 작동에서 보자면 꼭 그렇지만도 않다. 탄소중립을 위한 정치적 결정을 요구하는 집회 및 시위들, 석탄을 캐는 광부들의 노동, 그리고 서울과 같은 거대도시의 일상만큼, 그것은 다른 사회적 체계들의

---

2 이 글에서 사람은 자기준거적으로 작동하는 유기체, 신경체계, 심리체계의 복합물로서, 사회에 포함되지 않고 사회의 환경에 해당하는 것으로 이론적으로 간주한다. 사람의 심리체계, 신경체계, 유기체는 사람들이 다른 사람, 사회, 생태적 환경과 맺는 관계에 따라 각각 특화되어 사용된다. 관행적으로 사람 또는 인간을 지시하기 위해 사용되는 행위자, 주체, 의식 등은 이해를 도울 필요가 있는 경우에만 제한적으로만 사용한다.

3 한국에서는 '체계변화'보다는 '체제전환'이라는 표현이 더 많이 사용되지만, '체제전환'이라는 개념이 갖는 모호함을 비판적으로 검토하는 이 글에서는 특별한 경우가 아니라면 '체계변화'를 사용한다. '체제전환' 개념에 대해서는 3절과 5절에서 다시 다룬다. '기후변화가 아닌 체계변화'에 대한 자세한 논의는 기후정의포럼(2021)에서 발간한 『기후정의선언 2021』과 『System Change Not Climate Change: A Revolutionary Response to Environmental Crisis』(Empson et al., 2019)를 참조.

연쇄적 작동에서 파악될 수 있다. 물론 북극에서의 과학탐험과 같은 극적인 사례가 아니더라도 사람들은 기후변화와 관련된 수많은 사회적·물질적·생태적 관계들과 함께 살아간다. 끝없이 연결된 것처럼 보이는 관계들 가운데 어떤 연결은 다른 연결보다 더 오래되고, 어떤 것은 더 강하고, 또 어떤 것은 더 많은 곳에서 더 자주 발견된다. 그런 관계들은 서로 다른 역사를 가지고, 다른 방향으로 나아간다.

'기후변화가 아닌 체계변화'는 그런 수많은 연결을 파악하기 위한 하나의 도식이다. 여기에서의 '체계변화'는 물질적이거나 생태적 체계가 아닌 어떤 사회적 관계들에서의 변화에 관한 특정한 관찰이다. 그리고 그런 관찰(도식)이 여러 곳에서 많은 사람에 의해 반복적으로 사용된다면, 그것은 그만큼 강하게 사람들의 삶과 사회적인 것들에 작용할 것이다. 기후변화와 연결된 체계변화는 최근에는 기후운동뿐만 아니라 정부에서도 사용되기 시작했다. 그렇다면, 점점 빈번하게 사용되는 '기후변화가 아닌 체계변화'라는 도식은 과연 무엇을 관찰한 것인가? 즉, 수많은 연결 가운데, 어떤 것(들)을 다른 것과 구별하여 관찰한 것인가? 과연 그것들을 타당하게 구별하고 적절하게 지칭한 것인가? 그래서 그 구별을 사용하는 사람들, 관찰자들에게 어떤 새로운 인식을 제공하는가? 또는 그것을 사용하는 사람들이나 사회가 원하는 사태 변경에 과연 효과가 있는 것인가? 이 글은 이런 질문들에 답을 모색하려는 시도이다. 이 글을 이끌어가는 핵심적인 가정은 사회는 자기준거적으로 작동하는 커뮤니케이션으로서, 근/현대와 함께 위계적인 분화나 중심-주변 분화가 아닌 기능체계들로 분화되고, 그렇게 분화된 기능체계들을 통합할 수 있는 초월적인 주체나, 중심적인 사회(체계)는 존재하지 않는다는 것이다.[4] 또한 사회에 대한 이런 관찰과 구별은 그것을 관찰하는 수많은 관찰(자)에 의존하고 있다는 것이다(루만, 2015: 461-502).

논의의 출발점은 '기후변화가 아닌 체계변화'가 포착하려는 사태를 규명하는

---

4 기능분화된 현대사회가 어떻게 생태적 위험에 대한 대처할 수 있는가에 대해서는 루만(2014c) 참조.

것에서부터 시작할 수 있다. 여기에서 '사태'는 발생하고 있는 또는 이미 발생한 무슨 일(또는 어떤 것)을 지시하는 것으로, 언제나 어떤 것을 그것이 아닌 것과 구별하는 것을 전제로 한다. 이 글은 무슨 일이 일어났는가? 무엇이 그 뒤에 있는가? 라는 질문을 활용하여 '기후변화가 아닌 체계변화'가 어떻게 사회학의 대상이 되는지(2절), 기후변화에서 논의되는 체계변화는 어떤 사회적 변화를 지칭하는지(3절), 모자이크 탐험대, 그리고 그와 연결된 사회적 체계들이 어떻게 작동하는지(4절), 그리고 혼란스럽게 사용되는 (사회적) 체계와 (사회) 체제는 무엇이고 어떻게 다르게 작동하는지를 살펴본다(5절). 그 결과 기후변화가 아닌 '체계변화' 또는 '체제전환'에 대한 부정확한 규정은 '기후변화가 아닌 체계변화'의 가능성을 위태롭게 하고, 기후변화에 맞서고자 하는 시민들에게 과도한 도덕적 헌신을 요청하고 있음을 알 수 있다.

2. '무슨 일'은 어떻게 사회(학)적 논의의 대상이 되는가?

기후위기에 대응하기 위한 모자이크 탐험대와 그 작동(활동)을, 이 글에서는 자연과학이 아닌 사회(학)적 대상으로서의 '무슨 일'로 규정한다. 일어난 또는 일어나고 있는 어떤 사태를 그렇지 않은 것과 구별되는 무슨 일로 규정할 수 있어야, 무슨 일이 일어나는지, 그리고 그 뒤에 무엇이 있는지를 탐색할 수 있다. '무슨 일'과 '무슨 일 뒤에 있는 것'은 연구자가 선택한, 더 정확하게는 연구가 수행되는 학문체계에 적합한 이론과 방법론에 따라 달라진다. 일반적으로 현상·사건·행위는 '무슨 일'로, 이유·동기·사회적 구조·역사적 원인 등은 무슨 일 뒤에 있는 것으로 구별된다. 최근에는 사물(들의 연결), 자연과 환경 등도 사회적인 것으로서 무슨 일이나, 무슨 일의 뒤에 있는 것으로 다루어진다.[5] 그러

---

5 '무슨 일'은 연구자나 학문체계와 같은 관찰자에 따라 현상, 사건, 사례, 결과 등으로, 그리고 '그 너

나 이 글에서의 관건이 되는 사태는 '사회적인 것'으로서 '무슨 일'과, '사회적인 것'으로서 '사태의 너머에 있는 것'이다.

여기에서 '사회적인 것'은 커뮤니케이션 연관적이라는 것, 그래서 커뮤니케이션에 참여하는 사람들(의 의지/의도 등)로 환원되지 않는 커뮤니케이션의 작동과 관련된다는 것을 의미한다. 따라서 사람들, 그리고 (주체나 행위자의) 이유나 동기, 사물(들의 연결)이나 자연환경은 사회적인 것으로서 무슨 일이나 무슨 일의 너머에 해당하지 않는다. 그렇지만 그것들은 사회적인 것(의 작동)을 위한 전제조건일 수 있고, 언어 등으로 지시되어 커뮤니케이션에 포함됨으로써 사회적인 것으로 다루어질 수 있다. 사회는 사람과 사물을 포함한 환경'과' 커뮤니케이션하는 것이 아니라 사람이나 사물 등에 '대해서'만 커뮤니케이션한다. 여기에서 사회는 사람들의 모임이나 사람들의 관계가 아니라 의미에 기반한 커뮤니케이션의 연쇄적 작동이다. 사회는 커뮤니케이션과 관련된 모든 형태의 사회적 체계들을 포괄하는데, 사회가 사람들로 구성된 실체와 같은 것이 아니라 자기준거적으로 작동하는 커뮤니케이션 체계임을 강조할 때는 '사회체계'로 표현한다. 그 사회체계가 다양하고 이질적인 커뮤니케이션의 연쇄적 작동이라는 점을 강조할 때는 '사회적 체계들'로 표현한다. 따라서 사회는, 이 경우에는 사회적 체계들은, 참석자들 사이에서 이루어지는 커뮤니케이션들의 연쇄인 상호작용체계들, 구성원 자격을 조건으로 하는 커뮤니케이션들의 연쇄인 조직(체계)들, 특정 기능과 연관된 커뮤니케이션 연쇄인 기능체계들 모두를 포괄한다(루만, 2014a: 11-12, 101-116).

머에 있는 것'은 구조, 역사, 이론, 원인 등으로 표현될 수 있을 것이다. 그러나 각각의 개념은 그것이 다루려는 대상으로서 사태/사물이 무엇인지, 그것을 어떻게 인식할 수 있는지, 경쟁하는 인식 가운데 무엇을 참되다고 할 수 있는지 등에 관한, 즉 존재와 인식에 대한 고유한 이론이나 방법론을 미리(先) 전제하고 있다. 이 글은 모든 관찰(자)에 투명한 사태가 저기 어딘가에 있는 것이 아니라, 관찰(자)에 의존하는 사태만이 파악되고, 관찰하는 것은 언어라는 의미체계를 활용하는 체계로서, 흔히 '인식주체'라고 간주하는 사람(의 의식)과 커뮤니케이션으로서 사회(체계들)임을 논의의 이론적 전제로 삼는다. 사회과학에서 경험과 이론과의 관계는 이기홍(2021: 74-77), 과학에서의 관찰/관측(observation)의 이론적재성 또는 이론의존성에 대해서는 장하석(2014: 63-69)을 참조.

모자이크 탐험대에 인력, 예산, 장비 등을 얼마나, 어떻게 지원할지를 결정하는 어떤 조직은 살아있는 사람들과 그 사람들의 생존과 관련된 지구, 태양계 등을 전제로 하지만, 사람이나 지구가 사회적 체계로서의 조직에 속하지는 않는다. 대기의 이산화탄소량은 인력, 예산, 장비 등의 규모를 결정할 때 조직이 고려하는 여건/환경이지만, 그것들이 인력, 예산, 장비를 인과적으로 결정하는 것도 아니다. 어떤 사회적 체계가 외적인 환경에 대해서 어떻게 대응할지는 '그럼에도 불구하고' - '그렇기 때문에'라는 양 갈래에서의 사회적 체계의 자기준거적인 내적 선택의 연속이다. 그러나 사회는 커뮤니케이션 체계이기에 언제나 이전 커뮤니케이션(의 정보와 통보)에 대한 긍정이나 부정 등과 연관되는 연속적 작동이다.

살아있는 사람은 정보-통보-이해의 종합으로서 커뮤니케이션이 이루어지기 위한 전제조건이고, 사회의 커뮤니케이션은 의미에 기반하여 사람의 의식체계와 연결된다. 다르게 표현하자면, 커뮤니케이션은 어떤 타자(他者)가 어떤 것에 대해서 말/문자/전자매체 등을 활용하여 통보하고 있음을 자아가 이해하고, 그에 대해서 즉 자아가 이해한 내용 그리고/또는 형식에 대해 말/문자/전자매체 등으로 긍정/부정 등으로 다시 반응하는 일련의 연속되는 사건이다(베르크하우스, 2012: 101-137). 따라서 살아있는 사람의 욕망이나 의도, 그 사람의 유기체와 신경체계의 작동은 커뮤니케이션의 전제조건일 뿐이다. 물론 사람은 자신의 의도나 건강 상태에 '대해서' 다른 사람과 커뮤니케이션할 수 있고, 그때 그런 전제조건은 커뮤니케이션에 필요한 정보가 될 수 있다. 마찬가지로 얼음의 두께, 날씨, 중력 등은 탐험대의 작동을 위한 전제조건이지만, 그 자체로는 커뮤니케이션이 아니기에 사회적인 것이 아니고 사회를 구성하지도 않는다. 그렇지만, 누군가가 또 다른 누군가에 의해 북극의 눈이나 온도변화에 대한 무엇인가를 말하고자 했다는 것을 긍정/부정 등의 형태로 이해한다면, 그것들은 커뮤니케이션의 대상이 될 수 있다.

이 글에서 정보는 저기 어딘가에 존재하는, 어떤 사태에 대한 투명하거나 객관적인 재현이 아니다. 정보는 언제나 화자에 의해서 그 상황에서 선택된 어떤 것을 지시할 뿐이다. 그래서 커뮤니케이션은 화자와 청자가 어떤 사태에 대해서 객관적이거나 투명한 재현을 공유하거나 합의를 목적으로 하지 않는다. 오히려 커뮤니케이션은 언제나 차이에 기반하고, 차이를 낳는 과정이다. 화자가 아는 것을 청자가 모르거나, 다르게 느끼거나, 다르게 보거나, 무엇인가 차이가 있기에 커뮤니케이션이 시작되고 이어진다. 그리고 그 차이는 화자나 청자의 정보 선택이나 이해가 언제나 관찰자(화자/청자) 의존적이기에 결코 사라지지 않는다. 따라서 커뮤니케이션은 어떤 객관적이거나 초월적인 정보가 있어서 그것을 청자에게 전달하거나, 화자와 청자가 그런 객관적이고 초월적인 정보에 합의를 이루는 것을 목적으로 할 수 없다. 어떤 사태에 대해서, 어떤 사람들의 감정에 대해서 온전히 합의가 이루어지거나, 그것들이 커뮤니케이션의 모든 참가자에게 투명해지는 상태는 존재하지 않는다(하지만 화자나 청자는 각자 어떤 상태가 투명해졌다고 믿을 수 있다). 만약 그런 상태가 있다면 그것은 끝없는 침묵으로 이어지거나, 동일함의 쉼 없는 반복일 뿐이다. 이는 기후정의운동이나 '기후변화가 아닌 체계변화'에 대한 학문적 논의에도 동일하게 적용된다. 기후정의운동이 발견하거나 주장하는 과학적, 규범적 사실은 너무나 투명하기에 전달만 하면 된다고 주장하거나, 전달했음에도 사람들이 받아들이지 않는 것은 그들이 이데올로기에 속박되었거나 사적인 이해관계만을 추구하기 때문이라서 계몽이나 교육의 대상이 되어야 한다거나, 그들이 도덕적으로 비난받아야 마땅하다는 결론을 도출할 수는 없다.[6] 사회적 체계나 사람(들의 의식체계)들 사이에 존재하는 불투명성과 차이가 커뮤니케이션을 촉발하고, 커뮤니케이션에도 불구하고 사라지지 않기에, 커뮤니케이션이 계속되고 사회가 지속되는 것이다.

---

6 기후운동에서는 과학지식에 대한 호소만으로도 사람들과 사회의 변화를 끌어낼 수 있다고 믿는 경향이 강하지만, 오히려 중요한 것은 사람들의 행동과 사회변화를 가로막는 정치·경제적 장애물을 규명하고, 그런 장애물을 넘어설 수 있도록 사회체계들과 사회집단들의 차이들을 조정하는 정치의 중요성을 직시하는 것이다(Pohlmann et al., 2021).

3. 기후변화에 대처하는 사회를 체계변화로 접근한다는 것

'기후변화가 아닌 체계변화'를 하나의 도식으로서 다룬다는 것은 기후변화와 관련된 사태에서 무엇이 일어나고 있는지, 그리고 그 뒤에 무엇이 있다고 누가, 어떻게 보는지를 규명하는 것이다. 현재 기후변화와 관련된 논의들 대부분은 IPCC(Intergovernmental Panel on Climate Change; 기후변화에 관한 정부 간 협의체)의 과학적 성과에 기대어 이루어지는데, 이는 IPCC가 기후변화에 대한 거의 유일하게 정당한 (과학적인) 사회적 체계로 받아들여지기 때문이다. 그러나 사회적 체계로서의 IPCC와 그 작동의 흔적이나 성과로서 IPCC 보고서는 균열 없는 투명한 사실 발견의 연속이라기보다는 과학기술적, 정치사회적 갈등과 협상의 과정이다(Grundmann and Rödder, 2019: 3386-3387). 이는 IPCC 6차 평가보고서(2015~2022년)의 발표에서도 확인되고 있다. 6차 보고서는 3개의 실무그룹의 보고서들과 특별/종합 보고서들이 정부대표단의 '승인'을 거쳐 순차적으로 발표되고 있다.[7] 그리고 이 승인은 사태에 대한 진리-허위 여부에만 관련되는 것이 아니라 정책 실현의 가능성과 효과, 결정 과정의 권력 개입의 여부 등이 혼재되어 있다.[8]

따라서 '기후변화가 아닌 체계변화'에서의 기후변화는 어떤 자명하고 순수한 과학적 사실의 영역이 아니다. '승인'된 사실이나 보고서 너머에는 '기후', '변화', '위기' 등에 대해서 그리고 그것과 연관된 변화나 위기의 주체, 범위, 폭, 시

---

[7] 기사 원문은 "지구 온도 상승 폭을 산업화 이전보다 1.5도로 제한하는 국제사회의 목표를 달성하기 위해서는 2030년까지 2019년 온실가스 순 배출량의 43%를 감축해야 하는 것으로 나타났다. **400여 명의 195개국 정부대표단이 참여해 승인한** 기후변화에 관한 정부 간 협의체(IPCC) 제3 실무그룹(WG3)의 6차 보고서(AR6)는 이를 위해 산업·농업 등 사회 전 부문에서의 탄소감축 노력, 에너지 효율 개선, 생활습관의 변화와 같은 구체적인 감축 방안과 효과를 제시했다."(밑줄은 필자 강조. 최우리 외, 2022.04.04.)

[8] IPCC 제2 실무그룹은 2022년 2월 승인 과정(approval plenary)을 공개하면서, 승인 과정은 모든 IPCC 보고서의 과학적 엄격함의 최정점임을 강조하였다. 1차 초안에 1만 6,000개의 논평, 2차 초안과 전체보고서, 그리고 정책입안자를 위한 요약보고서 1차 초안에는 4만여 개의 논평 등이 과학자, 전문가, 정부 기관에 의해 제출되었음을 밝히고 있다(IPCC, 2022).

간대, 효과 등이 거의 언제나 관찰자, 특히 사회적 체계들에 의존하고 있기 때문이다(박순열, 2022: 30-32). 보고서의 과학기술적 논쟁들 또한 일련의 커뮤니케이션, 즉 타자(他者)가 이전에 발표한 것에 대한 긍정이나 부정의 이해를 표명하는 것이기에, 과학적 논쟁은 사회적 체계의 하나인 학문체계에 속하는 사회학의 관찰 대상일 수 있다. 그리고 학문체계는 진리-허위라는 이항 코드를 중심으로, 어떤 주장들이 진리나 허위인지를 판정하는 프로그램으로서 특정한 이론과 방법론을 사용한 것이다. 수용된 또는 지배적인 이론과 방법론의 변이가 곧 학문체계의 변동 또는 진화를 초래한다.

　기후변화와 관련된 일련의 사태에서 '체계변화'를 사회적인 것으로 포착하는 것 즉, 체계는 무엇인지, 그 체계의 변화는 무엇이고, 어떻게 가능한 것인지, 그런 체계변화에 사람들은 어떻게 부응하거나 저항하는지 등의 질문은 그 자체로 새로운 사회적 사태를 열어간다. 물론 체계는 그것을 다루는 학문체계, 관련 연구들에 따라 다양하게 사용된다. 체계는 행성으로서 지구체계, 지구의 기후체계, 세계 정치체계, 자본주의 세계체계, 국가의 법체계, 기계들, 유기체들, 사람들 등에 이르기까지 매우 다양하게 사용될 수 있다. 그렇지만 체계가 다양한 맥락에서 서로 다른 의미로 사용될 수 있다는 것이, 누군가의 체계에 대한 불명료한 규정과 사용을 정당화하는 것은 아니다. 어떤 경우에라도 체계가 체계로서 사용되기 위해서는 사용된 '체계'와 '체계가 아닌 것'에 대한 구별이 분명해야 한다. 그런 경우에야 체계라는 용어를 사용함으로써 얻을 수 있는 이론적, 분석적 유효성을 얻을 수 있을 것이다.[9]

　사람들은 기후변화에 맞서는 가장 구체적이고 직접적인 활동으로 모자이크 탐험대를 꼽을 수 있다. 그들의 활동을 사례로, 무슨 일이 일어났는지, 그리고 그 뒤에서 무엇이 있는지를 체계, 더 정확하게는 사회적 체계를 중심으로 살펴보는 것은 '기후변화가 아닌 체계변화'에서 체계변화라는 개념 사용의 유효성

9　체계와 체계이론에 대한 자세한 논의는 루만(2014b: 58-85) 참조.

을 검토할 수 있는 출발점을 제공한다. 기후변화와 관련된 사태에서 사회학, 특히 환경사회학이 그동안 환경과 사회의 상호작용을 다루면서 강조한 사회(구조)나 (사회의) 체계를 다룬다는 것의 한계 또는 경계를 가다듬는 계기가 될 수 있다. 기후변화와 관련된 사태를 관찰하는 이 글은, 즉 사회학적 접근은, 문제가 되는 기후변화와 관련된 사태에서 비(非)사회적인 것을 다룰 수도 없고, 다루어서도 안 된다는 당연함을 강조한다. 사회학은 북극에서 채취한 공기나 얼음을 분석할 (자연과학적) 도구가 없기에 그것을 (자연과학적으로) 다룰 수 없고, 그것을 분석하고자 한다면 더 이상 사회학이 아니기 때문이다. 대신 (환경) 사회학은 기후과학, 자연과학, 정책학, 사회운동 등이 다루지 않는 것, 또는 다루지 못하는 것을 고유의 이론과 방법론을 활용하여 해체하고 재조합해야 한다. 그래서 다른 학문이나 사회적 체계들에 그 성과를 제시함으로써 자신의 존재 의미를 주장할 수 있어야 한다.[10] 그 핵심 가운데 하나는 사회, 특히 체계로서의 사회에 대한 보다 정교한 인식의 제공이다.

여기에서 모자이크 탐험대는 하나의 사회적 체계로서, 다른 사회적 체계들처럼 자기준거적으로 작동한다. 따라서 탐험대는 언제나 자신의 환경에 대해서 고유한 방식(코드와 프로그램)으로 작동하고, 환경의 모든 변화에 일대일로 대

---

10 사회학, 특히 환경사회학이 학문체계에서 갖는 고유한 기능이 무엇인지에 대해서는 여러 의견이 있다. 일반적인 접근은 환경(학)과 사회(학)의 근대적인, 이분법적인 구별에 대한 비판과 그 대안으로 제시된 환경(학)과 사회(학)에 대한 통합적 접근, 특히 환경과 사회의 상호작용에 대한 강조라고 할 수 있다. 그러나 이런 통합적 접근이라는 것은, 사회학과 환경학을 대체하는 것이 아니라 사회학과 환경학의 사회와 환경에 대한 구별들에 더해서 그와 다른 또 다른 새로운 구별(도식)인 통합적 접근을 사용하는 것이다. 그래서 환경사회학의 발전은 사회학이나 환경학을 대체하는 것이 아니다. 최선의 경우에는 사회학이나 환경학과 병렬적으로 등가의 기능을 수행하는 것이다. 또 다른 쟁점은 환경사회학의 고유한 구별인 환경과 사회의 통합적 접근(또는 환경사회적, 생태사회적, 사회생태적, 유기체적 접근 등)이나 환경과 사회의 상호작용을 분석하는 토대가 되는 사회, 사회의 환경, 사회의 생태적 조건 등에 대한 구별의 적절성이다. 이에 대해서, 필자는 환경사회학이 가정하는 사회, 인간, 자연, 환경, 특히, 사회의 작동상 폐쇄와 인과적 개방을 적절하게 개념화하고 있는가에 대해서 상당히 회의적이다. 자세한 내용은 루만의 '사회'이론을 출발점으로 하여 사회와 사람들이 코로나19와 기후변화를 포함한 생태적 위험에 어떻게 대처할 수 있는가를 탐색하면서, 환경사회학에서 사용하는 사회, 사람, 환경, 자연 등의 개념적, 이론적 적합성을 검토한 논의는 박순열(2021a; 2021b; 2022) 참조.

응하지 않는다. 체계는 무한한 환경의 무수한 변화라는 외적 복잡성을 체계 자신의 방식으로 축소함으로써만 작동할 수 있다. 체계는 대부분의 환경에 무관심하거나, 환경에서의 수많은 변화를 몇 개의 반응으로 환원하는 구조적 연결을 통해서 복잡성을 축소한다. 예를 들어, 사람이 특정 주파수의 소리만을 듣는 것처럼 자신의 감각을 제한하고 나머지를 무시하는 것, 그래서 의식의 복잡성을 극대화할 수 있는 것과 같다. 즉, 외적 복잡성을 감축시켜 자신만의 내적 복잡성을 극대화한다. 조직체계로서 기업은 세상의 모든 일에 반응하는 것이 아니라 화폐의 지불/비지불이나 소유/비소유와 관련된 몇 가지 것에만, 그것도 대부분 경제적인 방식으로만 반응한다. 사실 체계가 자신이 아닌 나머지 모든 것인 환경의 변화에 일대일로 반응하는 것은 불가능하고, 그렇게 하려는 시도는 다른 체계와 구별되는 자기 고유능력의 감소라는 대가를 치를 가능성이 크다. 어떤 체계가 자신의 고유한 능력을 잃게 되어, 스스로를 더 이상 환경이나 다른 체계들과 구별하는 차이를 생산하거나 유지하지 못한다면, 체계는 환경으로 용해될 뿐이다. 물론 사회적 체계는 환경 속의 다른 (사회적) 체계들과 더 특별한 관계를 맺을 수 있다. 그런 체계들 간의 관계 즉, 서로 다른 사회적 체계 간에 어떤 가치나 프로그램을 공유하는 특별한 경우를 상호침투라고 할 수 있다. 그렇게 상호침투로 연결된 사회적 체계들을 어떤 관찰자가 하나로 묶어서 다른 것들과 구별하면 '체제'라고 할 수 있다. 예를 들어, '자유'라는 가치를 공유하는 법체계, 정치체계, 경제체계 간에 더욱 긴밀한 관계가 형성되면, 법체계, 정치체계, 경제체계에 자유라는 가치가 상호침투한 것이고, 특정 시기에 자유라는 가치로 묶인 체계들을 다른 체계들과 구별하여 (신)자유주의 체제라고 부를 수 있는 것이다. 그러나 그들 간의 관계가 무정형의 환경들이나 다른 체계들보다 더 긴밀하다고 하더라도, 각각의 체계는 여전히 자기준거적으로 작동한다는 사실이 바뀌지 않는다.

 사회적 체계들의 구조적 연결과 상호침투를 고려하면, 기후변화에 대응하는 사회변화를 체계변화로 분석한다는 것은 사회적 체계들의 작동에서, 사회적 체계들, 그것들의 작동(의 코드와 프로그램), 그리고 체계들의 구조적 연결과 상호침투를 분석해야 함을 알 수 있다.[11] 그럼에도 여전히 환경변화에 대처하는 사회적 체계들의 내적 작동을 분석하는 대신에 다시금 '사회와 환경의 상호작용'이나 '물질대사 균열'과 같은 보다 일반적인 개념을 강조하는 경향이 있다.[12] 이는 마치 코로나19 바이러스에 감염된 사람을 치료해야 하는 상황에서, 사람의 면역체계나 세포들 각각이 어떻게 고유한 작동을 통해서 코로나19 바이러스에 대처/실패하는지를 파악하기 위해 세포들과 면역체계들의 고유한 작동을 더 세밀하게 분석해야 하는 상황, 그래서 면역체계나 세포들의 구조적 연결이나 상호침투를 파악해야 하는 상황에서, 사람과 환경과의 상호작용이 있다거나 사람과 환경과의 물질대사의 균열로 코로나19 바이러스가 발생하고 있다는 진술만으로 충분하다고 주장하는 것과 유사하다. 자기준거적 체계들에 대한 학문적 성취는 개별 체계들의 작동 메커니즘, 즉 그것들의 코드와 프로그램은 무엇인지, 외부의 다양한 환경변화를 그런 코드와 프로그램이 어떻게 수용하거나 무시하는지, 또는 특정한 방식으로 변화시키는지를 해체하고 재조합함으로써 이루어졌다. 기후변화에 대한 사회적 체계(들)의 변화에 대해 사회(과)학이 새로운 학문적, 실천적 인식을 제공하고자 한다면, 사회적 체계(들)의 상이한 작동의 비교, 해체, 재조합이라는 과제를 수행해야 한다. 그래서 사회적 체계(들)에 대한 해체와 재조합이 '사회와 환경의 상호작용', '물질대사 균열'이나 '사물-인간의 결합'이라는 사회(체계)와 환경의 외적인 관계에 대한 강조로 후퇴하거나 구별되지 않는 환경에 대한 초월적 관찰로 대체되어서는 안 되는 것이다.

---

11 사회적 체계들의 구조적 연결과 상호침투에 대한 자세한 논의는 루만(2014a: 134-135) 참조.
12 물질대사 균열을 중심으로 마르크스주의를 재구성하고자 하는 시도로는 사이토(2020)와 무어(2020) 참조.

4. 모자이크 탐험대와 그 너머의 사회체계들

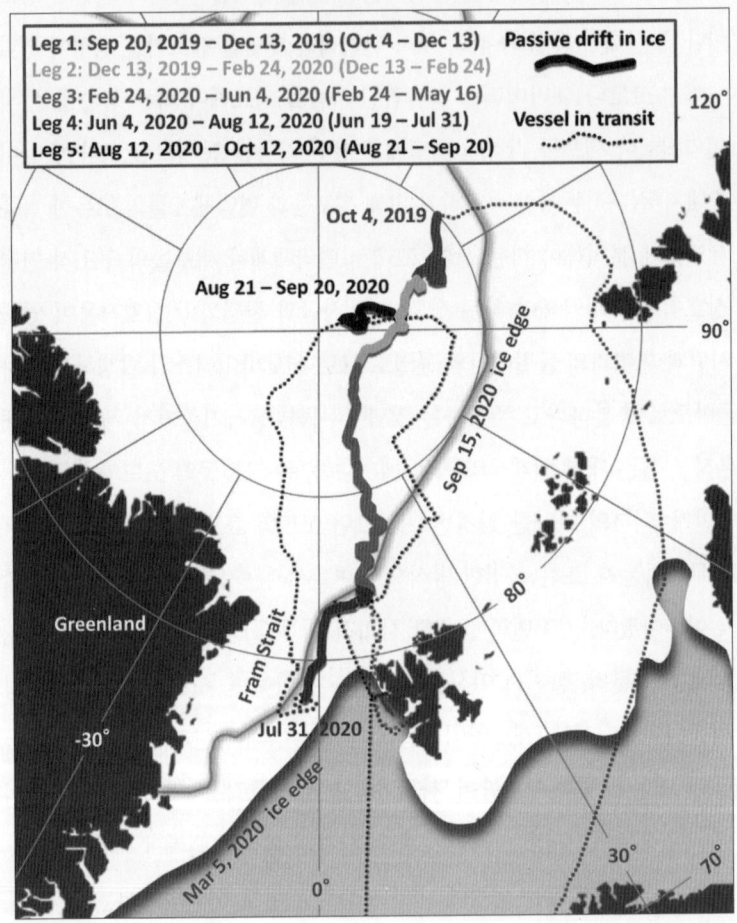

〈그림 1〉 모자이크 탐험대의 탐험 경로 및 기간

자료: Shupe et al., 2022.

　모자이크 탐험대는 2019년 9월 노르웨이 트롬쇠(Tromsø, Norway)를 출발하여 389일 동안의 항해를 마치고 독일 브레머하펜(Bremerhaven)으로 복귀하였다. 탐험은 탐험선의 이동경로에 따라 다섯 구간으로 나뉜다. 2020년 코로나19로 인한 국경봉쇄로 원래 계획했던 보급선을 통한 자원보급과 인력교체가 어려워, 탐험선이 4주가량 원래 경로에서 벗어나서 연구진을 교체하고 필요한 물자를 보급받았다.[13] 탐험대는 대장(Head of MOSAiC)인 렉스 교수(M. Rex, Alfred Wegener Institute)를 포함하여 37개 국적의 337명의 과학자와 전문가들(scientists and experts), 105명의 선원으로 구성되었다. 탐험을 보조한 인력과 기관을 고려하면, 20개국, 80개 이상의 기관과 600명 이상이 참여한 것이다. 참여 연구진들은 자신들의 데이터와 자료에 대한 인류 전체의 자유로운 접근에 동의하였다.[14] 기후위기 때문에 어떤 사회적 체계는 사적 소유와 이윤획득을 강화하는 방향으로, 또 다른 사회적 체계는 인류의 공동 대응과 기후정의를 강화하는 방향으로 작동할 수 있다. 사회체계가 어떻게 작동하는가는 사회체계의 내적인 결정이고, 이 내적 결정이 사회적 커뮤니케이션이고, 또 그 산물이다.

탐험에는 대략 1억 4,000만 유로(약 2,000억 원)의 예산이 소요되었고, 예산 대부분은 독일(the German Federal Ministry of Education and Research)과 미국(National Science Foundation, U.S. Department of Energy)이 지원하였다. 탐험은 세계적인 극지 연구기관들의 국제컨소시엄에서 기획되었다. 탐험의 핵심 질문은 북극해 얼음의 진화와 소멸, 그 원인과 결과이고, 탐험의 미션은 북극 기후체계의 이해, 그리고 북극 기후체계가 지구 기후모델을 보다 잘 재현할 수 있는 과학적 돌파구를 찾는 것, 기후변화 완화와 적응정책에 더욱 확고한 과학적 토대를 제공하고, 지속가능한 북극 개발의 기본 틀을 제공하는 것이었다(Shupe et

---

13 러시아 쇄빙선(Kapitan Dranitsyn)은 한겨울인 2020년 2월 북극에서 얼음을 뚫고 북극탐험대에 2-3 구간에서의 연구진 교체와 물자보급을 성공적으로 수행했다. 자세한 내용은 모자이크 탐험대 웹페이지의 Kapitan Dranitsyn 항목 참조. 그러나 원래 계획되었던 세 번째 연구진 교체와 물자보급은 코로나19로 인한 국경봉쇄로 수행되지 못하였다. 러시아의 쇄빙선의 성공적인 운항과 다른 보급선의 출항 실패는 북극의 날씨, 쇄빙선의 상태, 쇄빙선의 선원들만의 결정이 아니라 그런 것들과 연결된 다른 사회체계들의 연쇄적 작동의 산물이다.
14 MOSAiC Data Policy(Immerz et al.,2019)에 따르면, 탐험은 북극에서의 긴급한 과학적 질문에 답하기 위한 국제협력 프로젝트로서, 프로젝트의 성공과 프로젝트가 과학과 사회에 미치는 궁극적인 영향이 참여자들의 과학전문가로서의 조정과 데이터 공유에 의존하고 있기에 투명한 데이터 정책에 따를 것을 강조하고 있다. 이에 따라, 세계(인)를 위해 2023년 1월 1일부터 탐험대의 자료와 데이터는 공개하기로 모든 참여자가 동의하였다. 이는 참여자들이 탐험 자체가 국제협력의 산물이고, 탐험의 목적 역시 인류 전체를 위한 것이라는 인식을 공유하기에 가능한 것이었다.

al., 2022). 탐험 영역은 〈그림 2〉처럼 바다, 바다의 얼음과 눈, 대기, 미생물들을 포함한 북극 생태계, 생물지리화학순환(BGC; BioGeochemical Cycles) 등을 아우른다. 탐험을 통해 150테라바이트의 자료를 수집하고, 1,000개가 넘는 얼음 표본 등을 채취하였다. 자료, 그에 대한 분석과 연구 결과는 탐험대의 웹페이지에서 확인할 수 있다.

〈그림 2〉 탐험대의 주요 연구 영역

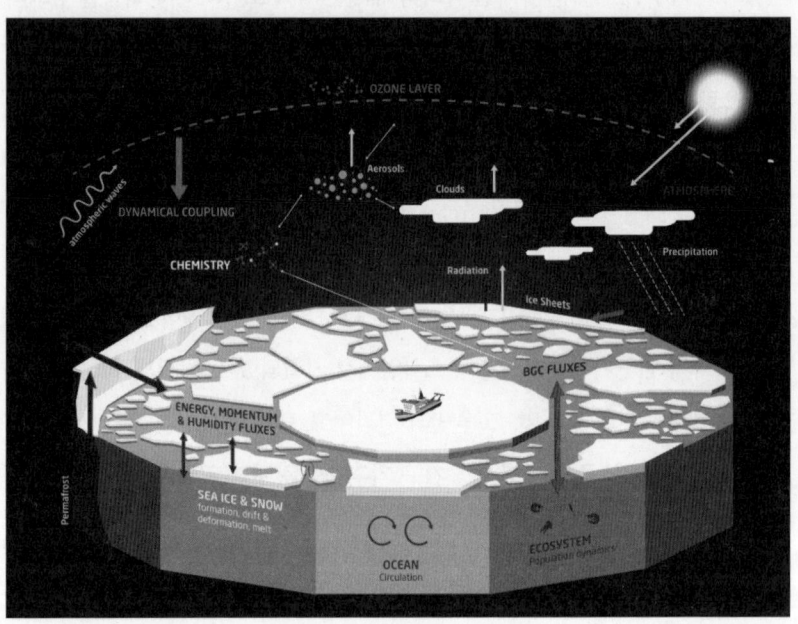

자료: 모자이크 탐험대 Science focus areas 관련 웹페이지

이 글의 시작에서 제기한 질문, "무슨 일이 일어났는가? 무엇이 그 뒤에 있는가?"라는 질문을 모자이크 탐험대와 연관하여 다시 생각해보자. 먼저, 일어난 '무슨 일'은 그 자체로 투명하게 저기 있는 것이 아니라, 그것을 바라보는 관찰자의 관찰에 따라서 달라지고, 어떤 관찰자라도 모든 것을 한꺼번에 다 볼 수는 없다는 것을 인지함이 중요하다.

〈그림 3〉 모자이크 탐험대의 활동

자료: Horvath, 2021.09.14.

　예를 들어 〈그림 3〉처럼 어떤 관찰자가 어두운 북극에서 눈을 헤치고 나아가는 과학자를 관찰한다면, 그 관찰자는 과연 무엇이 일어난 것이라고 보게 될까? 과학자가 응시하는 것, 그의 마음이나 손짓, 사용하는 장비, 뒤편의 폴라스턴호, 눈과 얼음, 그를 파견한 기관, 그가 속한 학문체계, 기후과학에서의 얼음 채취의 의미 등으로 끝없이 나열될 수 있다. 그 모든 것을 볼 수 없기에, 그것들 가운데 무엇을 볼 것이다. 그 가운데서 어떤 것을 관찰한다는 것은 다른 것을 관찰하는 것보다 더 올바르거나 더 뛰어난 것일까? 몇 개를 동시에 보는 것은 하나를 보는 것보다 더 많은 정보를 주는 것일까? 그리고 그 뒤에 무엇이 있는가? 이런 질문들은 언제나 관찰자에 의존한다. 이때의 관찰자는 의식체계를 지닌 사람뿐 아니라 사회학과 같은 학문체계, 대학과 같은 조직체계도 해당할 수 있다. 중요한 것은 각 관찰자는 그것의 고유한 작동에 포착될 수 있는 것만을 관찰할 수 있다는, 즉 다른 것을 볼 수 없다는 전제하에 그가 관심 있어 하는 것을 보는 것이다. 그리고 그 관찰은 다른 관찰보다 뛰어난 것이라기보다는 다른 것이다. 물론 특정 관찰은 그 관찰이 이루어지는 사회적 체계에서 승인되는 방식에 따라, 과학체계의 경우에는 해당 체계에서 승인된 이론과 방법론에 따라 더 많은 설명력을 갖거나 더 우월한 관찰일 수는 있지만, 그것은 어디까지나 해당 과학체계 내에서의 평가이다.

그렇다면 모자이크 탐험대와 관련하여 관찰할 수 있는 '일어난 것'은 무엇일까? 첫 번째는 탐험대의 탐험(작동)이다. 그러나 〈그림 3〉처럼 탐험대원의 탐험은 기후위기, 과학, 탐험대와 같이 우리 눈앞에 보이지 않는 것이 없다면 전혀 이해할 수 없는 기괴한 모습일 것이다. 마치 무선 이어폰으로 누군가 통화하면서 걷는 사람을 본다면, 우리가 스마트폰, 무선 이어폰 등에 대한 사전 지식이 없다면, 누군가와 통화하는 사람은 혼잣말을 마치 상대방이 있는 것처럼 중얼거리는 상당히 이상한 사람으로 보일 것이다. 이는 현대를 살아가는 사람들의 움직임을 관찰할 때도 마찬가지이다. 문화, 관행, 제도 등으로 불분명하게 언급되는 사회적인 것들, 사람들이 연결된 사회적 체계들을 파악하지 않고서는 투명하게 한눈에 저기 있는 사람들을 관찰할 수는 없는 것이다. 인간의 기원, 변하지 않는 순수한 인간의 참된 모습 등을 통해서 관찰하는 것이 아니다. 그런 것들은 종교나 전근대적 세계관의 일부이고, 기능 분화된 체계들에 연결된 현대를 살아가는 사람들이나 현대사회에는 전혀 부합하지 않는 것이다.[15]

따라서 탐험대원의 구체적인 탐험활동, 그 자체는 언제나 눈에 보이지 않는 그 배후에 존재하는 사회적 체계들과 어떤 사회적인 것들을 통해서만 그 의미가 드러날 것이다. 특히 다양한 기관에 소속된 다국적, 학제적 탐험대는 몇 개의 선명한 규칙들만으로 작동하는 개별적인 군대, 기업, 연구기관과는 다르게, 서로 다른 코드나 프로그램이 탐험의 성공/실패라는 더 큰 우산 아래에 공존하는 (느슨한) 조직이다. 바로 그 때문에 개별 대원의 활동이나 탐험대의 작동을 그

---

15 마르크스(K. Marx)의 포이어바흐에 관한 여섯 번째 테제에서도 이 글의 입장과 유사한 주장이 발견된다. 마르크스는 인간의 본질이 종교적 본질이나 개체 속에 있는 추상물이 아니라, "그 현실에 있어서 인간의 본질은 사회적 관계들의 앙상블"임을 강조한다. 마르크스는 근대적 인간과 자본을 사회적 관계를 통해서 파악하고자 했으나, 그 사회적 관계가 자기준거적으로 작동하는 커뮤니케이션 체계라는 것, 게다가 근/현대 사회가 정점이나 중심이 없는 등가적인 기능체계들로 분화하고 있음을 충분히 고려하지 못한 것으로 보인다.

배후에 존재하는 어떤 사회적 체계들과의 연결을 통하여 파악하는 것이 중요하다. 탐험대의 어떤 작동이나 탐험대원의 어떤 탐험활동 바로 그 시점에 그것이 정치체계, 학문체계, 조직, 또는 가족과 같은 친밀한 관계 가운데 어떤 것에 더 강하게 연결된 것인지가 언제나 관건이 될 것이다. 그래서 다양한 사회적 체계들과 연결된 사회적 체계로서의 탐험대의 작동을 이해하기 위해서는 별도의 연구가 필요한 것이다.

사회적 체계로서 탐험대는 수많은 다른 사회적 체계들과 연결되어 있다. 예를 들어, 모자이크 탐험대의 핵심 기관인 알프레드 베게너 연구소를 보자. 연구소는 1980년에 설립되었고, 직원은 2021년 기준으로 1,000여 명이고, 연간 예산은 1억 4,000만 유로이다. 예산의 90%가 독일연방교육연구부(Federal Ministry of Education and Research)에서 나온다. 연구소는 독일 최대 규모의 과학조직인, 18개의 과학기술과 생물의학 연구센터 연합으로 구성된 헬름홀츠독일연구센터협회(the Helmholtz Association of German Research Centres)의 소속이다. 연구소는 북극, 남극, 고중위도 해양 연구를 수행하고, 추가로 북극해 연구, 해양생물학 모니터링과 기술개발을 한다. 따라서 연구소의 모자이크 탐험대에서의 주도적인 역할을 이해하기 위해서는 독일연방교육연구부를 포함한 독일의 정치체계와 정치조직들로 이어지는 연결고리를, 또 다른 측면에서는 헬름홀츠독일연구센터협회, 그리고 관련된 과학분과들로 이어지는 연결을 살펴야 한다. 또한 동시에 독일의 과학분과들은 세계적인 학문체계들과 연결되고, 그들의 연구는 독일을 포함한 세계 경제체계, 문화체계, 미디어 체계들로 이어질 것이다.[16]

비록 탐험대는 다른 사회적 체계들에 의존하고 있지만, 그런 사회 내적 환경들이나 사회 외적 환경들의 변동에 탐험대가 어떻게 반응할 것인지는 언제나 탐험대의 내적 결정이다. 탐험대가 직면했던 폴라스턴호를 고정할 유빙을 찾

---

16 자세한 내용은 위키피디아의 Alfred Wegener Institute for Polar and Marine Research와 The Helmholtz Association of German Research Centres 항목 참조.

기 어려웠던 상황, 인력과 물자를 제때 공급받지 못한 상황, 돌발적인 악천후, 북극곰들에 의한 실험장비들의 훼손, 코로나19로 인한 국경봉쇄, 그로 인한 연구진 교체와 물자공급의 위기 등은 탐험대가 탐험의 성공과 실패, 또는 탐험의 계속/중단 여부를 결정하도록 강제했다. 그런 환경에서, 그런 환경에도 불구하고, 탐험대는 탐험대 내적 결정의 연속으로 작동했다. 물론 탐험대의 결정은 언제나 무엇인가를 포기하거나 수정하는 것을 대가로 다른 어떤 것을 계속하거나 얻는 것이다.[17]

 탐험대에게 결정을 강제한 상황들, 정박할 적당한 얼음을 찾지 못해 일정이 다급해지는 것, 코로나19로 계획되었던 인력이 교체되지 않는 것과 같은 상황은 탐험의 지속이나 중단에 영향을 미치지만, 그렇다고 해서 그것이 탐험대의 탐험, 즉 과학적 활동의 코드나 프로그램을 바꿀 수는 없다. 즉, 특정한 관찰이나 연구가 원래의 이론이나 방법론에 따르면 허위인데, 코로나19로 인한 국경봉쇄와 같은 탐험의 다급함을 이유로 진리로 만들 수는 없는 것이다. 탐험대의 환경은 언제나 탐험의 가능/불가능, 혹은 유리/불리함과 같은 탐험조건에 관한 것이다. 이는 마치 컴퓨터가 작동하기 위해 전원이 있어야 하고 전원의 불안정성이 컴퓨터의 작동에 영향을 미친다는 것, 그래서 에너지를 적게 사용하는 어떤 문서작성 프로그램을 선택하는 것, 그래서 논문의 분량이나 주제를 변경하는 것 등에 영향을 줄 수 있다. 그러나 전원의 불/안정이라는 것이 사용자의 프로그램 선택, 논문의 내용, 논증의 방식 등을 인과적으로 결정하는 것은 아니다. 그렇지 않다면 안정적인 전원공급이 프로그램, 연구내용, 논문의 동일성을 만들어낸다고 하게 된다.

 마찬가지로 사회적 체계로서 탐험대는 사회에 속하면서 다른 모든 사회와 구별되어 작동하면서 언제나 차이를 만들고 차이를 보존한다. 그렇지 않다면 탐

---

17 영국 Channel 4에서 2021년 제작한 『A Year in the Ice: The Arctic Drift』에서는 탐험대가 직면한 어려움과 그에 대한 조직의 내적 결정을 엿볼 수 있다.

험대는 다른 사회적 체계들과 구별할 수 없게 된다. 기후변화와 관련된 (사회) 체계변화를 논의할 때 그 (사회) 체계를 다른 것과 구별할 수 없다면 굳이 '체계' 변화라는 사용할 필요가 없다. 다른 것과 구별되는 체계변화를 사용하려면 그 체계를 다른 것과 구별시키는 작동(의 차이)을 구별해야 한다. 탐험대와 구별되는 사회 내적 환경은 다른 사회적 체계들로서 기능체계들, 사회조직들, 상호작용들, 사회운동, 가족 등이 있다. 탐험대에 자원과 인력을 지원/파견한 여러 국가, 그 국가들의 연구조직과 기관들, 그리고 그런 조직과 기관들에서 자원과 인력을 할당한 사회적 체계들도 있다. 그런 것들은 시간을 거슬러 올라간다면 어떤 역사적 변동까지 포함할 수 있을 것이다.

〈표 1〉 모자이크 탐험대의 사회 내적 환경과 사회 외적 환경

	(커뮤니케이션 체계로서의) 사회		환경
모자이크 탐험대	기능체계들 사회조직들 상호작용들	정치체계, 학문체계…. 정부, 대학들…. …. 기후운동, 가족….	사람: 탐험대원 + 사람들 자연/환경: 북극, 북극곰, 지구, 관측장비들, 폴라스턴호….
	(사회 내적) 환경		(사회 외적) 환경
	모자이크 탐험대의 환경		

탐험대의 성공/실패는 일차적으로 새로운 사실, 이론의 발견이라는 진리/허위 코드를 기본으로, 학문분과나 연구대상에 따라 그 진리/허위를 구별하는 하위 프로그램에 따라 작동할 것이다. 탐험선을 운행하는 승무원들은 항해의 성공/실패라는 코드를 기반으로 안전/위협, 비용 증가/감소 등의 프로그램에 따라 결정할 것이다. 연구진을 파견한 대학이나 연구기관들은 그들이 속한 사회적 체계에 따라서 정부 소속 기관이라면 정책의 성공/실패에 따라서 파견을 결정했을 것이다. 물론 어떤 분야에 몇 명을 파견할 것인가를 결정하는 선별과 결정 프로그램이 있었을 것이다. 따라서 탐험선에 승선한 사람들은 탐험대의 구

성원으로서 탐험의 성공/실패, 과학공동체의 일원으로서 학문의 진리/허위, 정부 소속이면 정책의 성공/실패, 승무원이면 항해에서의 안전/위험, 파견기관의 비용절감 여부 등의 수많은 이항(binary) 선택들과의 관계에서 파악될 수 있다. 모자이크 탐험대는 서로 다른 사회적 체계들과 연결되어 있고, 탐험대원들은 그 복잡한 연결망과 함께 탐험대의 성공이나 실패에 관한 조직적 결정에 따를 것인지 아닌지를 결정할 것이다. 어떤 사회적 체계의 코드, 가령 학문체계의 진리/허위 코드가 다른 모든 체계의 코드나 프로그램을 조종할 수 없다. 마찬가지로 탐험대에서 생태주의적 신념이나 인류를 위한 과학자로서의 헌신이라는 가치는 중요할 수 있지만, 이는 탐험대의 작동에 스며들 수 있을 때 의미가 있을 것이다. 물론 탐험대의 환경에는 사회 내적 환경들뿐만 아니라 사람들과 자연환경들이 있다. 사회적 체계들은 사회 내적인 환경에 속하고, 사람들과 자연환경들은 사회 외적 환경에 해당한다. 사회는 자기준거적으로 작동하는 커뮤니케이션의 연쇄이고, 탐험대원을 포함한 사람들, 북극의 온갖 사태들, 비인간생명체들은 모두 외부환경에 속한다. 그래서 〈표 1〉에서 표현된 것처럼 모자이크 탐험대의 환경은 사회 내적 환경과 사회 외적 환경으로 나뉘고, 모자이크 탐험대가 정부 기관과 같은 사회 내적 환경과 맺는 관계는 북극곰과 같은 사회 외적 환경과 맺는 관계는 다를 수밖에 없다.

모자이크 탐험대가 기후변화가 아닌 체계변화에 주는 또 다른 함의는 기후변화의 대안으로 언급되는 어떤 (사회) 체계들, 가령, "자본주의적 성장체제"(기후정의포럼, 2021: 7)[18] 또는 자본주의, 성장주의, 제국주의 등이 북극 탐험에 어떻게 관여되는가를 검토하고, '기후변화가 아닌 체계변화'의 의미를 다시 검토

---

[18] 『기후정의선언 2021』(기후정의포럼, 2021) 표지에는 부제와 비슷한 '기후정의, 체제전환'이 포함되어 있고, 선언 곳곳에서 체제라는 개념을 사용하고 있으나, 그것이 체계, 제도 등과 어떻게 다른지 분명하지는 않지만, 2010년의 "**기후위기에 대한 자본주의와 제국주의의 책임을 묻고 체제전환의 필요성을 밝힌** '코차밤바 선언'"(p.13; 밑줄은 필자 강조)을 강조하는 것으로 볼 때, 체제전환에서의 체제는 자본주의와 제국주의로 보이나, 그것은 '자본주의적 성장체제'와는 또 어떻게 다른지가 분명하지 않다.

하는 것이다.[19] 체계변화에서 등장하는 체계들이 사회적 체계들이라면, 탐험대가 북극이라는 '자연'환경과 관련되고, 탐험활동이라는 것이 사회과학과는 별개의 자연과학의 대상이기에 체계변화와 무관하다고 보는 견해를 생각해볼 수 있다. 이런 입장에는 (과학) 탐험대에는 자본주의, 성장주의, 제국주의와 같은 사회적 체계나 사회적인 것이 부재하거나 아주 미약하다는 것이다. 그러나 탐험의 전제조건으로서 요청되는 것, 그 조건들이 충족되지 않는다면 탐험할 수 없는 조건들, 가령 쇄빙선인 폴라스턴호, 필요한 연료와 각종 장비들의 공급, 다국적이고 학제적인 연구진들의 파견이 사회적 체계들과 무관할 수 있을까? 탐험대의 예산은 대표적인 북반구 국가인 독일과 미국의 지원을 받았고, 연구진의 상당수도 북반구 출신이라는 점에서 자본주의, 성장주의, 제국주의의 연결고리는 분명하다. 이를 애써 무시하고, 탐험대가 자본주의, 성장주의, 제국주의와 별개의 것이라고 주장하는 것은 자본주의, 성장주의, 제국주의로 지칭되는 역사적 궤적 위에 우리의 현재가 있음을 부정하는 것과 같다.

또한 최첨단 과학장비, 최신식 쇄빙선, 각종 부품은 대부분 (자본주의) 시장을 통해서 조달되었을 것이다. 탐험대원들의 식료품, 생활필수품 등도 마찬가지일 것이다. 그렇다고 하여 탐험대의 모든 탐험활동이 자본축적에 기여하거나 자본의 통제하에 있다고 하지는 않을 것이다. 체계변화를 요청하는 사회운동가나 일부 사회과학자들이 '자본주의'를 현대사회의 모든 영역을 관통하는 어떤 초월적 작동원리로 주장할지라도, 그런 원리에 따라 탐험대가 만들어지고 과학활동이 이루어진다고 주장하기는 어렵다. 또한 자본축적에 기여하는 탐험활동과 연구결과만이 알려진다고 주장하기도 어려울 것이다. 따라서 기후위기를 극복하기 위해 자본주의, 성장주의, 제국주의 등을 하나의 사회체계로 간주하고 이를 비판하거나 부정하는 것이 북극 탐험과 같은 기후위기에 맞서는 인류 공

---

19 '기후변화가 아닌 체계변화'에서 체계가 무엇인지, 그것은 체제(regime)와는 어떻게 다른지 거의 구별되지 않고 사용되는데, 막연히 사회적인 어떤 것을 지칭하거나, 또다시 정교하게 다듬어지지 않은 자본주의, 성장주의 등을 지칭하는 경우가 많다. 자세한 논의는 5절 참조.

동의 노력에 어떤 의미를 갖는지를 더 세밀하게 분석할 필요가 있다. 자본주의, 성장주의, 제국주의가 모자이크 탐험대와 아무 관련이 없다고 하는 것, 또는 탐험대의 모든 것이 그런 체계/들에서 기인한 것이라는 것도 전혀 현실에 부합하지 않는다. 하나의 사회적 체계로서 모자이크 탐험대를 관찰한다면, 그것이 다른 사회적 체계들과의 연결을 어떻게 자기준거적으로 유지하거나 변경하는지, 또한 독일의 연방교육연구부나 한국의 극지연구소가 탐험대의 작동을 어떻게 자신들의 내적인 작동에 다시 반영하는지를 설명할 수 있어야, (사회) 체계변화에 대한 더 진전된 인식을 획득할 수 있을 것이다.

따라서 기후변화에 대처하기 위한 사회체계의 변화, 특히 그것이 자본주의에 대한 비판이라면, 우리는 북극 탐험에 필요한 장비와 시설 들을 비(非)자본주의적인 방식의 생산과 공급을 통해서 새롭게 제시할 수 있어야 그것이 의미 있는 대안으로 연결될 것이다. 특정 정부나 연구기관으로부터의 비(非)시장적 공급 역시, 해당 정부나 연구기관이 그들에게 필요한 장비나 시설을 비(非)자본주의적으로 획득할 수 있어야 하고, 탐험대에 공급된 장비와 시설 들의 공급 연쇄가 비(非)자본주의적인 연쇄망이어야 한다. 제한된 예산으로 연구진을 구성하고, 필요물자를 조달하고, 탐험을 유지하는 것이 이윤획득을 목적으로 하지 않는 모자이크 탐험대가 작동하기 위해서는 이윤획득을 목적으로 하는 시장에서의 상품구매를 통해서 이루어진다는 것을 부정할 필요는 없다. 시장은 지불/비지불, 소유/비소유의 코드가 작동하는 것이지, 지불이나 소유라는 코드를 실행시키는 프로그램의 차이를 규제하는 것은 아니기 때문이다. 즉, 시장에서 거래는 화폐의 지불/비지불을 규제하지만, 어떤 이유로 해당 상품을 구매할 것인지는 결정하지 않는다. 그래서 탐험대는 상품판매자들에게 기후위기의 긴급함이나 인류애를 명분으로 원가나 그 이하에 판매하라고 하거나 무상으로 기부하라고 할 수도 없고 그럴 필요도 없다. 그렇지만 탐험대는 필요한 물품을 보다 덜 오염된 방식으로, 덜 약탈적 방식으로 생산한 것을 선택함으로써 시장에서의 상품생산에 영향을 미칠 수는 있다. 그러나 이는 어디까지나 탐험대나 관련 조직이 화폐로 시장에서 지불/비지불이라는 경제체계의 주된 코드를 받아들이지만, 그것을 실행하는 프로그램을 덜 약탈적인 방식으로 작동시키거나, 또는 생태적이거나 인도적 가치 등을 체계의 프로그램으로 활용할 수 있을 때 가능한 것이다. 또한 관측장비를 이윤획득이나 자본의 확대재생산을 주된 목적으로는 하는 자본주의 기업과의 거래를 통해서 구매했다고 해도, 탐험대의 과학적 연구나 연구결과가 자본주의에 의해 왜곡되었다고 하지는 않는다. 탐험대의 작동, 탐험대에서의 과학체계의 작동은 모두 자기준거적이기에, 상품으로서 관측장비를 구매하는 것은 탐험대라는 사회체계에는 모두 외적 여건이나 환경의 작동이기 때문이다.

　탐험대와 성장주의와의 연관성 역시 비슷하게 추정할 수 있다. 북극 탐험에 필요한 쇄빙선이나 최첨단 연구장비, 그리고 개별 학문 분야의 성취는 직접적으로 성장주의를 촉발하지는 않지만, 그런 성장주의의 효과나 부산물일 수 있다. 또한 북극 탐험에서의 과학적 성취가 어떤 기업이나 국가의 성장지향적 생산에 활용될 수도 있다. 그렇다면 기후위기가 북극에 미치는 영향, 북극의 기후변동을 통해 세계적인 기후변화를 이해하려는 과학적 탐구는 북반구의 성장주의의 결과이고 또 추동력이기 때문에 중단해야 하는 것일까? 환경과 사회의 상호작용이나 생태마르크스주의 물질대사(metabolic rift)의 균열은 어떨까? 사회조직으로서 탐험대는 얼음과 눈 위에서 저 먼 곳에서부터 가져온 음식들을 말 그대로 먹고, 마시고, 배설했다. 그들이 가져간 연구장비, 선박, 하늘에 띄운 헬기, 드론 등은 북극의 탐험 현장으로부터 수천 킬로미터 떨어진 곳으로부터 가져온 것이었지만, 원래의 곳과 아무 상관이 없는 대기와 바다에 해로운 방식으로 돌려주었다. 이런 탐험대 활동은 물질대사의 균열인가? 물질대사의 균열이지만 기후변화에 대한 대처라는 숭고한 목적에 기여하기에 용납되는 것인가? 물질대사는 자본주의적 생산이나 자본주의 체계와 같은 거시적인 사회변동에 해당하고, 모자이크 탐험대와 같은 사회조직과는 관련이 없는 것인가? 그렇다면 자본주의 체계, 자본주의 기업, 그리고 탐험대는 어떤 의미에서 같거나 다른 사회적 체계인가? 세밀하게 규정되지 않는 사회체계들, 자본주의, 성장주의, 제국주의 등의 개념들을 기후운동에서 빈번하게 사용하고 있지만, 그렇다고 해서 그런 사용이 정당화되거나 유효한 것은 아니다. 불분명하거나 부정확하게 사용되는 사회체계들에 대한 여러 개념은 많은 경우 그 개념의 사용을 통해서 얻고자 하는 기후위기에 대응하는 사회변화를 더 어렵게 할 뿐이다.

5. 체계변화인가, 체제전환인가?

모자이크 탐험대 너머에, 특히 그 너머의 사회에 무엇이 있는지를 살피는 것이 중요한 이유는, 모자이크 탐험대의 너머를 거슬러 올라가야만 모자이크 탐험대의 의미를 여러 각도에서 볼 수 있기 때문이다. 물론 어떤 학문 분야는 탐험대원의 심리, 그들이 사용한 과학장치들, 탐험대 내부 상호작용의 유형 등에 관심을 두지만, 그 너머에 있을 수 있는 사회적인 것들을 고려하지 않을 수 있다. 관건은 탐험대원의 심리, 과학장치, 그들 간의 상호작용 등이 다른 사회적 체계들과의 관계에서 파악될 때, 심리나 과학장치만을 분석했을 때보다 얼마나 새로운 인식을 획득할 수 있느냐이다. 예를 들어, 탐험대원이 변덕스러운 날씨나 북극곰을 만나는 것을 걱정할 수 있겠지만, 그 때문에 먼 곳에 있는 누군가를 다시 만날 수 없게 되거나, 그 때문에 탐험에 차질이 생겨 과학자로서의 경력에 심각한 굴곡이 생길 수도 있다는 예견 때문에 더욱 가중될 수 있다. 이처럼 탐험대에서 발견되는 사회적인 것이 아닌 것들은 그것을 가능하게 하는 탐험대(원)와 연결된 다른 사회적 체계들과의 관계 속에서 파악될 때 더욱 풍부한 의미가 있을 수 있다. 물론 그 역도 가능하다. 탐험대에서 발견되는 사회적인 것들은 사회적인 것이 아닌 것들에 의해서 가능하고 또 사회적이지 않은 것들을 보았을 때 더욱 많은 의미를 발견할 수 있다. 그러나 유빙이 예측보다 빨리 녹아서 탐험 지휘부가 탐험일정 변경이라는 새로운 의제로 계획에 없었던 회의를 자주

한다고 해서, 사회적인 것과 사회적이지 않은 것의 구별이 불가능하거나 불필요해지는 것은 아니다.

사실 기후변화에 대처하기 위한 북극탐험대는 관련된 여러 국가, 정부 부처, 대학과 연구기관의 파견 결정이 없었다면, 그런 결정을 실행할 수 있는 경제체계, 산업체계, 교육체계 등의 연쇄적인 작동, 그런 작동을 뒷받침하는 기술장치와 같은 실물이 없었다면 불가능한 것이다. 또한 국제 극지과학위원회, 독일, 미국 등의 정치적, 학문적, 경제적 세계사회가 원활하게 작동하지 않았다면 탐험은 불가능했을 것이다. 그래서 기후변화에 맞서는, 기후변화에 대응하기 위한 매우 구체적인 탐험활동은 그 뒤에서 작동하는 사회적 체계들의 공동작용을 필요로 한다. 그 사회적 체계들은 언제나 서로 다른 기능, 코드, 프로그램으로 작동하는 사회적 체계들, 사회조직들, 사회적 상호작용들을 포함한다. 그렇지만 탐험대의 작동을 위한 전제조건으로서 사회적 체계들의 작동은 탐험대의 자기준거적 작동에 개입하지 못한다. 독일 연방정부, 기후정의운동 단체가 곧바로 탐험대의 얼음이나 공기 분석에 영향을 미칠 수 없고 탐험의 과학적 이론과 방법론을 규제할 수도 없다. 탐험활동의 너머에 있는 사회적 체계들은 각각 고유한 작동을 체계 내적으로 수행할 뿐이고, 그 작동은 자신의 체계를 넘어 다른 체계로 침입해 들어갈 수 없다. 어떤 사회적 체계의 작동은 다른 사회적 체계들이나 사람들의 자기준거적 작동에 반영될 수도 있고, 전혀 반영되지 않을 수도 있을 뿐이다. 그래서 기후변화에 대한 사회(체계)의 변화는 자기준거적으로 작동하는 사회적 체계들의 연쇄작동들이거나 그런 연쇄작용을 촉발하는 것이다. 그래서 분산적이면서 때로는 정합적으로 작동하지 않는 사회적 체계들을 더 면밀하게 추적할 필요가 있다.

그런데도 '기후변화가 아닌 체계변화'에서 사회를 자기준거적으로 작동하는 수많은 사회적 체계들로 규정하지 않고 막연하게 어떤 단일한 사회나 체제라고 하는 것은 현대사회의 현실과 맞지 않는다. 그래서 '체계변화' 또는 '체제전환'이라는 개념은 그것이 달성하고자 하는 것이 무엇인지 규명하지 못하거나 불필요한 논쟁을 일으킬 가능성이 높다. 불분명한 체계변화의 체계를 자본주의, 성장주의, 제국주의처럼 그것이 지칭하는 바가 분명하지 않은 이념들에 기대는 것도 비슷하다. 위기의 대상이자 위기를 극복하는 어떤 것으로서 '체계'가 과연 어떤 의미에서 지시되고 지칭되는지가 분명치 않다. 사용되는 체계가 다른 것과 구별될 수 있어야만 한다는 것이 모든 논의의 출발점이어야 함에도 그 체계의 작동(범위, 규모 등)을 시간의 변화에서 확정하지 않은 채로 사용한다. 또 체계와 체제를 혼용해서 사용하는 것도 논의를 어렵게 만든다. 체계와 체제는 연구자와 학문 분야에 따라서 영어의 system이나 regime의 번역어로 사용되기도 하고, '기후변화가 아닌 체계변화'에서는 system을 체계나 체제로 구분하지 않고 사용하기도 한다. 관건은 체계나 체제 가운데 어떤 용어를 사용하느냐에 있는 것이 아니다. 그것이 사용될 때 무엇을 지시하는 것인지, 그래서 지시되지 않는 것을 가리키는 다른 용어와 어떻게 다른지가 분명하게 규정되어야 한다.

가령, 사회변화와 관련하여 논의할 때 (사회적) 체계는 사람(행위자)을 포함하는가? 포함하지 않는다면 그때 사람과 체계는 어떤 관계인가? 포함된다면 모든 사람인가? 특정한 시공간에 귀속된 사람들인가? 포함/배제 여부는 사람이 결정하는가, 체계가 결정하는가? 체계의 변화와 사람의 변화는 어떻게 연결되는가? 작동의 방식은 생명체처럼 자기준거적으로 작동하는가, 아니면 시계나 자동화된 기계처럼 외부에 의해서 생산되고 통제되지만, 일정 조건에서는 상당 기간 스스로 작동하는가, 아니면 자전거처럼 매 순간 다른 사람에 의지해야 하는가? 각각의 사례는 무엇인가? 그 체계는 하나인가? 국가, 지역, 인종, 종교에 따라 복수로 존재하는가? 복수의 체계들이 존재한다면 체계 간의 관계는 어떻게 형성되는가? 위계적으로 서열화되어 있는가, 중심-주변으로 분화되어 있는가, 아니면 기능적으로 분화되어 있는가? 복수의 체계들이 존재한다면 어떤 체계가 다른 체계보다 더 좋거나 뛰어나다고 할 수 있는가? 그런 비교의 기준은 체계 내부에 있는가, 체계 외부에 있는가? 복수의 체계들이라면 그런 체계들은 어떻게 상호작용하는가? 복수의 체계들을 연결하는 것은 무엇인가? 체계들의 변화는 어떻게 가능한가? 사람에 의해서, 다른 체계들에 의해서, 아니면 체계 스스로에 의해서? 등의 질문이 이어지고, 또 답해질 수 있을 때 그 개념은 사용가치가 있을 것이다.

모자이크 탐험대의 북극 탐험은 과학체계가 자신의 연구대상, 이론, 방법론, 개념 등을 새롭게 해체하고, 재조합하려는 획기적인 시도라고 간주된다. 탐험대는 북극으로 향하였고 예기치 않은 사태들에도 불구하고 탐사를 마치고 다시 돌아왔다. 그렇다면 (환경) 사회학은 또는 '기후변화가 아닌 체계변화'에 대한 사회(과학)적 논의는 자신들의 연구대상, 이론, 방법론, 개념 등을 모자이크 탐험대처럼 기후변화에 대처하기 위해 새롭게 해체하고 재조합하고 있는가? 기후변화에 대처하는 사회학의, 사회(적 논의)의 최전선은 어디인가? 역시 북극인가? 열대우림의 벌목 현장인가? 아니면 석탄발전소의 보일러 앞일까? 아니면 기후정의 운동의 집회 및 시위의 현장일까? 사회(과)학이 사회가 기후변화에 어떻게 대응하고 있는지를 다루고자 한다면, 환경변화에 대응하거나 기후변화에 대처하는 사회, 자기준거적으로 작동하는 커뮤니케이션 체계로서의 사회의 최전선을 관찰해야 한다. 그러나 최전선은 사회 밖의 기후변화 현장들, 사회와 환경의 생물리적 경계들, 그런 경계들의 변화에서 찾을 수 있는 것이 아니라 사회에서 찾아야 한다. 사회의 부분으로서 사회학은 기후(변화)에 대해서, 환경(변화)에 대해서 커뮤니케이션할 수 있을 뿐이지, 기후(변화)나 환경(변화)과 커뮤니케이션할 수는 없다. 환경에 대한 커뮤니케이션 또한 커뮤니케이션을 통해서만 할 수 있을 뿐이다. 그래서 사회는 결코 다다를 수 없는 사회 스스로와 결코 다다를 수 없는 환경에 대해서 커뮤니케이션할 수 있을 뿐이다(박순열, 2022: 27-36).

그렇다면 앞에서 언급된 자본주의, 성장주의, 제국주의 등은 (사회) 체계변화에서 체계일 수 있는가? 다시 한번 체계와 혼용되는 체제를 살펴보기로 하자. 체제는 권위주의체제, 복지체제 등으로 폭넓게 사용된다. 복지체제의 경우에는 에스핑-앤더슨(Gøsta Esping-Andersen)이 복지국가 유형론에서 선진자본주의 18개 국가를 자유주의, 보수주의, 사민주의라는 세 개의 복지체제로 유형화하고, 유형분류의 기준으로 탈상품화와 계층화를 제시하면서 학문적, 정책적으로 널리 알려졌다. 에스핑-앤더슨은 전통적인 복지국가 개념이 사회복지 프로그램들의 총합 정도로 협소화되어 복지문제를 둘러싼 사회제도들, 즉 국가-시장-가족의 관계가 체계적으로 구조화된 상태를 포착할 수 없다고 판단해서 '복지체제(welfare regime)'라는 개념을 강조하였다. 이때 체제란 '상호보완적인 여러 하위 제도들의 복합적 세트'이다(김영순, 2017: 112-113). 체제 연구의 또 다른 대표적인 사례는 달(Robert A. Dahl)이 다두정(polyarchy)을 제안한 이후 널리 사용되는 민주주의에 대한 평가이다. 프리덤하우스(Freedom House)가 2022년도에 세계 각국의 민주주의 상태를 평가한 'Nations in Transit 2022'에서도 민주적 거버넌스, 선거 과정, 시민사회, 언론 독립성, 지방 민주주의, 사법 독립성, 부패 등의 기준에 따라 공고화된 민주주의(Consolidated Democracies)와 공고화된 권위주의 체제(Consolidated Authoritarian Regimes)를 양극으로 하여, 민주주의 유형을 5개로 분류하고 있다(Smeltzer and Buyon, 2022). 기후변화와 관련된 체계/체제변화에 대한 논의가 복지국가 유형이나 민주주의 유형에 대한 논의에서 제시된 특정한 레짐이나 체제 유형분류를 따라야 할 필요는 없다. 그러나 위의 논의들은 기후변화와 관련된 체제변화 논의에 중요한 실마리를 던져준다.

먼저, 위의 논의들에서 체제(regime)는 자기준거적으로 작동하는 단일한 어떤 것이 아니다. 여기에서 체제는 몇 개의 체계, 제도, 또는 개념 들로 구성되어 있고, 그때의 구성 요소들은 체제와 구별된다. 따라서 체제의 변화는 그것을 구성하는 체계, 제도, 개념(일부)의 변화나 그 관계들의 변화를 의미한다. 그리고 이런 기본적인 체제 규정에 따라서 복지국가나 민주주의 체제 유형론에 관한 세밀한 연구가 이루어져 왔고, 또 앞으로도 이루어질 것이라고 예상할 수 있다. 물론 위의 논의들이 복지국가나 민주주의에 대한 (단일) 국가중심적 접근의 한계, 체제들을 구성하는 체계, 제도, 개념 들의 비일관성이나 비대칭성 등으로 확장될 수 있다. 그런 논의의 확장과 심화는 복지국가 체제와 민주주의 체제 유형에 대한 위의 논의들이 자신들이 개념화한 체제가 그렇지 않은 것들과 어떻게 구별되는지를 정교하게 규정하였기 때문에 가능한 것이다. 물론 이들 체제 논의들에서 체제(들)를 구성하는 체계, 제도 등은 이 글에서 강조하는 자기준거적으로 작동하는 사회적 체계들에 대한 인식이 전혀 없다는 근본적 한계가 있다. 체제나 체계가 자기준거적으로 작동하는 것이 아니라면 그런 체제나 체계의 변화는 다른 국가나 외부의 정치세력에 의해 가능하다. 다른 국가에 민주주의를 이식하려는 시도들이나 몇 개의 정책을 도입하여 복지체제를 바꾸려는 시도가 그것이다. 그렇지 않고, 체제나 체계가 자기준거적으로 작동한다면 그것들과 연관된 사회적 체계들의 변화 때문에 해당 체계들의 코드와 프로그램의 작동방식이 바뀌도록 자극을 가하지만, 그 결과는 장담할 수 없는 지난한 변화의 과정과 그 우연적인 결과를 받아들여야 한다.

그렇다면 '기후변화가 아닌 체계변화'라는 도식은 복지국가 체제나 민주주의 체제 논의처럼, 그들이 사용하는 체계나 체제라는 개념이 긍정/부정의 형태로 후속 논의를 촉발하여 새로운 인식의 진전에 기여할 수 있는가? 즉, 체계나 체제를 규정하고 설명하는 이론이나 개념이 다른 것들과 분명하게 구별되고 정합적으로 사용되는가? 해당 개념을 사용해서 얻고자 하는 기후변화에 대응하는 사회의 변화를 촉발할 수 있는가? 그런 이론이나 개념이 학문, 정책, 사회운동에서도 사용될 수 있는 만큼 일반화될 수 있는가? 기후변화에 대응하는 체계변화가 복지체제와 민주주의 체제를 포함하는 것이라면, 기존의 복지국가와 민주주의 체제 규정을 가능하게 한 하위의 체계, 제도, 개념들을 어떻게 수용하거나 개선하는가? 현재의 '기후변화가 아닌 체계변화' 또는 '기후변화가 아닌 체제전환'에 대한 논의들은 이런 질문에 대한 고려가 매우 부족하다.

사실 기후변화와 관련된 체계변화에서 제기되는 쟁점들은 자본주의, 성장주의, 제국주의에 대한 비판이나 논쟁과 겹치고, 이것은 다시 사회주의 혁명을 포함한 거대한 사회변화(변동)나 사회적 조정/조종의 가능성이라는 주제로 이끈다. 거기에서 자본주의는 체계인가, 체제인가? 자본주의는 세계체계인가, 일국적인가? 자본주의와 국가, 민주주의, 불평등의 관계는 무엇인가? 그리고 이런 체계의 작동범위나 분석범위는 지역적으로, 국가적으로 구분될 수 있는가? 또한 그런 체계들은 어떤 의미에서 자율적이거나 종속적인가? 외부환경과의 관계는 어떠한가, 개방되어 있는가, 폐쇄되어 있는가? 등의 수많은 질문이 이어진다. 물론 이런 모든 논의의 근저에는 기후변화에 직면하여 사회를 변화시키고자 하는, 즉 적극적으로 '체계변화' 또는 '체제전환'을 시도하는 것이 가능하고 바람직하다는 근대적 이상(理想)이 전제되어 있다. 그렇다면 바람직한 미래에 대한 사람(들)의 상상이나 사회의 변화는 어떻게 무엇을 근거로 정당화될 수 있는가? 그 시도의 정당성이나 합리성은 사회 내부나 외부 어디에 있는가, 또는 사회의 과거, 현재, 미래 어디에 있는가? 희망에 대한, 의도적인 계획이나 조정에 대한 사람들 간의 또는 체계들 사이의 불일치는 어떻게 조정해야 하는가? 사회(체계)의 변화에 대해 지난 역사에서, 특히 20세기에 두드러진, 이런 '비판'의 문제의식들을 '기후변화와 체계변화'는 얼마나 예민하게 다루고 있는가? 기후변화의 긴급성을 명분으로 이런 문제들에 대한 사회적 논의를 대체하고 있는 것은 아닌가?

6. 불가능한 체제전환과 불분명한 체계변화, 그리고 과부하된 시민

모자이크 탐험대의 너머에는 서로 다른 기능, 코드, 프로그램으로 작동하는 수많은 사회적 체계들, 즉 기능적 사회체계, 사회조직, 상호작용체계 등이 있다. 모자이크 탐험대와 관련된 학문체계는 진리인가 허위인가라는 코드를 중심으로 작동하고, 진리와 허위를 결정하는 프로그램은 이론과 방법론에 따라 결정된다. 따라서 학문체계는 프로그램인 이론이나 방법론에서의 변화를 통해서 사회 내적/외적 환경변화에 스스로 반응한다. 학문체계는 다른 사회적 체계와 구별되는 진리/허위라는 코드를 스스로 포기할 수도 있다. 권력의 유/무에 따른 정치체계나 신성(神聖)의 유무에 따른 종교체계에 학문이 귀속되거나, 권력의 유무나 신성의 유무가 진리/허위를 결정하게 함으로써 더 이상 (실질적) 체계로 작동하지 않는 변화가 (강제적으로) 발생할 수 있다. 체계는 프로그램에서의 변화를 통해 진화하거나, 코드의 상실로 인한 폐지되거나 소멸할 수 있다. 다른 사회적 체계들, 정치체계, 학문체계, 경제체계, 교육체계, 종교체계 들의 작동도 비슷할 것이다. 사회 내적/외적 환경을 고려한 사회적 체계들의 결정이 이어져 모자이크 탐험대의 계속이나 중단으로 이어질 것이다. 중요한 것은 사회적 체계들의 결정을 통제할 수 있는 초월적인 어떤 것이 사회 외적 환경(기후위기의 긴급함)이나 사회 내적 환경(초월적 사회체계의 출현) 어디에도 존재하지 않는다는 것이다.

그렇다면 '기후변화가 아닌 체계변화'에서 체계변화는 어떤 변화일까? 체계는 과연 단일한 사회를 지시하는 것일까? 현대사회는 기능 분화된 사회적 체계들을 중심으로 위계적인 분화나 중심-주변 분화가 섞여 있다. 그래서 어떤 경우에도 어떤 외적/내적 초월성이나 보편성으로부터 파악할 수 있는 사회는 없다. 사회는 서로 다른 방식으로 작동하는 끝없는 커뮤니케이션의 연쇄이고, 기능적으로, 지역적으로, 위계적으로 분할된 수많은 사회적 체계들이 있을 뿐이다. 그것들은 상이한 논리에 따라 작동하기에 단수의 체계변화는 불가능하다. 또한 사회적 체계들은 자기준거적으로 작동하는 체계들이기에 그 변화는 외적인 환경변화에 대한 내적인 결정의 연속이기에 프로그램의 변화를 통한 진화나 코드의 포기나 변경을 통한 체계의 소멸만이 존재한다. 그래서 체계변화는 어떤 사회적 체계들의 진화이거나 어떤 사회적 체계들의 소멸이다. 체계들이 자본주의, 성장주의, 제국주의라면, 그리고 그것들이 자기준거적인 체계라면, 어떤 기능을 수행하는지, 작동 코드와 프로그램은 무엇인가를 살펴야 한다. 또한 그것들이 스스로 변화하는 것이라면 그 변화가 팽창이나 축소의 형태인지, 아니면 프로그램에서의 변화인지를 보아야 한다. 그것들이 자기준거적이라면 내적으로만 변화하기에 외부에서 강제할 수 없다. 자기준거적이지 않은 체계라면 조작·조정하는 외부의 힘이나 체계가 필요할 것이다. 그래서 다시 조작하고 조정하는 외부의 힘이나 체계가 무엇인지를 설명해야 한다. 만약 변화하는 것이 체계가 아니라 가치(value)이거나 가치들의 집합과 같은 이념이라면, 그런 가치나 이념을 체계 프로그램으로 사용하고 활용하는 사회적 체계들을 다시 관찰해야 한다.

이런 쟁점들과 더불어 '기후변화가 아닌 체계변화'라는 도식은, 특히 정보, 통보방식, 참여자들에게서의 급격한 팽창에 따른 커뮤니케이션의 확장과 그에 따른 사회의 팽창이라는 현재의 사태에서 더욱 멀어진다. 확장되고 팽창한 사회에서 기존 사회적 체계들이 계속해서 변화하고, 새로운 사회적 체계들이 발생하여 단일한 사회체계라는 상상은 더욱 불가능해지기 때문이다. 그래서 '기후변화가 아닌 체계변화'는 도식의 기능을 전혀 수행하지 못한다. 앞에서 언급하였듯이 도식이 어떤 것을 어떤 것으로 기술하여, 특정 결과를 다른 특정한 원인에 관련짓고 이를 통해 판단이나 행위를 야기하는 것과 관련된다. '기후변화가 아닌 체계변화'에서 '어떤 것' 즉, 그것이 기술하는 '체계변화'는 전혀 현대사회에 부합하지 않기 때문이다.

(사회) 체계변화라는 불명료한 도식의 반복적 사용은 사회적 체계가 아니지만, 사회적 체계와 연결된 사람들에게 도덕적/규범적 행위를 할 것을 호소하게 된다. 사람들은 기능적으로 분화된 사회적 체계들의 작동에 연결될 때 인격체로 등장한다. 시장에서는 화폐소유자나 상품소유자 등으로, 교육체계에서는 학생이나 교사 등으로, 법체계에서는 원고, 피고, 재판관 등으로, 정치체계에서는 유권자나 정치인 등으로, 종교체계에서는 신도(信徒)이거나 성직자 등으로 나타난다. 그리고 각각의 사회적 체계에서의 인격은 체계 고유의 코드와 프로그램의 준수나 거부를 요청받는다. 시장에서 특정 종교의 사제(司祭)임을 이유로 상품을 구매하면서 화폐 대신 축복을 주어서는 안 된다. 학교에서 학생이 수업 성과를 제출하는 대신에 돈 봉투를 제출해서도 안 된다. 그런 것이 용납된다면 체

계는 부패한 것이고, 많은 경우에 법적인 제재의 대상이 된다. 그러면 '기후변화가 아닌 체계변화'에 관련된 사람들은 어떤 사회적 체계에 연결되는가? 그 체계는 단일한 사회체계가 아니라 수많은 사회적 체계들임을 살펴보았다. 그렇다면 기후위기에 맞서는 시민의 이름으로 호명되는 사람들은 현대사회에서 어떤 사회적 체계의 작동과 연결되는가? 정치체계일 수 있지만 정치체계에는 권력의 유무와 관련된 유권자, 정치인 등의 체계 고유의 인격이 있다. 정치체계에서 사람들은 집합적으로 구속력이 있는 결정이라는 체계 고유의 작동과 연결되어 있다. 그리고 정치체계의 작동은 정치체계의 구속력 있는 결정과 관련되지 경제체계나 학문체계의 결정이 아니다. 정부의 결정이 기업이나 대학의 의사결정을 대신할 수 없다. 그 결정에 기업이나 대학이 어떻게 반응할 것인지는 그들 내부에서 결정된다. 그래서 '기후변화가 아닌 체계변화'의 시민에 대한 호명은 특정한 어떤 정치체계에도 배제되지 않는 상태이거나, 기능 분화된 현대사회 이전에 존재했지만 더 이상 작동하지 않는 (상상된) 공동체와 연결된다. 그런 체계들이 있다면 그것은 모든 것을 포괄한다고 가정되기에 사회적 체계들을 관통해 갈 수 있다.[20] 그러나 전자는 국민이나 정치적 시민(권)이라는 상응하는 인격이 있고, 후자는 이미 역사 속으로 사라져, 더 이상 작동하는 체계가 아니다. 거기에는 구체적인 코드나 프로그램이 없다. 따라서 기후변화에서 시민들에게 무엇인가를 호소한다면 시민들이 무엇을 어떻게 할 수 있는지에 대한 아무런 구체적인 지시물을 제시하지 못하면서 추상적인 도덕적 가치들에만 호소하는 것이 된다. 비어 있는 정보-통보-이해 커뮤니케이션의 반복이고, 그 비어있는 것을 매 순간 채워야 하는 것은 온전히 호명된 시민 개개인의 몫이 된다. 그러나 현대사회를 살아가는 사람들은 그것을 감당할 수 없다. 불분명한 사회체계에 대한 호소는 사회, 인류, 문명 등을 지시하고, 기후정의운동과 같은 항의운동은 사회

---

20 현대사회에 대한 비판과 대안으로 제시되는 공동체(주의)에 대한 비판적 검토로는 장춘익(2016) 참조.

에 대한 초월적인 위치를 주장하면서 결코 다다를 수 없는 총체적인 어떤 것에 대한 비판을 요청할 수 있다. 그러나 그때 지시되는 것은 그 작동을 파악할 수 없는 총체적인 사회이고, 그래서 그런 요청을 수용하는 사람들에게 삶의 모든 영역에서의 과도한 반응을 요구할 뿐이다.

게다가 어떤 초월적인 가치나 총체성에 대한 강조는 사회적 체계들이 사회 내적, 사회 외적 환경변화에 민감하게(단단하게) 연결될 것을 강조한다. 기후변화와 같은 인류 공통의 위기에 바로 대응하지 않는 사회적 체계들을 비판하고, 동시에 사람들(의 의식체계들)에게도 그런 변화에 민감하게 반응할 것을 요청한다. 그렇지 못한 사회적 체계들과 사람들을 규범적 기대를 저버린 것으로 간주하곤 한다. 그러나 외적 환경에 대한 단단한 연결, 즉 환경변화에 대해 민첩하게 대응하는 사회적 체계들이나 사람들은 자신의 고유성을 전혀 획득하지 못하게 된다. 사회적 체계들이 단단하게 연결된다는 것, 모든 환경변화에 민첩하게 반응하고자 하는 것은 거의 언제나 무엇(고유의 자율성과 내적 복잡성 상실)을 대가로 다른 무엇(기후변화에 대한 민첩한 대응)을 얻는 것이다. 체계들이 외적 변화에 대응하려는 순간, 이미 외부환경은 변화하였고, 대응결정을 내린 사회체계도 그 결정으로 이미 바뀌었다. 그래서 변화하는 외부환경을 하나도 놓치지 않고, 모두 따라잡으려는 체계는 실제로는 아무런 대응도 하지 못한다. 우리는 교육체계가, 법체계가, 경제체계가 다른 체계들에 재빠르게 반응하는 것, 예를 들어 경제위기를 명분으로 '자유', '경쟁'과 같은 특정 가치를 재빠르게 도입하는 교육체계, 법체계, 경제체계의 작동을 과연 어떤 경우에 긍정적으로 평가했는지를 다시 생각해야 한다. 사회체계들과 사람들이 대부분의 환경변화에 대해 무관심하거나 느슨하게 연결되어 있어서, 외부환경 변화들에 일대일로 영향받지 않음으로써 획득한 체계의 (내적) 복잡성 확대가 가져다준 현대사회의 이점을 쉽게 포기할 수는 없는 것이다.

'기후변화가 아닌 체계변화'에서 (사회) 체계변화에 대한 요청은 간명하지만, 그 사회를 다시 보면 사회는 서로 다른 기능, 코드, 프로그램을 가진 수많은 사회적 체계들이다. 그래서 기후변화에 맞서는 사회체계의 작동은 끝없이 분화되어 있고, 한번에 파악하는 것도, 한번에 변화시키는 것도 불가능하다. 그래서 느슨하게 연결된 수많은 사회적 체계를 변화시킬 수 있는 출발점은 사회적 체계들의 매 순간의 작동에 있기도 하다. 사람들은 특정한 사회적 체계의 작동에, 그 체계의 코드와 프로그램을 변경하는 것을 통해 관여할 수 있다. 기후변화를 악화시키는 화석연료에 의존하는 경제체계의 변화는 경제체계의 폐지가 아니라면 화석연료의 감축이나 폐지를 가능하게 하는 새로운 가치를 경제체계가 프로그램으로 도입함으로써 가능할 것이다. 물론 경제체계의 프로그램에서의 변화의 성공 여부는 이를 제약하거나 촉진하는 정치체계, 정교한 예측이나 분석에 도움을 주는 학문체계, 실질적인 상품의 생산을 수행할 수 있는 산업체계와 같은 다른 사회적 체계들 등에 의존할 것이다. 그래서 사회적 체계들의 작동이 변화하는 것은 특정 인격체의 결단이나 의지만으로 결정되지 않는다. 어떤 인격체가 코드나 프로그램의 변이나 수정에 대해 커뮤니케이션하고, 그것이 계속해서 이어질 수 있을 때, 즉 해당 사회적 체계 내에서 반복되면 체계변화가 일어난다. 그리고 이런 변이나 수정이 상대적으로 쉬운 곳은 흔히 다층적 접근(Multi-Level Perspective)에서 혁신이나 변화의 틈새(niche)라고 불리는, 체계의 코드나 프로그램 작동이 상대적으로 느슨한 사회적 체계의 주변부일 것이다. 그래서 질문은, 우리는 지금 어떤 사회적 체계에 연결되어 있는가, 그 사회적 체계는 어떤 코드와 프로그램으로 작동하는가, 기후위기에 맞서기 위해 어떤 코드를 바꾸거나, 어떤 프로그램을 수정할 수 있는가이다.

참고문헌

극지연구소. 2021. 『2020 Annual Report of KOPRI 극지연구소 연보』.
기후정의포럼. 2021. 『기후정의선언』. 한티재.
김영순. 2017. "복지국가 유형화 논의의 현 단계와 그 이론적·정책적 함의." 『사회과학논집』 48(1): 111-137.
루만, 니클라스(N. Luhmann). 2014a(1997). 『사회의 사회 1』. 장춘익 역. 새물결.
_____. 2014b(2011). 『체계이론 입문』. 윤재왕 역. 새물결.
_____. 2014c(2008). 『생태적 커뮤니케이션』. 서영조 역. 에코리브르.
_____. 2015(2014). 『사회이론 입문』. 이철 역. 이론출판.
무어, 제이슨(J. Moore). 2020(2015). 『생명의 그물 속 자본주의』. 김효진 역. 갈무리.
박순열. 2021a. "사회는 코로나19에 대처할 수 있는가?." 구도완·김수진·박순열·서지현·안새롬·장우주·정영신·최명애·한상진·홍덕화·황진태. 『전환의 질문, 질문의 전환』. 도서출판 풀씨.
_____. 2021b. "'사회의 자기기술'로서 녹색전환과 한살림선언." 『모심과 살림』 17: 140-164.
_____. 2022. "사회의 자기기술로서 녹색전환." 김수진·박순열·구도완·홍덕화·정영신·서지현·한상진·안새롬·장우주·최명애. 『전환의 정치, 열 개의 시선』. 도서출판 풀씨.
베르크하우스, 마르고트(M. Berghaus). 2012. 『쉽게 읽는 루만』. 이철 역. 한울.
사이토, 고헤이(K. Saito). 2020(2017). 『마르크스의 생태사회주의: 자본, 자연, 미완의 정치경제학 비판』. 추선영 역. 두번째 테제.
이기홍. 2021. "비판적 실재론이 상기시키는 사회과학의 가능성." 『담론201』 24(1): 73-121.
장하석. 2014. 『장하석의 과학, 철학을 만나다』. 지식플러스.
장춘익. 2016. "공동체와 커뮤니케이션: 그 역설적 관계에 관하여." 『범한철학』 82(3): 85-112.
최우리·이근영·김민제. 2022.04.04. "지구 '1.5도 상승' 지키려면…2030년 탄소배출 43%

감축해야." 〈한겨레〉.

Barber, D. et al. 2016, MOSAiC Science Plan 2016. https://iasc.info/images/news/MosaicSciencePlan2016.pdf (2022년 8월 18일 검색).

Channel 4. 2021. "A Year in the Ice: The Arctic Drift." https://www.channel4.com/programmes/a-year-in-the-ice-the-arctic-drift (2022년 12월 8일 검색).

Empson, M. and Angus, I. and Ensor, S. et al.. 2019. System Change Not Climate Change: A Revolutionary Response to Environmental Crisis. Bookmarks.

Grundmann, R. and Rödder, S. 2019. "Sociological perspectives on Earth System Modeling." *Journal of Advances in Modeling Earth Systems* 11: 3878-3892.

Horvath, E. 2021.09.14. "Under the spell of the ice and cold on an Arctic expedition," National Geographic.

Immerz, A. et al.. 2019. MOSAiC Data Policy. Zenodo. http://doi.org/10.5281/zenodo.4537178 (2022년 8월 18일 검색).

IPCC. 2022. "IPCC opens meeting to approve the report focusing on impacts, adaptation and vulnerability to climate change." https://www.ipcc.ch/2022/02/14/press-release-wgii-ar6-opening/ (2022년 8월 18일 검색).

Smeltzer, M and Buyon, N. 2022. Nations in Transit 2022: From Democratic Decline to Authoritarian Aggression. https://freedomhouse.org/sites/default/files/2022-04/NIT_2022_final_digital.pdf (2022년 8월 18일 검색).

Shupe, M., Rex,M., Blomquist, B., Ola, P. and Persson,G., et al. 2022. "Overview of the MOSAiC expedition: Atmosphere." Elementa: Science of the Anthropocene 10(1).

〈홈페이지〉

모자이크 탐험대(Mosaic Expedition) 웹페이지 https://mosaic-expedition.org

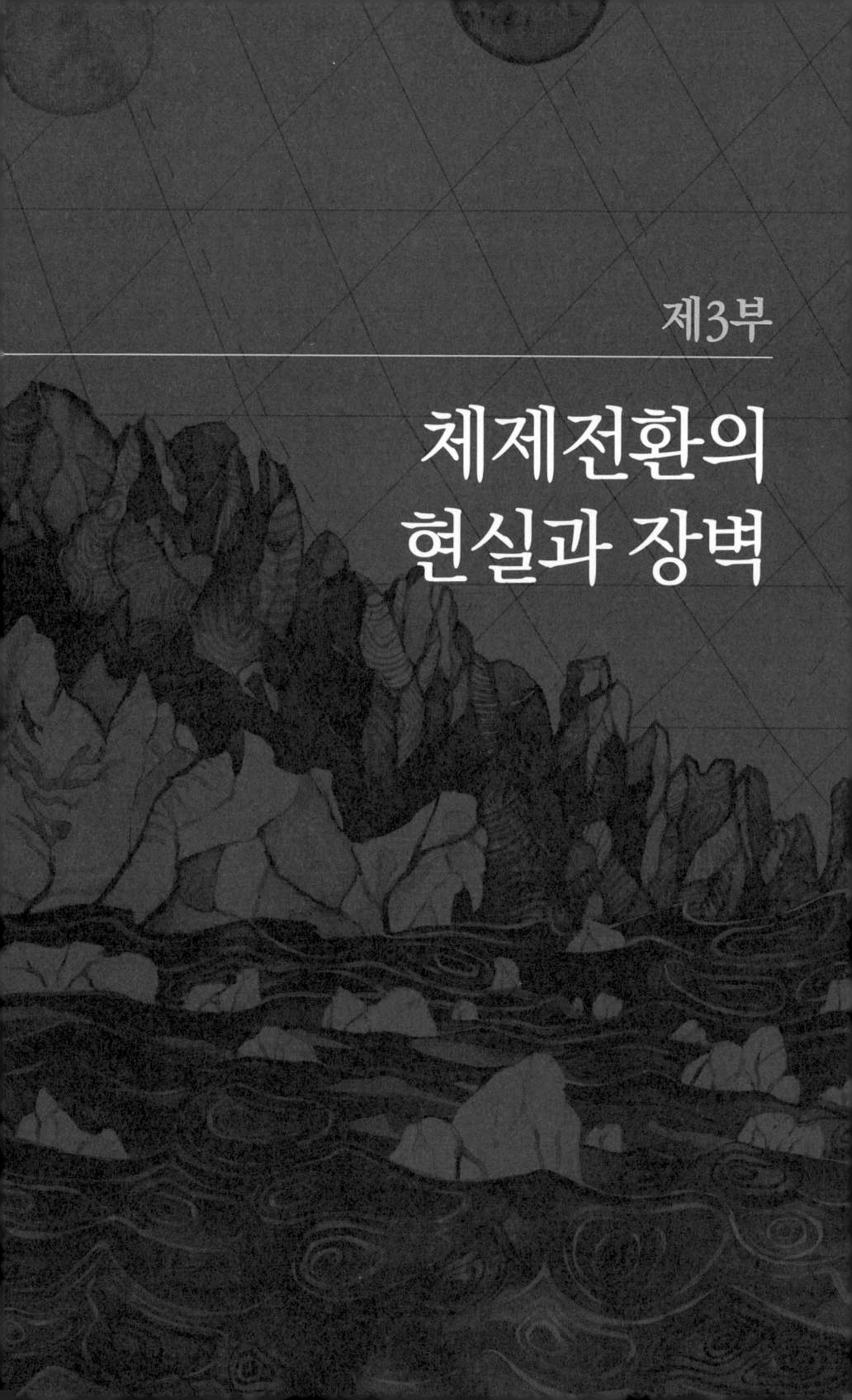

제3부

체제전환의 현실과 장벽

3부 체제전환의 현실과 장벽

9장   "수출"부터 다시 봐야하지 않을까? 홍덕화

10장   체제전환 담론으로서 '부엔 비비르'의 실천은 에콰도르 코레아 정권에서 어떤 한계와 딜레마에 처했을까? 서지현

11장   녹색전환의 정치적 정당성은 어떻게 달성되는가? 김수진

9장

'수출'부터 다시 봐야하지 않을까?

홍덕화

기후정의운동이 내건 '체제전환(system change)'을 매개로 급진적 전환정치에 관한 논의가 활성화되고 있다. 다만 체제전환이 겨냥하고 있는 '체제'는 손에 잡히는 또렷한 실체가 아니라 저 멀리 있는 흐릿한 표적 같을 때가 많다. 자본주의 성장체제가 체제전환의 대상으로 자주 소환되지만 담론과 현실을 이어주는 연결고리는 아직 약한 듯하다. 이 글은 기후정의운동이 겨냥하고 있는 전환의 대상으로서 체제의 윤곽을 조금 더 짙게 그리기 위해 수출주의 성장체제를 생태적 시각에서 재조명한다. 역사적으로 특수한 제도적 배열인 수출주의 성장체제는 노동과 환경, 돌봄·복지 사이의 연결고리를 파악하고 성장주의가 공고해진 배경을 이해하는 출발점을 제공한다. 수출주의 성장체제에서 유래하는 저렴한 인프라와 분절적 녹색성장의 특징과 한계를 면밀히 분석할 때, 전환의 조건과 경로에 관한 논의도 한층 구체화될 수 있을 것이다.

키워드: 수출주의, 저렴한 인프라, 분절적 녹색성장

1. 체제전환, 어떻게 접근할 것인가

기후정의운동과 체제전환은 현 시대의 기후정치를 이해하는 출발점이다. 기후위기와 사회경제적 불평등이 겹쳐져 있다는 주장은 더 이상 새롭지 않다. 복합위기를 해결하기 위해 '대전환'이 필요하다는 말조차 익숙해졌다. 정의로운 전환에 대한 다양한 해석이 보여주듯이, 논의의 중심은 전환에서 전환 경로로 이동했다. 그렇게 탄소중립·녹색성장은 누구나 공감하는 목표가 아닌 논쟁의 시작점이 되었다. 나아가 기후정의운동과 체제전환은 기후운동을 넘어 환경운동의 지형을 흔들고 있다. 단적으로 체제전환은 온건한 이념과 관례적인 운동방식에 의존해온 한국 환경운동에 도전적인 질문을 던지고 있다(홍덕화, 2023). 다중 위기의 시대를 헤쳐가기 위해 무엇을, 어떻게 바꿔야 할지, 체제전환은 원점으로 돌아가 생각할 것을 요구하고 있다. 감히 말하건대, 2020년대 한국 환경운동은 체제전환이 던지는 질문에 어떻게 답하느냐에 따라 각기 다른 길을 걸을 것이다. 기후정의운동과 체제전환이 기후정치의 기준선이자 전환정치의 갈림길인 까닭이 여기에 있다.

다만 체제전환을 이야기하며 전환의 대상으로 소환되는 체제가 의미하는 바는 아직 모호한 점이 많다. 공공 주도 재생에너지 전환, 신공항 건설 반대, 생태학살 반대, 정의로운 전환 등 다양한 요구들이 기후정의의 이름 아래 묶이는 것에 볼 수 있듯이, 체제전환은 자본 주도의 전환을 비판하는 말이자 다양한 사회운동을 가로지르며 쟁투의 현장을 잇는 언어로 쓰이고 있다. 기후불평등에 대한 논의가 보여주듯이, 억눌리고 배제된 이들이 존엄한 삶을 요구하며 외치는 목소리가 체제전환을 통해 연결되고 있다고 해도 좋다. 체제전환을 통해 사회운동들의 사회운동으로서 기후정의운동이 우선적으로 겨냥하는 곳이 자본주의 성장체제라는 점은 분명하다. 그러나 기후정의로 포괄하는 범위가 넓어질수록 연결고리는 느슨해진다. 이 지점에서 체제전환은 저항을 연결하는 구조적 조건이 무엇인지 묻는다. 조금씩 다른 모습을 하고 있지만 전세계 곳곳에서 분출하고 있는 '체제전환'의 요구를 우연한 사건으로 치부할 것이 아니라면 전환의 대상으로 소환되는 '체제'를 분석해야하는 과제가 대두되는 것이다. 달리 말하면, 기후정의운동이 소환한 체제전환은 기후위기를 진단하고 사회운동들의 연결을 이해하기 위해 자본주의 성장체제를 어떻게 바라볼 것인지, 익숙하고 오래된 질문을 다시 던지고 있다.

여기서 우회할 수 없는 문제 중 하나가 탄소중립·녹색성장이다. 탄소중립·녹색성장에 대한 평가는 체제전환 논의로 가는 또다른 입구라 할 수 있다. 전환으로 일자리를 늘리고 새로운 성장동력을 창출할 수 있다는 탄소중립·녹색성장의 언어가 힘을 발휘하는 곳이 기후정의운동의 경계라 할 만큼, 탄소중립·녹색성장은 실현가능성을 무기로 체제전환의 요구를 기존 질서 속으로 흡수하는 통로가 되고 있다. 뒤집어 말하면, 탄소중립·녹색성장의 성격을 세밀하게 따져보지 않을 경우, 의도했든 의도하지 않았든, 기후행동은 지배권력이 주도하는 전환 프로젝트에 포획되기 쉽다. 다른 한편으로 체제전환이 자본주의나 성장주의에 대한 추상적 비판으로 치환되지 않기 위해서는 역사적 맥락 위에서 체제전환을 논의할 수 있는 기반이 마련되어야 한다. 그 출발점 중 하나가 다름아닌 지구적 차원에서 진행되고 있는 자본과 국가의 대응 프로젝트로서 탄소중립·녹색성장의 궤적을 좇는 것이다.

탄소중립과 녹색성장을 하나로 엮는 것을 의아하게 생각하는 이들도 있을 듯 싶다. 그러나 탄소중립·녹색성장의 성격과 궤적을 이해하기 위해서는 녹색성장과 탄소중립을 정권을 관통하는 하나의 흐름으로 바라볼 필요가 있다. 주지하듯이, 정부 정책으로서 탄소중립과 녹색성장이 포괄하는 범위는 대단히 넓다. 이명박 정부의 녹색성장과 문재인 정부의 탄소중립, 그리고 박근혜 정부와 윤석열 정부의 관련 정책을 하나의 정책 프로그램으로 묶는 것은 다소 무리수가 따른다. 세부적인 평가를 위해서는 국내외 조건, 정책목표, 추진방법 등에 대한 세밀한 분석이 필수일 것이다. 다만 탄소중립·녹색성장이 특정 정부의 정책 프로그램을 넘어 기후·생태 위기에 대한 사회적 대응 프로젝트의 성격을 지니고 있다는 점을 고려하면 정권 간의 차이를 이해하는 것만큼 반복적으로 나타나는 현상에 주목하여 연속된 흐름을 포착할 필요가 있다. 문재인 정부 후반기 더불어민주당이 탈핵에서 "감원전", "탈원전 폐기"로 입장을 선회해간 것에서 엿볼 수 있듯이, 정치적으로 가장 쟁점화된 핵발전 정책에서조차 대결 지점은 제한적이지 않은가. 또한 녹색성장과 탄소중립을 연결된 흐름으로 파악할 때, 기후위기 대응을 표방한 정책의 역사가 짧지 않음에도 불구하고 반복적으로 실패한 이유를 더 입체적으로 파악할 수 있지 않겠는가.

이처럼 탄소중립·녹색성장을 하나의 흐름으로 보면 탄소중립, 녹색성장과 토건사업의 관계도 달리 보이기 시작한다. 녹색성장에 대한 비판은 대규모 토건사업을 겨냥할 때가 많다(윤순진, 2009; Bluemling and Yun, 2016). 이명박 정부가 녹색성장을 앞세워 4대강 사업과 핵발전 확대를 추진하고 석탄화력발전을 늘린 것은 녹색성장이 이름뿐인 녹색이라는 비판을 뒷받침하는 대표적 근거다. 이와 같은 구도에서는 토건사업이 탄소중립과 녹색성장의 진정성을 가르는 기준처럼 이해된다. 그러나 탄소중립·녹색성장과 토건사업은 쉽게 분리되지 않는다. 문재인 정부는 탄소중립 정책 안에 4대강 사업에 비견할 만한 토건사업을 포함시키지는 않았지만, 신공항 건설과 같이 탄소중립과 배치될 수 있는 사업을 동시에 추진하여 논란을 촉발했다. 이처럼 탄소중립·녹색성장과 토건사업이 공존하는 현상은 탄소중립·녹색성장을 생태적 현대화(ecological modernization)의 전조와 토건사업의 변형 사이에서 평가하는 구도를 벗어날 필요성을 제기한다. 토건사업과 탄소중립·녹색성장의 공존 자체가 해명의 대상인 것이다.

탄소중립·녹색성장을 분석하는 것은 유예된 작업을 재개하는 것에 가깝다. 이상헌(2009)이 지적하듯이, 이명박 정부의 녹색성장은 토건국가적 속성과 함께 상대적 탈동조화(decoupling), 물질 처리량(throughput) 혁신을 포함하는 환경적 조정 전략의 성격을 지니고 있다. 징후적 현상으로 이명박 정부의 녹색성장은 생태위기에 대응하는 자본과 국가의 전략변화를 따져볼 필요성을 제기했다. 환경운동의 시각에서 보면, 녹색성장에서 토건사업적 요소를 제외하고 기술혁신과 시장 기제, 환경비용의 내부화를 앞세운 정책이 추진될 경우 환경운동은 어떻게 대응할 것인지 답을 찾아야 했다. 하지만 박근혜 정부 시기 녹색성장 정책이 위축되면서 녹색성장은 학계와 대중의 시야에서 멀어졌다. 환경운동 안에 체제 비판적인 논의를 이끌어갈 만한 급진적 분파가 형성된 것도 아니었다. 그렇게 탄소중립·녹색성장의 부상과 굴절, 좌초를 해명하는 작업은 유예되었고, 녹색성장이 탄소중립·녹색성장으로 귀환하면서 다시금 과제로 떠올랐다.

최근 탈성장, 생태사회주의, 신유물론 등 생태위기의 뿌리를 찾는 논의가 늘고 있지만 한국 사회에 대한 역사적 분석과 결합한 연구는 상당히 드물다(홍덕화, 2022). 탄소중립·녹색성장에 대한 낙관적 기대와 자본주의·성장주의 비판 사이에서, 때때로 개발주의·토건국가 비판까지 가세해서 논의가 진행되고 있지만 역사적 분석에 기댄 진단과 방향 모색은 활발하지 않은 듯하다. 성장주의가 공고화된 역사적 과정을 추적하는 작업 역시 더디게 진행되고 있다. 탄소중립·녹색성장의 궤적을 좇는 것이 전환 논의를 한발 더 내딛는 디딤돌이 될 수 있는 까닭이다.

이 글은 수출 주도 산업화를 뒷받침한 사회생태적 조건과 이를 가능케 한 제도적 배열을 분석하는 것에서 전환의 대상으로서 체제를 분석할 수 있는 단서를 찾는다. 전환의 조건이자 장벽으로 작동하고 있는 탄소중립·녹색성장 역시 생태적 시각에서 수출주의 성장체제를 재조명할 때 그 성격과 궤적이 한층 선명해진다. 이처럼 성장체제를 생태적 시각에서 분석하기 위해 이 글은 생산과 사회생태적 재생산(또는 생산조건)을 아우르는 접근법을 따른다(O'Connor, 1998; 무어, 2020; 프레이저, 2023; 홍덕화, 2022).[1] 이윤추구를 목표로 한 자

---

1 생산과 사회생태적 재생산을 아우르는 접근법의 사회운동적 함의에 대한 논의가 늘고 있다. 무페(2022: 101-107)는 생태위기에 주목해 민주주의 프로젝트를 재편할 필요성을 제기하며 생산과 재생산 영역의 투쟁을 아우를 수 있는 정치적 경계 설정의 방안을 모색한다. 한편 프레이저(2023)는 생태위기를 돌파할 수 있는 대항헤게모니 블록의 형성을 위해 자본주의 사회에 대한 확장된 분석이 필요하며 그 중심에 재생산의 문제가 있다고 주장한다. 이들의 문제의식은 기후정의운동의 체제전환이 제기하는 질문과 크게 다르지 않다.

본주의적 생산은 더 많은 물질을 채굴·변형·폐기하고 그 과정에서 발생하는 생태문제를 시공간적으로 전가하는 경향이 있다. 하지만 생태적인 것은 자본주의적 생산에 의해 훼손·파괴되는 대상에 그치지 않는다. 에너지·자원을 통해 알 수 있듯이, 생태적인 것은 자본축적을 위한 생산요소로서 안정적으로 공급되어야 할 뿐만 아니라 저렴하게 공급되어야 한다.[2] 생태적 재생산 비용을 낮추는 가장 기본적인 전략이 환경비용의 시공간적 전가라는 점은 새삼 강조하지 않아도 될 것이다. 한발 더 나아가 우리가 눈여겨볼 곳은 저렴한 것들을 창출하는 과정에서 생태적 재생산과 사회 재생산이 밀접하게 연결되어 있다는 점이다. 단적으로 인간 존재와 사회적 유대를 생산하고 지탱하는 상호작용과 돌봄노동은 생태적 조건의 영향을 받는다. 예컨대, 환경오염이 심해지면 건강 피해가 발생하고 돌봄 부담이 증가한다. 또한 자연재해로 농작물 생산이 줄고 곡물 가격이 올라가면 실질 생활임금 수준은 떨어지고 영양섭취에 어려움을 겪는 이들이 늘어난다. 사회생태적 재생산은 상품생산과 연결되어 있고 사회생태적 재생산의 저렴화는 자본 축적의 조건으로 작동한다.

저렴한 자연은 헤게모니 국가의 주도 아래 상품 프런티어를 재조직하는 방식으로 지구적 차원에서 역사적으로 (재)구성된다(무어, 2020). 그러나 재생산의 저렴화 논의를 수용하더라도 20세기 후반 한국의 구체적인 상황을 포착하기 위해서는 역사·지리적 차이를 고려할 필요가 있다. 이 글에서는 수출주의 성장체제를 디딤돌로 삼아 논의를 전개하고자 한다. 수출 주도형 성장모델은 말 그대로 국내 소비보다 수출 부문에 의존한 경제성장을 추구한다. 수출 성과와 그것의 파생효과가 경제성장을 좌우하는 핵심 요소인 만큼 수출주의 성장체제는 수출시장의 변동에 민감하게 반응하며 제품 경쟁력을 높일 수 있는 방법을 강구한다(박찬종, 2021). 생산과 사회재생산의 비용을 낮추는 것은 수출주의 성장체제

---

[2] 저비용은 저렴함의 일부이다. 파텔과 무어(2020: 41)가 강조하듯이, "저렴함은 전략이자 실행이고 모든 일(인간과 동물, 식물, 지질학적인 모든 것)을 가능한 한 적은 보상을 주고 동원하는 폭력"이다. 저렴함은 저비용을 목표로 생산과 재생산의 관계를 조정하는 전략의 집합이라 할 수 있다.

가 제품 경쟁력을 높일 수 있는 기본 전략이었고, 생태적 측면에서의 물질흐름 관리 역시 이로부터 영향을 받았다. 이와 같은 시각에서 이 글은 생산-복지-인프라[3]의 연결 지점을 파헤치는 방식으로 수출주의 성장체제를 생태적 시각에서 재조명하고 전환의 장벽을 규명하는 시도를 할 것이다.

2. 수출주의 성장체제와 저렴한 인프라

1) 수출 주도 성장과 복지

고도성장 시기 한국은 가격 경쟁력을 앞세워 수출시장에서 활로를 찾았다. 정부와 기업이 생산과 재생산 비용을 낮출 수 있는 방안을 찾는 데 골몰한 이유다. 먼저 수출주의 성장체제는 임금상승을 국내 수요창출의 계기로 보지 않고 생산비용을 높이는 것으로 간주했다(박찬종, 2021). 즉, 수출상품의 가격 경쟁력을 높이기 위해 임금상승은 지속적으로 억제되었다. 그 결과 내수확대가 제한되었지만, 억제된 국내소비를 상쇄할 만큼 수출이 지속적으로 늘면서 심각한 문제로 대두되지는 않았다. 물론 산업화 전략이 저임금 노동에 기초한 경쟁력 확보에 국한된 것은 아니었다. 중화학공업 부문의 복선형 산업화 전략(수입 대체 산업화와 수출 지향 산업화의 병행, 특정 산업에서 계열상승과 계열하강의

---

[3] 인프라(infrastructure)는 사물이자 사물들 간의 관계이고 다른 사물들의 작동을 가능하게 해주는 토대이다(Larkin, 2013). 인프라의 의미가 다층적인 만큼 인프라 분석의 지점은 중층적이다. 전환 연구의 시각에서 보면, 인프라는 산업활동과 일상생활의 물질적 기초이자 물질흐름을 매개하는 핵심적 장치로서 전환을 위한 투자, 혁신, 경합이 집중되는 영역이다. 상징정치의 매개로서 인프라의 구축과 작동에 내포된 정치적 논리나 인프라 전환에 대한 정치적 상상 역시 중요한 연구대상이다. 인프라는 특정한 가치를 내재하고 있으며 고유의 물질성을 통해 인간의 행위를 틀 짓는다. 따라서 전환의 장벽, 가능성, 방향을 논의할 때 인프라를 빼놓고 이야기하기 힘들다. 인프라 전환 없는 전환은 불가능하다고 해도 과언이 아닌 만큼 앞으로 인프라 연구는 더 다각도로 이뤄져야 할 것이다. 다만 시론적 성격을 가진 이 글에서는 물질흐름을 가능하게 해주는 기반 시설과 기반 시설의 구축, 운영을 관통하는 원리에 초점을 맞춰 논의를 전개한다.

동시 진행)이 일정한 성과를 거두었기 때문에 한국 경제는 추격과 도약의 발판을 마련할 수 있었다(김형기·서익진, 2006; 서익진, 2003).

한편 수출주의 성장체제는 사회복지 지출을 생산비용을 높이는 것으로 간주하는 경향이 있다. 이로 인해 공적 복지지출이 제한되고 돌봄과 복지제공의 책임이 가족이나 개인에게 전가되었다(박찬종, 2021; 윤홍식, 2019, 2020). 즉, 돌봄과 복지제공을 가족과 개인, 민간에게 전가할 수 있었기 때문에 노동력 재생산 비용에 대한 공적 지출을 줄이고 이를 수출을 위한 생산적 투자에 집중시키는 전략을 적극적으로 활용할 수 있었다. 사회보험이 점진적으로 도입되었지만 선별적으로 확산되었다는 점도 기억할 필요가 있다(윤홍식, 2020). 상대적으로 괜찮은 임금, 안정된 고용, 공적 사회보험 제도는 오랜 기간 대다수의 노동자들과는 무관한 일이었다.

이와 같은 상황에서 수출을 통한 성장과 일자리 창출은 복지국가의 탈상품화를 기능적으로 대체하는 역할을 했다(윤홍식, 2020). 종신고용의 혜택은 특정 집단으로 한정되고 다수의 노동자들은 고용의 연속성이 보장되지 않았다. 하지만 고성장을 통한 고용창출이 이와 같은 불안정성을 일정 정도 상쇄했다. 고성장과 고용창출의 순환은 수출 부문에 대한 의존성을 점점 더 강화하는 요인으로 작용했다. 한편 주택, 의료, 교육 등의 사회재생산 영역에서는 실질적인 상품화가 용인·방조되었지만 이를 상쇄할 수 있는 장치가 함께 작동했다(장경섭, 2018). 부동산 개발 이익을 향유하는 것과 같은 방식으로 개발 과정에 편승하여 경제적 이익을 추구할 수 있는 기회가 제공된 것이다.

또한 수출주의 성장체제에서는 복지 대체 수단이 다양하게 활용되었는데, 감세에 기초한 재정복지, 저축 기반 복지, 토건사업을 통한 고용창출이 대표적이다(김도균, 2019; 박찬종, 2021; 윤홍식, 2020). 단적인 예로 소득세 감면 혜택은 공적 소득 이전을 대체하는 사회정책적 기능을 수행했다. 또한 생명보험 가입이나 가계 저축을 유도한 것에서 볼 수 있듯이, 사적 자산축적을 통해 사회적 위험에 대응하는 장치를 만드는 데 조세제도가 폭넓게 활용되었다.

수출주의 성장체제의 시각에서 보면, 한국의 성장주의가 지닌 특징이 한층 선명해진다. 한국의 성장주의는 총량적인 성장지표와 성장기반으로서 수출을 매우 중시한다(지주형, 2021). 주지하듯이, 한국의 성장주의는 박정희 정권을 거치며 뿌리를 내렸다. 수출 주도 산업화를 추진하면서 박정희 정권은 수출실적과 경제성장률, 국민소득 증가를 상징정치의 수단으로 폭넓게 활용했다(윤상우, 2016; 지주형, 2021). 박정희 정권 이후 경공업 제품에서 중화학공업 제품으로 주력 수출상품은 변해도 상징 정치의 수단은 변하지 않았고 그 힘 또한 위축되지 않았다.

2) 저렴한 인프라(cheap infrastructure)

생태적 시각에서 볼 때, 한국의 수출 주도 산업화는 수입 의존적인 물질흐름(material flow)을 조건으로 한다. 국내에서 값싸게 에너지·자원을 추출할 수 없는 것은 한국의 수출주의 성장체제가 직면한 근본적인 제약이었다. 경제성장을 위해서는 자원수입에서 제품수출로 이어지는 일련의 과정을 관통하는 물질흐름을 안정적으로 관리하는 것이 중요했다.[4] 주요 에너지·자원의 추출·공급을 미국 주도의 지구적 에너지·자원 공급망에 의존할 수밖에 없는 만큼 국가적 차원의 개입은 국내 인프라 구축과 관리에 집중되었다. 수출가격 경쟁력을 확보하기 위해 채굴이 아닌 이동, 관리, 가공, 폐기에 초점을 맞춰 인프라 이용 비용을 낮추는 저렴한 인프라 전략이 부상한 배경이다.

저렴한 인프라 전략의 중심에는 공기업이 있다. 먼저 공기업은 인프라를 신속하게 건설할 수 있는 수단을 제공했다. 개발국가는 공기업을 설립·동원하여 발전소, 댐, 산업단지 등 주요 인프라를 구축해 나갔다. 더불어「전원개발촉진

---

4   수출주의 성장체제에서 임해공업단지는 물질흐름의 핵심적 통로였다. 주요 수출산업단지를 조성하는 과정에는 연안 매립(간척), 항만 건설, 용수 공급을 위한 댐 건설, 전기 공급을 위한 발전시설 건설, 도로 건설이 맞물려 있었다(홍덕화, 2017).

법」과 같은 특례 조치를 통해 신속한 인프라 구축을 뒷받침했다. 인프라 건설은 전기, 물 등 일상생활에 필수적인 재화에 대한 접근성을 높임으로써 경제성장을 체감하는 계기가 되었고, 이는 성장을 정당화할 수 있는 사회적 기반을 공고히 하는 데 기여했다. 또한 공기업은 인프라 이용 비용을 통제할 수 있는 강력한 수단을 제공했다. 전기요금에서 잘 드러나듯이, 개발국가는 공기업을 활용하여 인프라 이용 비용을 관리했다. 달리 말하면, 국내 물가를 관리하기 위해 인프라 이용가격을 통제하고 다양한 형태의 보조 혜택을 제공하는 데 있어 공기업만 한 정책 수단도 없었다.

인프라 구축의 다른 이름은 토건사업이었다. 토건사업은 특정 집단의 이익 추구나 개발로 인한 환경 훼손의 문제로 단순화할 수 없다. 개발국가가 토건사업을 고용창출의 수단으로 활용했다는 점에서 토건사업은 복지 대체 수단의 일부였다(김도균, 2019; 박찬종, 2021). 또한 토건사업은 수출 주도 산업화의 이면인 지역 불균등발전에 대한 불만을 무마하는 상징적 정책수단으로 활용될 수 있었다. 잘 알려진 대로, 수출 주도 산업화가 수도권과 동남권을 중심으로 진행되면서 지역 간 격차가 확대되었다. 지역격차는 국토의 균형발전을 앞세워 국가자원을 확보하기 위한 지역 간 경쟁을 부추겼고, 이는 지역개발을 추구하는 토건적 이해관계에 부합했다(박배균, 2009; 2017). 계급정치가 저발전한 상황은 개발동맹이 토건사업을 앞세운 지역정치를 활성화할 수 있는 공간을 넓혔다. 토건사업이 부동산 투자를 통한 자산축적에 대한 광범위한 기대와 충돌하지 않았다는 점도 짚어야 할 것이다. 덧붙여, 낮은 세금과 재정지출 제약은 지속적으로 국가재정을 투입해야 하는 사회복지정책보다 일회성 지출의 성격이 큰 토건사업에 대한 선호를 높였다. 나아가 저렴한 인프라는 인프라 이용 접근성을 높이고 비용 부담을 줄이는 형태로 복지 대체 효과를 발휘했다. 다른 나라와 비교할 때, 복지 지출 비중은 낮고 건설 투자비중은 높은 상황(정태석, 2013)을 이해하기 위해서는 인프라 건설의 다각적인 기능을 함께 볼 필요가 있다.

3. 수출주의 성장체제의 변형과 성장주의의 공고화

수출주의 성장체제는 1990년대 변화의 기로에 섰다. 수출 대기업 주도의 조립형(assembly) 산업화 전략이 확산하는 상황에서 중국으로의 중간재 수출이 크게 늘었다(박찬종, 2018, 2021; 전병유, 2017). 외환위기를 거치며 수출 의존성이 더욱 심해졌고 이를 주도한 수출 대기업의 영향력은 한층 더 강해졌다. 특히 조립형 산업화를 선택한 기업들은 경쟁력을 높이기 위해 대규모 설비투자를 토대로 최신 공정 기술을 확보하는 데 주력했다(남종석, 2022; 정준호, 2022). 제조업에서 로봇 밀도가 급격히 증가한 것은 공정 자동화가 경쟁력 확보를 위한 주된 전략이었음을 보여주는 단적인 지표라 할 수 있다.

복선형 산업화가 쇠퇴하고 조립형 산업화가 강화되면서 수출의 국내 산업 연계 효과는 떨어졌다. 조립형 산업화를 추구한 수출 대기업들은 주요 부품·소재를 해외로부터 공급받아 국내에서 조립한 뒤 다시 수출하는 길을 선택했다. 수출산업의 전후방 연계가 약해지면서 주력 수출산업 이외의 부문은 침체가 장기화되었고 중소기업의 쇠락은 수출의 고용창출 효과를 떨어뜨렸다(박찬종, 2018; 2021). 고수출-고성장-고투자-고용창출의 순환고리가 깨진 것이다. 그 결과 2000년대 이후 수출 주도 경제성장이 지속되었지만 수출을 통한 고용창출 효과는 예전과 같지 않았다. 더불어 수출증가의 혜택이 특정 부문과 집단으로 집중되었다. 여기에 비용절감을 위한 유연화, 외주화가 확산하면서 기업 규모와 고용 지위에 따른 격차가 갈수록 커졌다. 이와 같은 상황에서 대다수의 영세 사업체는 저생산성, 저임금의 함정에서 벗어날 수 있는 길을 찾지 못했다(전병유, 2022).

한편 1990년 들어서면서 복지지출에서의 변화가 감지되었다. 특히 경제위기를 거치며 복지지출이 크게 늘었다. 복지지출의 증가 폭은 다른 국가와 비교해도 낮은 수준이 아니었다(김보영, 2022; 신진욱, 2020). 그러나 복지지출이 늘었음에도 불구하고 복지정책의 역진적 선별성은 해소되지 않았다(윤홍식, 2020). 정부는 복지정책을 확대·강화하면서 사회보험과 민간보험, 시장중심의 사회서비스에 의존했다. 문제는 사회보험 중심의 복지정책으로는 고용이 불안정하고 급여 수준이 낮은 비정규직 노동자를 포괄하는 데 한계가 있다는 점이다. 결과적으로 2000년대 이후 사회보험 중심의 복지 확대는 임금과 고용 안정성의 격차를 해소하기보다는 격차를 반영·확대하는 효과를 냈다(윤홍식, 2022). 조세 감면과 같은 복지 대체 수단은 가계의 가처분 소득을 늘리는 효과가 있었지만 재분배 기능은 약했다. 민간보험 역시 사적 자산축적에서의 격차를 줄이는 수단이 될 수 없었다. 금융화가 진전되면서 부동산과 금융 부문에서 사적 자산축적의 격차가 커져 갔지만 이를 막을 수 있는 장치는 제한적이었다. 이로 인해 복지정책이 확대되었음에도 불구하고 2000년대 이후에도 안정적인 생활을 보장받지 못하는 집단이 광범위하게 존재했다(윤홍식, 2020).

성장과 고용의 순환이 깨졌지만 대안적인 복지체제로의 이행은 요원했다. 분절된 노동시장의 문제는 잔존했고, 비정규직, 영세 자영업자 등 사회보험의 사각지대는 해소되지 않았다. 가족을 통한 돌봄·복지는 한계에 도달했고, 사적 자산축적에 기반해 생활보장의 안정성을 확보할 수 있는 계층의 범위는 제한적이었다. 복지 요구는 커졌지만, 증세 없는 복지정책의 반복적 출현이 시사하듯이, 대안적인 복지체제로의 이행을 도모할 수 있는 정치적 힘은 축적되지 않았다. 이와 같은 상황에서 기댈 곳은 익숙한 방법인 수출을 통한 경제성장이었다. 수출을 통한 문제해결은 기약할 수 없는 약속이 되어가고 있었지만, 수출을 통한 성장을 대체할 만한 발전모델은 구체화되지 않았다. 성장주의가 허물어지지 않고 오히려 공고해진 배경이다. 그렇게 2000년대 이후에도 경제성장률, 국민소득이 단골 선거공약으로 등장했고, 수출경쟁력 강화, (새로운) 수출산업육성에 대한 정책적, 사회적 집착은 사그라지지 않았다(박찬종, 2021; 지주형, 2021). 저렴한 인프라의 사회적, 환경적 비용을 반영하기 위한 가격 현실화가 마주한 벽도 높을 수밖에 없었는데, 저렴한 인프라에 대한 수출기업의 요구가 지속되었을 뿐만 아니라 저렴한 인프라가 갖는 복지 대체 효과를 상쇄할 수 있는 방안까지 찾아야 했기 때문이다.

대규모 토건사업의 유혹 역시 사라지지 않았다. 대규모 토건사업은 수출주의 성장체제의 산물인 불균등발전을 해소할 수 있는 방안으로 반복적으로 소환되었다. 중앙정부의 토건사업 예산을 확보하기 위한 지방 간 경쟁은 끊이지 않았고, 지역·도시의 경쟁력 향상을 명분으로 한 부동산 개발사업까지 확산됐다(박배균, 2009). 2000년대 이후 지방 쇠퇴가 가속화하면서 토건사업의 유혹은 한층 강렬해졌다. 반도체 산업, 지식 기반 서비스업 등이 수도권으로 집중되고 비수도권 제조업의 경쟁력이 떨어지면서 지역 간 격차가 갈수록 커졌다(김재훈, 2017; 정준호, 2021). 새롭게 부상하는 산업을 중심으로 구상과 실행을 수도권 내로 통합하는 시도가 늘면서 괜찮은 일자리의 수도권 집중을 부추겼다. 지방의 인구유출이 가속화되고 저출생·고령화까지 맞물리면서 침체 지역은 악순환의 늪에 빠져들었다. 이와 같은 상황은 지역에서 대규모 토건사업의 유인을 강화했다. 동시에 수도권 과밀화와 주택가격 상승으로 인한 문제를 완화하기 위해 (광역) 수도권 내에서 새로운 주거지를 개발하고 인프라를 확충해야 한다는 주장에 힘을 실어주었다(정준호, 2021). 주택 자가소유가 자산축적을 통한 사적 안전망 구축의 수단으로 작동하는 상황이 크게 개선되지 않은 만큼 부동산 개발사업에 대한 사회적 지지 기반 역시 침식될 리 없었다.

4. 분절적 녹색성장의 특징과 균열점

2008년 8월 이명박 대통령은 대한민국 건국 60년을 맞아 녹색성장을 새로운 국가발전 패러다임으로 제시했다. 지속가능발전에서 볼 수 있듯이, 환경보호와 경제성장을 결합하는 시도는 오래되었지만, '녹색성장'이 전면으로 등장한 것은 2008년 이후라 할 수 있다. 녹색성장 정책은 다양한 내용을 담고 있었지만, 그 중심에는 녹색기술과 청정에너지로 신성장동력과 일자리를 창출하는 것이 있었다(녹색성장위원회, 2009). 잘 알려진 대로, 한국은 화석연료를 거의 전량 수입에 의존하고 있다. 이로 인해 총수입에서 에너지 수입이 차지하는 비중이 높은 편인데, 특히 유가가 상승할 경우 에너지 수입액이 총수입액의 30%를 넘기기도 한다. 〈그림 1〉에서 확인할 수 있듯이, 2000년대 들어서면서 총수입 대비 에너지 수입의 비중은 20%를 상회했고 2008년에는 30%를 넘겼다. 고유가가 지속되는 상황에서 온실가스 감축 압력까지 가중되었다. 특히 이명박 정부가 녹색성장을 발표한 2008년에는 포스트 교토체제 협상이 한창 진행되고 있었다(국무총리실 외, 2008). 유럽을 중심으로 녹색산업과 탄소배출권 시장이 성장하고 있는 것 또한 무시할 수 없는 변화로 감지되었다. 정부는 자동차, 반도체 등 주요 제조업 분야에서 무역 규제가 시작되는 만큼 글로벌 기업의 "carbon neutral 문화"(탄소중립적 문화) 확산에 주목할 것을 요청했다(국무총리실 외, 2008). 하지만 국내 상황은 여의치 않았다. 특히 1990년에서 1997년 사이 중화학공업이 높은 성장세를 보여 에너지 소비량이 매년 10% 넘게 증가했다

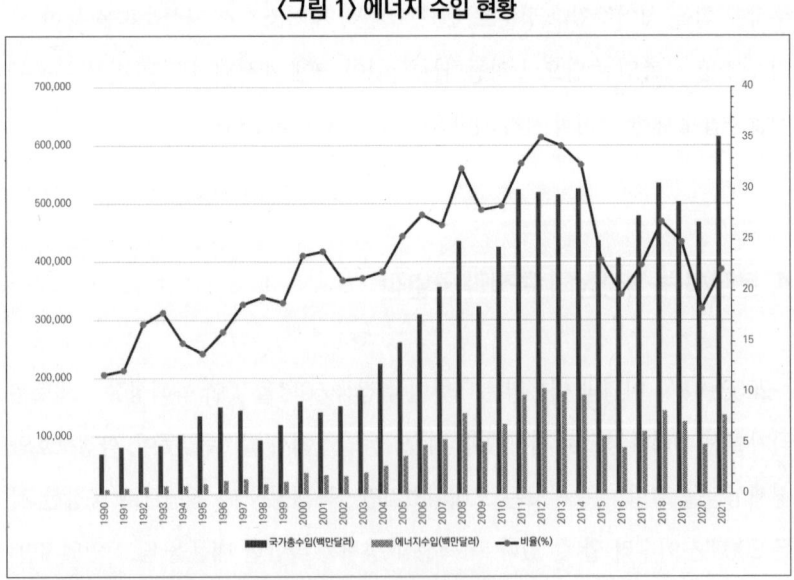

〈그림 1〉 에너지 수입 현황

자료: 산업통상자원부·에너지경제연구원(2022)을 활용하여 저자 작성

(국무총리실 외, 2008). 이후 에너지 소비 증가율은 하락했지만, 에너지 효율 개선 속도는 느렸고 석유화학, 비금속광물, 1차금속 등 에너지 다소비 업종의 총에너지 소비량은 계속 늘었다.

녹색성장 정책은 이와 같은 상황을 위기가 아닌 기회로 접근할 것을 제안했다. 이명박 정부는 청정에너지에 대한 투자를 늘리고 저탄소형 에너지 시스템을 구축하는 것에서 새로운 성장동력을 창출할 수 있다는 점을 강조했다(국무총리실 외, 2008; 녹색성장위원회, 2009). 즉, 녹색성장을 통해 경제성장과 온실가스 배출을 탈동조화할 수 있을 뿐만 아니라 녹색시장과 녹색산업의 성장에 적극적으로 대응하면 새로운 성장의 동력까지 확보할 수 있다고 역설했다. 이와 같은 녹색성장의 비전에 삶의 질 개선, 국제적인 국가 위상 제고 등 다양한 목표가 덧붙여졌다.

녹색성장의 기본 서사는 탄소중립에서 반복되고 있다. 유럽연합(EU)의 탄소국경조정제(Carbon Border Adjustment Mechanism, CBAM), 미국의 인플레이션 감축법(Inflation Reduction Act, IRA) 등 새로운 내용이 추진 배경과 필요성으로 추가되었다. 그러나 에너지 전환을 중심으로 전개되는 지구적 변화의 흐름을 일자리와 신산업을 창출할 수 있는 기회로 바라보는 동시에 이와 같은 변화로부터 뒤쳐질 것을 우려하는 목소리가 공존하는 점은 크게 다르지 않다(관계부처 합동, 2020; 2023). 단적인 예가 RE100(Renewable Electricity 100)이다. 정부 계획을 보면, 초국적 기업들이 자신의 공급망에 속한 기업들에게 RE100을 요구하고 있는 만큼 국내 기업이 뒤쳐지지 않게 RE100 이행을 지원할 방안을 마련해야 한다는 점이 강조된다(관계부처 합동, 2020; 2023). 연장선에서 기업 PPA(Power Purchase Agreement, 전력구매계약)를 허용한 것을 국내 기업·산업의 경쟁력을 높이는 조치로 평가하며 앞으로 녹색산업이 일자리 창출의 디딤돌이 될 것이라 기대하는 모습을 어렵지 않게 볼 수 있다(국정백서 편찬위원회, 2022: 73).

여기서 탄소중립·녹색성장 정책의 효과를 종합적으로 평가하기는 어렵다. 다만 기후위기 대응과 에너지 전환이 탄소중립·녹색성장이 내세우는 핵심적인 사안인 만큼 이를 중심으로 탄소중립·녹색성장 정책의 윤곽을 그려볼 수는 있다. 〈그림 2〉는 온실가스 배출 추세와 정부의 온실가스 감축 계획·목표를 표시한 것이다. 먼저 온실가스 감축 계획에서 배출 전망치 대비 감축 비율에 초점을 맞추면 착시효과가 발생한다는 점을 짚을 필요가 있다. 배출 전망치를 높게 잡는 방식으로 목표 감축량을 늘릴수록 적극적인 대응조치를 취하는 것처럼 보이게 만들 수 있기 때문이다. 따라서 감축 계획·목표와 실제 배출·감축 경로를 따져보는 게 중요하다. 이명박 정부가 2009년 내놓은 온실가스 감축 계획은 2020년 목표 배출량을 5억 4,300만 톤으로 설정했다. 2020년 배출 전망치 7억 7,610만 톤에서 30% 감축한 목표였다. 2020년까지의 세부적인 이행 계획이 수립된 것은 2014년이었다. 그리고 〈그림 2〉는 계획한 목표를 달성하는 데 실패했음을 보여준다. 2010년대 실제 배출 경로는 배출 전망치보다는 낮지만 감축목표를 크게 상회했다.

〈그림 2〉 온실가스 배출량과 감축목표

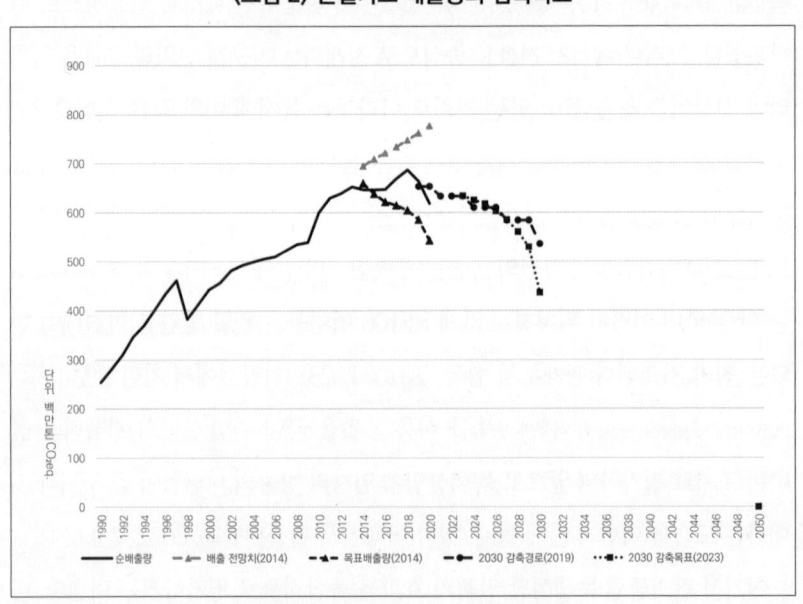

자료: 환경부(2014), 관계부처 합동(2019, 2023)을 활용하여 저자 작성

이 지점에 있어서 정권에 따른 차이는 생각보다 크지 않다. 박근혜 정부는 배출 전망치 기준 37% 감축한 5억 3,600만 톤을 2030년 목표 배출량으로 내세웠다. 문재인 정부는 감축 기준을 배출 전망치에서 2017년 배출량으로 수정했지만, 최종적인 2030년 배출 목표치는 박근혜 정부와 동일했다. 2050년 탄소중립으로 장기 목표를 강화했지만, 중기 목표는 그대로인 상황이 된 것이다. 자연스레 국내외에서 감축 목표를 높이라는 목소리가 커졌다. 이에 문재인 정부는 2021년 2030 국가 온실가스 감축목표(NDC)를 상향 조정했다. 감축목표를 기존 2017년 대비 2030년 24.4% 감축(2018년 대비 26.3% 감축)에서 2018년 대비 40% 감축으로 올린 것이다(환경부, 2021). 현재 윤석열 정부도 이 목표를 유지하고 있다. 논란 속에, 윤석열 정부는 2023년 핵발전의 비중을 늘리고 산업 부문의 감축목표를 완화하는 것과 같은 조치를 취했지만 2030년 감축목표 자체를 흔들 수는 없었다(관계부처 합동, 2023). 정리하면, 2014년에 제시된 2019년 감축목표가 2019년에 2030년 목표로 다시 제시되었다. 이후 국내외의 압력으로 2021년 2030년 감축목표가 상향된 뒤, 정권교체와 무관하게 유지되고 있다. 2019년 이후 온실가스 배출량이 줄었지만, 과거 경제위기로 인해 배출량이 줄었던 것처럼, 팬데믹으로 인한 감소효과가 겹쳐 있어 2020년대 배출 경로를 짐작하기에는 아직 이르다. 시야를 넓혀 2050년 탄소중립까지 바라보면 감축경로는 더욱더 예측하기 어렵다.

전망은 밝지 않다. 온실가스 배출량 추세에서 유추할 수 있듯이, 에너지 소비량은 지속적으로 증가하고 있다. 〈그림 3〉은 1차 에너지 소비량의 변화를 나타낸 것인데, 감소 추세로 접어든 국가들과 달리 한국의 에너지 소비량은 지속적으로 증가하고 있다. 온실가스 배출량이 적은 에너지원으로의 전환 역시 더디다. 〈그림 4〉를 보면, 2000년대 중후반부터 재생에너지로의 전환이 가속화되고 있지만 한국은 주요 국가들에 뒤쳐져 있음을 알 수 있다.

〈그림 3〉 1차 에너지 소비량

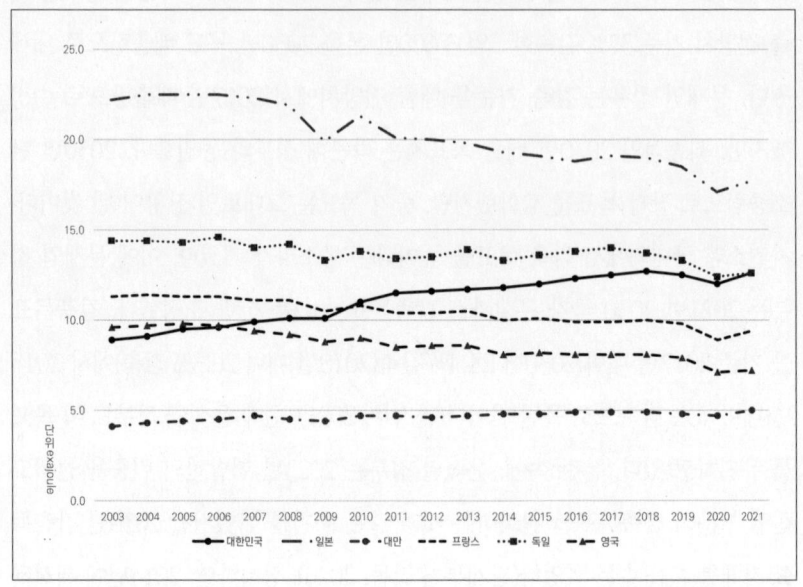

자료: 국가통계포털(KOSIS)

〈그림 4〉 재생에너지 비율: 최종 에너지 소비량 기준

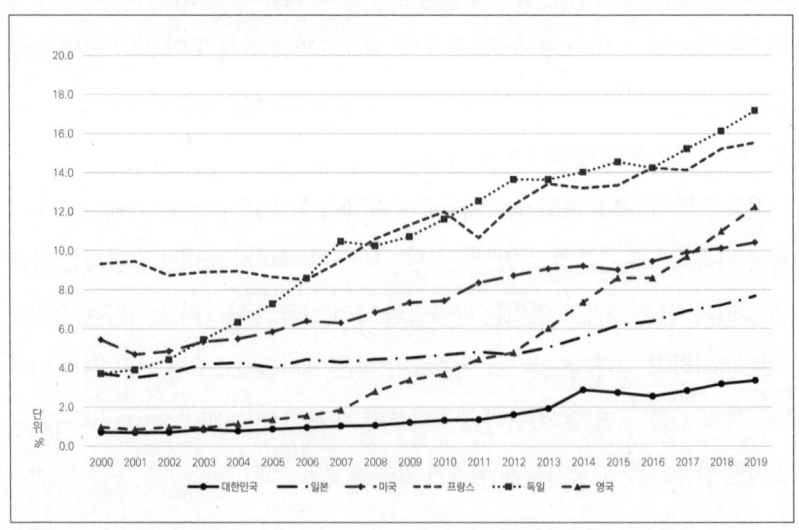

자료: 국가통계포털(KOSIS)

녹색성장에서 탄소중립으로 이어진 정부의 정책을 어떻게 봐야 할까? 여기서 녹색성장 또는 생태적 현대화에 제기되는 비판을 반복할 필요는 없을 듯하다. 특정 국가나 산업에 한정되어 있기는 하지만, 재생에너지의 확산이나 에너지 소비량 감소와 같은 변화를 무시할 수는 없을 것이다. 그러나 전체적으로 봤을 때, 녹색성장과 생태적 현대화가 가정하는 탈동조화의 근거는 빈약하다(Hikel and Kallis, 2020). 녹색성장의 근원적 한계를 비판하는 논의들은 이미 많은 만큼 여기서는 한국의 탄소중립·녹색성장의 특징과 균열 지점을 조명하는 데 초점을 맞춰서 이야기를 이어가보자.

먼저 한국의 녹색성장과 탄소중립은 국내적인 압력보다 수출시장으로부터의 압력(또는 기회)에 의해 추동된다. 기후변화협약과 같은 국제정치적 압력이 작동하지만 수출시장에서의 압력과 수출기업의 요구가 중요한 매개 역할을 한다. 실질적인 온실가스 감축보다 수출 기업·산업을 지원하여 성장동력을 찾는 것이 우선시되는 이유다. 대기업 회장이 전기차·수소차 보급에 초점을 맞춰 그린뉴딜 계획을 발표하는 것에서 탄소중립·녹색성장의 성격이 단적으로 드러난다(이헌석, 2021: 25). 이와 같이 수출시장의 압력이 탄소중립·녹색성장을 견인하는 역할을 하면서 국제적 압력은 국내 기업을 지원하는 정당화 수단으로 변환된다(Kalinowski, 2021: 58). 그리고 수출 기업·산업의 경쟁력 강화를 명분으로 한 선별적 지원이 이뤄지면서 탄소중립·녹색성장은 수출-대기업과 내수-중소기업 간 격차가 커지는 계기가 된다.

한편 한국의 탄소중립·녹색성장은 저렴한 인프라와 공존한다. 생태적 현대화와 녹색성장은 환경비용의 내부화를 통한 시장 기능의 활성화를 추구한다. 원가와 외부비용이 제대로 반영되지 않으면 에너지 소비 효율화나 녹색 투자를 촉진하는 시장 메커니즘이 작동하지 않는다고 가정하기 때문이다. 하지만 한국의 탄소중립·녹색성장은 산업 보조와 사회적 보조를 목적으로 한 강력한 인프라 이용가격 관리를 동반한다. 긴장이 가장 격렬하게 표출되는 곳 중 하나가 다름 아닌 전기요금이다. 원가주의 요금 체계, 시간대별 요금제, 소비자 선택

요금제, 외부 비용의 반영 등 에너지 가격체계 합리화는 녹색성장, 탄소중립 계획에서 반복적으로 등장했다(국무총리실 외, 2008; 관계부처 합동, 2023). 제시되고 있는 이유 역시 유사하다. 에너지 요금 체계를 개편하여 에너지 소비 효율화를 꾀하는 것, 더불어 에너지 다소비 구조를 개선하고 에너지 신산업 육성의 기반을 마련하는 것이 계획의 주요 목표로 제시되고 있다. 하지만 "정책적 고려"에 의해 가격 기능을 살릴 수 있는 요금체계 개편은 거의 이뤄지지 못했다(산업통상자원부, 2019). 가격인상에 대한 정치적, 사회적 반발이 거센 만큼 화석연료 보조금과 같은 논쟁적인 보조금, 지원금의 문제는 사실상 유예·방치되었다.

공기업은, 적어도 에너지 부문에서는, 저렴한 인프라를 지속하는 핵심 수단이다. 발전차액지원제(FIT)와 의무할당제(RPS)의 시행 과정은 녹색성장의 요구속에서 공기업이 저렴한 전기를 공급하며 부딪치는 문제를 잘 보여준다. 녹색성장을 앞세운 이명박 정부는 발전차액지원제를 의무할당제로 대체하고자 했다. 최규연(2021)이 보여주듯이, 발전차액지원제의 존속을 어렵게 만든 요인 중 하나는 소비 전력가격의 상승이 억제된 상태에서 재생에너지 지원비용 부담이 느는 것이었다. 한국전력공사(이하 한전)와 발전자회사는 정산조종계수를 통해 이익과 손실을 상당 부분 상쇄할 수 있었지만, 재생에너지 지원비용은 다른 문제였다. 또한 의무할당제는 발전자회사를 동원하여 가시적인 성과를 내는 것이 용이했다. 바이오 펠릿 혼소를 활용하여 의무이행 목표를 달성하는 방식으로 전기요금 인상 요인을 억제할 수도 있었다.

한국의 탄소중립·녹색성장은 기후위기 대응 방안으로 기술주의적 해법을 강조하는 것을 넘어서 선별적 모험성을 추구한다. 예컨대, 가스화 복합발전(Integrated Gasification Combined Cycle, IGCC), 탄소 포집·활용·저장(Carbon Capture Utilization and Storage, CCUS)에서 암모니아 혼소, 수소·연료전지, 소형모듈원자로(Small Modular Reactor, SMR)까지 불확실성이 높은 분야에 대한 전략적 연구개발사업이 추진된다(국무총리실 외, 2008; 관계부처 합동, 2023). 성장 가능성과 산업 파급효과가 크다는 이유가 제시되지만, 불확실성과 잠재성의 측면에서 풍력, 태양광 등 재생에너지 기술에 비할 바가 아니다. 하지만 연구개발사업의 방향과 우선 순위를 둘러싼 잡음은 끊이지 않고 있다.

또한 한국의 탄소중립·녹색성장은 대규모 토건사업과 공존한다. 수출을 통한 일자리 창출, 국내 경기 활성화가 어려워진 만큼 토건사업의 복지 대체 효과에 대한 기대는 뿌리치기 힘든 유혹이었다. 복지지출과 달리 토건사업은 사업 추진 단계에서 자본을 집중적으로 투입하면 되었을 뿐만 아니라 금융자본을 동원하는 것도 수월했다. 더구나 지역소멸을 이야기할 만큼 불균등발전이 심해지면서 균형발전을 내건 대규모 인프라 건설 사업의 유인이 강해졌다. 탄소중립이 저탄소 녹색성장과 유사하게 토건공사의 명분으로 작동하는 것 아니냐는 비판이 제기되었지만, 토건사업과 지역경제 활성화를 동일시하는 환상은 쉽게 깨지지 않았다(이헌석, 2021: 25).

종합해서 말하면, 한국의 탄소중립·녹색성장은 분절성을 특징으로 한다. 녹색성장, 탄소중립은 국내적인 압력보다 해외시장의 압력에 의해 추동된다. 이로 인해 생태적 현대화의 요소들이 선별적으로 수용되고, 정부의 지원정책은 특정한 수출 기업·산업에 집중된다. 그 결과 수출과 내수, 산업과 기업 간 추진 속도, 추진동력의 차이가 커진다. 또한 저렴한 인프라가 유지되고 탄소중립·녹색성장이 토건사업과 공존한다. 이와 같은 특징에 주목하여 녹색성장과 탄소중립을 분절적 녹색성장의 이름 아래 하나의 흐름으로 묶을 수 있다. 하지만 분절적 녹색성장은 하나의 전략으로서 통합성이 떨어지기 때문에 곳곳에서 파열음을 낸다.

먼저 저렴한 인프라는 녹색시장의 성장을 제약하기 때문에 관련 산업 육성과 충돌한다. 기술혁신과 산업육성을 목표로 하는 녹색성장은 환경비용의 내부화를 요구한다. 가격인상이 뒷받침될 때, 투자가 활성화되고 기술혁신이 촉진된다고 보기 때문이다. 하지만 분절적 녹색성장은 저렴한 인프라 전략을 폐기하지 않는다. 가격인상을 바탕으로 한 투자 활성화를 유도하기 어려운 만큼 기업은 정부의 지원이 없으면 투자를 꺼린다(Kalinowski, 2021: 57). 그 결과 국내시장을 토대로 산업을 육성하여 (탈)추격을 모색할 수 있는 여지가 축소되고, 국내 기업과 산업의 잠재적 경쟁력은 떨어진다. 다시 전기요금의 문제를 예로 들어보자. 발전차액지원제가 폐지되고 내수시장이 위축되면서 재생에너지 설비 제조에 진출해있던 기업들이 국내시장에서 철수했다(최규연, 2021: 135). 태양광 발전에서 규모의 경제로 경쟁력을 확보한 중국 기업, 풍력발전에서 제조기술 우위와 인수합병을 통해 시장지배력을 확대한 EU 기업과 경쟁하는 것이 쉬운 선택은 아니었지만, 국내시장이 위축되면서 국내 기업이 수출 경쟁력을 확보하는 것은 더 어려워졌다.

분절적 녹색성장의 파열음은 외부의 충격에 의해 증폭된다. 유가상승과 고환율은 저렴한 에너지 공급을 위협하는 요소 중 하나다. 원가연동제는 외부의 충격을 완화하는 장치이지만 저렴한 에너지 공급을 위협하는 요소이기도 하다. 저렴한 인프라를 유지하기 위해서는 공기업이 부담을 짊어질 수밖에 없는데, 민영화와 긴축정책은 중장기적으로 공기업의 대응 능력을 약화시킨다. 부채조달을 통해 재정적 부담을 일부 상쇄할 수 있지만, 재생에너지로의 전환에 소요되는 자금조달의 문제까지 해결되는 것은 아니다. 요금규제와 투자자금 조달 간의 긴장은 다시 민영화를 통한 문제해결을 유도한다. 2023년 초 한전 적자가 누적되는 것을 계기로 재생에너지 확대의 전제조건과 같은 송배전망 건설을 민간자본으로 추진한다는 계획이 나왔던 것을 떠올려보라. 발전산업에서의 우회적 민영화가 보여주듯이, 민자사업의 확대는 가격통제를 어렵게 만들어 저렴한 공급의 기반을 허물 수 있다.

마지막으로 탄소중립·녹색성장과 토건사업의 병행은 환경운동을 탄소중립·녹색성장으로 포섭하는 것을 제약한다. 시장과 기업을 통한 문제해결을 모색하는 실용주의적 환경운동은 탄소중립·녹색성장을 추진하는 정치세력의 한 축을 이룬다. 정권에 따라 편차가 있지만, 거버넌스를 매개로 한 (선별적) 협력은 탄소중립·녹색성장의 정치적 정당성을 확보하는 주요 방안이었다.[5] 하지만 탄소중립·녹색성장에서 토건적 성격이 강해질수록 정치적 불화의 가능성이 커진다. 토건사업과 탄소중립, 녹색성장을 분리하고, 탄소중립으로 중심으로 옮길 수 있지만, 논란까지 피할 수는 없다. 이로 인해 탄소중립·녹색성장과 토건사업의 공존은 생태적 현대화를 모색하는 국가, 시장, 시민사회의 정치적 동맹을 흔드는 위험 요인으로 작동한다. 문재인 정부의 탄소중립 정책 역시 가덕도, 새만금, 제주 2공항을 포함하는 신공항 건설 반대운동이 기후정의운동에 결합하고 생태학살이 새로운 구호로 부상하면서 파열음이 커진 바 있다. 4대강 사업이 이명박 정부의 녹색성장을 평가하는 하나의 기준점이었다면, 신공항 건설은 문재인 정부의 탄소중립을 평가하는 상징적인 잣대였다.

5. 전환, 더 크고, 더 넓고, 더 미래지향적으로[6]

온실가스 감축과 재생에너지로의 전환은 기후위기 대응의 출발점일 뿐 종착점은 아니다. 기후정의운동이 강조하듯이, 기후위기로 인한 피해는 사회불평등과 겹쳐 있다. 또한 정의로운 전환을 둘러싼 해석 투쟁이 보여주듯이, 산업전환과 노동전환, 지역전환은 다양한 방식으로 결합할 수 있다. 이는 전환에서 전환 경로로 전환논의의 중심이 옮겨가고 있음을 시사한다. 이처럼 전환논의의 지형이 변해가는 상황에서 전환을 둘러싼 갈등의 지점과 넘어야 할 장벽을 구체적으로 포착하기 위해서는 성장주의 비판에서 성장체제 분석으로 논의를 확장할 필요가 있다.

---

5 탄소중립·녹색성장은 선별적 거버넌스에 의존한다. 물론 정권과 사안에 따라 환경단체를 포섭하는 범위나 노동단체를 배제하는 정도는 다르다. 그러나 탄소중립·녹색성장의 기본 방향을 크게 위협하지 않는 선에서 거버넌스를 구성·운영하는 시도가 반복되는 점은 유사하다.
6 "더 크고(Go Big), 더 넓고(Go Wide), 더 미래지향적(Go Far)으로"는 정의로운 전환 듣기 프로젝트(Just Transition Listening Project)가 정의로운 전환의 방향으로 제시한 것에서 따온 말이다.

이명박 정부의 녹색성장까지 거슬러 올라가면, 한국의 탄소중립·녹색성장의 역사는 짧지 않다. 눈여겨볼 점들도 있다. 무엇보다 국내적인 요인보다 수출시장의 압력이 탄소중립·녹색성장을 추동하는 힘으로 작동하고 있다. 이로 인해 탄소중립과 녹색성장 정책은 부문 간 편차가 클 뿐만 아니라 파편적으로 시행될 때가 많다. 또한 토건사업과 탄소중립·녹색성장은 대립하기보다 공존한다. 이와 같은 탄소중립·녹색성장의 궤적을 이해하고 방향을 가늠하기 위해서는 분절적 녹색성장에 대한 체계적인 진단이 필요하다. 단서는 수출주의 성장체제를 생태적으로 재조명하는 것에서 찾을 수 있다. 출발점으로서 저렴한 인프라는 수출주의 성장체제의 산물이자 조건이었다. 그리고 토건사업은 저렴한 인프라를 구축하는 과정이자 복지 대체 효과가 발휘되는 계기였다.

수출주의 성장체제를 보지 않으면, 탄소중립·녹색성장과 저렴한 인프라가 공존하고, 나아가 저렴한 인프라로의 회귀 시도가 반복적으로 나타나는 이유를 파악하기 어렵다. 예컨대, 윤석열 정부의 핵발전 확대 정책은 분절적 녹색성장에 담긴 생태적 현대화의 요소를 축소하고 저렴한 인프라를 강화하는 시도로 볼 수 있다. 그러나 저렴한 인프라를 지속하려는 시도가 얼마나 지속될 수 있을지는 미지수다. 저렴한 인프라 전략으로 인해 탄소중립·녹색성장의 동력이 침식되는 것에서 드러나듯이, 탄소중립·녹색성장을 우회하거나 회피하면서 수출시장에서 활로를 찾는 것은 갈수록 힘들어질 것이기 때문이다.

저렴한 인프라를 탄소중립·녹색성장으로부터 분리하여 분절성을 해소하는 방향으로 갈 수는 없을까. 정부 계획에서 간간히 드러나고, 탄소중립·녹색성장을 옹호하는 이들이 기대하는, 탈동조화를 앞세운 생태적 현대화의 길이 논리적으로 불가능한 것은 아니다. 단, 탄소중립·녹색성장이 새로운 성장모델이 될 수 있을지는 미지수다. 윤석열 정부의 기후·에너지 정책은 탄소중립·녹색성장을 추진할 수 있는 정치사회적 기반조차 공고하지 않음을 보여주고 있다. 나아가 수출주의 성장체제의 맥락에서 보면, 수출 대기업 중심의 기술·공정·제품 혁신을 통해 기후위기에 대응하는 것이 갖는 한계가 분명해진다. 단적으로 불평등 완화를 탄소중립·녹색성장의 정책 목표로 포함하더라도 수출주의 성장체제를 고수하는 한 탄소중립·녹색성장을 통해 이를 해결할 가능성은 낮다. 전환정책의 초점이 수출 대기업의 시장경쟁력 강화에 맞춰지는 만큼 수출주의 성장체제를 공고화함으로써 수출주의 성장체제에 내재한 불평등을 결과적으로 강화할 가능성이 높기 때문이다. 설령 탄소중립을 통해 탈탄소화의 길을 연다고 해도 탄소환원주의의 한계를 넘지 못한 채 다른 문제들을 방치하거나 더 악화시킬 가능성이 크다. 무시할 수 없는 또 다른 우려 사항도 있다. 저렴한 인프라의 한계를 우회할 수 있는 방법 중 하나는 채굴·폐기 과정에서의 비용을 절감하는 것이다. 즉, 탄소중립·녹색성장의 이름을 걸고 해외 자원개발을 통해 공급비용을 낮추거나 폐기·감축을 해외로 이전할 수 있다. 실제로 녹색성장 정책과 탄소중립 정책은 해외 자원개발 확대, 해외 감축확대 방안을 포함하여 논란을 야기한 바 있다.

   녹색성장의 부상은 생태위기에 대한 자본주의의 대응이 본격화되고 있음을 알리는 징후라 할 수 있다. 다만 구체적인 대응 방식에는 편차가 있다. 뭉툭하게 구분해보자면, 추출주의(extractivism)에서 녹색성장은 위장환경주의(greenwashing)의 성격을 강하게 드러낸다. 반면 복지국가의 생태적 현대화는 공간적 이전과 결합된 시장환경주의적 타협을 모색한다. 수출주의에서의 녹색성장은 추출주의와 생태적 현대화를 이어주며 선별성을 강화하는 방식으로 전개된다. 한국 사회의 생태문제를 설명하기 위해 서구의 생태적 현대화나 남미의 추출주의와 구분되는 개념이 필요하다면, 그 단서는 수출주의 성장체제에서 찾을 수 있다. 복지국가를 경유하지 않은 수출주의, 추출주의 없는 에너지·자원의 저렴화를 분석하는 것은 한국에서 생태적 전환의 조건과 장벽을 이해하는 출발점이 될 것이다.

   기후(정의)운동은 기후위기를 미래의 위기가 아닌 현재의 위기로 탈바꿈시키고 있다. '체제전환' 구호는 현재의 위기를 착취와 수탈의 역사 속에서 이해하는 통로 역할을 하고 있다. 다만 전환의 대상으로 소환되는 체제의 의미는 아직 모호한 구석이 있다. 자본주의 성장체제가 비판의 도마 위에 가장 자주 오르지만, 시야를 넓히고 구체적인 상황으로 다가갈수록 사안들 간의 연결고리가 약해진다. 동시에 전환경로를 둘러싼 쟁투가 확산하면서 개별 정책을 넘어서 체제 수준의 질문을 던지며 성장 자체에 의문을 제기하는 일이 늘고 있다. '체제전환'과의 연결지점을 넓히고 다지는 작업이 과제로 대두되고 있는 것이다. 이와 같은 맥락에서 생태와 노동, 복지·돌봄의 구조적 연관성을 분석해야 한다는 목소리가 커지고 있다. 기후정의운동으로 다양한 사회운동이 묶이고 있는 것이 단순한 우연이 아니라면 그 배경을 입체적으로 조명할 수 있는 길도 찾아야 한다. 그 길의 끝은 알 수 없지만 수출 주도 성장이 빚어낸 역사제도적 배열을 경유하지 않고 가기는 힘들 듯싶다.

참고문헌

관계부처 합동. 2019. "제2차 기후변화대응 기본계획."
_____. 2020. "한국판 뉴딜 종합계획: 선도국가로 도약하는 대한민국 대전환."
_____. 2023. "탄소중립·녹색성장 국가전략 및 제1차 국가 기본계획(중장기 온실가스 감축목표 포함)."
국무총리실 외. 2008. "제1차 국가에너지기본계획: 2008-2030."
국정백서 편찬위원회. 2022. 『문재인 정부 국정백서 미래3 제21권: 미래를 위한 결단, 한국판 뉴딜과 탄소중립』.
김도균. 2019. "발전국가와 복지대체수단의 발달: 한국과 일본 비교연구." 『경제와사회』 124: 357-383.
김보영. 2022. "악순환의 늪에 빠진 사회 서비스, 새로운 전환을 위한 전략." 신광영·윤홍식 편. 『성공의 덫에서 벗어나기 2: 상생과 연대로 나아가는 길을 찾아』. 후마니타스.
김재훈. 2017. "2000년대 지역 간 성장격차: 추세와 패턴, 구조." 『지역사회학』 18(1): 101-139.
김형기·서익진. 2006. "IMF 경제위기 직위에 존재했던 발전모델은? 개발독재인가 '한국적' 포드주의인가." 『경제학연구』 54(1): 137-169.
남종석. 2022. "2000년 이후 한국 자본주의의 전개: 선진국으로의 진입과 위기를 중심으로." 신광영·윤홍식 편. 『성공의 덫에서 벗어나기 1: 상생과 연대로 나아가는 길을 찾아』. 후마니타스.
녹색성장위원회. 2009. "녹색성장 국가전략 및 5개년 계획."
무어, 제이슨(J. Moore). 2020. 『생명의 그물 속 자본주의』. 김효진 역. 갈무리.
무페, 샹탈(C. Mouffe). 2022. 『녹색 민주주의 혁명을 향하여: 좌파 포퓰리즘과 정동의 힘』. 이승원 역. 문학세계사.
박배균. 2009. "한국에서 토건국가 출현의 배경: 정치적 영역화가 토건지향성에 미친 영향에 대한 시론적 연구." 『공간과사회』 31: 49-87.
_____. 2017. "동아시아에서 국가의 영토성과 예외적 공간: 동아시아 특구의 보편성과 특

수성." 『한국지역지리학회지』 23(2): 288-310.

박찬종. 2018. "한국에서 수출주의의 형성과 변형: 외연적 수출주의에서 내포적 수출주의로." 『지역과 세계』 42: 35-67.

_____. 2021. "포스트 세계화 시대 한국의 수출주의 성장체제: 복지체제에의 함의." 『사회와이론』 39: 265-324.

산업통상자원부. 2019. "제3차 에너지기본계획."

산업통상자원부·에너지경제연구원. 2022. "2022 에너지통계연보."

서익진. 2003. "한국 산업화의 발전양식." 이병천 편. 『개발독재와 박정희시대: 우리시대의 정치경제의 기원』. 창비.

신진욱. 2020. "한국 국가의 조세·분배 역량의 장기 변동: 복지·조세 규모와 조세 구조의 이념형적 분석." 『한국사회정책』 27(2): 93-124.

윤상우. 2016. "한국 성장지상주의 이데올로기의 역사적 변천과 재생산." 『한국사회』 17(1): 3-38.

윤순진. 2009. "저탄소 녹색성장의 이념적 기초와 실재." 『ECO』 13(1): 219-266.

윤홍식. 2019. 『한국복지국가의 기원과 궤적 3: 신자유주의와 복지국가, 1980년부터 2016년까지』. 사회평론 아카데미.

_____. 2020. "문재인 정부 2년 반, 한국 복지체제: 개발국가 복지체제의 해체와 과제." 『비판사회정책』 66: 131-174.

_____. 2022. "성공의 역설, 한국 정치·경제·복지 체제가 남긴 것." 신광영·윤홍식 편. 『성공의 덫에 빠진 대한민국: 역진적 선별 복지의 정치·경제적 궤적』. 후마니타스.

이상헌. 2009. "MB정부 저탄소 녹색성장 전략에 대한 정치경제학적 고찰." 『ECO』 13(2): 7-41.

이헌석. 2021. "기후위기 대응과 한국판 그린뉴딜 정책." 강수돌 외. 『그린뉴딜과 신공항으로 본 대한민국 녹색시계』. 산현재.

장경섭. 2018. "가족자유주의와 한국사회: 사회재생산 위기의 미시정치경제적 해석." 『사회와이론』 32: 189-218.

전병유. 2017. "87년 이후 한국경제 성장 요인의 구조 변화에 대한 시론." 『시민과세계』 31: 93-121.

_____. 2022. "한국 노동시장 구조의 변화와 정책 평가." 신광영·윤홍식 편. 『성공의 덫에

빠진 대한민국: 역진적 선별 복지의 정치·경제적 궤적』. 후마니타스.

정준호. 2021. "글로벌 가치 사슬과 한국의 지역 간 격차: 2010년대 이후를 중심으로." 『경제와사회』 131: 88-125.

_____. 2022. "상생과 연대를 위한 한국 산업 체제의 평가와 과제." 신광영·윤홍식 편. 『성공의 덫에 빠진 대한민국: 역진적 선별 복지의 정치·경제적 궤적』. 후마니타스.

정태석. 2013. "녹색국가와 녹색정치." 한국환경사회학회 편. 『환경사회학 이론과 환경문제』. 한울.

지주형. 2021. "한국의 성장주의: 기원, 궤적, 구조." 『인문논총』 56: 193-229.

최규연. 2021. "한국 에너지전환의 담론적 제도주의 분석: 발전차액지원제도와 의무할당제를 중심으로." 『한국사회학』 55(4): 119-160.

파텔, 라즈·무어, 제이슨(R. Patel & J. Moore). 2020. 『저렴한 것들의 세계사』. 백우진·이경숙 역. 북돋움.

프레이저(L. Fraser). 2023. 『좌파의 길: 식인 자본주의에 반대한다』. 장석준 역. 서해문집.

홍덕화. 2017. "수출주의 축적체제에서의 생태위기에 관한 시론적 연구: 환경적 조정전략을 중심으로." 『공간과사회』 27(2): 185-225.

_____. 2022. "기후위기와 '한계' 너머의 사회학: 탈성장과 탈인간중심주의의 쟁점들." 『경제와사회』 136: 12-46.

_____. 2023. "다시 갈림길에 선 환경운동." 환경운동연합. 『지구와 함께, 시민과 함께, 생태전환사회로: 환경운동연합 30년 백서』.

환경부. 2014. "국가 온실가스 감축, 2020년 로드맵 마련."

_____. 2021. "2050 탄소중립을 위한 이정표 마련."

Bluemling, B. and S. Yun. 2016. "Giving Green Teeth to the Tigher?: A Critique of 'Green Growth' in South Korea." in Green Growth: Ideology, Political Economy and the Alternatives, edited by Dale, G., M. Mathai, and J. de Oliveira. Zed Books.

Hickel, J. and G. Kallis. 2020. "Is Green Growth Possible?" *New Political Economy* 25(4): 469-486.

Kalinowski, T. 2021. "The Politics of Climate Change in a Neo-developmental State: The Case of South Korea." *International Political Science Review* 42(1):

48-63.

Larkin, B. 2013. "The Politics and Poetics of Infrastructure." *Annual Review of Anthropology* 42: 327-343.

O'Connor, J. 1998. Natural Causes. Guilford.

〈홈페이지〉

국가통계포털(KOSIS). https://kosis.kr/

체제전환 담론으로서 '부엔 비비르'의 실천은 에콰도르 코레아 정권에서 어떤 한계와 딜레마에 처했을까?

서지현

본 장은 라틴아메리카의 원주민 공동체의 삶의 철학이자 우주관에서 기원한 부엔 비비르(Buen vivir)논의를 주도해온 에콰도르에서 2006년 집권에 성공한 라파엘 코레아(Rafael Correa) 정권이 어떻게 부엔 비비르를 정권의 새로운 발전 패러다임으로 채택하고 실천했는지를 분석한다. 코레아 정권하에서 부엔 비비르의 실천은 추출산업에 의존한 경제구조와 재정구조의 급진적 개혁을 이루지 못한 채, 경제·사회적 정당성과 정치적 정당성을 동시에 확보하지 못한 딜레마 속에서 기술관료적 성격을 띠었다. 다시 말해, 새로운 발전 패러다임으로서의 부엔 비비르를 둘러싼 다양한 실천목표, 실천방법에 대한 정치적 논의와 협의보다는 정부가 주도하는 단일화된 목표와 실천방식을 하향식으로 추진하고 이 과정에서의 이견이나 비판을 다양한 권위주의적인 방식으로 통제했다는 점에서 한계를 보였다.

키워드: 부엔 비비르, 체제전환 담론, 추출주의

1. 부엔 비비르와 에콰도르 코레아(Correa) 정권

부엔 비비르(Buen vivir)는 라틴아메리카 안데스와 아마존 지역에 사는 다양한 원주민 공동체들의 우주관과 삶의 철학으로 인간, 자연, 우주 간의 조화를 이루는 '충만한 삶'을 의미한다. 이들 원주민 종족들은 '충만한 삶'을 각기 다른 용어로 불렀는데, 케추아(Quechua)족은 수막 카우사이(Sumak Kawsay), 아이마라(Ayamara)족은 수마 카마냐(Suma Qamaña), 과라니(Guarani)족은 냔데 레코(Ñande reko), 아슈아르(Ashuar)족은 쉬르 와라스(Shiir waras), 마푸체(Mapuche)족은 큐메 몬헨(Küme Mongen) 등으로 불렀다(Valhulst and Beling, 2014: 56). 이처럼 안데스와 아마존 지역의 원주민 종족들의 삶의 철학과 우주관은 각기 다른 용어로 불리다가 1980년대 중반 이후부터 2000년대 초 사이 이들에게 관심을 가진 유럽의 인류학자들이 스페인어인 부엔 비비르(Buen Vivir)로 번역하기 시작하면서 부엔 비비르의 개념이 어렴풋하게 형성되기 시작했다(Beling et al. 2021: 22). 때문에, 2000년대 이전 부엔 비비르는 사회, 자연, 영적인 조화 속에 살아가는 원주민의 삶의 철학으로 이해되었다(van Teijlingen and Fernández-Salvador, 2021: 249). 국제사회에서는 원주민 세계에 기원하고 있는 부엔 비비르를 종종 이국적이고 낭만화된 원주민의 철학과 우주관을 의미하는 개념으로 이해하기도 했다(Beling et al. 2021: 28).

하지만 벨링(Beling)과 그의 동료들은 최근 발표한 「부엔 비비르: 세계적 반향을 일으킨 라틴아메리카의 유토피아에 관한 글로컬 계보학」이라는 논문에서, 원주민의 세계관으로만 알려졌던 부엔 비비르(Buen Vivir)가 21세기에 접어들면서 체제전환 담론으로 전 세계적인 주목을 받게 된 배경에는 대안적인 사회-생태적 미래에 대한 다양한 국내외적 논의가 재구성된 결과물이기 때문이라고 주장했다(Beling et al., 2021: 17). 즉, 부엔 비비르라는 용어는 안데스와 아마존 지역 원주민의 문화적 전통에 기원하고 있지만, 오늘날 부엔 비비르 담론은 대안적 형태의 발전을 둘러싼 전 세계적 논의의 틀 내에서 형성되고 있다는 것이다(Beling et al. 2021: 18). 이러한 맥락에서 부엔 비비르는 학계는 물론이고 발전을 둘러싼 전 세계적인 논의의 영향을 받고, 또 그 논의에 새로운 동력을 제공하는 전환 담론의 하나라고 이해할 수 있다(Beling et al. 2021: 18). 다시 말해, 21세기 부엔 비비르는 다양한 발전 패러다임의 집합체이자 대안적 발전 담론이라고 이해할 수 있으며, 이 담론의 형성 과정에는 아마존과 안데스 지역 원주민뿐 아니라 국내외 수준의 다양한 정치사회 행위자들이 연관되어 있다 (Carpio and Ullán, 2021: 2).

본 장의 목적은 에콰도르에서 어떻게 부엔 비비르가 체제전환 담론으로 자리 잡았으며, 특히 라파엘 코레아(Rafael Correa) 집권 기간 동안 부엔 비비르가 담론 차원을 넘어 어떤 성격을 가지고 실천되었는지를 분석하는 것이다. 이를 위해 본 장에서는 다음과 같은 연구 질문을 던진다. 첫째, 2006년 신자유주의와 기성정치에 대한 비판을 중심으로 '시민혁명(Revolución Ciudadana)'을 주장하며 집권에 성공한 코레아 정부가 새로운 발전 패러다임으로 부엔 비비르를 채택한 이유는 무엇일까? 둘째, 2007년 1월부터 2017년 5월까지 10여 년 남짓 에콰도르에서 대통령직을 수행하면서 코레아 정부가 실천하고자 했던 부엔 비비르는 어떤 성격을 지녔으며, 코레아 정권하에서 부엔 비비르가 가진 성과와 한계는 무엇인가?

위와 같은 질문에 답하기 위해 본 장은 다음과 같이 구성된다. 2절에서는 부엔 비비르가 에콰도르에서 주류적 체제전환 담론으로 자리 잡게 된 정치·사회적 배경에 관해 논한다. 3절에서는 코레아가 집권하게 된 배경과 정권이 부엔 비비르를 새로운 발전 패러다임으로 채택하게 된 배경을 간략하게 논의한다. 4절에서는 코레아 정권하 부엔 비비르의 성격과 그 성과 및 한계에 관해 분석한다. 마지막으로 5절에서는 코레아 정권하 부엔 비비르의 성격을 요약하고 기후위기 시기 체제전환에 던지는 함의에 관해 논한다.

2. 에콰도르 체제전환 담론으로서의 부엔 비비르 형성

에콰도르의 역사에서 발전은 주로 카카오, 바나나, 석유 등 천연자원의 개발과 수출을 중심으로 실천되어왔다. 하지만 이와 같은 추출산업을 중심으로 한 에콰도르의 발전은 주기적인 정치·경제적 위기와 저발전 및 불평등을 만들어내며, 학자, 정책 결정자, 국내외 시민사회 등을 중심으로 다양한 발전모델에 대한 논의를 양산했다. 이러한 배경에서 1980년대 이후 에콰도르는 다른 라틴아메리카 국가들과 마찬가지로 정치·경제적 위기를 극복하기 위해 신자유주의 발전모델을 받아들이게 되었다.

신자유주의 구조조정 정책과 더불어 1979년 민주주의로의 이행은 에콰도르 사회 내에 다양한 정치·사회적 주체가 부상하게 되는 배경을 마련했다. 특히 주목할 만한 정치·사회적 주체는 원주민운동이다. 원주민운동이 1990년대 에콰도르를 포함한 라틴아메리카 사회에서 중요한 정치·사회적 주체로 부상하게 된 것은 국내외적 맥락에서 이해할 수 있다. 먼저 국제적인 배경을 살펴보면, 1970년대 이후 다문화주의와 상호문화주의에 대한 국제적 논의가 활발해지기 시작했다(Beling et al. 2021: 19). 이러한 맥락에서 원주민 공동체들은 그들의 문화적 차이를 인정받고 주류문화에 포함되기 위한 권리 및 인정 투쟁을 할 수 있게 되었으며, 이와 더불어 관련 국제기구들의 규범적·법제적 노력도 이어졌다. 국제노동기구(ILO)는 1989년 '협약 169'를 통해 원주민과 부족들의 권리에 대해 명시하였으며, 1996년 유네스코의 문화와 발전 위원회는 「우리의 창의적 다양성(Our Creative Diversity)」라는 보고서를 발간하기도 했다(Beling et al. 2021: 19). 2007년 UN은 원주민의 권리에 대한 선언을 발표하기도 했다(Beling et al. 2021: 19).

이처럼 문화적 다양성과 원주민의 권리에 대한 국제적 관심이 높아지는 맥락에서 라틴아메리카에서도 원주민의 권리와 인권에 관한 관심이 높아졌다. 특히 1992년은 라틴아메리카의 원주민운동에서 전환점이 되는 시기였다. 1992

년은 1492년 콜럼버스가 아메리카 대륙을 발견(?)한 지 500주년이 된 상징적인 해로, 식민시대 이후 라틴아메리카에서 문명화, 식민화, 근대화, 세계화 과정을 거치면서 착취, 배제, 차별을 겪어온 원주민 공동체의 탈식민적(decolonial) 인식 전환의 계기를 마련해주었다. 이러한 배경에서 라틴아메리카의 원주민 공동체와 조직들은 원주민의 정체성과 집합적 권리(collective rights)에 대한 인식을 높이고자 했으며, 이 과정에서 원주민의 정치적 참여 권리에 대한 요구를 지속했다(Beling et al. 2021: 21). 특히 1990년대 이후 라틴아메리카 국가 대부분이 민주주의로의 이행과 세계화를 받아들이고 있던 맥락에서 원주민 공동체와 원주민 조직들의 권리 및 정체성 인정 요구는 다문화적 법제화로 이어지기도 했다(Sieder, 2002: 4).

이러한 국제적, 지역적 흐름에서 에콰도르 역시 예외는 아니었는데, 에콰도르의 원주민운동은 1990년대 라틴아메리카에서 가장 많은 주목을 받았다. 특히 에콰도르의 원주민운동은 1980년대 중반까지 기원, 목표, 전략 등의 측면에서 지역(아마존, 안데스 고산, 해안지역)마다 다른 특징을 보이다가 1986년 에콰도르전국원주민연맹(Confederación de Nacionalidades Indígenas del Ecuador, 이하 CONAIE)을 창설했다(서지현, 2021: 2208). 전국적 수준의 원주민 대표기구인 CONAIE는 기성 정치에 보다 적극적으로 참여하기 위해 1996년 원주민의 이해관계를 대표하는 정당인 파차쿠틱(Pachakutik)당을 창설했다(서지현, 2021: 2208).

이처럼 20세기 후반 국제적, 지역적, 국가적 차원의 변화 맥락에서 중요한 정치·사회적 주체로 부상한 원주민운동의 주된 요구는 탈식민주의적 상호문화성(interculturality), 영토성(territoriality)과 자치권(self-determination) 등이었다. 먼저, 상호문화성은 다문화주의와는 구분되는 개념이다. 다문화주의(multiculturalism)가 국가 내 인종 각각의 고유한 문화를 인정하지만, 근대 국민국가 내에서 주류화된 질서를 유지하는 차원에서 문화 간의 차이를 인정하는 것이라 이해할 수 있다면, 20세기 후반 원주민운동이 요구하는 상호문화성은 근대 국민국가 형성 과정에서 "배제"되고 주변화된 원주민을 주류화된 사회의 일원으로 받아 달라는 단순한 다양성에 대한 "인정"에 제한되지 않는다(김윤경, 2010: 212-213). 오히려 상호문화성은 각 인종의 고유한 문화 간의 위계적 차이를 넘어 문화 간의 수평적 교차성을 통한 소통에 의미를 둔다(김윤경, 2010: 213). 따라서 상호문화성의 개념은 "탈식민적 인식의 전환"의 맥락에서 "불평등한 위계"가 존재하는 문화 간의 상호 소통과 이해를 강조하는 개념이라고 볼 수 있다(김윤경, 2010: 213).

한편, 영토성과 자치권의 경우, 농업의 근대화 과정에 내재된 토지의 경제적 가치와 경제적 가치의 분배를 위한 토지개혁이라는 정책적 요구와는 구분되는 개념이다. 특히 원주민 공동체의 경우, 토지를 농산물을 생산하는 경제적 가치에 근거하여 이해하기도 하지만 인간중심의 이분법적 관계가 아닌 공동체적 삶을 유지하는 공간이자, 공동체의 생계와 문화를 유지하는 사회문화적 공간으로 이해하기도 한다. 이 때문에 원주민운동은 경제적 가치에 제한된 토지(land)가 아닌 공동체적 삶과 정체성의 공간, 인간과 자연 간의 유기체적 연결의 공간으로서 영토(territory)에 대한 인정을 요구하고, 그곳에서 자신들의 삶을 방식을 결정하고 유지할 수 있는 자치권을 요구하는 것이다. 이러한 원주민운동의 주요 요구들은 1980~1990년대 신자유주의의 맥락에서 국제적으로 지속가능한 발전, 서구식 발전에 대한 비판 담론, 신자유주의에 대한 비판 담론 등 비판적 개발학(critical development studies) 내부의 다양한 논의와 교류하며 형성되었다고 볼 수 있다(Beling et al, 2021).

실천적 차원에서 1990년대 이후 구체적으로 드러난 정치·사회적 요구들은 1970년대부터 발전해온 에콰도르의 환경운동 및 생태주의 지식인들과 원주민운동 간의 교류가 중요한 기반을 마련했다고 볼 수 있다(서지현, 2021). 에콰도르의 환경주의는 1930~1970년대 사이 주로 서구의 인간중심적 자연관의 영향을 받아 형성되었다. 서구의 인간중심적 자연관에서 환경은 그 사용가치와 국부(national wealth)를 축적할 수 있는 자원이라는 관점에서 주로 정의되었다(Akchurin, 2015: 940). 즉, 이 시기 에콰도르의 환경주의는 과학적 환경지식에 근거한 환경보호와 자원관리의 맥락에서 형성되었다(Akchurin, 2015: 944).

한편, 1970년대 초 본격적으로 석유개발이 시작되면서 국가 주도의 근대화 발전을 시도한 에콰도르는 석유개발을 비롯한 천연자원 개발과정에서 산림 황폐화, 토양과 강 오염, 농지 파괴, 맹그로브 오염 등의 환경문제가 발생했다. 특히 1970년대는 국제적으로 환경주의의 담론이 확장되는 국면이었기 때문에, 에콰도르에서도 자원개발 과정에서 나타나는 각종 생태, 사회적 문제와 이를 해결하기 위한 국내외 시민사회 및 NGOs의 활동이 증가했다(Akchurin, 2015: 945-946). 이러한 배경에서 에콰도르의 과학적 환경주의는 생태주의로의 전환을 맞이하게 된다. 에콰도르 생태주의를 대표하는 단체로는 악시온 에콜로히카(Acción Ecológica, 이하 AC)가 있다. AC는 1980년대 말 환경정의에 대해 요구하고 자본주의 발전을 비판하면서 형성된 NGO로 특히 아마존 지역에서 진행된 석유산업의 생태·사회적 영향에 깊은 관심을 가졌다. 1970년대 초부터 본격적으로 에콰도르 아마존 지역에서 석유개발이 이뤄지면서 이곳의 공동체의 생계와 건강, 생태계를 보호하기 위해 지역의 원주민 공동체 및 풀뿌리 조직, NGO 등과 함께 활발한 활동을 전개했으며, 이 과정에서 추출산업 주도의 발전모델에 대한 비판과 대안적 발전에 대한 논의에 중요한 공헌을 하였다(Achurin, 2015: 947).

이처럼 1980~1990년대 사이 에콰도르의 국내외 사회에서의 변화는 에콰도르에서 새로운 발전모델 혹은 체제전환에 대한 논의를 활발하게 전개하는 데 중요한 배경을 제공했다. 국제적인 차원에서는 문화적 다양성과 권리, 지속가능한 발전에 대한 논의가 전개되었고, 국내적 차원에서는 신자유주의 발전모델의 이행과 더불어 민주주의로의 전환, 원주민운동, 환경운동, 생태주의 논의가 활발하게 이뤄지며 주류 발전모델에 대한 비판과 대안적 발전모델에 대한 논의의 기반을 형성했다. 특히 원주민운동을 중심으로 상호문화성, 영토성, 자치권 등과 같은 탈식민주의적 발전 개념이 제안되었고, 근대화와 신자유주의화를 거치면서 심화된 추출주의적 발전모델에 대한 환경정의와 자본주의에 대한 비판, 신자유주의에 대한 비판 등에 근거한 생태주의적 담론이 상호 교차되었다. 이와 같이 1980~1990년대 활발한 활동을 전개한 풀뿌리 기반의 사회운동과 시민사회 단체들은 주류 발전모델인 신자유주의를 대체할 수 있는 새로운 발전모델의 필요성을 적극적으로 주창했을 뿐만 아니라 이러한 요구에 부응하지 못하는 정권이 집권할 경우 대규모 시위를 통해 정권을 몰아내기도 했다. 그 결과, 1984~2005년 사이 기간 에콰도르에서는 총 9명의 대통령이 집권했으며, 이 중 3명은 임기를 채우지 못하고 물러났다(Tammy, 2015: 165). 아래에서는 2006년 대선에서 라파엘 코레아가 집권하게 된 배경과 집권 과정에서 부엔 비비르를 새로운 발전 패러다임으로 받아들이게 된 배경에 관해 살펴보기로 한다.

3. 코레아의 집권과 시민혁명

그렇다면 이러한 정치적 정당성을 부여받은 코레아 정권이 시민혁명을 실천하기 위해 새로운 발전 패러다임으로 채택한 부엔 비비르는 어떤 성격과 목표를 가지는가? 앞서 살펴보았듯이 새로운 발전 패러다임으로서 부엔 비비르는 20세기 후반부터 축적되어온 발전에 대한 다양한 국내외적 논의가 정치적 기회의 국면에서 수렴되어 구성된 개념이자 담론이다. 하지만 코레아 정권이 이를 새로운 발전 패러다임으로 채택하면서 코레아 정권하의 부엔 비비르는 재구성되고, 기술 관료적(technocratic) 성격을 보이기 시작했다. 에콰도르의 포퓰리즘(populism)에 관해 오랫동안 연구해온 카를로스 델 라 토레(Carlos de la Torre)에 따르면, 포퓰리스트(populist) 정치인들은 대중을 동일한 이해관계와 정체성을 가진 단일 그룹으로 이해하는 경향이 있다고 지적했다(de la Torre, 2013b:

34). 대중은 대체로 사회에서 오랜 배제의 경험이 있기 때문에 카리스마를 지닌 지도자가 이들의 이해관계를 대신해서 반영하고 대변해준다는 것이다(de la Torre, 2013b: 34). 이러한 맥락에서 코레아 역시 지난 에콰도르의 발전과정에서 정치, 경제, 사회적으로 배제되어온 대중을 시민혁명을 지지하는 주체들로 보고, 이들의 참여와 지지에 근거해서 국가를 재정립하여 자신의 정권이 시민혁명을 대신해서 실천할 것을 주장했다고 이해할 수 있다. 이는 코레아 정권하에서 부엔 비비르의 실천이 왜 기술 관료적 성격을 나타나게 되는지를 이해하는 데 중요한 지점이다. 다시 말해, 부엔 비비르는 1980년대부터 에콰도르 사회에서 다양한 발전모델을 논의하는 중 전환담론으로 형성되었지만, 코레아 정권이 새로운 발전 패러다임으로 채택하면서 정부가 규정하는 목표와 실천방식으로 단일하게 규정되었다. 코레아에 따르면, 정권의 새로운 발전 패러다임으로서 부엔 비비르는 대중으로부터 정치적 정당성을 인정받은 정권과 유능한 기술 관료들이 실천하는 형태의 부엔 비비르를 통해서만 시민혁명을 완성할 수 있다는 것이다.

코레아 정권은 선거와 국민투표 같은 일련의 참여 과정을 통해 시민혁명에 대한 정치적 정당성을 '위임'받은 후, 시민혁명을 지지하는 대중이 원하는 부엔 비비르를 정권이 정의하는 단일한 개념으로 이해한다. 즉, 정권은 부엔 비비르의 목표를 신자유주의에 대한 대안과 부르주아적 이해관계만 반영해온 귀족적 정당주의에 대한 대안을 모색하는 것으로 정의했다. 따라서 코레아 정권이 새로운 발전 패러다임으로서 실천하고자 한 부엔 비비르는 보다 구체적으로 다음과 같은 목표를 포함해야 했다. 첫째, 신자유주의 너머의 후기신자유주의(post-neoliberal)의 실천을 위해 그동안 소외되고 배제되었던 대중들에게 사회적 재분배정책을 시행해야 했다. 둘째, 귀족적 정당주의를 극복하기 위해 엘리트들의 이해관계를 넘어 사회 전반의 이익을 실현해야 한다. 그리고 이 두 가지 목표를 포함한 부엔 비비르의 실천은 사회 전반의 이해관계를 반영하고 대중들로부터 정치적 정당성을 확보한 '국가'가 주도해야 했다. 이를 위해 코레아 정권은 국가기획개발부(Secretaría Nacional de Planificación y Desarrollo, 이하 SENPLADES)를 설립했다. 이처럼 코레아의 집권 이후 부엔 비비르는 '시민혁명' 실천을 위한 새로운 발전 패러다임으로 정부가 규정하는 단일한 목표를 실천하는 탈정치화된 개념으로 정의되었고, 대통령과 국가기구의 기술 관료들이 이러한 목표를 달성하는 정당성을 대중들로부터 위임받게 된 것이다. 때문에, 복합 중층적인 체제전환 담론으로 형성되어온 부엔 비비르는 코레아 정권하에서 효율적이고 전문성을 지닌 국가가 주도하는 시민혁명으로, 후기신자유주의와 귀족적 정당주의의 극복을 목표로 하고 있다. 아래에서는 코레아 정권하에서 기술 관료적 성격을 띠고 실천된 부엔 비비르의 목표, 실천방식, 딜레마 등에 관해 자세히 살펴보도록 한다.

4. 코레아 정권하 기술 관료적 부엔 비비르

1) 후기신자유주의적 사회 재분배 정책과 추출주의

코레아 정권이 새로운 발전 패러다임으로서 부엔 비비르를 실천하기 위해 첫 번째 목표로 둔 것은 신자유주의 발전모델에 대한 대안 모색이었다. 이를 실천하기 위해 정권은 그동안의 신자유주의적 발전과정에서 확대된 빈곤과 불평등의 문제를 해결하기 위한 물적 기반으로 추출산업의 중요성을 강조했다. 이는 석유, 광물 등 천연자원의 추출과 수출에 기반한 추출산업에서 발생한 재정소득을 통해 그동안 배제되고 소외된 사회 계층에 대한 사회 분배정책을 펼칠 수 있고, 이를 통해 개혁에 대한 중단기적 경제·사회적 정당성을 확보할 수 있다고 보았기 때문이다. 다만 신자유주의 시기의 추출활동과는 달리 추출산업 부문에 대한 정부의 통제력을 강화하고, 특정 외국자본에 대한 의존도를 감소하며, 투자 재원을 다변화함으로써 신자유주의 발전에 대한 대안을 모색하고자 한 것이다. 이 과정에서 국가의 재정립은 필수 불가결한 문제였다. 신자유주의 시기와 달리 천연자원은 외국자본이 아닌 국가가 통제하는 자원이어야 했고, 이렇게 확보된 재원을 그동안 배제되었던 대중에게 분배하고자 했다. 다시 말해, 코레아 정권은 부엔 비비르의 실천을 위해 추출산업에 대한 국가의 통제권을 높이고, 그 과정에서 발생하는 재원을 사회 재분배 정책에 집중투자하고자 했다.

특히 2000년대 이후 전통적으로 미국의 헤게모니가 지배적이었던 라틴아메리카에서 중국의 급성장은 미국에 대한 대외 의존도와 그로 인한 경제적 취약성을 줄일 좋은 기회를 제공했다. 중국은 급성장 과정에서 천연자원에 대한 수요가 증가하고 있었기 때문에, 코레아 정권은 중국 자본의 투자를 적극적으로 받아들이면서 새롭게 형성된 국제 경제적 기회를 자주적이고 민족주의적인 경제성장을 위한 기반으로 삼고자 했다. 중국 자본의 투자와 더불어, 코레아 정부는 석유개발에 치중해 있던 추출산업의 다변화를 꾀했다. 주변 안데스 지역 국가들과 비교할 때, 전통적으로 에콰도르에서는 광산개발 활동이 활발하지 않았다. 1980년대부터 초국적 기업이 광산개발 활동에 참여하기 시작했으나 지역 공동체들의 시위로 광산개발이 활발하게 이뤄지지는 않았다(Goeury, 2021: 214). 하지만 코레아 집권 이후 2009년 「신(新) 광산법」이 제정되면서 대규모 노천광(open-pit mining) 개발이 처음 도입되었다(Goeury, 2021: 215). 이러한 배경에서 코레아 정권은 국토의 약 20% 이상 지역에서 광산개발권 승인하였다(Goeury, 2021: 214). 그 결과, 코레아 집권 기간인 2006~2013년 기간 구리와 납 수출은 5,903톤에서 1만 376톤으로 증가했고, 금과 은 수출은 213배(91톤에서 1만 9,505톤으로) 증가했다(Lewis, 2016: 183 in Goeury, 2021: 215).

2009년 사회적 논쟁 끝에 제정된 「신 광산법」은 석유개발에만 높은 의존도를 가진 에콰도르의 자원산업을 다변화하고 자원개발에 따른 조세소득에 대한 정부의 통제권을 개선하는 데는 성과를 거두었지만, 토지에 대한 원주민 자치권에 대한 언급이 부재하다는 측면에서 탈식민적 부엔 비비르의 실천을 요구했던 사회단체들로부터 저항을 받았다(Moore and Velásquz, 2012). 특히 「신 광산법」 16조는 토지를 지표면과 지하 심토(subsoil)로 구분하고, 지표면의 토지에 대한 소유권과는 별개로 심토에 매장된 석유, 광물 등에 대한 정부의 주권을 명시하고 있다(Goeury, 2021: 214). 때문에 심토 내 매장된 광물자원에 대한 개발권 승인은 정부의 권한이며, 이는 원주민의 토지에 대한 권리와는 별개라고 규정한다. 물론 신 광산법은 부엔 비비르의 실천이라는 맥락에서 광산 프로젝트 개발을 진행하기 이전에 지역주민 혹은 공동체와 개발에 대한 논의를 의무화할 것을 명시하고 있긴 하지만, 이러한 절차가 광물자원에 대한 국가의 주권에 근거한 결정을 뒤집는 것은 거의 불가능한 일이었다(Goeury, 2021: 214). 지역주민에게 주어지는 동의 절차는 개발권에 대한 거부(veto)권이라기보다는 개발에 대한 정부의 정보 제공과 동의 여부를 묻는 절차이며, 개발에 대한 최종 결정권은 정부가 가지고 있기 때문이다(Goeury, 2021: 214-215). 이처럼 자원개발을 둘러싼 정부와 시민사회 간의 해석과 실천방식의 이견은 코레아 정부에서 환경사회 분쟁이 급증하게 되는 주된 요인이자, 코레아 정부의 부엔 비비르의 성격을 단면적으로 보여주는 사례라고 할 수 있겠다(Buchanan, 2013; Bebbington and Bury, 2013).

이처럼 코레아 정권의 부엔 비비르 실천은 추출산업에 대한 정부의 통제력을 높여 경제성장을 추구하고 사회적 재분배 정책을 통해 그동안 배제되어왔던 저소득층의 생계 수준을 높이는 후기신자유주의적 개발 전략에 기반하고 있었다. 특히 정부는 추출산업과 같은 전략 부분에서 기존의 투자기업들과의 계약을 재협상하여 정부가 운영할 수 있는 재정소득을 높이는 데 주력했다(Goeury, 2021: 213; Clark and García, 2019: 236). 그 결과 2008~2012년 사이 코레아 정부가 광산과 석유 기업으로부터 수취한 재정소득이 평균 3,300만 달러 증가했으며(Clark and García, 2019: 236), 2006~2013년 사이 석유 부분에서의 정부 소득은 3.5배 증가했다(Goeury, 2021: 213). 이렇게 늘어난 정부의 재정소득의 일부는 사회적 재분배 정책에 투입되었다. 2006년 GDP의 6.1%를 차지했던 사회적 지출 재정은 2011년 14.7%로 증가했으며(Clark, 2017: 356,

서지현, 2022: 58에서 재인용), 같은 기간 최저임금은 월 170달러에서 240달러로 상승했다(de la Torre, 2013b: 39-40). 그 결과 빈곤선 이하에 사는 인구의 비중은 2003년 49%에서 2011년 29%로 떨어졌으며, 지니계수는 2006년 0.54에서 2014년 0.47로 떨어졌다(Clark and García, 2019: 237; de la Torre, 2013b: 40). 이처럼 코레아 정권은 추출산업에 대한 투자를 지속하고 이로부터 재정 능력을 확보함으로써 사회 재분배 정책에 대한 투자 비중을 높일 수 있었다. 때문에, 추출산업은 코레아 정권이 부엔 비비르를 실천하는 데 필수 불가결한 요소였다(van Teijlingen and Fernández-Salvador, 2021: 245-6).

불평등과 빈곤율 감소와 같은 성과는 한편으로는 코레아 정권의 성취였기 때문에 정권이 높은 지지율을 확보하는 데 기여했지만, 동시에 이러한 성과는 부엔 비비르 실천의 한계로 작용하기도 했다(Svampa, 2019: 6). 코레아 집권기 동안의 국제 원자재 붐과 그에 따른 사회적 투자증가로 인한 경제·사회적 성과는 추출산업에 대한 의존적 경제구조와 재정구조에 대한 개혁 없이 진행되었다. 때문에, 코레아 정권하에서 이룬 성취는 국제원자재가격, 중국 자본, 추출산업과 연동되는 결과를 가져왔다. 또한, 자본 기술 집약적인 추출산업의 확장은 일시적인 재원 재분배의 효과가 있을지라도 고용창출에 한계가 있는 성장의 형태로 실질적인 불평등 개선 효과가 제한적이었다. 가령, 중국 자본은 추출산업에 대한 투자와 교역을 확장시켰지만, 실제 제조업의 경쟁력을 높이지는 못했다(North and Grinspun, 2016: 1487). 또한, 현금지원 프로그램의 효과는 원자재 가격이 하강 국면에 접어드는 2010년대부터 점차 줄어들기 시작했다(North and Grinspun, 2016: 1496). 코레아 정권의 사회 프로그램의 혜택은 상당 부분 도시에 집중되었으며, 특히 일시적인 현금 지원 프로그램은 오히려 중산계급의 소비주의를 활성화하는 데 일조했다(Dávalos and Albuja, 2014: 170; Goeury, 2021: 213, 서지현 2022: 58에서 재인용).

이처럼 경제·사회적 구조 개혁 없이 진행된 코레아 정권의 부엔 비비르 실천은 추출산업의 확장과 연동된 정부의 재정적·행정적 능력과 긴밀하게 연계된 것으로 자원 붐이 끝나게 되면서 위기에 봉착하게 되었다(Tilzey, 2019: 642). 또한, 추출주의가 심화될수록 부엔 비비르를 둘러싼 정부의 하향식 실천과 원주민운동 및 생태주의자들 간의 이견 충돌이 사회적 분쟁의 형태로 나타났으며, 이는 정권의 정치적 정당성의 위기를 가져오게 되었다. 특히 시민혁명이라는 이름으로 정당화한 코레아 정권의 기술 관료적 부엔 비비르의 실천은 다양한 부엔 비비르에 관한 공론화의 기회를 차단하였기 때문에, 정권의 권위주의적 성격을 강화시키는 결과를 가져왔다(Tilzey, 2019: 638). 이와 관련해서는 아래에서 자세히 살펴보겠다.

2) 탈정치화된 권위주의적 국가로의 행보

2008년 국민투표를 통해 신헌법을 통과시킨 후 치러진 2009년 대선과 2013년 대선에서 잇따라 승리를 거둔 코레아는 자신의 정부가 유일하게 국민의 진정한 이익을 반영할 수 있는 권한을 위임받았다고 주장했다. 코레아는 연이은 선거에서의 성공이 부엔 비비르를 실천할 수 있는 정치적 정당성을 제공한다고 주장하였으며 이에 대한 비판과 반대는 오히려 사회 전반의 이익에 반하고 소수의 이해관계만을 반영하는 이기적인 행위라고 비난했다(Goeury, 2021: 221). 선거와 국민투표 등과 같은 선거의 형식은 개발계획과 결정권은 물론 부엔 비비르와 그 실천 양식을 정의하는 권한을 정부에 위임한 것으로 이해되었다. 이러한 관점에서 대통령과 정부를 구성하는 기술 관료들은 대중이 원하는 발전모델과 민주주의를 실천할 수 있는 전문성을 갖추고 있을 뿐만 아니라 정치적 정당성까지 위임을 받은 것이었다(de la Torre, 2013a: 36-37). 때문에, 전문적이고 정치적 정당성을 가진 정부가 주도하는 부엔 비비르의 실천과정을 비판하거나 반대하는 사회운동 세력이나 시민사회 단체는 오히려 사회 전반의 이익에 피해를 주거나 특정 이익을 추구하는 세력으로 비난받게 되었다(de la Torre, 2013a: 36-37). 즉, 정권은 대통령과 기술 관료들로 구성된 국가만이 대중의 이익을 대의하는 유일한 합법적인 행위자로 이해하기 때문에, 특정 이익을 추구하는 사회 세력의 비판이나 개입을 차단하고 통제하고자 했다(Goeury, 2021: 219).

앞서 살펴본 바와 같이 정부의 부엔 비비르 실천 과정에서 물적 기반이 되는 추출산업은 국제 경제적 여건의 변화에 취약한 성격을 가지고 있고, 그 취약성이 가시화되는 국제 경제적 국면에서 정부는 추출산업에 대한 개발을 보다 확장하거나 심화해서 정권의 경제·사회적 정당성을 유지하고자 했다. 하지만 정권이 경제·사회적 정당성을 확보하기 위해 추출산업 개발을 확장할 경우, 원주민 공동체나 생태주의자들과의 부엔 비비르 해석의 간극이 더욱 가시화되고 이는 사회적 분쟁의 형태로 나타나게 된다. 다시 말해, 사회적 재분배 정책을 통해 경제·사회적 정당성을 확보하고, 선거라는 형식을 빌려 정치적 정당성을 확보한 코레아 정권의 부엔 비비르 실천은 추출산업이 정부의 재정적 기반을 지속해서 담보하는 조건일 경우에만 유지되었다. 2014년을 전환점으로 국제 원자재 가격의 하향 국면에서 경제·사회적 정당성을 확보하기 위해 추출산업 개발을 확장할수록 형식적으로 유지하던 정치적 정당성의 확보가 어려워지기 때문에 정부와 시민사회 간 부엔 비비르의 해석과 실천방식을 둘러싼 논쟁이 가시화될 수밖에 없는 딜레마에 처한다. 때문에, 기술 관료적 형태의 부엔 비비르 실천을 주도한 코레아 정권은 결국 정치적 협의와 공론화보다는 권위주의적 수단을 통해 정치적 정당성을 연장하는 길을 선택하게 된다. 정권이 선택한 권위주의적 정치적 정당성 확보 방식은 크게 세 가지로 나타난다.

첫 번째 방식은 시민사회의 활동을 통제하는 방식이다. 앞서 살펴본 것처럼 부엔 비비르와 같은 새로운 발전 패러다임이 에콰도르 사회에서 주류화된 발전 담론으로 형성된 것은 1980년대부터 에콰도르에서 활발한 활동을 주도해온 시민사회의 활성화에 힘입은 바가 크다. 따라서 코레아 집권 이후 하향식의 부엔 비비르 정의와 실천, 이와 연관된 추출산업의 확장은 원주민운동을 비롯한 여러 시민사회 단체들과 지역 공동체들의 비판과 반발을 불러일으켰다. 코레아 정권은 이들 시민사회의 비판과 반대는 사회 전반의 이익에 해가 되는 것으로 이해했기 때문에 시민사회의 활동을 통제하고자 했다. 대표적으로 정권은 일련의 법령을 통해 시민사회의 활동을 통제했다. 먼저 2011년 발효된 「법령 812」는 해외 NGOs에 대한 법적 통제력을 높이는 조치로, 법령은 해외 NGOs가 에콰도르에서 프로젝트를 진행할 경우 반드시 국가 개발 계획과 연계되어야 하며, 활동에 대한 정부의 승인을 받을 것을 규정하고 있다(Posner, 2022: 807). 또한, 해외 NGOs의 구성원들은 정치적 활동에 개입되면 안 된다고 규정하고 있다(Posner, 2022: 807). 이러한 조치는 에콰도르에서 국내 시민사회 단체와 함께 새로운 발전 패러다임을 형성하는데, 중요한 역할을 해온 해외 NGOs에 대한 정부의 통제력을 높이고 비판을 사전에 차단하고자 하는 것으로 이해할 수 있다.

2013년 발효된 「법령 16」은 시민사회 단체가 사회단체에 대한 통합정보체제(Sistema Unificado de Información de las Organizaciones Sociales)에 등록할 것을 명시하고 있다(Posner, 2022: 807). 이는 시민사회 단체의 등록부터 해체까지 정부가 시민사회 단체의 면면을 종합적으로 관리하고 통제하려는 조치라고 볼 수 있다. 정부는 이 법령을 통해 실제로 시민사회 단체에 대한 승인을 취소하기도 하였는데, 그 대표적인 사례가 푼다시온 파차마마(Fundación Pachamama)의 설립 취소 조치였다. 코레아 정부의 대표적인 부엔 비비르 실천조치 중 하나인 야수니-ITT 이니셔티브는 아마존에 위치한 야수니 국립공원에 있는 ITT 석유 광구를 개발하지 않는 대신 국제사회로부터 신용기금을 받아 운영함으로써, 탈석유발전(post-oil development)을 추진하는 초석으로 삼겠다는 야심찬 계획으로 2007년 코레아 정부가 제안하여 국내외적으로 높은 관심을 받았다(서지현, 2022: 55-56). 하지만 2013년 코레아 정부는 국제사회의 저조한 참여를 비난하며, 이니셔티브의 중지를 선언하고 ITT 광구의 석유개발을 최종 승인했다(서지현, 2022: 56). 이 조치를 비판하며 에콰도르에서는 야수니 개발에 반대하는 시위 조직인 야수니도스(Yasunidos)가 형성되었다. 환경주의자, 사회 활동가, 원주민 단체 등으로 구성된 야수니도스는 정부의 조치에 반대하고 야수니-ITT 이니셔티브를 지속하기 위해 75만 7,000표의 서명을 시민들로부터 받아 사안에 대한 국민투표를 추진했다(Tammy, 2015: 182). 이 과정에서 정부는 야수니도스에 참여했던 푼다시온 파차마마를 「법령 16」에 근거해 사전 경고도 없이 시민단체 승인을 취소했고, 불복 절차도 허용되지 않았다(Tammy, 2015: 187-88; Posner, 2022: 808). 결국 야수니도스의 국민투표 시도는 최종적으로 국가선거위원회가 서명의 절반 이상이 유효하지 않다는 근거로 불허 결정을 내렸다(Posner, 2022: 808).

이처럼 정부는 법령을 통해 시민사회의 활동을 통제하기도 했지만 미디어 등을 활용한 담론 전략을 활용하기도 했다. 코레아 정부는 원주민운동을 포함한 시민사회 조직을 정부가 주도하는 시민혁명의 수동적 수혜 대상으로 이해했다. 때문에, 정부에 비판적이거나 정부 개발 프로젝트에 반대하는 시민단체들을 주로 유아적(infantile) 좌파, 유아적 환경주의자, 무지한 원주민, 혹은 NGOs들에 포섭된 이들로 비난했다(de la Torre, 2013a: 39; Tammy, 2015: 185-186). 특히, 코레아 대통령은 매주 토요일 세 시간 가량 라디오와 텔레비전으로 실시간 방송되는 프로그램(Enlace Ciudadano)에 출현해서 정부가 주도하는 시민혁명의 정당성을 역설하곤 했다. 특히 청취자나 시청자를 향해 일방적인 예/아니오 답변 형식으로 프로그램을 진행하며, 시민혁명의 정당성을 가르치고 계몽하고자 했다(de la Torre, 2013b: 36). 대통령의 발화에서 추출산업에 반대하는 시민사회 활동가들이나 정치적 경쟁자들은 '국민' 혹은 '대중'의 적으로 묘사된다(de la Torre, 2013b: 37). 정부가 대중을 위해 시혜하는 정책에 대해 반대하는 것은 특정 이익을 좇는 이기적 행위이거나 잘못된 행위이며, 심지어 테러리스트로 묘사되기도 했다(Tilzey, 2019: 64; de la Torre, 2013a: 38; de la Torre, 2013b: 41). 즉, 정부 정책에 대한 비판 혹은 반대는 시민혁명을 패배시키기 위한 일부 사회 조직들의 조작이나 이기심에 불과하다고 비난했다(Correa 2015 in Goeury, 2021: 217).

정부의 이와 같은 시민사회에 대한 통제에도 불구하고 전국적으로 자원개발이 확장되면서 생태·사회적 피해를 우려한 지역주민들, 원주민운동, 생태주의자들이 추출주의에 반대하는 시위를 지속했다. 2014년에는 중국계 광산 컨소시엄인 에콰코리엔테(Ecuacorriente)사의 미라도르(Mirador) 구리광산 개발 프로젝트에 대한 반대를 위해 에콰도르 남부의 사모라 친치페(Zamora Chinchipe) 주에서 수도인 키토(Quito)까지 대규모 반대 행진 "생명, 물, 존엄을 위한 행진"이 진행되기도 했다(Tilzey, 2019: 642; Goeury, 2021: 216). 이 시위는 에콰도르 남동부 아마존 지역에서 지속되어온 광산개발로 인한 생태·사회적 피해를 입은 주민들, 원주민운동을 중심으로 진행된 대규모 행진으로서, 정부가 추진해온 부엔 비비르의 방식에 대한 반대가 가시화되고 있음을 상징적으로 보여주었다. 정부는 이러한 시위를 통제하기 위해 법제적 수단을 활용하여 처벌을 강화하였다. 시위 지역에 군과 경찰력을 배치하여 시위를 통제하고자 했으며, 시위에 참여한 활동가들이나 운동가들, 혹은 단체에 대한 법적 처벌을 강화했다(Svampa, 2019: 35). 정부는 이와 같은 자원개발에 대한 반대 시위를 국가의 발전에 대한 반대라고 비난했다(van Teijlingen and Fernández-Salvador, 2021: 250). 결과, 코레아 정권하에서 추출주의에 반대하는 활동가 213명이 테러리즘과 사보타주 혐의로 체포되었으며, 수백 명의 원주민과 농민 들이 광산과 석유개발에 반대하는 시위에 참여했다는 이유로 체포되었다(Goeury, 2021: 218; Tilzey, 2019: 641; de la Torre, 2013a: 39).

5. 에콰도르 부엔 비비르 성공의 역설

본 장에서는 라틴아메리카의 전환 담론이자 대안적 발전 패러다임의 하나로 자리잡은 부엔 비비르가 실천되는 맥락에서 어떠한 성격을 나타내는지를 에콰도르 라파엘 코레아 정권의 경험을 중심으로 분석했다. 1980~1990년대 사이

에콰도르의 국내외 사회에서의 변화는 에콰도르에서 새로운 발전모델에 대한 논의가 활발하게 전개되는 데 중요한 배경을 제공했다. 국제적인 차원에서는 문화적 다양성과 권리, 지속가능한 발전에 대한 논의가 전개되었고, 국내적 차원에서는 신자유주의 발전모델의 이행과 더불어 민주주의로의 전환, 원주민운동, 환경운동, 생태주의 논의가 활발하게 이뤄지며 주류 발전모델에 대한 비판과 대안적 발전모델에 대한 논의의 기반을 형성했다. 특히 원주민운동을 중심으로 상호문화성, 영토성, 자치권 등과 같은 탈식민주의적 발전 개념이 제안되었고, 근대화와 신자유주의화를 거치면서 심화된 추출주의적 발전모델에 대한 환경정의와 자본주의에 대한 비판, 신자유주의에 대한 비판 등에 근거한 생태주의적 담론이 상호 교차되었다.

  2006년 지난 20여 년간의 신자유주의 발전모델의 경험에 대한 심판의 장으로 치러진 대선에서 집권에 성공한 라파엘 코레아는 '시민혁명'을 통해 기성정치와 신자유주의에 대한 대안을 제시하겠다는 공약을 펼쳤다. 코레아는 집권 이후 첫 행보로 신헌법 제정 절차에 돌입했으며, 2008년 국민투표를 통해 신헌법을 제정하면서 부엔 비비르가 에콰도르의 시민혁명을 실천하는 새로운 발전 패러다임으로 채택되었다. 그 결과 20세기 후반부터 에콰도르의 주요 정치·사회적 주체들이 제안하고 요구해온 새로운 발전모델에 대한 논의는 정부가 주도하는 부엔 비비르의 목표와 실천방식을 중심으로 재구성되었다. 이처럼 체제전환 담론으로서 부엔 비비르가 새로운 발전 패러다임으로 실천의 기반을 마련한 것은 에콰도르의 경험이 전 세계적으로 주목받게 되는 중요한 성취라고 볼 수 있다.

  하지만 코레아 정권이 이를 실현하는 과정에서 부엔 비비르는 기술 관료적(technocratic) 성격을 보이기 시작한다. 다시 말해, 코레아 정권이 실천하고자 한 부엔 비비르는 후기신자유주의적 사회 재분배 정책 추진과 귀족적 정당주의와 같은 기성정치를 극복한다는 목표를 두고, 정치적 정당성을 확보한 대통령과 기술 관료들이 수행하고, 이를 위해 국가를 재정립한다는 측면에서 협소화되고 축소된 부엔 비비르의 정의에 기반하고 있다. 코레아 정권은 사회적 재분배 정책을 통해 후기신자유주의적 경제·사회적 정당성을 확보하고, 선거라는 형식을 빌려 엘리트나 특권적 이익이 아닌 대중의 지지를 얻어 정치적 정당성을 확보하며 시민혁명을 추진했다. 하지만 이러한 형태의 부엔 비비르의 주된 실천방식은 추출산업과 긴밀한 상관성을 가지기 때문에 국제 원자재 가격의 하향 국면에서 위기에 처하게 된다. 실제 2014년을 전후해서 국제 원자재 가격이 하락하면서, 코레아 정권은 추출산업 개발을 확장·심화했는데, 이 과정에서 생태·사회적 영향을 우려한 시민사회와 부엔 비비르에 대한 해석과 실천방식을 둘러싸고 빈번히 충돌하게 된다. 즉, 코레아 정권하의 부엔 비비르의 실천은 추출산업의 하향 국면에서 경제·사회적 정당성과 정치적 정당성을 동시에 확보하기 어려워지는 딜레마에 처하게 되었다. 결국, 정권은 정치적 협의와 공론화보다는 권위주의적 수단을 통해 정치적 정당성을 연장하는 길을 선택하게 된다.

요약하자면, 코레아 정권이 새로운 발전 패러다임으로 수용한 부엔 비비르는 신자유주의와 기성정치의 폐해를 개혁하려는 목표를 세웠다. 하지만, 추출산업에 의존한 경제구조와 재정구조의 급진적 개혁을 이루지 못한 채 경제·사회적 정당성과 정치적 정당성을 동시에 확보하지 못한 딜레마 속에서 결과적으로 부엔 비비르는 기술 관료적 성격과 더불어 탈정치적 권위주의화라는 한계를 드러내게 된다. 여기서 탈정치적 권위주의화란 새로운 발전 패러다임으로서의 부엔 비비르를 둘러싼 다양한 실천목표, 실천방법에 대한 정치적 논의와 협의보다는 정부가 주도하는 단일화된 목표와 실천방식을 하향식으로 추진하고 이 과정에서의 이견이나 비판을 다양한 권위주의적인 방식으로 통제했다는 의미이다. 물론, 코레아 정권은 부엔 비비르 실천 과정에서, 추출산업을 통해 확보한 재정으로 사회재분배 정책을 시행하고 이를 통해 빈곤율과 불평등 등에서 개선 효과를 보이기도 했다. 하지만 부엔 비비르를 둘러싼 다양한 시민사회 세력의 제안과 관점을 공론화하지 못하고 추출산업에 기반한 발전을 지속함으로써, 기성정치와 신자유주의의 발전에 대한 대안을 모색하고자 하는 부엔 비비르 실천 시도는 경제·사회적 정당성과 정치적 정당성을 담보하지 못하게 되는 딜레마에 봉착하게 되었다.

본 장에서는 21세기 대안적 발전 담론이자 패러다임으로 라틴아메리카에서 크게 주목을 받은 부엔 비비르가 정권의 새로운 발전 패러다임으로 채택되었을 때, 어떠한 한계와 딜레마에 봉착하게 되는지에 관한 분석을 시도하였다. 부엔 비비르가 에콰도르 사회에서 오랜 기간 발전의 문제를 비판하고 고민해온 원주민운동, 생태주의운동 등의 시민사회에서 제안했고, 이들의 지지에 힘입어 집권한 정권이 이를 실천하고자 했다는 측면에서 코레아 정권의 부엔 비비르 실천은 대안적 발전 논의에서 중요한 시사점을 제공한다고 볼 수 있다. 우선, 대안적 발전 패러다임의 구체적 목표와 실천 방법은 실천을 주도하는 주체가 누구인가에 따라 다양한 경로로 전개될 수 있다는 점이다. 특히 추출산업을 둘러싼 코레아 정권과 시민사회 간의 이해 간극은 이를 분명하게 보여준다. 추출산업은 기성정치와 신자유주의에 대한 대안을 모색했던 코레아 정권의 입장에서는 부엔 비비르 실천에 대한 경제·사회적 정당성과 정치적 정당성을 확보하는 데 매우 중요한 요소였다. 하지만 탈식민주의적 상호문화성, 영토성, 자치권에 대한 인정을 요구하며, 신헌법에 자연권의 요소를 포함하는 데 크게 기여한 원주민운동과 생태주의자들의 관점에서는 부엔 비비르의 실천에 반(反)하는 일이었다. 때문에, 이들은 정부가 경제·사회적 정당성 확보를 위해 추출산업 발전을 심화하는 과정에서 대규모의 시위를 조직하고, 정부를 맹비난했다. 두 번째로, 대안적 발전의 실천 노력에서 실천 주체가 중요한 요소라면, 다양한 실천 주체가 발전의 방향, 구체적인 목표, 실천 방법을 논의할 수 있는 민주적 정치적 과정을 보장받는 것이 중요하다고 볼 수 있다. 코레아 정권은 정치적 개방성과 선거에 기댄 방식을 통한 신헌법 제정으로 정권이 규정한 부엔 비비르의 실천 목표와 방법에 대한 정치적 정당성을 확보했다고 보고, 이를 실천하기 위해 정부가 주도적인 역할을 해야 한다고 주장했다. 하지만 실천과정에서 나타나는 이견과 비판을 조율하고 논의할 수 있는 정치적 소통창구를 사실상 법제, 미디어,

공권력 등을 이용해 거의 막아두었다고 볼 수 있다. 이 때문에 정부에 비판적인 시민사회 주체들과 사회 환경 분쟁에 대한 정부의 권위주의적 대응은 국내외 사회의 주된 비판의 대상이 되었다. 따라서 대안적 발전의 실천과정에서는 절차적이고 실질적인 민주성이 담보되어야 할 필요가 있다. 코레아 정권하의 부엔 비비르 실천 경험은 기후위기 시대 체제전환의 문제가 체제전환 논의를 공론화할 수 있는 정치경제구조의 민주화를 반드시 동반해야 하는 과정임을 다시 한번 상기시켜 준다.

참고문헌

김윤경. 2010. "1980~1990년대 에콰도르의 원주민운동: CONAIE의 "상호문화성"과 "복수국민."" 『서양사론』 107: 201-233.
서지현. 2021. "에콰도르 아마존 빈민의 환경주의와 대안적 발전." 『인문사회 21』 12(3): 2201-2215.
_____. 2022. "기후위기 시대 전환 담론과 추출주의의 딜레마: 에콰도르 북부 아마존의 사례." 『아태연구』 29(4): 39-66.
_____. 2023. "에콰도르 코레아(Correa) 정권과 부엔 비비르(Buen Vivir)." 『환경사회학연구 ECO』 27(1): 273-311.
Akchurin, M. 2015. "Constructing the Rights of Nature: Constitutional Reform, Mobilization, and Environmental Protection in Ecuador." *Law & Society Inquiry*. 40(4): 937-968.
Bebbington, A. and Bury, J. 2013. Subterranean Struggles: New Dynamics of Mining, Oil, and Gas in Latin America. Austin: University of Texas Press.
Beling, A. et al. 2021. "Buen vivir(Good Living). A 'Glocal' Genealogy of a Latin American Utopia for the World." *Latin American Perspectives*. 48(3): 17-34.
Buchanan, K. 2013. "Contested discourses, knowledge, and socio-environmental conflict in Ecuador." *Environmental Science & Policy*. 30: 19-25.
Carpio, P. and Ullán, F. 2021. "The institutionalized Buen Vivir: a new hegemonic political paradigm for Ecuador." *Revista Brasileira de Política Internacional*. 64(1): 1-20.
Clark, P. and García, J. 2019. "Left Populism, State Building, Class Compromise, and Social Conflict in Ecuador's Citizens' Revolution." *Latin American Perspectives*. 46(1): 230-246.
Dávalos, P. and Albuja, V. 2014. "Ecuador: Extractivist dynamics, politics and discourse." pp. 144-171 in The New Extractivism: A Post-Neoliberal

Development Model or Imperialism of the Twenty-First Century? edited by Veltmeyer, H. and Petras, J. London and New York: Zed Books.

de la Torre, C. 2013a. "In the Name of the People: Democratization, Popular Organizations, and Populism in Venezuela, Bolivia, and Ecuador." *European Review of Latin American and Caribbean Studies.* 95: 27-48.

_____. 2013b. "Technocratic Populism in Ecuador." *Journal of Democracy.* 24(3): 33-46.

Goeury, H. 2021. "Rafael Correa's Decade in Power (2007-2017): Citizens' Revolution, Sumak Kawsay, and Neo-Extractivism in Ecuador." *Latin American Perspectives.* 48(3): 206-226.

Moore, J. and Velásquez, T. 2012. "Sovereignty negotiated: anti-mining movements, the state and multinational mining companies under Correa's 21st Century Socialism." pp. 112-133. in Social Conflict, Economic Development and Extractive Industry: Evidence from South America, edited by Bebbington, A. London and New York: Routledge.

North, L. and Grinspun, R. 2016. "Neo-extractivism and the new Latin American developmentalism: the missing piece of rural transformation." *Third World Quarterly.* 37(8): 1483-1504.

Posner, P. 2022. "Buen Vivir under Correa: The Rhetoric of Participatory Democracy, the Reality of Rentier Populism." *Latin American Research Review.* 57: 794-812.

Sieder, R. 2002. "Introduction." pp. 1-23 in Sieder, R.(ed.), Multiculturalism in Latin America: Indigenous Rights, Diversity and Democracy. Hampshire and New York: Palgrave Macmillan.

Svampa, M. 2019. Neo-extractivism in Latin America: Socio-environmental Conflicts, the Territorial Turn, and New Political Narratives. Cambridge; New York; Melbourne; New Delhi; Singapore: Cambridge University Press.

Tammy, L. 2015. "Citizens' Revolution, 2006-2015: The Rise of the Paradoxical State." pp. 163-194 in Ecuador's Environmental Revolutions: Ecoimperialists,

Ecodependents and Ecoresisters.

Tilzey, M. 2019. "Authoritarian populism and neo-extractivism in Bolivia and Ecuador: the unresolved agrarian question and the prospects for food sovereignty as counter-hegemony." *The Journal of Peasant Studies*. 46(3): 626-652.

van Teijlingen, K. and Fernández-Salvador, C. 2021. "¿La minería para el buen vivir? Large-scale Mining, Citizenship, and Development in Correa's Ecuador." *Latin American Perspectives*. 48(3): 245-261.

Vanhulst, J. and Beling, A. 2014. "Buen vivir: Emergent discourse within or beyond sustainable development?" *Ecological Economics*. 101: 54-63.

11장

녹색전환의 정치적 정당성은 어떻게 달성되는가?

김수진

> 기후위기의 양상이 날로 심각해지면서 기후위기의 원인을 진단하고 대안을 탐색하는 국내 연구도 늘어나고 있다. 하지만 대안 모색은 주로 담론 분석이나 아래로부터의 운동의 필요성을 강조하는 추상적인 수준에 머물러 있다. 체제전환의 비판 지점은 주로 자본주의 성장체제에 초점이 맞추어져 있다. 이 장에서는 하우스크노스트의 '전환의 유리천장' 가설을 소개하며, 이러한 성장지향 체제가 민주적으로 정당화되고 있다는 점을 드러낸다. 이 글은 체제전환을 주장하는 기후운동의 요구가 관철되기 위해서는 민주적 정당성을 확보해야 하며, 이는 선거정치를 통해 구현된다는 점을 강조한다. 이 글은 한국의 의회정치에서 기후 의제가 소멸하는 요인과 한국의 온실가스 감축의 저조한 실적이 밀접하게 관련되어 있음을 분석함으로써, 기후위기 논의에서 그동안 간과되었던 정당정치의 중요성을 드러낸다.

키워드: 기후위기, 녹색전환, 정당정치

1. 기후위기는 심각한데 국가의 대응은 더디기만 하다!

기후변화의 양상이 날로 심각해지고 있다. IPCC(Intergovernmental Panel on Climate Change, 기후변화에 관한 정부 간 협의체) 6차 평가보고서에 따르면,[1] 2016~2020년 동안 지표면 온도는 1850년대 이래 가장 높았고, 해수면 상승과 얼음 유실 속도는 더욱 가속화되었다. 미래 기후변화를 전망한 5개의 시나리오 모두에서 2050년까지 지구 평균기온이 계속해서 상승할 것으로 예측됐다. 2019년 발표된 호주 국립기후복원센터의 보고서에서는 전쟁과 같은 비상상황에 준하는 전 지구적 차원의 자원을 동원하여 탄소배출을 급격히 줄이지 않으면 기후변화로 인한 실존적 위협은 현실이 되고, 2050년이 되면 전 세계 주요 도시에서 생존이 불가능할 것이라고 경고했다.[2] 이런 가운데 기후위기에 따른 붕괴는 불가피하다는 이야기도 등장했다(세르비뉴·스테방스, 2022). 현 체제를 유지하면 기후위기로 붕괴하고, 현 체제를 벗어나도 붕괴한다. 화석연료에 기반한 대량생산, 대량소비 체제를 유지하면 생태계의 복원력(resilience)은 돌이킬 수 없는 상태가 되고 화석연료에 기반한 대량생산, 대량소비 체제를 벗어나는 것도 경제적, 정치적, 사회적 붕괴를 초래할 수 있다. 그러니 붕괴는 불가피하다. 결국 현 체제에서 다른 체제로 어떻게 전환(transformation)할 것인가가 관건이다. 에커슬리(Eckersley, 2021)는 기후위기로 인한 인류문명의 붕괴 위험을 막기 위해서는 칼 폴라니가 말한 '거대한 전환(a great transformation)'에 맞먹는 '거대한 녹색전환(a great green transformation)'이 필요하며 다양한 분야의 사회기술적 전환을 조정하고 관리하는 핵심 기구로 국가의 역할을 강조한다.

---

1 https://www.greenpeace.org/korea/update/19020/blog-ce-ipcc-6th-report-10-solutions/(2022년 12월 27일 검색); IPCC 제6차 평가보고서 제1실무그룹 보고서 주요 내용(한국에너지정보문화재단)

2 호주 국립기후복원센터 정책보고서 「실존적인 기후 관련 안보 위기 - 시나리오적 접근」 (ecosophialab.com/호주-국립기후복원센터-정책보고서-실존적인-기후/). (2022년 11월 11일 검색)

한편, 2018년 IPCC 「지구온난화 1.5도 특별보고서」에 따르면 2100년까지 평균기온 상승을 1.5도로 제한하려면 2030년까지 2010년 대비 이산화탄소 배출을 최소 45% 감축해야 하며 2050년까지 이산화탄소의 인위적 배출량과 인위적 흡수량이 균형을 이룬 이른바 넷제로(0)에 도달해야 한다.[3] 이에 190여 개국의 기후변화협약 당사국의 약 2/3가 장기저탄소발전전략으로서 탄소중립을 선언했다(전의찬, 2022). 하지만 이러한 정치적 선언과 달리 세계 각국이 제출한 2030년 온실가스 감축계획(NDC)을 분석한 결과, 온실가스는 2030년까지 2010년 대비 10.6% 증가하는 것으로 나타났다.[4] 기후위기의 심각성과 대응의 긴급성에 비해 국가의 기후위기 대응은 여전히 미흡하고 목표치에 한참 미치지 못하고 있다. 왜 그럴까?

2. 녹색전환을 가로막는 구조적 장벽이 있다고?

드라이젝(J. Dryzek)에 따르면 현대 국가는 대내적으로 사회적 질서를 유지하고, 대외적으로 방어하고 다른 국가들과 경쟁하며, 세입을 확보하고, 자본축적을 촉진하며 정당화(legitimation) 임무(imperatives)를 수행한다. 여기에 환경과 제도 기존 국가의 임무에 통합되었다. 따라서 현대 국가는 대부분 환경 관련 부처나 기관을 두고 환경보전을 법으로 규정하며 환경문제를 해결하고 환경공공재를 공급하는 이른바 환경국가이다. 이런 환경국가와 구분하여 생태적 가치 또는 녹색 가치를 수단이 아닌 목적으로 두고 생태적 이상을 달성하는 국가를 녹색국가라고 부를 수 있다(Eckersley, 2021). 하우스크노스트(Hausknost, 2020)는 현대 국가 임무의 구조적 장벽으로 인해 환경국가에서 녹색국가로 발

---

3 「지구온난화 특별보고서 1.5℃」 SPM 주요 내용(2018. 10. 기상청 기후정책과)
4 https://unfccc.int/ndc-synthesis-report-2022#Projected-GHG-Emission-levels (2022년 11월 10일 검색)

전하기 어렵다고 주장한다. 그는 이것을 '전환의 유리천장(glass ceiling of transformation)'이라고 말한다. 유리천장은 통상적으로 기업의 서열에서 소수자와 여성의 승진을 가로막는 장벽이 존재함을 비유적으로 일컫는데, 이 용어의 유래처럼 실제로 존재하지만 존재한다고 인정되지 않는 어떤 것으로서, 하우스크노스는 녹색국가로의 전환을 가로막는 구조적 장벽도 존재하지만, 이같이 보이지 않고 그 존재가 인정되지 않는다는 의미에서 유리천장 개념을 사용한다.

드라이젝은 자본주의 복지국가에서 환경과제를 기존 국가의 임무에 통합하여 환경국가로 발전했듯이 환경운동을 통해 지속가능성 임무도 국가의 새로운 임무로 추가될 수 있다고 본다. 이에 반해 하우스크노스트는 유리천장이라는 구조적 장벽으로 인해 지속가능성 임무가 기존의 국가 임무와 충돌하기 때문에 환경국가에서 녹색국가로 진화하지 못한다고 주장한다(Eckersley. 2021). 여기서 지속가능성 임무란 지구 행성 시스템의 지속가능성을 유지하는 임무이다(지구 행성 시스템의 지속가능성이 무엇을 의미하는지는 다음 절에서 설명).

하우스크노스트에 따르면, 녹색전환 또는 녹색국가로의 발전을 가로막는 구조적 요인은 국가의 정당화 임무에서 도출된다. 정당화 임무란 다름 아닌 '선거 정치적 임무(electoral politics imperative)'로서 국가가 수행하는 일은 선거 정치를 통해 그 정당성을 확보해야 함을 의미한다(Hausknost. 2020: 21). 하우스크노스트는 지구 행성 시스템의 지속가능성을 유지하는 일이 국가가 반드시 수행해야 하는 임무가 되려면 기존의 국가 임무와 노골적으로 모순 관계에 있지 않아야 한다고 말한다. 드라이젝이 기술한 국가 임무 간에도 긴장과 모순이 존재하지만 지금까지 이러한 긴장은 체제의 다양한 적응 메커니즘을 통해 통제될 수 있었다. 자본축적 과정을 저해하지 않으면서 환경개선을 추구하는 생태적 현대화 전략이 대표적이다. 전 세계적으로 그린뉴딜이 국가의 기후위기 대응책으로 표준화되는 이유이기도 하다. 생태적 현대화에서 지구 행성 시스템의 지속불가능성을 줄이는 유일한 전략은 자원 및 에너지 효율성을 증대시켜 경제성장과 환경영향을 분리(탈동조화)시키는 것이다. 북유럽 및 서유럽 국가에서 탄소배출과 경제성장의 탈동조화는 일어나고 있다. 하지만 이들 국가의 물질 소비 수준은 여전히 높다. 이로 인해 경제성장과 생태발자국의 절대적 탈동조화는 아직 이루어지지 않았다. 녹색성장, 그린뉴딜 등 경제성장을 옹호하는 생태적 현대화 전략으로는 기후위기의 파멸적 결과를 막을 수 없다고 주장하는 체제전환과 탈성장 담론이 등장하는 이유다.

그렇다면 현대 민주주의 국가가 본질적으로 지속불가능한 경제성장 명령을 따르고 자본축적을 국가의 우선적 임무로 삼기 때문에 지구 행성의 지속가능성을 담보할 수 없는 것인가? 자본의 끊임없는 이윤추구 논리로 인해 녹색전환의 구조적 장벽이 발생하는가? 기후운동에서는 기후위기의 원인으로 자본주의 성장체제를 지목한다. 그러나 바로 이 지점에서 하우스크노스트 주장과의 차이가 발생한다. 하우스크노스트는 경제적 요인만으로 전환의 구조적 장벽을 설명하지 않는다. 하우스크노스트가 주목한 것은 앞에서 언급했듯이 국가의 정당화 임무이다. 하우스크노스트에 따르면, 지속적 경제성장은 현대 사회의 높은 수준의 물질적 복지 지향과 밀접하게 관련되어 있기 때문에, 자본의 이해관계와 사회적 요구 사이의 구분이 모호해진다. 국가의 자본축적 임무와 민주적 정당화 임무가 서로 긴밀하게 연결되어 있다. 즉, 경제성장은 민주적 정당화 절차를 걸쳐 국가 임무로 정당성을 확보한 사회적 요구다. 이같이 유리천장 개념은 현대 국가의 정당화 임무와 생태적 지속불가능성이 구조적으로 관련되어 있음을 시사하는 개념이다.

3. 생활세계의 지속가능성과 지구 행성 시스템의 지속가능성이 분리되다

하우스크노스트는 생활세계 지속가능성(Lifeworld Sustainability: 이하 LWS)과 지구 행성 시스템의 지속가능성(System Sustainability: 이하 SYS)이 분리되었기 때문에 녹색전환의 구조적 장벽이 발생한다고 주장한다. 그에 따르면, LWS와 SYS가 분리됨으로써 국가의 기후위기에 대응 압력이 완화된다. LWS는 '생활세계에서 주관적으로 느끼는 바람직하고 편안한 상태'를 의미하는 것으로서 "물질적 풍요, 복지, 복지국가가 일반적으로 제공하는 건강, 교육 및 사회보험, 그리고 문화 및 정체성의 지속적인 재생산을 포함한 사회보장과 문화적 안정성과 관련된다(Hausknost, 2020: 24)." 주관적 생활세계와 달리 SYS는 객관적인 지구의 생물물리적 조건이다. 2100년까지 산업화 이전 대비 지구 평균기온 상승을 1.5도 내로 유지하고 생물종 다양성 손실과 해양 산성화를 중단하고, 인과 질소의 순환을 지속가능하게 만드는 것 등이 여기에 해당한다.

LWS가 정치적으로 결정되는 차원이라면, SYS는 생태적으로 결정되며 과학적·윤리적 기준이다. 환경문제는 유권자의 삶에 대한 위협으로 가시화될수록 정치적으로 두드러진다. 이런 점에서 기후변화의 영향이 빈번하게 드러나면 SYS를 개선하도록 국가를 압박할 수 있다. 하지만 "기후위기를 극복하기 위한 국가의 환경활동이 생활세계의 주관적 질을 개선하지 않고 악화시키는 경우 정치적으로 이런 활동이 취해질 가능성이 매우 낮다."(같은 글, 26) 즉, "생활세계의 악화가 아니라 상대적 개선으로 인식되는 방식"으로만 SYS를 추구할 수 있다(같은 글, 26). 이것은 곧 "SYS 표준이 생활세계를 통해 매개될 때만 국가 정당화 임무하에서 국가 행동을 동원할 수 있다."는 것을 의미한다(같은 글, 26). 지금까지 환경국가는 LWS를 위협하는 것으로 가시적으로 드러나는 대기오염, 수질오염, 산림고사, 독성화학물질 등의 분야에서는 제도적 인프라를 통해 환경적 개선을 이루었다. 하지만 환경적으로 개선된 산업사회는 동시에 온실가스 배출, 자원 및 에너지 사용량 증가, 생태발자국 증가, 생물다양성 손실, 해양 산성화 등의 지구 행성 시스템의 지속불가능성을 초래했다. 이런 측면에서 하우스크노스트는 환경국가가 LWS와 SYS의 궤적을 효과적으로 분리하면서 산업사회의 지구 행성 시스템의 지속불가능성을 강화했다고 말한다.

생활세계 지속가능성과 지구 행성 시스템의 지속가능성이 분리되었다는 하우스크노스트의 주장은 '환경주의자의 역설(Environmentalist's Paradox)'을 상기시킨다. 환경주의자에 따르면, 인간의 복지(well-being)는 생태계의 서비스에 의존하는 바, 지구 생태계의 질이 저하되면 인간의 복지도 감소한다. 그런데 새천년 생태계 평가(Millenium Ecosystem Assessment)에 따르면 지구 생태계의 질은 전반적으로 감소했음에도 불구하고 인간의 복지는 전반적으로 증가했다. 생태계의 질은 인간에게 식량 등을 공급하는 서비스(provisioning services), 기후, 홍수, 질병, 수질 등을 조절하는 서비스(regulating services), 인간에게 미적인 편익을 가져다주는 문화적 서비스(cultural services), 그리고 토양형성, 영양소 순환 등 생태계를 유지하는 서비스(supporting services) 등 24개의 생태서비스로 평가되었는데, 이 중에서 15개의 질이 저하되었다. 인간에게 식량 등을 공급하는 공급서비스는 증가했지만, 기후, 홍수 등을 조절하고 생태계를 유지하는 기능은 저하되었다. 이와 같은 '환경주의자의 역설'이 발생하는 이유 중 하나는 생태계의 질 저하가 인간의 복지에 영향을 미치는 데까지 시차(time lag)가 존재한다고 생각해볼 수 있다(Raudsepp-Hearne, 2010). 하우스크노스트는 기후변화가 가시적 위기로 드러나는 때는 지구 행성 시스템의 지속가능성이 이미 회복할 수 없는 수준에 도달한 상태일 것이라고 암울하게 전망한다. 여기에서 하우스크노스트가 말한 '가시적'으로 드러나는 때는 의미상 일반 대중에 의해 기후위기가 심각하게 받아들여지는 때로 이해해야 할 것이다. 가뭄, 홍수, 폭염, 혹한 등 극한 기상이나 기후의 빈도나 강도가 증가했음에도 불구하고 국가의 기후위기 대응이 더딘 이유는, 이러한 극한 기상이나 기후가 여전히 기후재난의 징후로 심각하게 받아들여지지 않고 있는 상황으로 볼 수 있기 때문이다.

4. 생태적 지속불가능성을 민주적으로 정당화한다면?

하우스크노스는 생활세계의 지속가능성과 지구 행성 시스템의 지속가능성이 분리됨으로써, 또는 지구 행성 시스템의 지속가능성 위기가 생활세계를 위협하는 정도로 인식되지 않기 때문에, 국가는 민주적 절차를 통해 지구 생태계를 위협하는 수준까지 경제성장을 정당화해왔다고 본다. 이런 차원에서 국가의 정당화 임무 자체가 녹색전환의 구조적 장벽으로 등장하게 된다. 하우스크노스트의 유리천장 가설은 결국 우리가 알고 있는 "민주주의와 민주화가 (지구 생태의) 지속가능성 위기를 해결하는 중심축이 아니라 오히려 그 자체가 문제의 구성요소일 수 있다는 점"을 시사하고 있다(Blühdorn, 2020: 40). 사회생태적 전환에서 항상 중요한 전제조건으로 간주해온 민주적 절차가 장애물로 부상한 것이다.

블뤼돈(Blühdorn, 2020)은 민주주의의 생태정치적 근본 문제를 다음과 같이 지적한다. 첫째, 현대 민주주의는 역사적으로 화석연료에 기반한 산업사회의 경제성장에 의존하여 진화했다. 즉, 현대 민주주의의 물질적 토대가 지속불가능하기 때문에 이러한 민주주의 제도와 과정이 생태정치적 목표를 달성하는 데 적합한지 회의를 불러일으키게 된다. 둘째, 해방적 사회운동은 전문가 통치에 대한 우려로 정책 결정의 민주화를 요구한다. 그 결과 비전문가 지식, 토착민과 전통에 대한 지식, 시민전문가 등을 통한 과학연구 및 과학지식의 민주화 과정에서 과학적 진단의 권위가 정치화되고 생태적 임무의 타당성이 상대화된다. 진실에 대한 다양한 관점이 경쟁하는 인식적 민주화와 생활방식의 자기 결정에 대한 요구가 증가하면서 생태적으로 지속불가능하지만 민주적으로 정당화되는 정치가 출현하게 된다. 우익 포퓰리즘의 배제의 정치가 조직되는 데 민주주의의 근거가 이용되기도 한다. 우익 포퓰리즘은 기후변화정책에 부정적인 영향을 미치기도 하는데, 영국에서는 보수정당이 극우 정당과 경쟁하면서 보수정당의 기후변화정책이 후퇴하는 경향을 보였다(Carter and Little. 2021). 이런 이유로 에커슬리(Eckersley, 2021)와 하우스크노스트(Hausknost, 2020)는 녹색전환의 방향을 따를 수 있도록 민주적 의사결정에 관한 새로운 제도적 규칙의 생성이 필요하다고 말한다. 그러나 새로운 규칙의 제정도 민주적 정당화 절차를 거쳐야 한다. 지금의 대의제 민주주의 정치하에서 하우스크노스가 주장한 전환의 구조적 장애인 유리천장을 극복하는 방법을 찾아야 하는 이유다. 녹색전환의 시대적 사명과 기후운동의 요구가 구속력 있게 제도적으로 실현되려면 입법과정을 통한 정치적 해결방식이 필요한데, 이를 위해서는 물질적 진보라는 믿음에 도전하고 경제성장 제한의 필요성을 주장하는 세력의 정치적 승리가 필요한 것이다(Douglas, 2020).

이러한 문제의식에 기초하여 필자는 다음 절에서 녹색전환을 위한 국가의 정당화 임무를 달성하는 첫 번째 관문으로서 정당정치의 중요성을 피력하고(5절) 한국의 저조한 온실가스 감축실적이 어떻게 정당정치와 관련되는지 분석한다(6절). 그리고 하우스크노스트의 유리천장 가설과 경제성장 공약의 연관성을 살펴본다(7절). 마지막으로 대안 담론의 정치세력화의 일환으로서 유럽 일부 국가의 녹색당과 좌파계열 정당에서 등장하기 시작한 탈성장 공약을 소개하고 한국에서 기후위기 대응을 위한 책임 있는 정당정치를 실현하기 위한 정치제도적 조건을 살펴본다(8절).

5. 녹색전환의 민주적 정당화 임무의 첫 번째 관문: 정당정치

최근 국내 연구에서 기후위기의 원인을 진단하고 대안을 탐색하는 일련의 연구들이 부쩍 늘어났다. 많은 연구에서 기후위기의 원인을 자본주의 성장체제와 생산관계, 불평등, 인간중심주의 등으로 추상적으로 진단하고 이를 극복하기 위해 노동운동, 기후정의운동 등 아래로부터의 연대와 운동으로 문제를 해결해야 주장한다(김민정, 2019, 2021; 김환석, 2022; 민정희, 2019; 방주, 2021; 이도흠, 2021; 이창근, 2022; 정록, 2022; 홍덕화, 2020). 대부분의 연구에서 기후위기의 원인에 대한 진단은 이론적으로 정교하지만, 대안은 시민사회 운동의 필요성을 강조하는 추상적 수준에 머물러 있다. 무엇보다 구체적 현실에서 정치제도적 맥락을 고찰하지 않은 한계가 있다. 경제성장체제를 비판하지만 이 경제성장이 민주적 절차의 정당화를 통해 지지된다는 불편한 진실에 대해서는 논의하지 않는다. 물론 국내외적 기후운동의 압박으로 파리협약이나 「기후위기 대응을 위한 탄소중립·녹색성장 기본법(약칭 탄소중립기본법)」에서 정의로운 전환, 기후정의 등을 명시하고 불평등 문제를 부상시킨 것은 운동의 성과이지만 국내 정치에서는 이러한 주제가 구체적 정책 이슈로 등장하지 못하고 상징적 정치 언어에 머무르고 있는 실정이다. 이는 무엇보다도 정당 간 정책경쟁의 공적인 장인 선거에서 기후변화 정책 이슈가 다루어지지 않거나 주변화하고 있는 사실에서 드러난다. 따라서 이러한 현상이 무엇을 의미하는지를 탐색하지 않으면, 정치에서 기후운동의 언어를 상징적으로 사용하듯, 체제전환의 담론이나 대안도 시민사회 현실과 괴리될 수밖에 없다. 정책이 만들어지고 실행되며 공적 장에서 논의되는, 즉 시민사회의 요구와 국가정책을 이어주는 구체적인 정치제도적 실천의 맥락을 분석해야 하는 이유다. 미국 월스트리트 점거(Occupy) 운동이 정치적 실천으로 구체화하지 못한 것과 독일의 1970~1980년대 반핵환경운동이 녹색당으로 정치세력화하여 탈원전과 탈석탄 정책 등 에너지전환과 기후위기 대응의 구체적 정책으로 실현되고 있는 것은 운동과 국가정책을 이어주는 정치제도적 실천의 차이를 잘 드러내는 사례이다.

탈성장 담론과 기후정의운동은 한편으로 개인적 실천, 운동, 인식의 전환 등을 주장하지만 다른 한편으로 공적 투자에 대한 확대와 다양한 부문에서 계획의 필요성을 주장한다. 해밀턴(C. Hamilton)은 탈성장 실천 사항으로 노동시간 단축, 광고 제한, GDP 사용하지 않기, 과세나 규제 조치를 통한 선진국과 개도국의 투자대상 제한 및 조정, 교육에 대한 공적 투자 확대, 누진소득세 도입을 통한 기본소득 확대, 순환형 기업공정 도입 등을 내세운다(김민정, 2019). 기후정의운동에서는 성장주의 이데올로기와 그 변형인 녹색성장론을 거부하고 자본주의 경제체제가 아닌 필요 기반의 돌봄과 생태적 전환경제를 추구한다. 이를 위해 돌봄, 의료, 교통, 전기, 물 등 공공 서비스의 보장과 확대를 주장하며 순환경제로의 전면적 전환 필요성을 강조한다(기후정의포럼, 2021). 이렇게 탈성장 담론과 기후정의운동의 요구사항은 다름 아닌 국가 공적 기능의 전환이나 확대를 의미한다. 국가의 공적 기능은 국가의 정당화 임무를 통해 확보된다. 앞서 언급했듯이 이는 국가의 선거 정치적 임무를 통해 구현된다. 기후위기 대응을 위해 녹색민주주의 혁명을 주장하는 무페(2022)의 다음의 말은 이를 명시적으로 보여준다.

"국가는 녹색 민주주의 혁명에서 중요한 행위자가 되어야 한다. 왜냐하면 많은 경제학자가 인정하듯이 생태주의적 계획 없이는 재생할 수 있는 에너지로의 전환을 실현하는 것이 가능하지 않을 것이기 때문이다. 생태적 분기가 필요로 하는 깊이 있는 변환이 사회운동만으로 가능할 것이라고 상상하는 것은 착각이다. 활동가들과 생태주의 집단들은 중요한 역할을 하고 있지만, 선거에서 승리하고 국가권력에 도달하지 않고서는 화석자본 권력에 성공적으로 맞서기 위한 조건을 창출하는 것은 가능하지 않다. 국가 수준에서 취하는 결정에 영향을 행사하기 위해서는 정치적으로 조직화되어야 한다. 다양한 생태주의 투쟁에 참여하는 모든 사람은 선거 정치를 회피한다면 결정적인 진전을 만들 수 없을 것이라는 것을 알아야 한다."(무페. 2022: 108-109)

민주주의는 정치지도자와 정치조직이 정책 대안을 두고 서로 경쟁하는 시스템이다(Schattschneider. 1960). 샤츠슈나이더는 "정당이야말로 다수의 동원에 적합한 특수한 형태의 정치조직"으로서 "갈등에 우선순위를 부여하고 위계화해 가장 큰 규모의 대중을 동원함으로써 선거에서 승리할 수 있는 유일한 조직이다."고 말한다(박상훈, 2013: 44). 일반 대중은 선거를 통해 공공정책의 의사결정에 참여할 수 있게 되고, 무엇보다 공공정책 문제가 공론화됨으로써 시민사회가 그 문제를 숙고할 기회를 가지게 된다. 특정 문제가 정당정치를 통해 정의되고 해석되는 과정을 통해 복잡한 공공정책의 이슈가 일반 시민들이 이해할 수 있도록 단순화된다. 이런 차원에서 정당정치는 시민들에게 특정 정책에 대한 정보를 제공할 뿐만 아니라 시민들에게 정책에 대해 숙고하고 논의할 기회도 함께 제공함으로써 민주주의가 실질적으로 실현되는 데 기여한다(Dahl, 1998).

무엇보다 기후변화에 대한 해결책을 모색하는 과정에 다양한 가치관과 입장이 충돌하기 때문에 정당정치의 역할이 중요하다. 정당은 사회적 갈등을 특정 맥락 속에서 취사선택하고 조직하며 갈등을 해결할 대안 정책을 둘러싸고 서로 경쟁하는 주체이다. 기후위기의 심각성에 대한 인식이 자동으로 그 해결책에 대한 마찰 없는 합의로 이어지지 않는다. 대다수의 사람들이 기후변화가 인류에게 심각한 위협이 될 수 있다고 인식하고 온실가스 감축에 동의한다는 점에서 기후변화 이슈는 좋고 나쁨의 판단이 분명한 부패, 도덕적 문제 등과 같이 이른바 합의이슈(valence issue)로 간주될 수 있는 측면이 있다. 하지만 온실가스 감축의 저조한 성과, 기후변화 존재 자체에 대한 논쟁, 국가의 모순적인 기후변화 정책(가령, 온실가스 감축정책을 추진하면서 동시에 화석연료 보조금을 유지함), 환경세/탄소세 도입을 둘러싼 찬반, 온실가스 감축목표에 대한 정당 간 '온도' 차이, 재생가능에너지 확대를 둘러싼 사회적 갈등, 온실가스 감축 수단으로서 원자력 이용에 대한 찬반, 화석연료 퇴출과 에너지안보의 충돌 등은 온실가스 감축이 합의이슈가 아닌 다양한 이해관계자 간 갈등과 정치적 입장이 부딪히는 문제임을 드러낸다. 즉, 기후위기 이슈는 정당 간 입장 차이가 존재하는 당파적 이슈(positional issue)이다(Carter et al, 2018).

이런 이유로 기후변화 대응에 선도적인 국가들이 정당정치를 통해 사회의 다양한 목소리와 갈등을 반영하고 조정하는 성숙한 민주주의 국가인 것은 결코 우연이 아니다. 정당 간 경쟁을 통해 정부 정책을 결정하기 때문에 정당은 기후변화 정치의 핵심 요소일 뿐만 아니라 기후변화에 관한 대중의 태도를 형성하는 데도 정당은 중요하게 기능한다(Farstad, 2018: 698). 정당 엘리트들이 기후변화 문제를 중요하게 인식하는 정도는 대중의 기후변화 태도나 행동에 유의미한 영향을 미친다(Sohlberg, 2017). 내쉬와 스투어(Nash and Steurer, 2021)는 스코틀랜드, 오스트리아, 덴마크 및 스웨덴 사례를 통해 의회 내에서 기후변화 입법을 위한 심의과정과 이를 통한 광범위한 담론 형성을 통해 기후정책을 정치화할 때 온실가스 감축목표 등 야심 찬 기후정책을 끌어냄을 입증했다. 옌센과 스푼(Jensen and Spoon, 2011)은 유럽연합 회원국의 환경공약을 분석하여 집권 연립정부가 친환경적일수록, 즉 환경공약 비율이 높을수록 온실가스 감축목표가 진일보하고 녹색정당이 집권 연정에 속해 있으면 해당 국가의 온실가스 감축목표가 진일보한다고 분석했다. 즉, 녹색당과 같은 소수정당이 연정의 파트너로 정부의 정책 결정에 영향을 미칠 수 있음을 보인 것이다. 가령 독일의 녹색당은 1998년 사민당-녹색당 연립정부를 구성하여 탈원전정책을 추진했고 재생가능에너지법을 도입하는 데 중요한 역할을 했으며, 2021년 이른바 신호등 연립정부(사민당(적색)-녹색당(녹색)-자민당(노란색))에서는 탈석탄발전 시기를 2030년으로 앞당기는 데 이바지했다.

6. 한국의 온실가스 감축정책 유형 및 선거정치의 이슈경쟁 구조

이 글은 기후위기 대응에서 정당정치가 중요함을 강조하며 한국 정당정치에서 기후위기 대응 정책이 주된 의제로 논의되지 않는다는 사실과 한국 정부의 저조한 온실가스 감축 실적이 밀접하게 관련되어 있음을 주장한다. 이 주장을 뒷받침하기 위해 온실가스 감축정책의 특성과 원내 정당의 기후변화 정책과 관련된 선거공약의 이슈경쟁 구조를 분석한다.

먼저 온실가스 감축정책을 공공정책의 유형에 따라 분류하면 〈표 1〉과 같다.

⟨표 1⟩ 온실가스 감축 정책 유형

정책 유형	정책 내용
분배정책	• 보조금, R&D 지원, 보급지원, 대중교통 인프라 구축 등
재분배정책	• 발전연료 세금 부과, 전기요금 조정, 탄소세 도입 등
규제정책	• 기술표준규제, 배출권거래제 할당량 규제, 석탄발전소 금지 등
자발적 실천 / 자율적 규제	• 시민들의 자발적 실천: 녹색교통 실천(자전거, 대중교통 이용 등) • 산업 부문의 자율적 규제: 공정·효율 개선 등

자료: 공공정책 유형(유훈, 2016)에 따라 필자가 온실가스 감축 정책을 분류함.

매틀랜드(Matland)는 정책집행의 유형을 갈등과 모호성의 정도를 기준으로 행정적 집행, 정치적 집행, 실험적 집행 및 상징적 집행으로 분류한다. 매틀랜드의 기준에 따라 위의 기후변화 정책의 정책집행 유형을 구분하면 ⟨표 2⟩와 같다.

⟨표 2⟩ 매틀랜드의 정책집행 유형

매틀랜드의 정책집행 유형		갈등의 수준	
		낮다	높다
모호성	낮다	행정적 집행 (분배정책, 규제정책 중 기술표준규제)	정치적 집행 (재분배정책, 규제정책 중 배출권거래제, 석탄발전소 금지)
	높다	실험적 집행 (자발적 실천, 자율적 규제)	상징적 집행

자료: Matland(1995: 160) 표에 따라 필자가 온실가스 감축 정책을 분류함.

정책집행 유형에 따르면, 온실가스 감축 정책 중 R&D를 지원하고 보조금을 지급하고 설비 보급을 지원하는 분배정책과 건물이나 전자제품 등의 에너지효율등급 등을 규제하는 기술표준규제는 상대적으로 모호성이 낮고 갈등의 수준이 낮은 행정적 집행에 속한다. 예산이 지원되면 집행이 상대적으로 용이한 분배정책과 기술표준규제는 해당 부처의 정책과제 이행실적이 우수한 것으로 나타났다. 이에 반해 전기요금을 현실화하거나 탄소세를 부과하는 재분배정책과 규제정책 중 배출권 할당량을 직접 기업에 부과하는 배출권거래제나 석탄발전소 건설을 금지하는 정책은 모호성은 낮지만 갈등의 수준이 높아 정치적 집행에 해당한다. 이러한 정치적 집행에 해당하는 정책 유형은 온실가스 배출을 직접 규제하는 데 효과가 높지만 사회적 합의와 정치적 결단이 필요하다. 하지만 한국의 원내 정당은 아직 석탄발전소 건설 금지나 탈석탄 시기, 탄소세 도입 등을 논의하지 않고 있으며 정부는 산업계의 반발로 인해 배출권거래제의 할당량 규제에 소극적이다.[5]

기후변화 정책 이슈가 정치적 쟁점이 되려면 우선 정당에서 해당 이슈를 정치적 과제로 인식해야 한다. 해당 이슈에 대한 정당의 정치적 인식은 선거에서 정당이 제시하는 공약으로 표현된다. 공약은 정책 실현의 결과가 아니라 미래를 향한 정치적 약속으로서, 정당의 정치 비전을 보여주면서 동시에 당대의 사회적 관심(대중의 열망과 지향하는 가치)과 사회문제 해결을 위한 정당의 구체적 대응 방안이며 정책 이슈를 대변한다. 공약은 비록 현실 정치에서 그대로 실현될 것으로 간주되지 않지만, 해당 분야에서 정당의 정책 지향성이나 정책 구현의 최대치를 반영하기 때문에 공약을 통해 집권당의 정책 추진 방향을 가늠할 수 있다. 여기에서는 2020년 총선과 2022년 대선에 제시된 더불어민주당, 국민의힘 및 정의당의 기후변화 주요 공약을 비교한다.

정의당은 2030년 온실가스 감축목표를 2010년 대비 50% 감축으로 명시한 반면, 더불어민주당은 2020년 총선에서 2050년 탄소제로를 내세웠을 뿐 2022년 대선에서는 감축 공약을 별도로 제시하지 않았다. 당시 집권여당으로서 정부가 수립한 2030년 로드맵을 수용한 것으로 볼 수 있다. 국민의힘은 2022년 대선 이전에는 온실가스 감축에 대한 공약을 제시하지 않았으며 2022년 대선에서는 문재인 정부의 2030 NDC 대해 조정이 필요하다는 입장을 피력함으로

---

5 이상의 온실가스 감축유형과 특성에 대해서는 김수진(2022)의 234~239쪽의 내용 인용.

〈표 3〉 원내정당별 기후변화 주요 공약 비교(2020년 총선 및 2022년 대선)

구분	정의당	더불어민주당	국민의힘
온실가스 감축	• 2030년 목표: 2010년 대비 50% 이상 감축	• 2050년 탄소제로	• 실효적 온실가스 감축 추진
탈석탄	• 2030년 탈석탄	• 정책공약 없음	• 정책공약 없음
재생에너지	• 2030년 목표: 발전비 중 40%(2020년 총선) → 50% 달성(2022년 대선)	• 2030년 목표: 발전비 중 30%	• 정책공약 없음
재정	• 탄소세 도입	• 탄소세 도입 검토	• 정책공약 없음
원자력	• 2040년 탈핵 원년 달성	• 정책공약 없음	• 원자력 적극 활용

자료: 정당 공약은 중앙선거관리위원회(http://policy.nec.go.kr) 정책·공약마당 자료를 참고함.

써 가장 소극적인 기후변화 공약을 제시했다. 재생에너지에 대해서도 정의당은 2030년까지 50% 발전 비중을 달성한다는 가장 높은 목표치를 제시했으며, 더불어민주당은 30%, 국민의힘은 정책공약이 없다. 원자력발전의 경우 정의당은 2040년 탈핵 달성 공약을, 국민의힘은 원자력을 적극 활용하여 기후위기에 대응한다는 공약을 제시했다. 이에 반해 더불어민주당은 2017년 대선에서 신규 원전 건설 전면 중단을 제시했으나, 이후 선거에서는 원자력에 대한 정책 입장을 제시하지 않았다. 탈석탄과 탄소세 도입에 대해서는 정의당이 유일하게 정당 입장을 밝혔다. 더불어민주당은 2020년 총선에서 탄소세 도입을 검토한다는 공약을 제시했으나 2022년 대선에서는 국민의힘과 마찬가지로 탄소세 등 기후위기 대응의 구체적 재정공약을 제시하지 않았다. 이렇게 2020년 총선과 2022년 대선의 기후변화 관련 분야의 주요 정책에 대한 정당 간 공약을 비교하면, 〈표 3〉에 나타나듯 기후변화의 세부 정책 이슈에서 정치적 당파성이 유의미한 차이를 만든다는 사실을 확인할 수 있다.

정당 공약만으로는 해당 이슈가 사회적으로 얼마나 현저한지(salient) 파악할 수 없다. 기노도와 페르시코(Guinaudeau and Persico, 2013)는 정당이 이슈를 다룰지 여부와 이슈를 다룬다면 상대 정당과 유사한 입장을 취할지 아니면 상반된 입장을 취할지에 따라 이슈경쟁 유형을 분류한다. 어떤 이슈를 다루는 정당이 한 개라면 해당 정당이 이슈를 소유한다고 말한다. 두 개 이상의 정당이 동일한 이슈를 다룬다면 정당의 입장에 따라 이슈경쟁의 정치 역학이 발생한다. 이에 따라 이슈경쟁 유형을 이슈소유(proprietal issues), 이슈합의(consensual issues) 및 이슈갈등(conflictual issues)으로 구분한다. 기노도와 페르시코(Guinaudeau and Persico, 2013)의 이슈경쟁 유형에 따라 기후변화정책 공약을 구분하면 다음 표와 같다.

〈표 4〉 기후변화 공약의 이슈경쟁 분류

		갈등: 입장의 수로 표현됨	
		1개	2개 이상
현저성(salience): 해당 이슈를 다루는 정당의 수로 결정됨	1개	이슈소유(proprietal) 탈석탄, 탄소세 도입	-
	2개 이상	이슈합의(consensual) 온실가스 감축목표	이슈갈등(conflictual) 원자력 정책 재생가능에너지 확대

한 개의 소수정당이 이슈를 소유하고 있다는 사실은 이슈 자체의 현저성이 약함을 의미하는데(Guinaudeau and Persico, 2013; Spoon et al., 2014), 바로 탈석탄과 탄소세 도입 이슈가 한국 사회에서 아직 정치적 쟁점으로 부상하지 않는 현실이 대표적으로 이러한 이슈소유 상황을 보여준다. 원자력정책과 재생가능에너지 확대정책에 관해서는 주류 정당인 더불어민주당이나 국민의힘도 정당 입장을 제시하고 두 정당 간 입장 차이가 존재하므로 기노도와 페르시코(Guinaudeau and Persico, 2013)의 구분에 따르면 이슈갈등 분야에 해당한다. 하지만 이러한 갈등적인 이슈들은 실제로 선거에서 주된 쟁점으로 부상하

지는 않았다. 따라서 이슈갈등을 단순히 정당 입장의 수와 이슈를 다루는 정당의 수로 파악하기보다 카터와 리틀(Carter and Little, 2021)의 이슈경쟁 구조처럼 정당 간 입장 차이와 현저성의 정도를 구분할 필요가 있다. 가령, 소수정당과 주류 정당 간의 이슈 입장에 대한 차이보다는 주류 정당 간의 이슈 입장의 차이가 이슈경쟁을 더 부각한다. 그리고 정당 간 입장의 차이가 있지만, 강조하는 시기가 달라서 해당 이슈가 주된 쟁점으로 부각되지 않을 수도 있다. 집권정당에 도전하는 입장인 야당은 정부의 정책과 선명하게 대비되는 이슈를 부각하기를 원하는 반면, 여당은 갈등 사안인 이슈를 강조하지 않거나 탈정치화하기를 원한다(Guinaudeau and Persico, 2013). 민주당이 야당인 2012년 총선과 2017년 대선에서 원자력정책 전면 재검토를 내세웠지만, 이에 대해 여당인 당시 새누리당과 자유한국당(현 국민의힘)은 원자력정책에 대해 어떤 공약도 제시하지 않았다. 반대로 현 국민의힘의 전신인 미래통합당과 국민의힘은 2020년 총선과 2022년 대선에서 야당으로서 정부의 탈원전정책 폐기를 공약에 제시했으나 민주당은 여당으로서 2020년 총선과 2022년 대선에 원자력정책을 공약에 포함하지 않았다. 즉, 원자력정책은 앞서 언급한 대로 두 정당이 각각 야당이었을 때 적극적으로 제기하고 여당이었을 때는 회피해온 이슈이기 때문에, 정당 간 입장의 차이는 존재하지만 이슈경쟁의 현저성은 떨어진다. 따라서 원자력정책은 카터와 리틀(Carter and Little, 2021)의 이슈경쟁 구조에 따라 분류하면, 정당 간 입장 차이는 있지만 이슈경쟁의 현저성은 떨어지는 '소극적 불일치'에 해당한다.

온실가스 감축목표의 경우 2022년 대선에서 국민의힘이 2030년 NDC(2018년 대비 40% 감축)를 실효적으로 조정할 필요가 있음을 밝혔지만, 「탄소중립기본법」에서 2050년 탄소중립 목표와 2030년 목표(2018년 대비 최소 35%)를 규정했기 때문에 의회에서 이미 입법화했다는 차원에서 온실가스 감축목표는 양당 간 '소극적 합의' 이슈로 볼 수 있다. 주류 정당 간 재생에너지정책 이슈경쟁은 원자력정책에 대한 입장과 궤를 같이 한다. 국민의힘은 재생에너지 확대에 대한 입장을 정책공약으로 명시하지 않는 대신 2022년 대선공약에서 태양광 사업의 비리척결을 관련 공약으로 제시했다. 무엇보다 기후변화에 대응하는 탈탄소 전략으로 재생에너지가 아닌 원자력을 적극적으로 확대하는 정책을 제시함으로써 재생에너지 확대에 대해서는 소극적 입장을 견지한다고 볼 수 있다. 2023년 1월 12일 확정된 제10차 전력수급기본계획은 2021년 NDC와 비교하여 2030년 원자력발전 비중은 8.5% 늘어났고 신재생에너지 비중은 8.6% 감소했다(산업통상자원부, 2023). 즉, 발전 부문에서 원자력과 재생에너지는 탈탄소 전략으로 어느 정도 경쟁관계를 형성한다고 볼 수 있으므로 원자력에 대한 이슈경쟁이 부각되지 않으면 재생에너지 이슈경쟁도 소극적으로 형성될 수밖에 없다. 따라서 주류 정당의 기후변화 공약의 이슈경쟁 구조를 카터와 리틀(Carter and Little, 2021)의 구분에 따라 분류하면 다음 〈표 5〉와 같다. 탄소세 도입과 탈석탄발전 시기는 정의당이 독점적으로 이슈를 소유하고 있으므로 이슈경쟁에서 제외된다.

〈표 5〉 더불어민주당과 국민의힘의 기후변화 공약 이슈경쟁 구조

		현저성(Salience)	
		낮음	높음
정당 간 입장차이	높음	소극적 불일치 (Passive disagreement) - 원자력 정책, 재생에너지 확대	경쟁적 불일치 (Competitive disagreement)
	낮음	소극적 합의 (Passive consensus) - 온실가스 감축목표	경쟁적 합의 (Competitive consensus)

〈표 5〉를 보면 알 수 있듯이 사실상 주류 정당 간 경쟁적 불일치 공약이 없었기 때문에 선거에서 기후변화 관련 정책이슈가 정치 쟁점화되지 않았다고 말할 수 있다.

7. 유리천장 가설과 지속가능한 발전 공약

환경국가에서 녹색국가로의 진화를 저해하는 구조적 장벽인 유리천장 가설에 따르면, 국가의 경제성장 임무를 부정하는 지속가능성 임무는 민주적 정당화 임무를 달성하기 어렵다. 국가의 경제성장 지향을 포기하지 않고 기술혁신 등을 통해 환경보전과 조화로운 발전을 꾀할 수 있다는 생태적 현대화 전략이 강구되는 이유다.

본 절에서는 독일 베를린사회과학연구소(WZB) 등에서 각국 주요 정당의 공약을 조사하고 관리하여 학문적으로 이용케 하는 정치공약 비교프로젝트(MP: Manifesto Project)의 데이터를 활용하여 관련 분석을 시도한다.[6] 정당공약 데이터에서 환경보전과 조화로운 경제성장을 지향하는 내용은 지속가능한 발전 공약으로 표시된다. MP는 2010년 이후 정당공약에서 탈성장 공약을 지속가능한 발전 공약과 구분하기 시작했는데, 여기서 성장이 좋다는 생각을 거부하는 내용은 탈성장 공약으로 표시된다.[7] 노르웨이, 스웨덴의 북유럽 국가와 독일, 오스트리아, 스위스 등 독일어권 유럽 국가, 그리고 영국 및 아일랜드에서 의회에 진입한 녹색당과 좌파 정당계열의 소수정당은 현 경제성장체제에 대한 근원적인 비판과 문제를 제기하는 탈성장 공약을 채택했다. 탈성장 공약이 나타나는 국가 중 영국과 아일랜드를 제외한 스웨덴, 노르웨이, 독일, 오스트리아, 스위스는 환경성과나 환경주의 레짐에서 상대적으로 우수한 평가를 받는 국가이다(김수진. 2020).

물론 이와 같이 몇몇 유럽 국가에서 탈성장 공약이 등장하긴 했으나 다음 〈표 6〉에서 나타나듯 전체 공약에서 탈성장 공약이 차지하는 비중은 노르웨이를 제

---

6 정치공약 비교프로젝트(Manifesto Project)는 OECD, 동유럽 및 중유럽 등 56개국(2021년 코드집 기준)의 의회(하원) 선거에서 원내에 진출한 정당의 공약을 코딩하여 비교 연구할 수 있는 자료를 제공하고 있다(https://manifesto-project.wzb.eu/).
7 정치공약 비교프로젝트 코드에서 탈성장 공약 코드는 per416.1이며 지속가능한 발전 공약 코드는 per416.2이다. 공약 코드 per416.1은 'anti-growth'(반성장)이지만, 여기서는 탈성장으로 번역한다.

외하면 0.1% 미만으로 매우 낮은 편이다. 이에 비해 환경을 보전하면서 경제성장을 지향하는 지속가능한 발전 공약의 비중은 아일랜드를 제외하면 경제성장 공약 비중보다 더 높다. 이러한 사실은 다음과 같이 해석될 수 있다. 첫째, 하우스크노스트가 주장하듯 지구 행성 시스템의 지속가능성은 현대 국가의 주된 임무로 간주되는 경제성장과 충돌하지 않는 한에서 국가의 임무로 통합된다. 지속가능한 발전 공약이 탈성장 공약보다 우세한 이유다. 경제성장과 환경보전의 조화를 추구하는 지속가능한 발전 공약은 보수와 진보를 아우르는 모든 정당 계열에서 제시되는 반면, 경제성장체제에 대한 근원적인 변화가 필요함을 강조하는 탈성장 공약은 녹색당 등 좌파정당 계열이 채택하고 있다. 둘째, 생태적 현대화과 탈성장은 담론 차원에서는 서로 대립하지만(홍덕화, 2022), 현실 정당정치에서는 생태적 현대화를 통해 상대적으로 높은 환경성과를 달성한 국가의 녹색당이나 좌파계열 정당이 기존의 지속가능한 발전 또는 생태적 현대화 전략을 추구하면서 동시에 탈성장 내용을 제안하고 있다. 즉, 담론 간 대립보다는 생태적 현대화 전략에서 탈성장으로 점진적으로 이행하는 양상을 보인다.

〈표 6〉 경제성장, 지속가능한 발전 및 탈성장 공약 비중

국가	경제성장	지속가능한 발전	탈성장
스웨덴	0.79	1.52	0.03
노르웨이	1.77	5.01	0.47
독일	0.87	3.65	0.03
오스트리아	0.66	3.83	0.05
스위스	1.31	5.42	0.04
영국	1.61	3.03	0.03
아일랜드	1.72	0.68	0.08
한국	1.35	0.63	0

자료: MP 공약데이터에서 2000년 이후 의회선거를 통해 의회에 진입한 원내정당의 경제성장(코드 per410), 지속가능한 발전(per416.2) 및 탈성장(per416.1) 공약 비중 평균값.

그렇다면 한국 원내 정당의 경제성장 관련 공약과 한국의 환경성과는 어떤 관계가 있을까? 〈표 6〉에서 볼 수 있듯이 2000~2020년 기간 경제성장 공약이 전체 공약에서 차지하는 비중은 평균 1.35%인 반면, 지속가능한 발전 공약이 차지하는 비중은 0.63%로 경제성장 공약 비중의 절반 정도다. 원내 정당 가운데 탈성장의 내용을 본격적으로 제시한 정당은 아직 없다. 이는 한국에서는 경제성장과 환경의 조화로운 발전을 추구하는 지속가능한 발전보다는 경제성장이 국가의 지배적 임무로 정당성을 획득하고 있음을 보여준다. 2009년 이명박 정부가 표방한 녹색성장은 녹색기술에 투자하여 기후변화에 대응하고 경제성장도 추구하는 전형적인 생태적 현대화 전략이었으나, 2020년 온실가스 감축 목표를 이행하지 못했을 뿐만 아니라 온실가스가 지속적으로 증가하여 경제성장과 온실가스의 탈동조화 단계로 이행하지 못했다. 따라서 표방한 정책과 달리 생태적 현대화 단계에 본격적으로 진입했다고 볼 수 없다. 탄소중립, 녹색성장은 기후위기 대응보다는 새로운 성장동력을 찾는 데 방점이 찍혀 있어 정책과 투자의 초점이 신산업 창출과 기업에 집중된다(김선철, 2022). 이와 관련하여 최근 환경부에서 녹색산업 수출목표를 구체적으로 제시하기도 했다(환경부, 2023.01.03.). 이렇게 온실가스 감축의 국가책무에 소극적인 결과 한국의 온실가스 배출과 경제성장의 탈동조화 시기는 탈성장 공약이 대두되기 시작한 유럽 국가보다 늦다(〈그림 1〉 참조). 1인당 GDP 3만 달러 도달 시점에서의 1인당 온실가스 배출량 수준은 한국이 가장 높고 스웨덴이 가장 낮다. 스웨덴, 독일은 1990년대부터, 즉 1인당 GDP 3만 달러 도달 시점 이전부터 1인당 온실가스 배출량이 감소하고 있으며 노르웨이와 오스트리아는 2002년 3만 달러 시점 이후 2000년대 중반부터 감소세로 돌아섰다. 〈그림 1〉에서 보듯, 한국은 3만 달러 도달 시점인 2010년 이후에도 계속 배출량이 증가하고 있다.

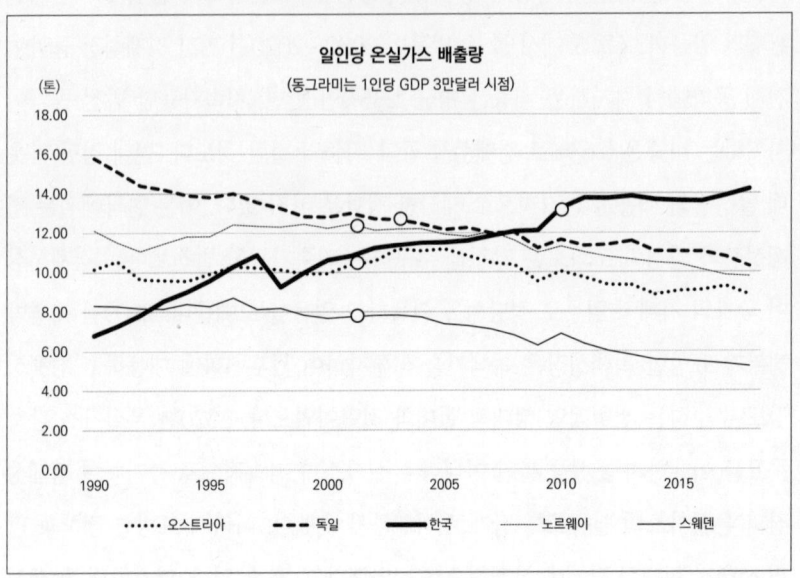

<그림 1> 1인당 온실가스 배출량 및 1인당 GDP 3만 달러 시점

자료: OECD Statistics를 활용하여 필자 작성(1인당 GDP는 경상가격 구매력 기준)

8. 기후위기, 대안에 대한 상상, 그리고 틈새정당

　IPCC 6차 보고서에서는 2030년까지 매우 신속하고 급격하게 온실가스를 감축해야 한다고 '마지막 경고'를 보내고 있지만 2030 NDC의 수치가 보여주듯 세계 각국의 기후위기 대응 전략은 산업화 이전 대비 지구 평균온도의 상승 제한 목표인 1.5도, 더 나아가 2도 달성에도 미치지 못하고 있는 실정이다. IPCC 6차 보고서는 "지속가능한 미래를 확보하기 위해서는 모든 부문 및 시스템에 걸친 신속한 전환이 중요"함을 강조하며 에너지, 산업, 교통, 도시, 인프라, 토지, 해양, 물 등 각 부문에 걸쳐 기술적 해결책을 제시하고 있다(외교부, 2023.03. 20.). 이러한 기술적 해결책은 1990년대 이후 보편화된 지속가능한 발전, 1980년대 유럽 선진산업국을 중심으로 부상한 생태적 현대화 전략, 그리고 최근의 그린뉴딜 또는 녹색성장 전략에서 강조하는 녹색기술을 통해 경제성장과 환경보전을 달성할 수 있다는 일종의 지배적인 시대정신을 반영하고 있다. 하지만 지난 30년 동안 이러한 시대정신이 온실가스 감축에 명백한 한계를 드러내고 있음에도 불구하고 향후 10년 동안 긴급한 행동의 필요성을 강조하는 IPCC 6차 보고서조차 이러한 전환의 논리를 뒷받침할 현 체제에 대한 성찰이나 윤리적 문제는 제기하지 않는다. 급격한 대전환이라는 말이 무색하게 여전히 기술적 전환이라는 협소한 논리에 갇혀 있고 실상 무엇에 대한 전환인지는 제대로 언급되지 않고 있다.

하우스크노스트에 따르면, 기후위기에 대응하는 국가정책은 국가의 다른 주된 임무인 경제성장 임무와 충돌하면 그 정당성을 확보하기 어렵다. 이런 차원에서 민주적 절차인 정치적 정당화 과정이 녹색전환의 유리천장으로 작용하고 있다고 말한다. 그렇다면 우리는 지배적인 경제성장 담론에서 벗어날 수 없는가? 유리천장을 깰 수 있는 방법은 없는가? 앞 절에서 언급했듯이 몇몇 유럽 국가의 녹색당과 좌파계열 정당의 선거공약에서 경제성장 패러다임을 비판하는 탈성장 공약을 채택하기 시작했다. 탈성장 공약은 지속가능한 발전 공약 비중과 비교할 때 아직 미미한 수준이지만 대안 담론으로서 탈성장 담론이 선거정치에 대두하기 시작했다는 데 의의가 있다. 탈성장 공약은 유한한 지구에서 무한한 성장이 가능하지 않으며 물질적 성장이나 더 많은 소비가 삶의 질 향상과 관계없음을 강조하며 공유경제, 재활용경제, 순환경제 등을 대안으로 제시한다. 독일 녹색당은 항공교통의 무한 성장시대로의 회귀를 반대하고 영국 녹색당은 신규 공항이나 도로 건설 계획 폐지 등을 구체적 공약으로 제시하기도 했다(〈표 7〉 참조). 주로 녹색당이나 좌파계열 소수 정당에서 제기하는 내용이긴 하지만, 이미 유럽 도시에서는 탄소발자국을 줄이기 위해 순환경제 모델(암스테르담)이나 공유경제 모델(겐트)을 추구하고 있다. 또 프랑스에서는 최근 기차로 두 시간 반 이내에 있는 지역 간 여객기 운항을 제한하는 기후법이 발효되기도 했다(박병수, 2023).

탈성장 공약과 같이 기존의 정치 균열선(cleavage)과 일치하지 않는 새로운 이

〈표 7〉 탈성장 공약 주제 및 내용

주제	공약내용
1. 이윤추구 자본주의 경제 비판	• 소비, 관광, 판매 지향 시스템에서 점점 많은 사람이 소외되고 있음 • 신자유주의 경제정책이 지역, 산업, 경제를 황폐화하게 함 • '더 많이, 더 싸게' 만드는 농업은 생태적, 사회적 문제 야기 • 효율성의 잣대를 획일적으로 적용하면 안 됨(이동복지 ≠ 도로 건설) • 이윤 메커니즘에 대한 근본적 의문 제기 • '진보, 성장 및 발전' 모델이 공동체를 약화시킴 • 글로벌 자본주의의 수탈적 성격
2. 성장의 한계	• 지금의 경제정책은 GDP 성장에 지나치게 초점이 맞추어짐 • GDP와 에너지/자원 소비의 탈동조화를 넘어 성장문제 자체에 대한 비판적 검토 필요 • 한정된 지구에서 무한 성장은 불가능하므로 경제방식 변경 필요
3. 더 나은 삶 추구	• 잘 사는 것(vivir bien)에 대해 이야기하기 • 생산과 소비의 양적 성장이 좋다는 도그마 거부 • 노동시간 단축, 일자리 나누기 및 더 많은 여가 추구
4. 물질소비 줄이기	• 생산국의 온실가스 배출을 늘리므로 물질소비를 줄여야 함
5. 금융부문 통제	• 실물경제에 부합하는 금융 부문 구축 • 헤지펀드 등 사회적 이익이 없는 금융활동 금지 • 금융부문에 대한 통제와 국제적으로 독립적 감독기관 필요 • 대체통화 실험 지원 • 윤리적, 사회 지향적 은행 설립
6. 대안 경제	• 순환 경제 지향 • 공유경제 지향 • 공공도서관 및 도시 자전거(또는 자동차 공유) 모델에 따라 다양한 상품에 대해 더 많은 공유 서비스 제공 • 재활용 경제 지향 • 더 많은 보증금 제도 및 더 많은 재사용 지향 • 유기농, 재사용 및 대중교통에 대한 부가가치세 폐지 • 병 보증금 올리기
7. 항공/도로 교통량 줄이기	• 항공교통의 무한 성장시대로의 회귀 반대 • 항공교통 분야 기후중립 목표 수립 • 공항 확대 계획이나 새로운 도로 건설 프로그램 중단
8. 새로움을 상상하기	• 현 체제에 대한 비판적 사유를 위해 연구/교육/정치 컨설팅 등에 다원적 접근 지원 • 사회, 생태적 전환 연구 클러스터 설립 및 정부의 연구 지원

자료: MP에 공약이 등록된 56개국의 공약에서 탈성장(Anti-Growth) 공약 코드 per416.1로 분류된 공약의 내용을 필자가 8개의 주제로 분류하여 주요 내용을 정리함(2022. 4. 기준).

슈를 제기하고 의제화하는 정당을 틈새정당(niche party)이라고 한다. 주류 정당은 틈새정당의 공약을 수용할 수도 있고 무시할 수도 있는데, 이것은 틈새정당의 공약이 유권자층이 유사한 주류 정당에 선거 위협을 가하는 정도와 정치적·경제적 맥락에 의존한다(Spoon et al. 2014). 틈새정당의 지지는 선거제도적 여건, 구체적 이슈경쟁 구도, 기후위기가 가시화되는 정도 또는 하우스크노스트의 표현대로 기후위기가 생활세계를 위협하는 정도에 따라 영향을 받을 것이다. 가령, 독일에서는 2021년 7월 노르트라인-베스트팔렌주에서 발생한 대홍수로 인해 그해 7월부터 9월 연방 의회선거 전까지 언론에 가장 많이 언급된 이슈가 기후위기(1위), 홍수(5위)였다. 9월 선거에서 독일 국민이 가장 중요하게 생각하는 주제도 기후·환경(47%), 코로나(28%), 외국인·난민(13%) 순으로 기후위기 대응이 그 어느 때보다 중요한 이슈로 부상했다. 이 선거에서 녹색당은 연방의회 진출 이후 최대 득표율(14.8%)을 획득했다(정병기, 2021).

틈새정당의 공약이 주류 정당에 선거 위협을 가하는 정도는 다시 선거제도와 밀접하게 연관된다. 정당명부식 비례투표 비율이 높을수록 비슷한 유권자를 공유하는 정당 간 정책경쟁이 부각될 가능성이 크다. 한국의 원내 정당 가운데 탈성장 공약을 제시한 정당은 아직 없지만 기후변화정책 공약이 가장 진보적인 정의당을 틈새정당으로 볼 수 있다. 일부 의석이긴 하지만 정당명부식 비례대표를 채택하고 있는 국회의원 선거에서 틈새정당의 공약이 해당 정당과 유권자층이 유사한 주류 정당에 영향을 미칠 가능성이 크다. 2020년 총선에서 더불어민주당이 탄소세 도입을 검토하거나 석탄발전 축소를 공약으로 제시한 것은 정의당과 겹치는 유권자층을 의식한 것으로 볼 수 있다. 이와 달리 2022년 대선은 주류 정당 간 경쟁이 부각되기 때문에 기후변화 정책경쟁은 오히려 더 후퇴하는 경향을 보였다. 더불어민주당은 2022년 대선에서 6절에서 제시한 다섯 가지 기후변화정책 공약 가운데 재생에너지 공약만 제시했다. 대선에서는 더불어민주당이 국민의힘과의 경쟁구도 속에서 공약을 채택하기 때문이다.

기후변화정책은 녹색당과 사회민주당, 노동당 등 좌파계열 정당에서 그 목표를 더 야심차게 제시하는 당파적 이슈이다. 따라서 한국의 주류 정당 간 선거경쟁 속에서 기후변화 이슈가 소멸하는 이유는 한국의 주류 정당이 전반적으로 보수적 정치지형에 경도(최장집, 2007)되어 있다는 사실과 관련된다. 정치공약 비교프로젝트(MP)에 따르면, 한국의 정의당은 좌-우 정당계열(party family) 코드에서 30, 더불어민주당은 40(중도우파계열), 국민의힘은 60(우파계열)으로 분류된다. 참고로 독일의 녹색당은 정당계열 코드가 10, 좌파당은 20, 사민당은 30, 자유민주당은 40, 기독민주당은 50, 극우정당인 AfD(독일을위한대안당)은 90이다. 즉, 생태적 가치를 지향하고 해당 공약을 소유한 녹색당이 좌-우 이념 진영에서 가장 왼쪽에 위치하는데, 에커슬리(Eckersley, 2021)가 주장하는 녹색국가를 지향하는 정당에 가깝다. 이런 측면에서 한국에서는 아직 녹색국가를 본격적으로 지향하는 정당은 원내에 진출하지 않았으며, 좌-우 정당계열에서 가장 진보적이라고 평가되는 정의당은 소수정당이며 중도우파 및 우파계열 정당이 의회의 대다수를 차지하고 있다. 여기에 양당체제를 강화하는 선거제도는 양당이 협소한 보수주의 정치이념 지평에서 경쟁하도록 하며 중앙과 지방의 격차, 경제적 양극화로 인해 유권자의 직접적 이해관계를 동원하는 개발공약과 복지공약 경쟁을 강화하고 있다.[8] 최근 유권자의 이해관계에 구체적으로 부합하는 지역별 맞춤형 개발공약과 생애맞춤형 복지공약으로 표현되는 선거공약 추세도 녹색전환과 온실가스 감축을 위한 장기적 정치 비전을 소멸시키는 데 기여한다.

한국 정당공약에서 지속가능한 발전 공약보다 여전히 경제성장 공약이 더 강조되고 온실가스 감축에 소극적인 이유는 이런 보수적 정치지형과 무관하지 않다. 2050 탄소중립은 정치적 선언에 가깝고 온실가스 감축실적뿐만 아니라 2030년 감축목표도 국제적 요구수준에 미치지 못하고 있다. 그마저도 윤석열

---

8 MP 공약데이터에서 2000년 이후 의회선거를 통해 원내에 진입한 원내정당의 복지공약(코드 per504) 비중을 평균한 값을 살펴보면, 한국은 17.4, 독일 5.6, 스웨덴 13.6이다.

정부는 2027년까지 감축목표치를 매우 낮게 설정함으로써 2030 목표의 달성 가능성을 희박하게 만들고 있다. 사정이 이러함에도 불구하고 국회에서 온실가스 감축목표를 둘러싼 논쟁은 활발하지 않다. 국토미래연구원(2020)에 따르면, 한국에서 의회는 '많은 법안'을 입법하지만 쟁점 법안의 입법은 회피한다. 기후위기 대응에서도 주류 정당은 탈석탄, 온실가스 감축 로드맵, 원자력 활용 등 논쟁이 되는 쟁점에 대한 정당의 입장과 정치적 결정을 회피함으로써 소극적 대응으로 일관하고 있다. 주류 정당의 이러한 소극적 대응이 사회적으로 문제가 되지 않는 것은 무엇보다 기후변화 의제를 선도하는 틈새정당이 주류 정당에 위협이 되지 못하고 소수정당의 정책이 정당 간 정책협상의 대상이 되지 못한다는 사실에 의해 더욱 심화되고 있다. 비례대표제에 기초한 내각제를 채택하고 있는 많은 유럽 국가에서 다양한 이념 정당이 의회에 진출하여 경쟁하고 복수의 정당이 연립정부를 형성하는 과정에서 소수정당의 정책이 협상 대상이 되는 것과 대비된다. 따라서 국회의원 선거에 정당에 투표하는 정당명부식 비례대표 비율을 높여 다당제 기반을 형성하고 대통령선거에 결선투표제를 도입하는 등 정치제도 개선을 통해 정당 간 정책경쟁과 정책협상이 강제되는 최소한의 제도적 개혁이 필요하다. 이렇게 될 때 보수적인 주류 정당이 외면하고 있는 기후변화 이슈가 다양한 이념 지향의 정당 간 정책경쟁 이슈로 제기될 수 있으며, 이를 통해 한국 정부의 적극적인 기후위기 대응을 기대할 수 있을 것이다.

참고문헌

국토미래연구원. 2020. 『더 많은 입법이 우리 국회의 미래가 될 수 있을까』.
기후정의포럼. 2021. 『기후정의선언2021』. 한티재.
김민정. 2019. "'탈(脫)성장' 논의에 관한 마르크스주의적 비판." 『진보평론』 80: 252-273.
_____. 2021. "기후위기를 둘러싼 계급투쟁." 『뉴 래디컬 리뷰』 1(2): 207-238.
김선철. 2022. "기후위기의 현실과 도전." 『황해문화』. 봄호: 14-37.
김수진. 2020. "환경국가의 발전과정과 녹색전환." 『공간과사회』 30(1): 48-78.
김환석. 2022. "기후위기, 문명의 전환과 생태계급. 신유물론의 관점." 『경제화사회』 136: 47-86.
레이코프, 조지(G. Lakoff). 2015. 『코끼리는 생각하지 마. 진보와 보수, 문제는 프레임이다』. 유나영 역. 와이즈베리.
민정희. 2019. "기후위기를 해결하려면." 『한국여성신학』 12: 189-197.
무페, 샹탈(C. Mouffe). 2022. 『녹색 민주주의 혁명을 위하여. 좌파 포퓰리즘과 정동의 힘』. 이승원 역. 문학세계사.
박병수. 2023.05.24. "프 '기차로 두 시간 반 이내 거리는 항공 금지'… 탄소배출량 77배." 〈한겨레〉. https://www.hani.co.kr/arti/international/europe/1093092.html (2023년 06월 28일 검색)
박상훈. 2013. 『민주주의의 재발견』. 후마니타스.
방주. 2021. "기후위기, 문제의 인식과 과제." 『노동사회과학』 11: 36-56.
산업통상자원부. 2033. 『제10차 전력수급기본계획(2022~2036)』.
세르비뉴, 파블로·스테방스, 라파엘(P. Servigne & R. Stevens). 2022. 『붕괴의 사회정치학』. 강현주 역. 에코리브르.
외교부. 2023.03.20. "기후변화에 관한 정부 간 협의체, 제6차 평가보고서 종합보고서 승인." 보도자료(https://overseas.mofa.go.kr/www/brd/m_4080/view.do?seq=373483).
유훈. 2016. 『정책집행론』. 대영문화사.
이도흠. 2021. "간헐적 팬데믹 시대. 위기와 모순의 중첩과 대안." 『마르크스주의 연구』

18(1): 41-65.

이창근. 2022. "기후위기, 노동의 위기." 『황해문화』. 봄호: 73-91.

전의찬. 2022. "기후위기 시대, 국내외 '탄소중립' 현황과 과제." 『월간 공공정책』 10: 11-13.

정록. 2022. "기후위기, 불평등의 위기." 『황해문화』. 봄호: 54-72.

정병기. 2021. "2021년 독일 연방의회 선거의 주요 이슈와 공약 및 지지표 분포와 향후 정치 전망." 『의정연구』 27(3): 36-68.

최장집. 2007. 『민주화 이후의 민주주의. 한국민주주의의 보수적 기원과 위기』. 후마니타스.

홍덕화. 2020. "기후불평등에서 체제전환으로: 기후정의 담론의 확장과 전환 담론의 급진화." 『ECO』 24(1): 7-50.

_____. 2022. "기후위기와 '한계' 너머의 사회학. 탈성장과 탈인간중심주의의 쟁점들." 『경제화사회』 136: 12 – 46.

환경부. 2023.01.03. "녹색산업, 2023년 20조 원, 임기 동안 100조 원 수출." 보도자료.

Blühdorn, I. 2020. "The legitimation crisis of democracy: emancipatory politics, the environmental state and the glass ceiling to socio-ecological transformation." *Environmental Politics*. 29(1): 38-57

Carter, N., Ladrech, R., Little C. and Tsagkroni, V. 2018. "Political parties and climate policy: A new approach to measuring parties' climate policy preferences." *Party Politic*. 24(6): 731-742

Carter, N. and Little, C. 2021. "Party competition on climate policy: The roles of interest groups, ideology and challenger parties in the UK and Ireland." *International Political Science Review*. 42(1): 1-17.

Dahl, R. A. 1998. "On Democracy." Yale University Press.

Douglas, R. M. 2020. "The 'glass ceiling' of the environmental state and the social denial of mortality." *Environmental Politics*. 29(1): 58-75.

Eckersley, R. 2021. "Greening states and societies: from transitions to great transformations." *Environmental Politics*. 30(1-2): 245-265.

Farstad, Fay M. 2018. "What explains variation in parties' climate change salience?" *Party Politics*, 24(6): 698-707.

Guinaudeau, I. and Persico, S. 2013. "What is issue competition? Conflict, consensus, and issue ownership in party competition." *Journal of Elections, Public Opinion and Parties.* 24(3): 312-333.

Hausknost, D. 2020. "The environmental state and the glass ceiling of transformation." *Environmental Politics.* 29(1): 17-37.

Jensen, C. B. and Spoon, J-J. 2011. "Testing the 'Party Matters' Thesis: Explaining Progress towards Kyoto Protocol Targets." *Political Studies.* 59: 99-115.

Matland, Richard E. 1995. "Synthesizing the Implementation Literature: The Ambiguity-Conflict Model of Policy Implementation." *Journal of Public Administration Research and Theory.* 5(2): 145-174

Nash, S. L. and Steurer, R. 2021. "Climate Change Acts in Scotland, Austria, Denmark and Sweden: the role of discourse and deliberation." *Climate Policy.* 21(9): 1120-1131.

Raudsepp-Hearne, 2010, "Untangling the Environmentalist's Paradox: Why is Human Well-Being Increasing as Ecosystem Services Degrade?" *BioScience.* 60(8): 576-589

Schattschneider, E. E. 1960. "The Semisovereign People: A realist's view of democracy in America." Holt, Rinehart and Winston.

Sohlberg, J. 2017. "The Effect of Elite Polarization: A Comparative Perspective on How Party Elites Influence Attitudes and Behavior on Climate Change in the European Union. Sustainability." 2017. 9. 39; doi:10.3390/su9010039

Spoon, J-J. Hobolt, S. B. and De Vries, C. E., 2014. "Going green: Explaining issue competition on the environment." *European Journal of Political Research.* 53: 363-380

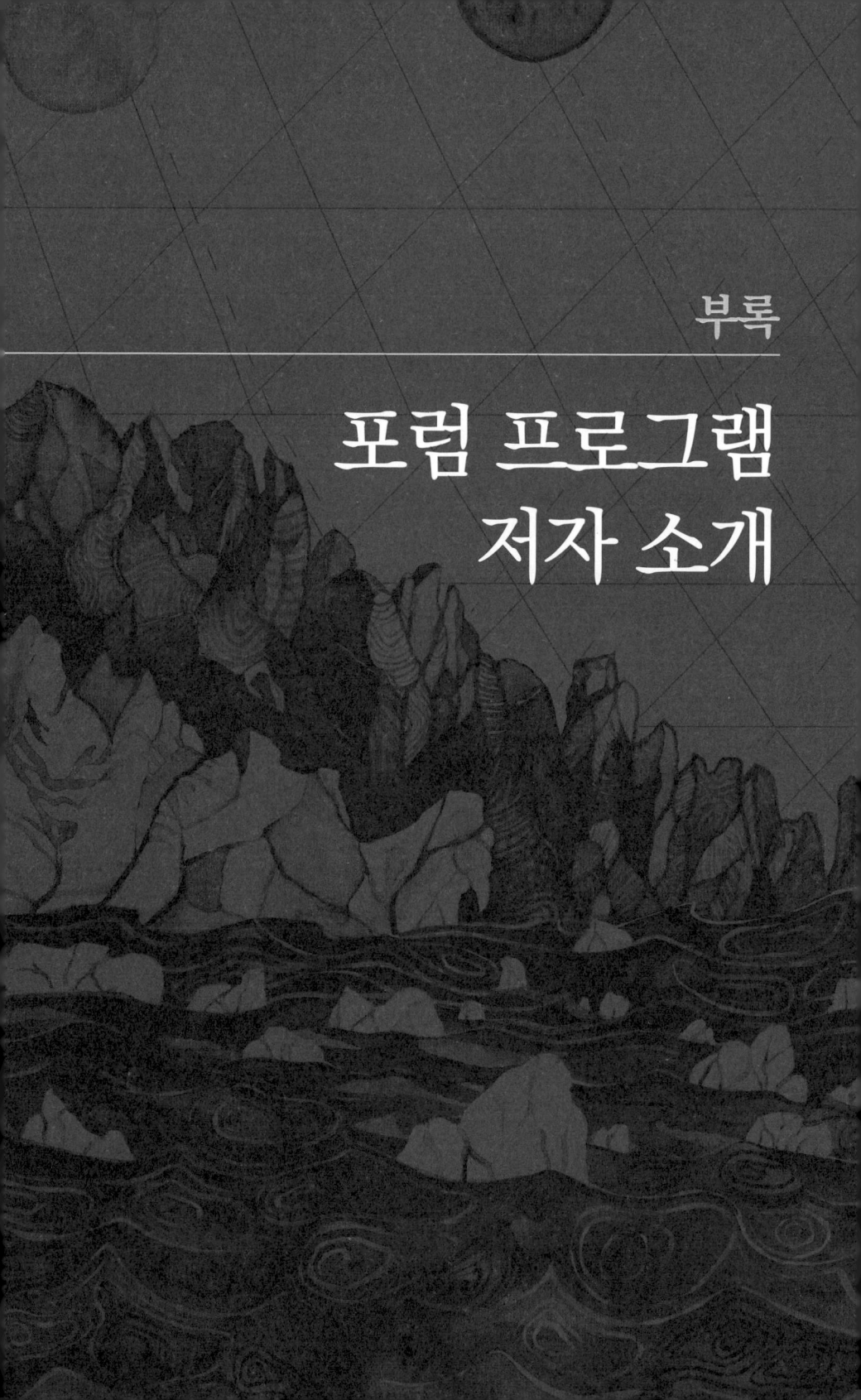

부록

포럼 프로그램
저자 소개

포럼 생명자유공동체 2022년 첫 번째 대화 마당
기후위기 시대, 체제전환의 길을 묻다

- 일시: 2022년 6월 10일(금) 14:30~18:00
- 장소: (재)숲과나눔 강당, 온라인(Zoom)

　포럼 생명자유공동체는 올 한 해 '기후위기'와 '체제전환'을 주제로 연구와 대화를 이어갑니다. 기후정의운동이 확산하면서 체제전환(system change)을 이야기하는 이들이 늘고 있지만 '체제전환'의 의미와 방향에 대한 생각은 다른 경우가 많습니다. 하나의 정해진 답이 있는 게 아니라 함께 찾아가야 하는 상황에서, 포럼 생명자유공동체도 체제전환의 길을 물으며 이야기를 이어가려 합니다.
　먼저 박순열 박사는 모자이크탐험대의 북극탐험을 사례로 기후변화에 대응하기 위한 체계변화라는 것이 무엇인지, 어떻게 가능한 것인지를 묻습니다. 이어서 홍덕화 교수는 체제전환의 길을 탐색하기 위한 방안의 하나로 한국의 수출주의 성장체제와 선별적 녹색성장의 궤적을 추적할 필요성을 제기합니다. 마지막으로 김수진 박사는 지난 10여 년 간 제도권 내 주요 정당의 기후·에너지 공약을 되짚어보며 정당정치와 체제전환의 관계를 묻는 글을 발표합니다.
　기후위기 시대를 헤쳐 나가기 위해 고민하는 많은 분들이 대화마당에 오셔서 체제전환에 관한 이야기를 더욱 풍성하게 채워주시기를 바랍니다.

일정	발표 및 토론
14:00~14:30	• 등록
14:30~14:40	• 사회: 구도완(환경사회연구소)
14:40~15:30	• 발제: 박순열(도시재생연구소) 　　　기후변화가 아닌 체계의 변화, 어떻게 가능할까? 　　　모자이크탐험대의 북극탐험을 사례로 • 토론: 명수민(존스홉킨스대학교 인류학과)
15:30~16:20	• 발제: 홍덕화(충북대학교 사회학과) 　　　수출주의 성장체제와 선별적 녹색성장의 공고화 • 토론: 박찬종(충남대학교 사회학과)
16:20~16:30	휴식
16:30~17:20	• 발제: 김수진(충북대학교 농업과학기술연구소) 　　　체제전환과 정당정치 • 토론: 한재각(에너지기후정책연구소)
17:20~17:50	• 종합토론

* 문의: 김지혜(jhkim15@snu.ac.kr)

포럼 생명자유공동체 2022년 두 번째 대화 마당

기후위기 X 체제 전환:
가능성과 난점

- 일시: 2022년 9월 2일(금) 13:30~17:50
- 장소: (재)숲과나눔 강당, 온라인(Zoom)

    누구나 기후위기를 이야기하는 시대, 그러나 모두가 함께 살아갈 수 있는 세계로의 전환은 아직 멀게 느껴집니다. "체제전환"의 가능성은 어디에 있고, 난점은 무엇일까요? 포럼 생명자유공동체의 2022년 두번째 대화마당은 이 질문에 대한 답을 찾기 위해 조금 멀리 가보려 합니다.

    먼저 최명애 박사는 해상풍력을 둘러싼 논쟁에서 목소리를 잃은 존재들을 재조명하여 다종적 정의 없는 전환의 한계점을 파헤칩니다. 이어서 안새롬 박사는 미국 선라이즈 운동을 사례로 기후 운동에서 나타난 체제 전환 요구와 그 의미를 살펴봅니다. 서지현 교수는 에콰도르 아마존으로 우리를 이끌고 가 부엔 비비르(Buen Vivir)와 체제전환이 현실에서 부딪친 난점을 보여줍니다. 마지막으로 한상진 교수는 탈식민 사회정책의 필요성과 방향을 논의하며 생태복지체제의 가능성을 탐색합니다.

    기후정의를 외치는 동료 시민들의 목소리가 커져 가는 시기, 포럼 생명자유공동체는 대화마당을 통해 동료 시민들과 함께하며 전환의 길을 찾고자 합니다. 다채로운 목소리로 대화마당을 채워주시길 부탁드립니다.

일정	발표 및 토론
13:30~13:40	• 사회: 구도완(환경사회연구소)
13:40~14:30	• 발제: 최명애(카이스트 인류세연구센터) 탄소 중립의 다종적 정의: 해상풍력을 중심으로 • 토론: 박선아(카이스트 인류세연구센터)
14:30~15:20	• 발제: 안새롬(환경과교육연구소) 미국의 선라이즈와 기후 정치 • 토론: 윤여일(제주대학교 공동자원과 지속가능사회 연구센터)
15:20~15:40	휴식
15:40~16:30	• 발제: 서지현(부경대학교 국제지역학부) 기후위기 시대 에콰도르 북부 아마존을 둘러싼 부엔 비비르와 실천들 • 토론: 오인혜(전북대학교 스페인중남미학과)

16:30~17:20	• 발제: 한상진(울산대학교 사회·복지학과)
	    기후 및 감염병 위기에 맞서는 생태복지 체제로의 전환:
	    탈식민 사회정책의 접근
	• 토론: 주윤정(부산대학교 사회학과)

17:20~17:50	• 종합토론

* 문의: 김지혜(jhkim15@snu.ac.kr)

포럼 생명자유공동체 2022년 세 번째 대화 마당

기후정의운동,
체제전환의 울퉁불퉁한 길

- 일시: 2022년 11월 15일(화)
- 장소: 연세대학교 백양누리

일정	발표 및 토론

세션1	**[공개포럼] 기후정의운동, 체제전환의 울퉁불퉁한 길**
	• 사회: 김수진(충북대농업과학기술연구소)
	• 발제: 구도완(환경사회연구소)
	  한국의 기후변화 담론과 생태전환
	• 발제: 정영신(가톨릭대학교 사회학과)
	  세계사회포럼과 기후정의운동
	• 발제: 김지혜(서울대학교 환경계획연구소)
	  기후 "데모"하기: 924 기후정의행진과 유대(fluidarity)의 가능성
	• 발제: 장우주(삼성꿈장학재단)
	  기후변화와 여성농민의 생태적 응답: 다종을 배려한 자급과 돌봄
	• 종합토론

세션2	**[북토크] 생명자유공동체 총서3 『전환의 정치, 열 개의 시선』**
	• 사회: 최명애(카이스트 인류세연구센터)
	• 소개: 김수진(충북대농업과학기술연구소,
	  『전환의 정치, 열 개의 시선』 편집위원장)
	• 토론: 김현우(에너지기후정책연구소), 어린(멸종반란),
	  이내원(서울대학교 정치외교학부), 조미성(모심과살림연구소)
	• 종합토론

저자 소개

홍덕화 (편집위원장)　deokhwa.hong@gmail.com

충북대학교 사회학과에 재직 중이며, 최근 관심 분야는 기후정의, 정의로운 전환, 탈성장이다. 주요 연구로 "기후위기와 '한계' 너머의 사회학: 탈성장과 탈인간중심주의의 쟁점들", "커먼즈로 전환을 상상하기", "에너지 전환 경로로서 공공협력의 방향 탐색" 등이 있다.

구도완　dwku2@hanmail.net

한국환경정책평가연구원 연구위원, 환경부 장관자문관, 지속가능발전위원회 수석연구위원 등을 역임했고 지금은 환경사회연구소 소장, (재)숲과나눔 포럼 생명자유공동체 운영위원장으로 일하고 있다. 주된 관심 분야는 환경운동, 생태민주주의 등이고 주요 저서로는 『마을에서 세상을 바꾸는 사람들: 생태적 대안운동을 찾아서』, 『생태 민주주의: 모두의 평화를 위한 정치적 상상력』, 『생태전환을 꿈꾸는 사람들』(공저) 등이 있다.

김수진　e2sjkim@gmail.com

독일 베를린자유대 정치학과에서 한국과 독일의 원자력정책 비교연구로 박사학위를 받았다. 고려대 연구교수를 역임하고 고려대, 고려사이버대, 동국대 등에서 기후변화의 경제학, 지속가능한 발전, 에너지기술정책 등을 강의했다. 현재 단국대 행정법무대학원 탄소중립학과에서 탄소중립사회론과 전환정치론을 강의하고 있다. 주된 관심 분야는 기후위기, 원자력, 정당정치의 공적 기능 등이다. 소설 읽기, 수영, 걷기 등을 즐긴다.

김지혜 jyejyekim15@gmail.com

환경학이라는 너른 주제로 연구하는 연구자. 환경사회학, 생태인류학, 정치생태학, 과학기술학 등을 참조하고 있다. 이화여자대학교 이화인문과학원 연구교수로 재직 중이며 주요 관심 분야는 생태와 기술, 인간과 비인간의 얽힘과 실천에 관심이 있다. '해양쓰레기와 함께 만드는 세계'를 주제로 학위논문(2022)을 썼으며, 논문으로는 "한국의 양식 산업 속 적조와 인간의 관계: 작은 것들의 카리스마, 적조", "줄줄이 매달아 굴 기르기"(공저) 등을 썼다.

박순열 ecosoon@gmail.com

서울대, 호주국립대(ANU), 빅토리아대학(VUW) 등에서 생태민주주의, 지역발전 등을 연구하였다. 현재는 (주)이너시티 도시-사회연구소 소장이다. 최근에는 '커뮤니케이션 체계로서의 사회'를 이론적 출발점으로 삼아 사회와 도시의 지속가능성에 대해서 연구하고 있다. 주요 논문으로는 "사회의 자기기술로서 녹색전환과 한살림선언", "사회는 코로나19에 대처할 수 있는가", "생태시티즌십: 생명과 자유를 구현하는 새로운 시민", "정비사업 주민의식조사 연구: 사회적 관계와 도시재생"(공저) 등이 있다.

서지현 jihyunseo@pknu.ac.kr

글로벌 남반구의 발전을 고민하는 연구자. 영국 리버풀 대학교에서 중남미지역학으로 박사학위를 받고, 전북대학교 스페인·중남미연구소 전임연구원, 재단법인 숲과나눔의 박사후 펠로우를 거쳐, 현재는 부경대학교 국제지역학부 조교수로 일하고 있다. 주요 연구 분야는 라틴아메리카 발전론, 정치 생태학, 대안적 도시 거버넌스와 다층 공간 대안 정치 등이다. 대표 논문으로는 "에콰도르 아마존 빈민의 환경주의와 대안적 발전", "도시 거버넌스 변화와 사회·공간적 함의: 브라질 리우 데 자네이루 파벨라의 사례", "공동 자원 거버넌스와 자연의 신자유주의화: 페루 북부 안데스의 경험을 중심으로" 등이 있다.

안새롬　me2th@snu.ac.kr

생태 전환과 정치, 커먼즈, 환경 교육을 주제로 연구하고 있다. 박사과정 재학 중에 (재)숲과나눔 특정주제연구자로 일했고, 현재는 서울대학교 지속가능발전연구소, 환경과교육연구소, 실천적 정치생태실험실(PEP Lab)에서 활동하고 있다. 주요 논문으로는 "전환 담론으로서 커먼즈", "한국의 대기·기후 운동으로 본 대기 커먼즈 정치"(공저), 『커먼즈의 도전』(공저), "생태시민성 기반 환경교육 교재 개발을 위한 시론"(공저), "기후 커먼즈 정치에서 청년 및 미래 세대론이 갖는 함의" 등이 있다.

장우주　woojoochang@hotmail.com

에코페미니스트 철학자. 영국 랭커스터 대학교에서 여성학으로 박사학위를 받았으며, 여성과 자연의 관계성, 비인간존재를 위한 콜렉티브 돌봄에 관한 철학적, 실천적 작업을 하고 있다. 또한 가난과 배움의 관계를 연구하고 관련된 일을 하면서 살고 있다. 에코페미니즘연구센터 달과나무 연구위원으로도 참여하고 있다. 『덜 소비하고 더 존재하라』, 『Environmental Movements around the World : Shades of Green in Politics and Culture』 등의 책에 공동저자로 글을 실었다.

정영신　freecity7@hanmail.net

평화와 커먼즈 연구자. 가톨릭대 사회학과에 재직 중이며, 포럼 생명자유공동체, 커먼즈네트워크, 연구자의 집 등에 참여하고 있다. 공저로 『오키나와로 가는 길』, 『공동자원의 섬 제주 1, 2권』과 『제주의 마을과 공동자원』, 『동아시아의 공동자원』 등이 있다. 논문으로는 "엘리너 오스트롬의 자원관리론을 넘어서", "커먼즈와 커뮤니티 관계의 역사적 변동", "제주 해군기지를 둘러싼 투쟁과 강정마을 공동체의 변동", "한국 커먼즈론의 쟁점과 커먼즈의 정치", "제주 비자림로의 생태정치와 커먼즈의 변동" 등이 있다.

최명애 myungae.choi@gmail.com

환경 문제를 연구하는 인문지리학자. 인간 너머 지리학과 정치생태학의 접근법을 이용해 야생동물 보전, 생태관광, DMZ 보전, 환경 인공지능 등을 연구하고 있다. 비인간 동물과 기술의 행위성과 정동적 상호작용이 자연 보전의 정치적, 문화적, 기술적 측면에 미치는 영향에 관심을 갖고 있다. 서울대, 런던정경대, 카이스트 인류세연구센터 등에서 박사후 연구를 수행했고, 현재는 연세대 문화인류학과에 조교수로 재직 중이다.

한상진 sjhahn@ulsan.ac.kr

울산대 사회과학부 사회·복지학 전공에 재직하고 있으며 관심 분야는 사회적 경제, 생태복지, 탈식민문화 등이다. 주요 저서로는 『한국형 제3의 길을 통한 생태복지국가의 탐색』, 『사회-생태계의 공동관리를 위한 성찰과 사례들』, 『먹거리 안전의 생태사회학』 등이 있다.